Silvia Fogliato

Obiettivo Esame di Stato

Competenze di produzione scritta e orale

G.D'ANNA
MESSINA·FIRENZE

ISBN: 978-88-577-9137-1; 978-88-577-9153-1; 978-88-577-9164-7

Loescher Editore Divisione di Zanichelli Editore S.p.A.
opera con sistema qualità certificato
secondo la norma UNI EN ISO 9001.
Per i riferimenti consultare www.loescher.it

Prima edizione gennaio 2019
Ristampa 5 4 3 2 2019 2020 2021
Coordinamento editoriale Paola Sanini, Aldo Simeone
Redazione Alessandra Ricossa
Rilettura delle bozze Giorgia Terruli
Progetto grafico Puntografica - Torino
Impaginazione Puntografica - Torino
Copertina Emanuela Mazzucchetti, Davide Cucini; LeftLoft - Milano/New York
Stampa Vincenzo Bona S.p.A - Strada Settimo, 370/3 - 10156 Torino

Alla sezione 3, cap. 6, e alla sezione 4 ha collaborato Francesca Ostorero.

G. D'Anna Casa editrice - Via Baldanzese 39 - 50041 Calenzano (FI)
tel. 011.56.54.111 - fax 011.56.54.200 - e-mail mail@loescher.it - web www.loescher.it

Indice

4 La riflessione critica La Tipologia C della prova d'esame

5 Mondo del lavoro e produzione scritta e orale

Appendice La prova INVALSI di italiano

1 Strumenti per la scrittura

1 Le fasi del processo di scrittura

Un testo scritto interessante, ricco di informazioni, scorrevole e piacevole da leggere non è frutto del caso: è il risultato di molte operazioni che nelle pagine definitive non si notano, ma sono state indispensabili per produrlo. La scrittura non è infatti un atto spontaneo, ma un **processo** complesso che si articola in tre fasi fondamentali: la **pianificazione**, la **stesura**, la **revisione**.

FASE	SOTTOFASI	CHE COSA DEVI FARE
Pianificazione (o prescrittura)	analisi del compito	comprendere la richiesta, individuare l'argomento e le coordinate comunicative del tuo elaborato
	raccolta delle informazioni	recuperare conoscenze già possedute, cercare informazioni
	organizzazione delle informazioni	selezionare e organizzare le idee in una scaletta
Stesura (o scrittura)	prima stesura del testo	trasformare i singoli punti della scaletta in un testo lineare
Revisione (o postscrittura)	rilettura e revisione	valutare i punti deboli, controllare l'efficacia del contenuto e la correttezza della forma
	impaginazione	ricopiare il testo, dare la veste grafica definitiva

2 La pianificazione

La fase di pianificazione comprende a sua volta diverse sottofasi, ovvero operazioni preliminari, indispensabili per impostare correttamente il lavoro. In primo luogo, è importante comprendere esattamente il compito richiesto, attraverso l'analisi del titolo o della consegna.

2.1 L'analisi del compito

L'analisi del titolo o della consegna permette di comprendere il compito richiesto e di fissare le caratteristiche generali del proprio lavoro, evitando di "andare fuori tema" o di scrivere un testo poco appropriato (cioè non adatto per contenuto o per forma).

- Leggi attentamente il titolo;
- controlla sul **dizionario** il significato di parole difficili o a te meno familiari;

- sottolinea le **parole chiave**;
- riformula il titolo con parole tue, se possibile sotto forma di **domande**;
- individua con precisione l'**argomento** richiesto e le sue eventuali specificazioni;
- individua le **coordinate comunicative** del testo: lo scopo (informare, esporre, discutere ecc.), i destinatari (gruppo di lavoro, insegnante, pubblico generico ecc.), il registro (informale, medio, formale);
- fissa la **lunghezza** del testo: può essere esplicitamente richiesta, dettata da convenzioni (ad esempio, una pagina che deve essere letta a video sarà necessariamente sintetica), oppure libera; in questo caso, ricorda che in genere è preferibile un testo di misura media, né troppo stringato né inutilmente verboso.

2.2 La raccolta delle informazioni e la produzione di idee

Prima di iniziare a scrivere, devi raccogliere le idee, richiamare ciò che già conosci dell'argomento e valutare se sono necessarie ulteriori informazioni. Si possono presentare diverse situazioni.

- Non è possibile attingere ad alcuna ulteriore fonte di informazione (è quello che accade tipicamente durante le verifiche) e devi fare affidamento unicamente sulle **conoscenze che già possiedi**, ovvero sul tuo "archivio della memoria"; questo sarà tanto più ricco quanto più avrai acquisito l'abitudine di riflettere sulla realtà, di informarti su quanto accade nel mondo seguendo i mezzi di informazione (quotidiani e periodici, televisione, internet ecc.), leggendo libri di approfondimento, studiando con serietà le diverse discipline scolastiche. Vedremo sotto alcune tecniche per estrarre le informazioni dall'archivio della memoria.
- L'insegnante (ma anche l'azienda o il centro formativo dove stai svolgendo uno stage) mette a disposizione materiale informativo: un dossier di documenti, istruzioni e materiali specifici per affrontare i compiti, brochure aziendali. In questo caso, occorre **interrogare i documenti**, estraendone le informazioni utili e integrandole con le conoscenze già possedute.
- Le conoscenze in tuo possesso non sono sufficienti e vanno integrate con una **ricerca** più o meno approfondita; in questo caso, devi essere consapevole di quali informazioni ti mancano e di come cercarle, ricorrendo a fonti affidabili.

››› ESTRARRE LE IDEE DALL'ARCHIVIO DELLA MEMORIA

Per fare emergere i concetti, anche in base al compito e all'argomento, puoi usare tecniche più spontanee, basate sull'associazione di idee, oppure più strutturate, basate su relazioni logiche o griglie specifiche.

Le tecniche basate sull'**associazione di idee** puntano sui processi guidati dall'emisfero destro del cervello: l'intuizione, la percezione globale, la visione d'insieme, le emozioni. Sono particolarmente utili per superare il "blocco dello scrittore", per svolgere compiti che partono dalle esperienze personali, ma anche per trovare soluzioni nuove ai problemi e per impostare lavori di gruppo. Si basano su alcune procedure comuni: si fissa un tempo massimo per l'attività (tra cinque e dieci minuti); si libera la mente da ogni altro pensiero; ci si concentra sull'argomento lasciando libera l'immaginazione; si annotano il maggior numero possibile di idee senza censurarle o valutarle. A seconda del compito e delle preferenze personali puoi scegliere tra varie tecniche.

- Il **brainstorming** (letteralmente "usare il cervello", *brain*, per "prendere d'assalto", *to storm*, le idee) è una tecnica elaborata intorno alla metà del secolo scorso negli ambienti dei pubblicitari.

Consiste nello scrivere una parola-stimolo al centro di un grande foglio; mano a mano che emergono, attorno a essa si scrivono le idee sotto forma di singole parole. Associando al brainstorming elementi grafici, si può ottenere una **mappa mentale**:

- attorno alla parola-stimolo che occupa il centro del foglio si scrivono singole parole chiave;
- ogni parola chiave è un nodo da cui parte un diverso ramo;
- idee di tipo diverso si annotano in rami diversi, sulla base sia di associazioni libere sia di relazioni gerarchiche (parte/tutto, prima/dopo, genere/specie ecc.);
- si collegano con frecce idee che appartengono a più rami;
- per aumentare la forza evocativa della mappa, si possono inserire disegni, simboli, colori; usare lettere maiuscole e minuscole; giocare sulla dimensione dei caratteri e così via.

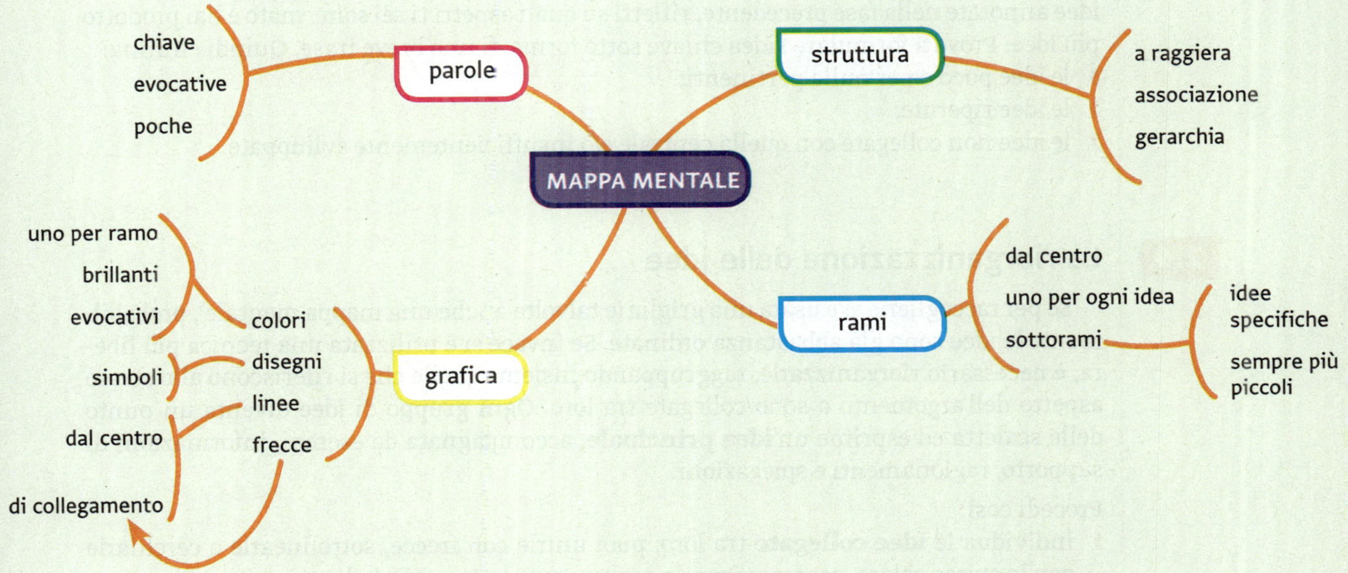

- La **scrittura libera** (*freewriting*) si basa sulla scrittura non di singole parole, ma di frasi complete. Annota le idee così come vengono, scrivendo le frasi senza preoccuparti della loro correttezza e della loro coerenza. Attenzione a non confondere il *freewriting* con la stesura vera e propria (come fanno molti studenti): ha solo lo scopo di fare emergere le idee che poi andranno selezionate e riorganizzate.
- Il metodo della **lista** è simile al precedente, ma non procede per frasi compiute, bensì per titoli o frasi brevi; non essendo né visivo né globale, è adatto a chi ha una mente più analitica e meno portata all'intuizione e alla creatività.

Per fare emergere le idee, si può anche ricorrere a **tecniche più strutturate**, che fanno appello ai processi dominati dalla parte sinistra del cervello: la logica, il ragionamento, l'attenzione al dettaglio, l'approccio metodico. La mente, anziché essere lasciata libera di costruire associazioni casuali, viene guidata a esaminare l'argomento sotto diversi punti di vista, sulla base di una serie di **domande-guida**, basate su alcune grandi categorie logiche:

- **somiglianza** (o analogia): in che cosa questo fenomeno assomiglia ad altri? Per quali aspetti?
- **contrasto**: in che cosa differisce o si contrappone a fenomeni simili?
- **continuità** (nel tempo, nello spazio, logica): a quali fenomeni è contemporaneo? A che cosa è vicino? A che cosa si può unire o collegare? Che cosa è successo prima?
- **inclusione**: a quale gruppo appartiene? Chi o che cos'altro ne fa parte? Quanti tipi ce ne sono?
- **causa ed effetto**: che cosa l'ha causato? Quali sono i suoi effetti?

In molti testi sono riconoscibili strutture ricorrenti: ad esempio, per illustrare un movimento letterario, se ne esamina il contesto (geografico, cronologico, sociale), la poetica, le opere più rappresentative, gli autori principali, l'influsso sulla letteratura successiva. Griglie mirate per guidare la progettazione di diversi tipi di testo usuali in ambito scolastico sono proposte nelle prossime sezioni; per i vari tipi di testi ricorrenti in ambito professionale, si rimanda alla sezione 5.

2.3 La selezione delle idee e la stesura della scaletta

La fase di pianificazione culmina nella redazione della scaletta, cioè di uno schema della struttura del futuro testo. Le idee finora emerse in modo disorganico vengono selezionate e riorganizzate attraverso tre operazioni:

- **selezione** delle idee più adatte ed eliminazione di quelle inutili;
- **riorganizzazione** delle idee, raggruppandole in base ad affinità e collegamenti logici;
- scelta dell'**ordine** in cui saranno esposte le informazioni.

In un testo chiaro e coerente non ci sono informazioni superflue; tutte sono collegate tra loro e contribuiscono a trasmettere un'idea centrale: un particolare punto di vista, una chiave interpretativa, l'approfondimento di un aspetto specifico del problema. Rileggi le idee annotate nella fase precedente, rifletti su quali aspetti ti sei soffermato e hai prodotto più idee. Prova a formulare l'idea chiave sotto forma di una breve frase. Quindi elimina:

- le idee poco o per nulla pertinenti;
- le idee ripetute;
- le idee non collegate con quella centrale e/o insufficientemente sviluppate.

2.4 La riorganizzazione delle idee

Se per raccoglierle si è usata una griglia (e talvolta anche una mappa mentale), probabilmente le idee sono già abbastanza ordinate. Se invece si è utilizzata una tecnica più libera, è necessario riorganizzarle, raggruppando insieme quelle che si riferiscono allo stesso aspetto dell'argomento o sono collegate tra loro. Ogni gruppo di idee diventa un punto della scaletta ed esprime un'**idea principale**, accompagnata da esempi, informazioni di supporto, ragionamenti e spiegazioni.

Procedi così:

- individua le **idee collegate** tra loro; puoi unirle con frecce, sottolinearle o cerchiarle con lo stesso colore, contrassegnarle con numeri, lettere, simboli;
- per ogni gruppo scrivi un titolo o una breve frase che ne esprima l'**idea principale**;
- sotto l'idea principale annota tutte quelle collegate, cioè le **informazioni di supporto**; probabilmente mentre svolgi questo passaggio emergeranno anche idee nuove.

2.5 L'ordine delle informazioni

L'ordine e l'organizzazione del contenuto di un testo sono legati all'argomento, allo scopo, al genere testuale. In termini molto generali, un testo si compone di tre parti:

- l'**introduzione**, che ha la funzione di presentare l'argomento nelle sue caratteristiche generali; talvolta si aiuta il lettore a seguire lo sviluppo del testo anticipando in modo sintetico quali aspetti saranno trattati; per coinvolgerlo fin dalle prime righe, a volte si può iniziare con una domanda, una frase a effetto, alcuni dati significativi;
- il **corpo del testo**, in cui l'argomento viene sviluppato in una serie di capoversi, ciascuno dei quali corrisponde a un'idea principale; la lunghezza di ciascun capoverso deve essere equilibrata e proporzionata alla sua importanza per far emergere l'idea centrale;
- la **conclusione**, per la quale si può ricorrere a diverse strategie testuali: si può ribadire la tesi o l'idea centrale, spesso con parole diverse; inserire un esempio o un aneddoto evocativo che supporti quanto è stato scritto in precedenza; sintetizzare i punti della trattazione. In molti testi brevi, può essere omessa.

Spesso non solo la conclusione, ma anche l'introduzione risulta più efficace se scritta alla fine, dopo aver sviluppato il corpo del testo. Tuttavia, va già prevista nella scaletta.

L'ordine con il quale le informazioni si succedono nel corpo del testo è legato a diversi fattori, tra cui sicuramente quello principale è il **tipo di testo** che si sta scrivendo (che può essere, ad esempio, narrativo, espositivo, argomentativo). Ecco alcuni dei modelli più ricorrenti:

- **ordinamento cronologico**: si parla di eventi che si succedono nel tempo, partendo da quelli più lontani per giungere a quelli più recenti; è l'ordine più indicato per esporre la biografia di un autore, la storia di un movimento culturale, l'evoluzione nel tempo di un fenomeno, una serie di eventi storici;
- **ordinamento crescente** o **decrescente**: le informazioni sono disposte in ordine di importanza, dalla meno importante alla più importante, e viceversa. Tipici del testo argomentativo, entrambi hanno vantaggi e svantaggi di cui riparleremo a p. 113;
- **ordinamento deduttivo**: il testo procede dal generale al particolare, ossia dalle informazioni più generali a quelle più specifiche. È un ordine molto efficace, particolarmente adatto per i testi espositivi, perché aiuta il lettore a seguire lo sviluppo e la concatenazione delle idee;
- **ordinamento induttivo**: il testo presenta una serie di casi particolari (esempi, aneddoti, casi specifici) che preparano l'affermazione generale che concluderà il ragionamento. È un ordine di grande impatto, adatto per testi che vogliono coinvolgere il lettore non solo sul piano razionale, ma anche emotivo. Richiede tuttavia una buona capacità di scrittura e può risultare dispersivo.

2.6 Come migliorare la scaletta

Le scalette di molti studenti risultano poco utili perché troppo generiche, scarne o mal costruite. Vediamo quali sono gli errori più frequenti e come correggerli.

- I punti sono formulati in modo **troppo generico**. Ad esempio, una formulazione come *cause* in una scaletta sulla Prima guerra mondiale non è di grande aiuto; questo punto va reso più specifico distinguendo più tipi di cause (culturali, economiche, politiche), a loro volta articolate in diversi sottopunti (cause culturali: filosofie irrazionalistiche, nazionalismo, imperialismo, militarismo ecc.).
- Sono presenti **lunghi elenchi** di tipi e varietà di una stessa categoria, spesso sotto forma di punti separati. Bisogna decidere se considerarli esempi da raggruppare in un unico punto, oppure se trasformarli in sottopunti da esaminare in modo più approfondito. Ad esempio, in una scaletta sulla poesia tra Duecento e Trecento, un lungo elenco di autori toscani in sé non è significativo; se è inserito in un punto dedicato all'importanza della Toscana nella nostra più antica letteratura, si tratterà di esempi; se invece l'idea chiave del testo è la grande varietà di esperienze poetiche in questa regione, ciascun autore (o un gruppo di autori con poetiche affini) dovrà essere trattato in un punto specifico.
- La scaletta è **squilibrata**: ci sono punti molto ricchi e articolati e altri poveri di idee. Probabilmente nella fase di ideazione non si è riflettuto abbastanza su questi ultimi. Se si tratta di idee secondarie, poco pertinenti, non collegate con l'idea centrale, questi "rami secchi" devono essere eliminati; se, al contrario, si tratta di idee rilevanti, devono essere arricchite con ulteriori informazioni.

LABORATORIO

L'ANALISI DEL COMPITO

1 Analizza la traccia con l'aiuto delle domande.

Riflettendo sul fenomeno delle *fake news*, ovvero delle notizie false che dilagano in rete, la pubblicitaria e esperta di comunicazione Anna Maria Testa ha scritto: «Oggi i social media, ai quali ci piace continuare a pensare come a uno strumento paritario e democratico di interscambio e condivisione, possono trasformarsi, e spesso si trasformano, in palazzi degli specchi nei quali ciascuno cerca e trova solo conferme alle proprie opinioni, e vede riflessi solamente se stesso, la propria rabbia e il proprio malessere».

(A.M. Testa, *Vivere ai tempi della post-verità*, «Internazionale», 22 novembre 2016)

Che cosa pensi di queste considerazioni? Discutile in circa una pagina anche alla luce delle tue esperienze, riflettendo se a te o ai tuoi contatti capita di diffondere bufale e perché.

1. Spiega il significato delle seguenti espressioni: *fake news*, social media, paritario, interscambio e condivisione.
2. Individua e sottolinea nel testo tutte le parole appartenenti alla sfera semantica dell'informazione.
3. L'autrice per definire l'attuale uso deformato dei social media li definisce con la metafora «palazzi degli specchi». Spiegala con parole tue.
4. Qual è l'argomento proposto dalla traccia?
   - **a.** ☐ I social media.
   - **b.** ☐ Le *fake news*.
   - **c.** ☐ I motivi per cui i social media sono diventati i maggiori diffusori di notizie false.
   - **d.** ☐ La rabbia e il malessere dei giovani.
5. Quale deve essere lo scopo prevalente dell'elaborato richiesto?
   - **a.** ☐ Discutere un problema.
   - **b.** ☐ Informare su un problema.
   - **c.** ☐ Riflettere sulla propria esperienza.
   - **d.** ☐ Esprimere le proprie opinioni.
6. È precisato un destinatario?
7. Quale registro è più indicato?
   a. ☐ Informale. **b.** ☐ Medio. **c.** ☐ Formale. **d.** ☐ Letterario.
8. È prescritta una lunghezza precisa?
9. Per lo svolgimento bisogna basarsi principalmente su esperienze personali e conoscenze generali, studio scolastico, ricerche di approfondimento?
10. Riassumi le coordinate comunicative del testo compilando lo schema.

Argomento e sue specificazioni		Scopo	
Destinatari		Registro	
Lunghezza		Principale fonte informativa	

2 **Analizza la traccia e sintetizzane le coordinate comunicative compilando lo schema.**

In circa due colonne, metti a confronto i modi e i tempi in cui in Paesi come la Francia e l'Inghilterra si affermò una lingua nazionale basata sull'esistenza di un centro politico, economico e culturale con quelli che hanno caratterizzato la formazione e l'affermazione della lingua italiana.

Argomento e sue specificazioni		Scopo	
Destinatari		Registro	
Lunghezza		Principale fonte informativa	

3 **Analizza la traccia e sintetizzane le coordinate comunicative compilando lo schema.**

Progetta il dépliant (pieghevole in formato A4) per presentare ai visitatori più giovani (bambini tra i 6 e i 10 anni) la mostra "Marionette che passione" che si terrà nei locali del Centro per il gioco pedagogico. Oltre alla stesura del testo, dovrai anche scegliere le immagini.

Argomento e sue specificazioni		Scopo	
Destinatari		Registro	
Lunghezza		Principale fonte informativa	

LA RACCOLTA DELLE INFORMAZIONI E LA PRODUZIONE DI IDEE

4 **Leggi attentamente la traccia, quindi svolgi le attività richieste.**

Napoleone morì a Sant'Elena il 5 maggio 1821; Manzoni ne venne a conoscenza leggendo la notizia su un giornale più di due mesi dopo, il 17 luglio. Oggi un fatto così clamoroso farebbe il giro del mondo in pochi minuti, diffuso dalla rete e da tutte le televisioni. Rifletti su come è cambiata la velocità della diffusione delle notizie nell'arco di circa duecento anni, soffermandoti sulle innovazioni e le invenzioni che in questo lasso di tempo hanno rivoluzionato le comunicazioni.

1. Quali conoscenze hai già sull'argomento? Quali invece non fanno parte del tuo "magazzino della memoria"? Prova a riepilogarle con l'aiuto delle seguenti domande.
   a. Rifletti su eventi importanti avvenuti di recente in Paesi anche molto lontani. In che modo ne sei stato informato? Quanto tempo era passato dai fatti?
   b. Quali mezzi di comunicazione ai nostri giorni permettono alle notizie di essere trasmesse praticamente in tempo reale?
   c. Come viaggiavano le notizie ai tempi di Napoleone?
   d. Erano già stati inventati il telegrafo e il telefono? Quando sono stati introdotti? Come hanno cambiato la velocità e il modo di diffusione delle notizie? Perché queste invenzioni hanno mutato il modo di fare giornalismo?
   e. Quando e in che modo la televisione ha incominciato a soppiantare i quotidiani come principale fonte di diffusione delle notizie?
   f. Nel 2015, la rete ha sorpassato la televisione come prima fonte di informazione negli Stati Uniti. Qual è la situazione in Italia?

2. Compila lo schema, annotando negli appositi campi le informazioni che già possiedi e quelle che ti mancano.

Conoscenze possedute	
Informazioni da cercare	

3. A quali fonti potresti rivolgerti per trovare le informazioni mancanti?

5 **Raccogli le idee per svolgere la seguente traccia utilizzando la tecnica del brainstorming e della mappa mentale, aiutandoti con le attività proposte.**

L'introduzione dell'alternanza scuola-lavoro ha diviso l'opinione pubblica e gli stessi studenti. Alcuni la vedono in modo abbastanza positivo: è un'occasione per conoscere in prima persona un mondo finora totalmente separato da quello della scuola; permette di conoscere meglio se stessi e le proprie attitudini, favorendo l'orientamento; fornisce competenze che saranno spendibili in futuro nel mercato del lavoro. Chi la giudica negativamente, osserva che comporta un sovraccarico di impegni che sottrae tempo allo studio e alla vita personale; molte esperienze sono poco significative e scarsamente connesse con il percorso di studio; addirittura, potrebbe essere visto come un modo per le aziende di procurarsi manodopera gratuita. Tu come la pensi? A tuo parere, prevalgono i pro o i contro?

1. Individua la parola chiave o l'espressione da scrivere al centro del foglio.
2. Quale immagine vorresti associarvi?
3. Annota velocemente sulla parte sinistra del foglio, usando un colore a tua scelta, i tre aspetti che giudichi più positivi sotto forma di parole chiave. Anche in questo caso, puoi associare immagini significative.
4. Sulla parte destra del foglio annota allo stesso modo, usando un colore diverso, sotto forma di parole chiave i tre aspetti più negativi. Le sei parole chiave così individuate sono i nodi della tua mappa.
5. Concentrati ora, uno dopo l'altro, su ciascuno dei nodi, aggiungendo ulteriori idee.

6 **Trova le idee per sviluppare gli argomenti elencati, riflettendo sulle categorie di somiglianza e contrasto.**

1. Lo studio della letteratura nel biennio e nel triennio.
2. Le scelte linguistiche di Dante e di Petrarca.
3. Il rapporto tra città e campagna nell'antichità e nel Medioevo.

7 **Trova le idee per sviluppare gli argomenti elencati, riflettendo sulle categorie di continuità e inclusione.**

1. Gli ambienti sociali in cui più facilmente si sviluppano idee razziste e xenofobe.
2. I gruppi e le correnti poetiche nella Toscana tra Duecento e primo Trecento.
3. Dieci film per conoscere l'America di oggi.

8 **Trova le idee per sviluppare gli argomenti elencati, riflettendo sulle categorie di causa ed effetto.**

1. Le ragioni di una campagna pubblicitaria di successo.
2. Il monopolio della Chiesa sulla cultura nell'Alto Medioevo.
3. La peste nera del 1348-49.

LA SELEZIONE DELLE IDEE E LA STESURA DELLA SCALETTA

9 **Riprendi la mappa da te realizzata per l'esercizio 5 e seleziona i concetti adatti per sviluppare la traccia, scegliendo come idea centrale quella tra le seguenti in cui più ti riconosci.**

- L'alternanza scuola-lavoro è una buona opportunità per noi ragazzi.
- L'alternanza scuola-lavoro è sostanzialmente inutile.
- L'alternanza scuola-lavoro può essere un successo o un disastro, dipende da come viene realizzata.

10 **Arricchisci e correggi la seguente scaletta sugli OGM (organismi geneticamente modificati): riordina le informazioni fuori posto, arricchisci i punti carenti, elimina le informazioni poco pertinenti.**

- Definizione
- Come funzionano. Esempi
- Potrebbero dare un contributo al problema della fame
- Rapporti e differenza con biotecnologia. Esempi
- La legislazione europea e italiana. Stati Uniti
- Anche il vino è una biotecnologia
- Il principio della precauzione
- Opinione pubblica e scienziati divisi
- Opinioni favorevoli:
  - Vantaggi in agricoltura: piante in grado di resistere a condizioni climatiche particolari
  - Diminuzione dell'uso di pesticidi e fertilizzanti
  - Monopolio delle multinazionali (Monsanto)
- Opinioni contrarie:
  - Svantaggi: rischi della diminuzione della biodiversità
  - Casi di contaminazione documentati da Greenpeace
  - Falsa soluzione al problema della fame
    - C'è cibo per tutti, è mal distribuito
- Conclusioni: la mia opinione

11 **Leggi con attenzione la traccia, quindi svolgi le attività richieste.**

Nativi digitali o generazione copia-incolla? Secondo le ricercatrici della *British Library* di Londra, che basano le loro conclusioni sull'osservazione dei giovani utenti della biblioteca, non è affatto vero che i ragazzi imparino a usare il computer senza sforzo, in modo naturale, e che siano esperti della ricerca in rete. Privi di un approccio critico e incapaci di valutare la validità delle informazioni, a loro parere più che nativi digitali dovrebbero essere ribattezzati "generazione copia-incolla". Discuti il problema in una pagina di blog.

1. Individua le coordinate comunicative dell'elaborato richiesto, annotando l'argomento e le sue delimitazioni, lo scopo, i destinatari, il registro, la lunghezza.
2. Verifica se possiedi tutte le informazioni necessarie; in particolare, sai definire i nativi digitali? Sai chi ha coniato questa espressione? Quale stile di apprendimento è generalmente attribuito ai nativi digitali?
3. Qual è il modo tipico di svolgere una ricerca scolastica ai tempi di internet? Perché le ricercatrici parlano di "generazione copia-incolla"?
4. Utilizzando la tecnica più adatta e a te congeniale, raccogli le idee per svolgere la traccia.
5. Seleziona e riorganizza le idee in una scaletta, prevedendo una introduzione, un corpo del testo di tre capoversi, una conclusione. Vista la destinazione, non dimenticare di selezionare qualche foto e qualche link significativo a documenti esterni.

3 La stesura: tecniche per lo sviluppo dei capoversi

Nella fase di stesura, ogni punto della scaletta si trasforma in una piccola porzione di testo, il **capoverso**, compreso tra due punti a capo. Il capoverso è l'unità logica fondamentale del testo scritto: deve contenere una sola **idea principale**, accompagnata da tutte le necessarie informazioni di supporto. Per assicurare leggibilità al testo, bisogna evitare capoversi troppo lunghi. Di norma, deve contenere da tre a cinque periodi, per una lunghezza complessiva di 100-120 parole. Per sviluppare un punto della scaletta ricco e articolato, è meglio suddividerlo in più capoversi legati tra loro, che andranno a costituire una **sequenza informativa**.

Un capoverso può essere sviluppato in molti modi diversi: ad esempio, può contenere un'affermazione generale accompagnata da alcuni esempi particolari; la definizione di un fenomeno; le cause o gli effetti di un problema. Te ne presentiamo alcuni molto ricorrenti: definizione, esempio, enumerazione, classificazione, analisi, causa ed effetto, confronto e contrasto.

3.1 La definizione

La definizione spiega il **significato** di un concetto o di una parola usati nel testo:

Con l'espressione «questione meridionale» si indica tradizionalmente il problema dell'arretratezza socioeconomica del Sud dell'Italia rispetto al Nord, nel contesto dello stato unitario fondato nel 1861.

(M.L. Salvadori, a cura di, *Enciclopedia storica*, Zanichelli, Bologna 2000)

In genere è formata da due parti:
- la **classificazione** (che cos'è) che indica a quale categoria, classe, gruppo appartiene il concetto o la parola da definire;
- la **differenziazione** (com'è) che indica le caratteristiche che differenziano il concetto o la parola dagli altri membri della stessa categoria.

CONCETTO	CLASSIFICAZIONE	DIFFERENZIAZIONE
La questione meridionale	è il problema	dell'arretratezza economica del Sud dell'Italia rispetto al Nord

Le definizioni, oltre che per spiegare un termine o introdurre un concetto poco familiare, sono spesso usate nel **capoverso introduttivo** per presentare l'argomento e fornire al lettore le informazioni di carattere più generale che gli permetteranno di seguire lo sviluppo del testo.

3.2 L'esempio

Per spiegare un fenomeno, illustrare un concetto, rendere meno astratta un'affermazione generale, è utile fornire uno o più esempi.

Un **capoverso a esemplificazione** è di solito costituito da un'**affermazione generale**, seguita da uno o più **esempi** specifici:

Molte delle più grandi scoperte scientifiche avvennero per caso. Pasteur scoprì il vaccino contro il colera grazie a un errore del suo assistente. Lo incaricò, infatti, di somministrare dei germi di colera a un gruppo di pecore che teneva sotto osservazione. Dopo una settimana, le pecore erano tutte vive. L'assistente, invece di iniettare direttamente il germe, lo aveva gettato in un secchio e poi diluito con acqua per farglielo bere. Pasteur allora ritentò l'esperimento, somministrando i germi nella maniera corretta. Ma ancora una volta, le pecore non morirono. Studiando il caso, si accorse che le pecore erano state immunizzate dalla precedente somministrazione di germi.

(D. Botti, *Dobbiamo rinunciare ad avere sempre il controllo*, in G. Ambrosio, a cura di, *Le nuove terre della pubblicità*, Booklet, Milano 2007)

L'esempio è una tecnica molto diffusa che non presenta particolari difficoltà; è sufficiente che sia calzante e significativo. Ricorda che un testo ricco di esempi è doppiamente efficace: è più chiaro e appare ben documentato e informato.

3.3 L'enumerazione

L'enumerazione, o **elenco**, è una lista di elementi, tipi, proprietà di un oggetto o di un fenomeno:

Enrico VIII ebbe sei mogli: Caterina d'Aragona, Anna Bolena, Jane Seymour, Anna di Clèves, Caterina Howard, Caterina Parr.

In genere è formata da due parti:

- la **testa**, ossia la frase introduttiva che individua l'oggetto dell'elenco;
- il **corpo**, costituito dagli elementi che formano l'elenco stesso.

TESTA	CORPO
Enrico VIII ebbe sei mogli	Caterina d'Aragona, Anna Bolena, Jane Seymour, Anna di Clèves, Caterina Howard, Caterina Parr

Da un punto di vista logico le enumerazioni possono essere:

- **chiuse**, cioè costituite da un numero definito d'elementi: *I tre moschettieri erano Athos, Porthos, Aramis*;
- **aperte**, cioè costituito da un numero di elementi variabile: *Al mercato si trovano molti frutti esotici: banane, ananas, papaia, mango, litchi, anona, guava, frutto della passione*;
- con o senza **ordine fisso**; ad esempio, in genere elenchiamo le stagioni in ordine cronologico, dall'inverno all'autunno.

Per sviluppare correttamente un capoverso a enumerazione occorre:

- dare lo stesso spazio a ogni elemento della serie o uno spazio proporzionato alla loro importanza relativa;
- per le serie chiuse, elencare tutti i membri;
- per le serie aperte, scegliere gli elementi più significativi;
- per le serie ordinate, disporre gli elementi nell'ordine corretto o più consueto (spaziale, logico, cronologico, crescente, decrescente);
- per le serie senza ordine fisso, disporre gli elementi nell'ordine più efficace (per esempio, di importanza).

3.4 La classificazione

Da non confondere con l'enumerazione (un semplice elenco) è la **classificazione**, attraverso la quale un insieme di oggetti viene diviso in gruppi o classi in base a un preciso **criterio**:

In base alla tecnica di realizzazione, le incisioni si dividono in cavo e in rilievo. Nelle tecniche in cavo, l'artista incide i contorni dell'immagine con diversi strumenti o per mezzo di acidi; nelle tecniche in rilievo, scolpisce la matrice in altorilievo.

Evidenziato in blu: Criterio di classificazione   Evidenziato in giallo: Classi

Una classificazione corretta deve basarsi su un solo criterio, che è bene indicare esplicitamente. Una volta scelto il criterio, la classificazione deve essere completa e prevedere tutti i gruppi possibili. Ciascun gruppo viene poi esaminato separatamente, se occorre in più capoversi, tramite un'enumerazione.

3.5 L'analisi

Con l'analisi, si individuano le **parti** componenti di un oggetto o di una struttura, oppure i **diversi aspetti** di un fenomeno, che vengono poi esaminati singolarmente in modo più o meno approfondito.

A Genova due erano i consigli: uno, più ristretto, comprendeva 200 membri (il Minor Consiglio), incaricato di scegliere la maggior parte dei magistrati e di decidere della pace e della guerra, autorizzato a emanare delle leggi se approvate dai due terzi dei votanti, oppure a proporle al Maggior Consiglio. Questo, che a metà del XVIII secolo contava poco più di 300 membri, si componeva di nobili che avevamo già compiuto i ventidue anni e godeva di buona fama. Rappresentava il potere supremo, imponeva balzelli, modificava le leggi fondamentali, elargiva le più alte cariche.

(M. Vaussard, *La vita quotidiana in Italia nel Settecento*, Rizzoli, Milano 1990)

Per analizzare un oggetto o una struttura, se ne individuano le parti, poi le parti delle parti, procedendo **dal generale al particolare**. L'analisi dei vari aspetti di un fenomeno in base all'argomento (un movimento letterario, lo stile di un autore, un evento storico, un problema di attualità) può svilupparsi in modi molto vari; ne vedremo diversi modelli nelle prossime sezioni.

Un'analisi complessa spesso costituisce la struttura di base di testi di ampie proporzioni e include al suo interno altre modalità di sviluppo: definizioni, enumerazioni, classificazioni, capoversi narrativi e descrittivi.

3.6 Causa ed effetto

In un capoverso a causa ed effetto, si ricercano e si spiegano le cause e/o gli effetti di un fenomeno:

Ogni pianta alimentare che si possa trasformare in "merce" genera un margine di profitto. Dalla soia si ricava circa il 20% di olio e il 40% di proteine; perciò, a partire dagli anni venti del secolo scorso, negli Stati Uniti i semi di soia si sono inseriti praticamente in qualsiasi alimento trattato, dal panino con l'hamburger agli alimenti per l'infanzia e per gli animali. Ancora più rilevante è il fatto che la soia abbia trasformato gli animali da fattoria in macchine da carne; la fame insaziabile di carne del mondo industrializzato è stata in gran parte soddisfatta proprio coltivando soia per i mangimi di bovini da macello e galline d'allevamento.

(B. Laws, *50 piante che hanno cambiato il corso della storia*, Ricca editore, Roma 2012)

Evidenziato in giallo: Causa   Evidenziato in blu: Effetti

A seconda dell'argomento, dello spazio a disposizione, del taglio scelto, si possono presentare solo le cause, solo gli effetti, o entrambi. Un corretto **capoverso a causa ed effetto** richiede un lavoro preliminare di documentazione, in modo da individuare tutte le cause (o gli effetti) rilevanti, scegliendole non in base a criteri soggettivi, ma alla loro effettiva importanza. Anche questa modalità di sviluppo spesso costituisce la struttura di un intero testo.

3.7 Confronto e contrasto

In un **capoverso a confronto e contrasto** si esaminano due o più oggetti, fenomeni, persone, mettendone in risalto le somiglianze e le differenze.

> Sin dalla classicità la commedia è stata messa a confronto con la tragedia e di solito è quest'ultima ad essere considerata superiore, almeno dagli intellettuali. La commedia è considerata un genere "leggero" e poco significativo, mentre la tragedia è sentita come un genere "di peso" e importante. [...] La differenza più evidente tra le due sta nel fatto che le commedie sono concepite per suscitare divertimento, mentre le tragedie per suscitare emozioni: principalmente paura, compassione e ammirazione per l'eroe. Entrambe, però, favoriscono tali emozioni non solo in risposta agli eventi rappresentati a teatro o nei libri, ma anche per casi analoghi della vita reale. Come altri generi letterari, commedia e tragedia influenzano i nostri atteggiamenti nei confronti delle nostre esperienze.
>
> (J. Morreal, *Filosofia dell'umorismo. Origine, etica e virtù della risata*, Sironi, Milano 2011)

Nell'organizzare un capoverso a confronto e contrasto, occorre individuare una serie di aspetti per i quali gli oggetti del confronto si **assomigliano** o **differiscono**. L'esposizione può essere organizzata in due modi: il primo (illustrato nell'esempio sopra) consiste nel mettere a confronto **in parallelo** due o più oggetti; il secondo nell'esaminarli **separatamente**, esponendo gli elementi da analizzare nello stesso ordine (esempio sotto).

> Per gran parte della storia antica, i materiali scrittori furono i sottili fogli ricavati dalla carta di **papiro** (ancora oggi "carta" in inglese si dice *paper* e in francese *papier*). La forma del libro più diffusa fu il **rotolo**: una striscia di fogli di papiro attaccati l'uno all'altro, lunga anche 40 metri. I Romani la chiamarono *volumen* perché per leggere le colonne di testo bisognava svolgere il rotolo tra le mani da sinistra verso destra, in senso orizzontale [...].
>
> Ma alla svolta epocale si giunse con l'invenzione della **pergamena**, destinata a modificare il formato dei libri. Dal rotolo di papiro si passò così al **codice** di pergamena, un libro vero e proprio, simile a quello che usiamo oggi: di forma quadrata o rettangolare, con i fogli rilegati sul dorso e numerati, la divisione in capitoli, i sommari [...]. Il successo del codice di pergamena dipese dagli enormi vantaggi che offriva rispetto al rotolo: era più resistente; poteva essere riscritto su entrambi i lati raschiando il testo precedente; era maneggevole e soprattutto era facile da consultare.
>
> (A. Giardina, *Il Giardina compatto. Dalla Preistoria all'anno Mille*, Laterza, Roma-Bari 2014)

È bene iniziare con una frase introduttiva che presenti gli oggetti del confronto. Se, come quasi sempre avviene, si vogliono far emergere soprattutto le differenze, verranno qui presentati gli **elementi simili**. Meno frequente il caso opposto, cioè il confronto tra due oggetti apparentemente diversi; in questo caso, la frase introduttiva sintetizza le **differenze**, mentre il corpo del capoverso analizza i punti di contatto.

LABORATORIO

LA DEFINIZIONE

1 **Le parole di ciascun gruppo appartengono alla stessa categoria; dunque le loro definizioni hanno in comune la classificazione. Seguendo il modello, scrivi le definizioni mancanti.**

1. Lingua d'oil: *è detta lingua d'oil la lingua romanza di uso letterario che si sviluppò nel Nord della Francia tra il* IX *e il* XIII *secolo.*
   Lingua d'oc • Lingua del sì
2. Volantino: *il volantino è uno stampato costituito da un solo foglio che viene distribuito a scopo di propaganda o di pubblicità.*
   Pieghevole • Brochure
3. Illuminismo: *l'Illuminismo fu un movimento filosofico, politico e culturale che si diffuse in Europa nel* XVIII *secolo, caratterizzato dalla fiducia nella ragione e nel progresso.*
   Romanticismo • Decadentismo

2 **Scrivi le definizioni dei seguenti termini ricorrenti nel lessico letterario.**
Bilinguismo • genere letterario • incipit • proemio • similitudine • sonetto

L'ESEMPIO

3 **Illustra le affermazioni generali, aggiungendo almeno un esempio.**

1. Mentre spesso le sale di gallerie e musei sono vuote, il pubblico si affolla per visitare le grandi mostre.
2. Non sono pochi i grandi scrittori che non hanno mai ricevuto il premio Nobel.
3. La provincia italiana è ricca di piccole città che conservano tesori artistici di grande interesse.

L'ENUMERAZIONE

4 **Individua se i seguenti gruppi costituiscono serie aperte o chiuse, ordinate o prive di ordine.**
I pianeti del Sistema solare • i numeri primi • le materie scolastiche • le Muse • i colori dell'iride

5 **Sviluppa un capoverso a enumerazione, illustrando i seguenti insiemi, appartenenti all'ambito culturale-letterario. Inizia con una frase introduttiva e dedica una frase a ciascun membro dell'elenco.**

1. Le Arti liberali • le virtù cardinali e teologali • le classi sociali dell'Alto Medioevo • i cieli nel sistema tolemaico
2. I cicli delle canzoni di gesta francesi • i generi metrici della poesia trobadorica • le opere scritte da Boccaccio nel periodo napoletano

LA CLASSIFICAZIONE

6 **Individua i criteri che sono stati utilizzati per classificare i seguenti gruppi di lavoratori.**

1. Autonomi, dipendenti, parasubordinati
2. Dirigenti, quadri, impiegati, operai
3. Agricoli, metalmeccanici, edili, chimici, elettrici, tessili, dei trasporti, dei servizi

7 **Per ciascuno dei seguenti insiemi, scrivi due differenti capoversi a classificazione, applicando i criteri indicati.**

1. I dipinti: **a.** in base al soggetto **b.** in base alle tecniche pittoriche
2. Gli alimenti: **a.** in base al contenuto in princìpi nutritivi
b. in base alla funzione prevalente nell'organismo

L'ANALISI

8 **In un capoverso ad analisi, illustra la struttura di ciascuna delle seguenti grandi opere della letteratura italiana, individuandone le parti, l'argomento e/o le caratteristiche generali di ciascuna parte.**

1. La *Commedia* di Dante **2.** I *Trionfi* di Petrarca **3.** Il *Decameron* di Boccaccio

9 **Analizza un videoclip a tua scelta, seguendo la scaletta proposta.**

- Introduzione: da chi è stato realizzato, quando, per quale musica.
- Tipo: riprende i performer dal vivo, racconta una storia, evoca emozioni attraverso il montaggio di immagini.
- Se c'è una storia, tipo di storia.
- Ambientazione.
- Rapporto tra musica e immagini.
- Uso del linguaggio visivo: effetti speciali, uso delle inquadrature, uso del bianco e nero, dei colori.
- Sensazioni ed emozioni suscitate.

CAUSA ED EFFETTO

10 **Ricerca ed esponi in uno o più capoversi le cause dei seguenti eventi storici.**

1. La ripresa demografica dell'anno Mille.
2. La cacciata degli ebrei dalla Spagna.
3. La caccia alle streghe.

11 **Ricerca ed esponi in uno o più capoversi le conseguenze dei seguenti eventi storici.**

1. La conquista normanna dell'Inghilterra.
2. La caduta di Costantinopoli.
3. L'invenzione della stampa a caratteri mobili.

CONFRONTO E CONTRASTO

12 **Metti a confronto le coppie illustrandone somiglianze e differenze in un capoverso a confronto e contrasto.**

1. L'apprendimento nell'ambiente scolastico e in uno stage in azienda.
2. Migranti economici e rifugiati.
3. Facebook e Twitter.

13 **Metti a confronto le coppie illustrandone somiglianze e differenze in un testo a confronto e contrasto di circa due colonne.**

1. Lo stile Romanico e lo stile Gotico.
2. La *chanson de geste* e il romanzo francese medievale.
3. Le scelte linguistiche di Dante e di Petrarca.
4. L'atteggiamento verso i poveri nel Medioevo e nell'età moderna.

4 La revisione

La revisione è una fase tanto importante quanto trascurata: gli studenti spesso si accontentano di una veloce rilettura, per evitare i più vistosi errori di ortografia e grammatica. È invece proprio dalla revisione che dipende gran parte dell'efficacia di un testo scritto, perché consente di osservarlo con distacco e occhio critico, portando molti miglioramenti.

La **verifica del contenuto** avviene in parte già durante la **prima stesura**.

- Terminato un capoverso, rileggilo. L'idea principale è espressa chiaramente? Le informazioni di supporto sono sufficienti? Il ragionamento si segue con chiarezza?
- Rileggi il capoverso precedente. I due capoversi sono ben collegati? La progressione tematica è evidente? Non ci sono salti logici?

Alla fine della stesura, è necessario rivedere accuratamente sia il contenuto sia la **forma** dell'intero testo. Dedica a questa operazione almeno un terzo del tempo a disposizione. Cerca di lavorare in modo pulito, scrivendo le correzioni in modo chiaro e leggibile e evitando di sovrascrivere il testo (a volte può essere utile recuperare la vecchia versione).

Lo scopo del tuo lavoro è ottenere un testo non solo corretto, ma adeguato (cioè rispondente alla consegna e allo scopo per il quale è stato scritto), chiaro ed efficace: il lettore riesce a seguirne il senso senza difficoltà; tutte le parti sono funzionali, ben collegate e sviluppate in modo proporzionale alla loro importanza; le affermazioni sono illustrate da esempi e particolari concreti; la struttura delle frasi e dei periodi, l'uso dei connettivi e della punteggiatura favoriscono la leggibilità.

4.1 Come correggere il contenuto

Occupati in primo luogo del contenuto. Rileggi il testo una prima volta **integralmente**, per verificarne il disegno generale, l'organicità, la completezza, la corrispondenza alle richieste. Passa quindi all'esame dei **singoli capoversi**. Durante la revisione del contenuto procedi a tre operazioni:

- **cancella**: elimina le digressioni, i dettagli superflui, le informazioni che non contribuiscono alla progressione tematica e risultano poco collegate con l'idea centrale;
- **arricchisci**: completa con particolari concreti, esempi e dettagli vividi le affermazioni troppo generiche; aggiungi le informazioni mancanti; unisci con una frase di collegamento due capoversi troppo slegati;
- **taglia e incolla**: sposta le informazioni che appaiono fuori posto; unisci in un medesimo capoverso le informazioni collegate alla stessa idea principale; spezza i capoversi lunghi che sviluppano più di un'idea principale o un punto molto articolato.

Per procedere con metodo puoi servirti della seguente **lista di controllo**.

››› LISTA DI CONTROLLO DEL CONTENUTO

1. Il lavoro corrisponde alle **richieste del titolo** (argomento, sue delimitazioni, genere testuale, scopo, registro, lunghezza)?
2. C'è **un'idea centrale** chiara e sufficientemente sviluppata?
3. Ogni capoverso contiene una e una sola **idea principale**? È espressa chiaramente da una frase chiave? Le informazioni di supporto sono sufficienti? Gli esempi sono calzanti? I dati sono precisi e corretti?
4. Ci sono parti che non rispondono al **piano generale**? Lo sviluppo del testo è equilibrato? Ti sei dilungato troppo su punti secondari? Ci sono informazioni ripetute? Ci sono affermazioni che si contraddicono tra di loro?
5. Le idee sono esposte in **modo ordinato**? L'ordine scelto è adeguato allo scopo? Aiuta il lettore a seguire il filo del discorso?
6. I **passaggi logici** tra un'idea e l'altra sono sufficientemente chiari? Non ci sono salti logici? I capoversi sono ben collegati?
7. L'**introduzione** e la **conclusione** sono efficaci?

4.2 Come correggere la forma

Rivisto il contenuto, è ora di passare a un'ulteriore rilettura dei singoli capoversi per verificare se la forma linguistica è adeguata, corretta e scorrevole. La lista ti aiuterà a individuare e risolvere i più diffusi problemi formali.

LISTA DI CONTROLLO DELLA FORMA

1. La **sintassi** del testo è variata e favorisce la leggibilità?
   - Un testo costituito per lo più da brevi frasi semplici o coordinate è chiaro, ma spesso poco scorrevole e poco coeso. Rendi la forma più scorrevole e varia unendo tra loro alcune frasi.
   - Un testo con periodi troppo lunghi è difficile da leggere ed espone a rischi di gravi errori sintattici. Spezza i periodi che contengono più di 2-3 subordinate; evita lunghi incisi. Un periodo non dovrebbe superare le 20-25 parole.
2. I periodi e le frasi sono **ben costruiti**? Ogni frase ha un soggetto? Tutte le subordinate dipendono da una principale? Tutti i periodi sono completi e conclusi?
3. Ci sono **costruzioni irregolari** o non accettabili in un testo formale? Elimina e correggi le seguenti costruzioni:
   - dislocazione a sinistra del complemento oggetto: ***Il problema** tutti **lo** conoscono.* ➔ *Tutti conoscono **il problema***;
   - frase scissa (falsa relativa): *È **un problema** che va discusso.* ➔ ***Il problema** va discusso*;
   - tema sospeso (anacoluto): ***L'ambiente**, i ragazzi sono molto sensibili al problema.* ➔ *I ragazzi sono molto sensibili **ai problemi ambientali***;
   - subordinata implicita con soggetto diverso da quello della principale: *Il professore ci ha dato poco tempo, **dovendo fare il compito in una sola ora**.* ➔ ***tanto che abbiamo dovuto fare il compito in una sola ora***;
   - concordanza a senso: *Un gruppo di ragazzi **entrarono** urlando.* ➔ *Un gruppo di ragazzi **entrò** urlando.*
4. Il **collegamento tra parole e frasi** è funzionale e corretto? I connettivi aiutano a seguire il filo del discorso?
5. L'uso dei **pronomi** è corretto? È facile individuare a quale parola o espressione (antecedente) si riferiscono? Non ci sono pronomi pleonastici?
6. Il **tempo verbale** di base (presente, passato remoto, passato prossimo) è mantenuto con coerenza in tutto il testo? Sono rispettate le regole della concordanza verbale? L'uso dei modi (indicativo, congiuntivo, condizionale) è corretto? Le forme dei verbi irregolari sono corrette?
7. Le forme di **nomi e aggettivi** con femminili e plurali particolari sono corrette? I comparativi e i superlativi sono usati correttamente?
8. La **scelta delle parole** è adeguata al tipo di testo, allo scopo e al destinatario? Il registro (informale, medio, formale) è adeguato e mantenuto con coerenza? Le parole sono precise ed esprimono esattamente ciò che vuoi dire? Hai controllato sul dizionario il significato dei termini che non ti sono molto familiari? Hai eliminato le ripetizioni eccessive?
9. La **punteggiatura** è corretta e aiuta il lettore a seguire il ragionamento? Il punto a capo scandisce il testo in capoversi che corrispondono a unità di contenuto?
10. L'**ortografia** è corretta? Hai verificato con attenzione gli errori ortografici in cui ti capita di incappare?

LABORATORIO

COME CORREGGERE IL CONTENUTO

1 **Ti proponiamo lo svolgimento di un elaborato sui pellegrinaggi nel Medioevo. Nella stesura sono stati commessi diversi errori di contenuto. Leggilo attentamente, quindi individua e correggi gli errori con l'aiuto delle attività.**

Viaggiare nel Medioevo era molto faticoso e rischioso, ma relativamente economico e alla portata di tutti se ci si spostava per terra: erano sufficienti un cavallo o un mulo, ma molti si muovevano anche a piedi; bastavano pochi compagni, ma si poteva viaggiare anche da soli; cibo e acqua si trovavano lungo la strada.
Fatiche e rischi non spaventavano i pellegrini. Visitare un lontano santuario, affrontando un viaggio pericoloso e scomodo, era azione meritevole; Dio, in cambio dei disagi affrontati per amor suo, avrebbe concesso al fedele il perdono dei peccati. Ai pellegrinaggi partecipavano uomini di ogni condizione sociale: vescovi e abati viaggiavano con muli e carrette; i nobili si muovevano a cavallo. Il viaggio era molto lungo e richiedeva molte soste nei monasteri e nelle locande; i primi offrivano ospitalità gratuita, le seconde spesso sorsero proprio lungo gli itinerari percorsi dai pellegrini.
Le principali mete verso cui i devoti muovevano i loro passi erano tre. La più ambita, la più lontana ma anche la più costosa era la Palestina, cioè la Terra Santa dove era vissuto Gesù; mentre a Roma era prevista la visita delle quattro basiliche maggiori, a Gerusalemme il luogo di maggiore richiamo era il Santo Sepolcro. Coloro che tornavano dalla Terra Santa erano detti Palmieri perché portavano la palma di Gerico come segno di riconoscimento.
La seconda meta era Santiago de Compostela, nella Spagna nordoccidentale, dove, secondo la tradizione, nell'810 era stato trovato il corpo dell'apostolo Giacomo. Da qualche anno, il pellegrinaggio a Santiago è tornato di moda e sono migliaia i moderni pellegrini che lo affrontano, per lo più a piedi.
Oltre a questi grandi luoghi santi, ve ne erano altri minori, che richiamavano soprattutto devoti a livello locale; si trattava in particolare di località che conservavano le reliquie di santi molto venerati: in Italia, San Marco a Venezia, San Nicola a Bari; in territorio imperiale Colonia; in Francia Tours e Sens.
Ma sicuramente la meta più frequentata era Roma, sede del Papato e della tomba di san Pietro, luogo sacro per eccellenza. Meno lontana di Gerusalemme, il soggiorno nella città eterna era però molto costoso, perché la città richiamava molti pellegrini e già abitualmente ospitava moltissimi stranieri. I pellegrini che visitavano Roma si chiamavano Romei e si distinguevano fissando al mantello o al cappello le chiavi di S. Pietro o l'effige della Veronica.
Ma lungo le strade medievali, non si muovevano solo pellegrini: c'erano anche commercianti e, non dimentichiamoli, briganti di strada, che costituivano un temuto pericolo.

1. L'introduzione (primo periodo) permette di capire subito di quale argomento si parlerà? È collegata al corpo del testo?
2. Sono indicati con precisione i confini cronologici dei pellegrinaggi medievali?
3. Dal testo si riesce a capire come viaggiavano le persone più povere?
4. Viene spiegato in modo esplicito perché molte locande sorsero lungo gli itinerari dei pellegrinaggi?

5. Quali informazioni vengono fornite sui pellegrini che visitavano Gerusalemme?
6. Viene fornito lo stesso tipo di informazione per quelli che visitavano Santiago e Roma?
7. Nella sequenza in cui si parla dei pellegrinaggi a Santiago c'è un'informazione che sarebbe meglio spostare. Individuala.
8. Le informazioni sulle mete minori sono al loro posto o sarebbe meglio spostarle?
9. Quale informazione manca sulle mete di pellegrinaggio nell'Impero e in Francia?
10. L'ultimo capoverso è collegato all'argomento centrale del testo?
11. Riscrivi ora il testo, eliminano le parti superflue, spostando le informazioni fuori posto, aggiungendo quelle mancanti.

COME CORREGGERE LA FORMA

2 **Nel brano si sono insinuati 22 errori che riguardano l'ortografia, la morfologia, la punteggiatura, la sintassi. Individuali e correggili.**

L'indovina Amaglia, famosa cartomante, acolse il cliente nel suo studio.

Sul tavolo c'era una statuetta egizzia, il gatto nero Pippo; tre pacchetti di sigarette e un mazzo di tarocchi.

«Tagliasse il mazzo» disse Amalia con voce baritonale

Il cliente eseguì.

La cartomante Amalia estrasse tre carte e le scopriva lentamente davanti a se.

«La prima carta dice che nel marzo di quest'anno ci sarebbero spaventosi attentati a Londra, Parigi e Roma e un ordinio atomico venisse lanciato su Washington.

L'uomo deglutì.

«La seconda carta dice che la reazzione degli Stati uniti provocando la Terza guerra mondiale con due migliardi di morti. Nel quadro di una catastrofe climatica il quale sommergerà due terzi delle terre emerse.»

L'uomo si gratò la testa.

«La terza carta dice che la donna dove sta pensando l'ha ama anc'ora e tornerà da lei».

«Grazie, grazie» disse l'uomo quasi con le lacrime all'occhi. Pagò, uscì e quando fu in strada: la gente, gli alberi, il celo, tutto gli sembravano più bello e luminoso.

(S. Benni, *La grammatica di Dio: Storie di solitudine e allegria*, Feltrinelli, Milano 2009)

5 Come migliorare la leggibilità del testo

Alcuni "trucchi" e suggerimenti possono aiutarti a rendere il tuo testo più coinvolgente, più chiaro e più scorrevole.

5.1 Vivezza e concretezza

Un testo coinvolge il lettore se è **vivido e concreto** e se le informazioni principali sono messe in rilievo in modo opportuno. Ricorda che le affermazioni generiche, i giudizi non supportati da prove, le situazioni troppo astratte non convincono e non coinvolgono; per renderli vividi e convincenti sono utili esempi, dati, paragoni, particolari concreti:

- supporta l'affermazione con **dati statistici** aggiornati e pertinenti: *L'imprudenza è la maggiore responsabile degli incidenti stradali.* → *Il 91,1% degli incidenti stradali è causato dal comportamento scorretto del guidatore;*
- rendi concreta un'affermazione generale con un **esempio**, un aneddoto, una piccola storia; sono i dettagli concreti a farci immedesimare, a coinvolgerci sul piano emotivo;
- usa **similitudini** e paragoni: *L'adolescenza è una fase di instabilità emotiva e inquietudine.* → *Essere adolescenti è come sedere su un'altalena che ora ti innalza verso l'età adulta, ora ti riprecipita nell'infanzia.*

5.2 Chiarezza

La chiarezza del testo, oltre che dall'organizzazione dei contenuti, può essere favorita da opportune **scelte linguistiche**:

- mantieni vicine le parole che formano un'unità sintattica, evitando espressioni contorte: *La polizia ha scoperto dove si era nascosto il boss **con l'aiuto di un pentito**.* → ***Con l'aiuto di un pentito**, la polizia ha scoperto dove si nascondeva il boss;*
- usa la **stessa struttura sintattica** (parallelismo) per introdurre due informazioni del medesimo tipo, aiutando il lettore a cogliere la simmetria tra le informazioni: *Ama **la lettura** e **viaggiare*** → *Ama **leggere** e **viaggiare*** oppure *Ama **la lettura** e **i viaggi**;*
- evita le espressioni generiche (come *buono, grande, cosa, affare*), sostituendole con **termini specifici**; preferisci parole concrete, semplici e comprensibili a tutti, a espressioni inutilmente ricercate, tipiche del linguaggio burocratico: ***Si è recato** alla stazione.* → ***È andato** alla stazione.*

5.3 Concisione e varietà

La noia generata da molti testi è causata principalmente da due difetti: la ripetitività e la monotonia.

- Rendi il testo più conciso eliminando le parole di troppo e le precisazioni inutili, e sostituisci le circonlocuzioni con un'unica parola:
  La sua decisione ~~è una decisione che~~ mi ha stupito.
  Dichiaro di non aver mai lavorato precedentemente ~~in alcun settore di attività economica~~.
  *La direzione **ha attuato un cambiamento di programma**.* → *La direzione **ha cambiato programma**.*
- Un testo variato nella struttura delle frasi e dei periodi tiene viva l'attenzione del lettore; al contrario, un testo in cui tutte le frasi hanno la stessa lunghezza e sono costruite allo stesso modo è piatto e monotono. Alterna frasi brevi e nervose, basate sulla coordinazione, a periodi più articolati, basati sulla subordinazione (evitando, però, periodi troppo lunghi, superiori a 20-25 parole, di difficile lettura).

LABORATORIO

VIVEZZA E CONCRETEZZA

1 **Rendi più concrete, convincenti ed efficaci le affermazioni aggiungendo esempi, aneddoti, dettagli vividi.**

1. Meglio essere folle per proprio conto che saggio con le opinioni altrui. (F. Nietzsche)
2. La vera scoperta non consiste nel trovare nuovi territori, ma nel vederli con nuovi occhi. (M. Proust)
3. Se vuoi cambiare il mondo, prendi la penna e scrivi. (Martin Lutero)
4. A questo mondo ci sono due sole tragedie: una è non ottenere quello che si vuole, l'altra è ottenerlo. (O. Wilde)

CHIAREZZA

2 **Riscrivi le frasi usando costruzioni simmetriche per introdurre informazioni dello stesso tipo.**

a. Dante Alighieri fu condannato all'esilio perpetuo e a pagare una multa di 5000 fiorini. – **b.** Nel sonetto Cavalcanti parla della natura dell'amore e di come si manifesta. – **c.** All'Alleanza antifrancese aderirono anche gli spagnoli, l'imperatore e la Repubblica di Venezia. – **d.** Petrarca decise di lasciare Avignone in seguito all'elezione di un nuovo papa, a lui forse ostile, e perché in Italia gli si offrivano nuove possibilità. – **e.** Il deserto è caratterizzato da una forte escursione termica, con temperature del giorno torride e notturne alquanto fredde.

CONCISIONE E VARIETÀ

3 **Rendi più sintetico e scorrevole il testo eliminando le ripetizioni e le parole superflue.**

La nostra casa era una casa che si trovava su un'isola circondata da tutte le parti dal mare. Ma la terraferma tuttavia non era molto distante, era tanto vicina che quando c'era bassa marea l'isola si poteva raggiungere a piedi, cioè camminando. Passata la bassa marea, cioè con l'alta marea, l'unico mezzo per raggiungerla era la nostra vecchia barca a remi, un'annosa barca che chiamavamo tanto per ridere con il nome ironico di Bagnarola.

6 Il riassunto

Scrivere un riassunto significa far nascere un **nuovo testo** che, pur nella sua brevità, rispecchi il **contenuto globale** di quello di partenza. Entrano quindi in gioco capacità diverse: da un lato la comprensione dello scritto e la scelta accorta delle informazioni, dall'altro una forma linguistica chiara e concisa. Una variabile molto importante è la **lunghezza** del testo finale: infatti, dallo stesso testo di partenza, a seconda dello scopo e della destinazione, si possono ricavare sintesi più o meno particolareggiate.

La prima fase del lavoro consiste nella **lettura del testo** di partenza e nella **selezione delle informazioni**. Procedi così:

- leggi una prima volta cercando di cogliere il **contenuto generale**;
- suddividi il testo in **sequenze**: una sequenza è una porzione di scritto che contiene un'informazione principale con il suo sviluppo tematico. In base alla lunghezza del testo finale, la divisione in sequenze potrà essere più o meno analitica;
- leggi ciascuna sequenza una o più volte, a seconda della sua complessità;
- individua e sottolinea le **informazioni principali** e le informazioni di supporto indispensabili per ricostruire l'ossatura del testo;
- annotale sotto forma di **appunti**, di scaletta o di mappa.

Solo a questo punto, con la certezza di aver ben compreso il testo originario e di averne estratto tutte le informazioni necessarie, puoi passare alla **stesura**. Ecco alcune indicazioni:

- introduci il testo con un breve **inquadramento** o una frase introduttiva;
- scegli l'**ordine** in cui esporre le informazioni: non sempre è opportuno rispettare quello originario; talvolta occorre accorpare alcuni argomenti, riorganizzare le informazioni, esplicitare un'informazione implicita;
- il riassunto si scrive quasi sempre per altri: non tralasciare, perciò, le **informazioni indispensabili** al lettore per ricostruire il **contenuto globale** del testo di partenza;
- usa di preferenza il **tempo presente**; quando riassumi un testo narrativo puoi scegliere tra il presente e il passato; in ogni caso mantieni sempre con coerenza il tempo scelto;
- scrivi sempre in **terza persona**, anche se il testo di partenza è scritto in prima persona;
- aiuta il lettore a cogliere il legame tra i concetti con opportuni **connettivi**;
- evita riflessioni e osservazioni personali.

La **revisione** è particolarmente importante per una sintesi efficace. Terminata una prima stesura, rileggila con attenzione, controllandone la chiarezza, la fedeltà all'originale e la completezza: un riassunto ben fatto deve essere del tutto autonomo, comprensibile anche senza conoscere il testo originale. Verifica con particolare attenzione di non esserti dilungato troppo su alcune sequenze, tralasciandone altre della stessa importanza; di non aver travisato l'originale, magari forzando l'interpretazione di informazioni implicite; di aver inserito tutte le informazioni rilevanti.

Controlla poi se la **lunghezza** è quella prescritta: se la sintesi è troppo breve, inserisci qualche particolare significativo inizialmente eliminato; se è troppo lunga, rendi la forma più sintetica e/o elimina particolari meno rilevanti.

Per orientare la scelta delle informazioni principali, è importante riconoscere il **tipo di testo** che dobbiamo riassumere; infatti ogni tipologia è caratterizzata da una struttura specifica e implica informazioni di tipo differente.

6.1 Come riassumere un testo narrativo

I testi narrativi raccontano una storia in **successione temporale**. Per sintetizzarli, bisogna individuare:

- il **tempo** e il **luogo** che fanno da sfondo alla storia;

- i **personaggi** principali;
- la successione degli **eventi**;
- nelle narrazioni letterarie, l'**atmosfera** e gli eventuali **significati simbolici**.

Per ricostruire la trama, è utile basarsi su una struttura narrativa ricorrente in un gran numero di testi narrativi (schema delle storie):

- **esordio** o **situazione iniziale**: vengono introdotti i protagonisti, le circostanze di tempo e di luogo e gli eventuali antefatti dell'azione;
- **azione complicante**: un evento modifica la situazione iniziale e innesca la storia;
- **peripezie**: i personaggi affrontano una serie di vicende, che portano l'azione verso il suo punto culminante (detto ***Spannung***);
- **scioglimento**: la storia si conclude ritrovando l'equilibrio iniziale o una nuova forma di equilibrio (positivo o negativo).

6.2 Come riassumere un testo espositivo

I testi espositivi presentano e spiegano un **argomento**, seguendo un particolare sviluppo tematico; hanno **scopo informativo**. Nel riassumerli, devi individuare l'argomento generale e lo specifico modo in cui è stato sviluppato. Ad esempio, un argomento come "Le università nel Medioevo" può essere trattato esponendone la storia, analizzandone le caratteristiche salienti, esemplificando alcuni casi notevoli, mettendole a confronto con le università di oggi, e così via.

6.3 Come riassumere un testo argomentativo

I testi argomentativi sostengono una particolare opinione o **tesi** attraverso una serie di **argomenti**; hanno **scopo persuasivo**. Per riassumerli devi individuare le componenti dell'argomentazione:

- la **tesi**;
- l'eventuale **antitesi** (o controtesi);
- gli **argomenti** a favore della tesi e/o contro l'antitesi;
- le eventuali **obiezioni** e la loro **confutazione**.

6.4 Come scrivere in modo conciso

Oltre che dall'attenta scelta delle informazioni, un'espressione concisa è favorita da opportune tecniche stilistiche:

- usa **frasi brevi**, ricorrendo anche a frasi nominali (cioè prive di verbo); preferisci la **coordinazione**; usa poche subordinate, privilegiando, ogni volta che è possibile, la **forma implicita**:
  ***Dopo che ebbe scoperto l'ammanco**, non si rivolse subito alla polizia.* → ***Scoperto l'ammanco**, non si rivolse subito alla polizia;*
- trasforma le proposizioni subordinate in un'**espressione** nominale:
  *Era inquieto **perché temeva di venire licenziato**.* → *Era inquieto **per timore di un licenziamento**;*
- trasforma le proposizioni subordinate (soprattutto le relative, ma anche le finali, causali e temporali) in **apposizioni**:
  *Boccaccio, **quando è ancora un ragazzo**, segue a Napoli il padre, **che lavora per la compagnia** dei Bardi.* → ***Da ragazzo**, Boccaccio, segue a Napoli il padre, **agente della compagnia** dei Bardi;*
- sintetizza una serie di informazioni specifiche con un termine dal **significato più generale** che le comprenda tutte:
  *Nel Neolitico vennero coltivati **orzo, grano, spelta, miglio**.* → *Nel Neolitico vennero coltivati **diversi cereali**.*

LABORATORIO

COME RIASSUMERE UN TESTO NARRATIVO

1 **Con l'aiuto delle note, leggi la novella tratta dal *Novellino*. Quindi svolgi le attività.**

Domenedio[1] s'accompagnò, una volta, con uno giullare. Or venne un dì, che s'era bandito una corte di nozze, e bandissi uno ricco uomo, ch'era morto[2]. Disse il giullare: – Io andrò alle nozze, e tu al morto. – Domenedio andò al morto e guadagnò, ché 'l risuscitò, cento bisanti[3]. Il giullare andò alle nozze e satollossi[4]; e redì[5] a casa e trovò il compagno suo, ch'avea guadagnato. Feceli onore[6]. Quelli era digiuno. Il giullare si fe' dare danari, e comperò un grosso cavretto[7] e arrostillo. E arrostendolo, sì ne trasse li ernioni[8] e mangiolli. Quando il compagno l'ebbe innanzi, domandò delli ernioni. Il giullare rispose: – È non hanno ernioni, quelli di questo paese. – Or venne un'altra volta, che anche si bandiro nozze, ed un altro ricco uomo, ch'era morto. E Iddio disse: – Io voglio ora andare alle nozze, e tu va' al morto, ed io t'insegnarò, come tu il risusciterai. Segnerailo e comanderaili che si lievi suso, ed elli si leverà. Ma fatti fare l'impromissione dinanzi[9]. – Disse il giullare: – Ben lo farò! – Andò e promise di suscitarlo; e non si levò, per suo segnare[10]. Il morto era figliuolo di gran signore. Il padre s'adiròe, veggendo che questi facea beffe di lui: mandollo ad impendere per la gola[11]. Domenedio li si parò dinanzi[12] e disse: – Non temere, ch'io lo suscitarò. Ma dimmi, per tua fe'[13]: Chi mangiò li ernioni del cavretto? – Il giullare rispose: – Per quel santo secolo[14], dove io debbo andare, compagno mio, che io non li mangiai! – Domenedio, veggendo che non li le potea far dire, increbbeli di lui[15]. Andò e suscitò il morto. E questi fu dilibero ed ebbe la promessione, che li era fatta[16]. Tornaro a casa. Disse Domenedio: – Compagno mio, io mi voglio partir[17] da te, perch'io non t'ho trovato leale, com'io credeva. – Quelli, vedendo che altro non poteva essere, disse: – Piacemi: dividete, ed io piglierò[18]. – Domenedio fece tre parti de' danari. Il giullare disse: – Che fai? Noi non semo[19], se non due. – Disse Domenedio: – Bene è vero; ma quest'una parte sia di colui, che mangiò li ernioni; e l'altre, sia l'una tua l'altra mia. – Allora disse il giullare: – Per mia fede, dacché tu di' così[20], ben ti dico che io li mangiai: io sono di tanto tempo, ch'io non debbo omai dir bugia[21]! – E così si provano tali cose, per danari, le quali dice l'uomo, che non le direbbe per iscampare da morte a vita[22].

(*Novellino*, a cura di G. Favati, Fratelli Bozzi, Genova 1970)

---

1. Domenedio: è Cristo; in altre versioni di questa storia, il suo compagno, anziché un giullare, è san Pietro.
2. Or venne un dì... ch'era morto: Capitò un giorno che venne annunciata una festa di nozze, ma anche la morte di un uomo ricco.
3. guadagnò, ché 'l... bisanti: avendolo risuscitato, guadagnò cento bisanti. I bisanti erano le monete d'oro dell'Impero bizantino; si tratta dunque di una forte somma.
4. satollossi: si rimpinzò.
5. redì: ritornò.
6. Feceli onore: Si complimentò con lui.
7. cavretto: capretto.
8. ernioni: rognoni (ovvero i reni dell'animale).
9. Segnerailo e comanderaili... dinanzi: Gli farai il segno della croce e gli comanderai di alzarsi, e lui si alzerà. Ma prima pattuisci il compenso.
10. e non si levò, per suo segnare: il morto, nonostante l'avesse segnato, non si alzò.
11. Il padre s'adiròe... per la gola: Il padre, pensando che il giullare lo avesse preso in giro, comandò che fosse impiccato.
12. li si parò dinanzi: il pronome si riferisce al giullare, non al padre del morto.
13. per tua fe': sulla tua parola (la formula si usava nei giuramenti).
14. santo secolo: è la vita eterna, contrapposta alla vita mondana.
15. Domenedio, veggendo... di lui: Cristo, vedendo che non riusciva a farlo confessare, ebbe pietà di lui.
16. E questi fu... li era fatta: E il padre del morto fu libérale (cioè generoso) e il giullare ebbe la somma che gli era stata promessa.
17. partir: dividere.
18. Piacemi: dividete, ed io piglierò: Sono d'accordo: fa' tu le parti, e io prenderò quella che mi spetta.
19. semo: siamo.
20. dacché tu di' così: dal momento che dici così.
21. io sono di tanto tempo... dir bugia: oramai sono troppo vecchio per dire le bugie.
22. E così si provano... per iscampare da morte a vita: E così si prova che, per denaro, gli uomini dicono cose che non direbbero neppure per salvarsi la vita.

1. Qual è l'ambientazione della novella?
2. Chi sono i protagonisti?
3. Individua la situazione iniziale.
4. Quale azione complicante innesca la storia?
5. Quali peripezie attraversano i protagonisti?
6. In quale momento si raggiunge il punto di massima tensione (*Spannung*)?
7. Come si conclude la storia?
8. Riassumi la novella in circa 100 parole (un quarto dell'originale).

2 **Leggi il racconto di Dino Buzzati *I giorni perduti* e svolgi le attività.**

Qualche giorno dopo aver preso possesso della sontuosa villa, Ernst Kazirra, rincasando, avvistò da lontano un uomo che con una cassa sulle spalle usciva da una porticina secondaria del muro di cinta, e caricava la cassa su di un camion. Non fece in tempo a raggiungerlo prima che fosse partito. Allora lo inseguì in auto. E il camion fece una lunga strada, fino all'estrema periferia della città, fermandosi sul ciglio di un vallone. Kazirra scese dall'auto e andò a vedere. Lo sconosciuto scaricò la cassa dal camion e, fatti pochi passi, la scaraventò nel botro[1] che era ingombro di migliaia e migliaia di altre casse uguali. Si avvicinò all'uomo e gli chiese: «Ti ho visto portar fuori quella cassa dal mio parco. Cosa c'era dentro? E cosa sono tutte queste casse?». Quello lo guardò e sorrise: «Ne ho ancora sul camion, da buttare. Non sai? Sono i giorni». «Che giorni?» «I giorni tuoi.» «I miei giorni?» «I tuoi giorni perduti. I giorni che hai perso. Li aspettavi, vero? Sono venuti. Che ne hai fatto? Guardali, intatti, ancora gonfi. E adesso...» Kazirra guardò. Formavano un mucchio immenso. Scese giù per la scarpata e ne aprì uno.

C'era dentro una strada d'autunno, e in fondo Graziella la sua fidanzata che se n'andava per sempre. E lui neppure la chiamava. Ne aprì un secondo. C'era una camera d'ospedale, e sul letto suo fratello Giosuè che stava male e lo aspettava. Ma lui era in giro per affari. Ne aprì un terzo. Al cancelletto della vecchia misera casa stava Duk il fedele mastino che lo attendeva da due anni, ridotto pelle e ossa. E lui non si sognava di tornare. Si sentì prendere da una certa cosa qui, alla bocca dello stomaco. Lo scaricatore stava diritto sul ciglio del vallone, immobile come un giustiziere. «Signore!» gridò Kazirra. «Mi ascolti. Lasci che mi porti via almeno questi tre giorni. La supplico. Almeno questi tre. Io sono ricco. Le darò tutto quello che vuole.» Lo scaricatore fece un gesto con la destra, come per indicare un punto irraggiungibile, come per dire che era troppo tardi e che nessun rimedio era più possibile. Poi svanì nell'aria, e all'istante scomparve anche il gigantesco cumulo delle casse misteriose. E l'ombra della notte scendeva.

(D. Buzzati, *Le notti difficili*, Mondadori, Milano 1971)

1. **botro:** fosso profondo e scosceso.

1. A quale genere appartiene questo racconto (realistico, fantastico, simbolico)?
2. Esiste una situazione iniziale ben definita o si inizia direttamente con l'azione complicante?
3. Dividi il testo in sequenze, assegna loro un titolo e raccogli le informazioni principali nella tabella.

Sequenza	Titolo	Informazioni principali
1 Dall'inizio a		
2		
3		
4		
5		

4. Sintetizza il racconto in circa 80 parole (un quarto dell'originale).

COME RIASSUMERE UN TESTO ESPOSITIVO

3 **Leggi il testo espositivo, cercando la risposta alle domande in corsivo. Dopo una prima lettura orientativa, concentrati su ogni sequenza sottolineando le informazioni principali. Scrivi poi un riassunto di circa 100 parole (un sesto dell'originale).**

- *In quali modi nel Medioevo la Chiesa controllava il tempo sociale?*

Nel Medioevo la Chiesa teneva il tempo sociale sotto il proprio controllo; il clero stabiliva e dirigeva l'intero corso del tempo della società feudale, regolando i suoi ritmi. Ogni tentativo di sottrarsi al controllo della Chiesa sul tempo era rigorosamente represso; la Chiesa vietava di lavorare nei giorni festivi; l'osservanza dei divieti religiosi le sembrava essenziale, più di quanto potesse esserlo ricevere la quantità supplementare di sovraprodotto che avrebbe potuto ottenersi nei giorni dichiarati vietati al lavoro, che occupavano più di un terzo dell'anno. La Chiesa determinava la composizione del cibo che poteva essere consumato nei diversi periodi dell'anno e puniva severamente la trasgressione dell'astinenza; essa s'inseriva persino nella vita sessuale, prescrivendo le condizioni in cui era consentito l'atto sessuale e quando esso costituiva invece peccato. Risultato di un controllo tanto minuzioso e onnicomprensivo sul tempo era la completa subordinazione dell'uomo al sistema sociale ed ideologico dominante. Il tempo dell'individuo non era il suo tempo individuale, non apparteneva a lui ma a una forza superiore al di sopra di lui. Perciò anche l'opposizione alla classe dominante del Medioevo si traduceva in protesta contro il suo controllo sul tempo: le sette escatologiche, prevedendo l'imminente fine del mondo ed esortando alla penitenza e alla rinuncia ai beni della vita terrena, ponevano in dubbio il valore del tempo della Chiesa. [...]

- *Che cosa mise in crisi questo predominio? Perché?*

Il predominio del tempo della Chiesa poté durare finché esso corrispose al lento, cadenzato ritmo di vita della società feudale. Il conto lento delle generazioni, i regni dei monarchi e i pontificati papali avevano per gli uomini di quest'età maggior senso del computo preciso di brevi lassi di tempo, non legati agli avvenimenti ecclesiastici o politici. Nel Medioevo non esisteva il bisogno di valutare o risparmiare il tempo, di misurarlo esattamente e conoscere le sue minori suddivisioni. Quest'epica calma della vita medievale era prevalentemente determinata dalla natura agraria della società feudale. Ma al suo interno si formava e si sviluppava un altro centro della vita feudale, che si caratterizzava per un ritmo particolare e necessitava di una più rigorosa misurazione del tempo, di un suo più accurato dispendio - la città.

I cicli produttivi degli artigiani non erano definiti dall'avvicendarsi delle stagioni dell'anno. Se l'agricoltore era direttamente coinvolto nel ciclo naturale e poteva distaccarsene solo a stento e non completamente, il cittadino-artigiano era legato alla natura da rapporti più complessi e contraddittori. Tra lui e la natura già si interponeva un ambiente artificiale da lui stesso creato: i diversi strumenti di lavoro, ogni tipo di congegni e meccanismi, che mediavano i suoi legami con l'ambiente naturale. L'uomo che viveva nelle condizioni della nascente civiltà urbana era più soggetto all'ordine da lui stesso creato che ai ritmi naturali. Egli si distingueva più nettamente dalla natura e si atteggiava verso di essa come un oggetto esterno.

- *Come cambia l'atteggiamento verso il tempo degli abitanti della città?*

La città diventa portatrice di un nuovo atteggiamento verso il mondo e, di conseguenza, di un nuovo atteggiamento verso il problema del tempo. Sulle torri cittadine vengono posti orologi meccanici che sono oggetto d'orgoglio dei cittadini, dei *bürger* per la loro città, ma nel contempo soddisfano un'esigenza prima ignota: conoscere il tempo esatto nell'arco della giornata. [...] Per i mercanti il tempo è denaro, l'imprenditore ha bisogno di determinare le ore in cui è attiva la sua bottega. Il tempo diventa la misura del lavoro. Non è più il suono delle campane della chiesa che chiamano alla preghiera, ma il tocco dell'orologio della torre del municipio a regolare la vita dei cittadini in via di secolarizzazione, anche se per alcuni secoli continueranno i tentativi di conciliare e combinare il tradizionale "tempo della Chiesa" con il nuovo tempo profano della vita pratica.

(A.J. Gurevič, *Le categorie della cultura medievale*, Einaudi, Torino 1983)

COME RIASSUMERE UN TESTO ARGOMENTATIVO

4 **Con l'aiuto delle note, leggi il passo tratto dai *Discorsi sopra la prima Deca di Tito Livio* di Machiavelli; quindi svolgi le attività.**

A coloro che in una città sono preposti per guardia della sua libertà[1], non si può dare autorità più utile e necessaria, quanto è quella di potere accusare i cittadini al popolo, o a qualunque magistrato o consiglio, quando peccassono[2] in alcuna cosa contro allo stato libero. Questo ordine fa dua effetti utilissimi a una republica. Il primo è che i cittadini, per paura di non essere accusati[3], non tentano cose contro allo stato; e tentandole, sono, incontamente e sanza rispetto, oppressi[4]. L'altro è che si dà onde sfogare a quegli omori[5] che crescono nelle cittadi, in qualunque modo, contro a qualunque cittadino: e quando questi omori non hanno onde sfogarsi ordinariamente, ricorrono a' modi straordinari[6], che fanno rovinare tutta una republica. E però non è cosa che faccia tanto stabile e ferma una republica, quanto ordinare quella in modo che l'alterazione di quegli omori che l'agitano, abbia una via da sfogarsi ordinata dalle leggi. Il che si può per molti esempli dimostrare, e massime per quello che adduce Tito Livio, di Coriolano, dove dice, che, essendo irritata contro alla Plebe la Nobilità romana, per parerle che la Plebe avessi troppa autorità, mediante la creazione de' Tribuni che la difendevano[7]; ed essendo Roma, come avviene, venuta in penuria grande di vettovaglie, ed avendo il Senato mandato per grani in Sicilia, Coriolano, inimico alla fazione popolare, consigliò come egli era venuto il tempo da potere gastigare la Plebe, e torle quella autorità[8] che ella si aveva in pregiudicio[9] della Nobilità presa; tenendola affamata, e non gli distribuendo il frumento[10]: la quale sentenzia sendo venuta agli orecchi del Popolo, venne in tanta indegnazione contro a Coriolano, che allo uscire del Senato lo arebbero tumultuariamente morto[11], se gli Tribuni non lo avessero citato a comparire, a difendere la causa sua. Sopra il quale accidente[12], si nota quello che di sopra si è detto, quanto sia utile e necessario che le republiche con le leggi loro, diano onde sfogarsi all'ira che concepe la universalità[13] contro a uno cittadino: perché quando questi modi ordinari non vi siano, si ricorre agli straordinari; e sanza dubbio questi fanno molto peggiori effetti che non fanno quelli.

(N. Machiavelli, *Tutte le opere*, a cura di M. Martelli, Sansoni, Firenze 1971)

1. **A coloro che... libertà**: Ai magistrati preposti a difendere la libertà della città; Machiavelli si riferisce a un regime repubblicano, che potrebbe perdere la libertà con l'instaurazione di un regime personale.
2. **peccassono:** peccassero (cioè si rendessero colpevoli).
3. **per paura di non essere accusati:** per paura di essere accusati.
4. **sono, incontamente... oppressi**: vengono repressi immediatamente e senza nessun riguardo.
5. **omori:** umori negativi, malcontento.
6. **non hanno onde... modi straordinari:** non hanno modo di sfogarsi in modo ordinato (cioè nel rispetto della legge), ricorrono a modi illegali (cioè a sommosse e rivoluzioni).
7. **mediante la creazione... difendevano:** in seguito alla creazione di Tribuni che ne difendevano gli interessi; si tratta dei Tribuni della plebe.
8. **gastigare la Plebe... autorità:** punire la plebe e toglierle quel potere.
9. **in pregiudicio:** a danno.
10. **non gli distribuendo il frumento:** Machiavelli si riferisce alle distribuzioni di grano alla plebe, a prezzo agevolato, o gratuite.
11. **lo arebbero... morto:** lo avrebbero ucciso in un tumulto.
12. **accidente:** incidente, caso.
13. **all'ira che... universalità:** all'ira concepita dalla massa, dall'insieme dei cittadini.

1. Individua e sottolinea la tesi, espressa molto chiaramente all'inizio del brano.
2. Individua il primo argomento con cui Machiavelli sostiene la tesi.
3. Individua il secondo argomento.
4. I due argomenti ti sembrano della stessa importanza? Quanto spazio dà lo scrittore all'uno e all'altro?
5. Qual è la funzione dell'esempio di Coriolano? Quale sottotesi è chiamato a supportare?
6. Riassumi il brano in circa 80 parole (un quarto del testo originario).

5 **Leggi l'articolo di taglio argomentativo comparso su un settimanale e riassumilo in circa 120 parole.**

Messico, Marocco, Israele, Ungheria, Francia, Bulgaria. In un mondo che avrebbe bisogno di ponti, i muri si moltiplicano e i ponti vengono bombardati, come in Siria. Eppure nella nostra epoca postmoderna i muri non rappresentano mai il progresso, non risolvono le nostre grandi questioni sociali, ma costituiscono solo un passo indietro nella storia. [...] Certo nel passato avevano una funzione difensiva ben precisa, spesso indispensabile. Di muri la storia è piena. Pericle, l'inventore della democrazia nell'antica Grecia, si illuse di vincere la guerra del Peloponneso grazie alle grandi mura di Atene che congiungevano la "polis" al porto del Pireo, ma 27 anni dopo Sparta ebbe il sopravvento e le mura vennero distrutte al suono del flauto. La Cina ha la sua Grande Muraglia visibile dalla luna, che delimitava l'impero della dinastia Qin. I romani costruirono il Vallo Adriano e il Vallo Antonino al confine con la Scozia. Già nel Novecento dimostrarono tutta la loro inutilità. Durante le guerre mondiali l'Europa si riempì di muri fortificati: la linea Sigfrido in Germania, la Linea Stalin in Russia, la Linea Rupnik in Jugoslavia, il Vallo Alpino Littorio in Italia. Fino alla formidabile Linea Maginot, uno dei più grandi monumenti alla stupidità umana, "la pietra tombale della Francia", una formidabile serie di tunnel, cannoni, mitragliatrici e casematte lunga 100 chilometri armata di cannoni e mitragliatrici, che finiva in un prato belga. I tedeschi tagliarono da lì, aggirarono la Maginot e misero in ginocchio la Francia.

Fino al muro "ideologico" di Berlino, che nel 1961 aveva finito per tagliare in due la città e separare per sempre intere famiglie, amici, fidanzati, simbolo della Guerra Fredda, del comunismo e della sofferenza dei tedeschi. Negli anni tanti tedeschi provarono con ogni mezzo a superarlo, perfino con dei rudimentali deltaplani a motore. [...] Con la caduta del muro dell'89 lo storico Fukuyama preconizzò "la fine della storia" ma la storia non è finita, altri muri sono stati eretti in giro per il mondo. Dal muro marocchino nel Sahara Occidentale a quello che separa Israele dai Territori palestinesi fino alle barriere di separazione africane di Ceuta e Melilla, dalle barriere che separano Arabia Saudita e Yemen, le due zone greca e turca di Cipro, la Bulgaria dalla Turchia, lo Zimbabwe e il Botswuana, le due Coree, l'India dal Pakistan e dal Bangladesh attraverso le due "line of control", l'umanità non ha imparato niente. Si è illusa di poter controllare i flussi dei migranti. Ma i migranti continuano a fluire spinti dalla fame e dalla ricerca del benessere o della libertà.

L'Europa, che di muri se ne intende e avrebbe dovuto imparare la lezione del passato, ne ha eretto uno in Ungheria per fermare i profughi e i migranti economici provenienti dalla Grecia e un altro a Calais per analoghi motivi. Fino alla madre moderna di tutti i muri, quello al confine tra gli Stati Uniti e il Messico, lungo il confine del Rio Grande, che il neo presidente Donald Trump intende rafforzare e completare per frenare l'ondata dei clandestini proveniente dalla "faccia triste dell'America". [...] Ma i muri nella nostra epoca non servono a niente. Spesso trattengono il nemico, anziché tenerlo fuori. Al massimo servono a rafforzare le organizzazioni criminali che troveranno il mondo per contrabbandare negli Usa centinaia di migliaia di esseri umani e fare da "assistenza tecnica" al passaggio della frontiera.

Perché un modo per scavalcare i muri si trova sempre. Inoltre l'economia continuerà a beneficiare del lavoro a basso costo dei clandestini messicani e dei *maquiladores*, i lavoratori che vivono a ridosso del confine nell'immensa area industriale che assembla manufatti e poi li rispedisce negli Usa, principale partner del Messico con 347 miliardi di dollari di scambi collaterali (mentre il Messico è il terzo partner commerciale dell'America, davvero Trump rinuncerà a tutto questo?). Il prolungamento del muro annunciato dal *tycoon* che ha conquistato la casa Bianca sarà l'ennesima grande opera del nulla usata dai potenti per rassicurare l'opinione pubblica. In realtà erigere un muro rappresenta l'ammissione di non trovare una soluzione complessa a un problema complesso come quello delle migrazioni. Le cosiddette *gate community*, le comunità recintate, servono solo a sviare il problema, o a prendere tempo. Ecco perché il muro al confine col Messico seguirà la stessa sorte. La storia si ripete. In peggio. Altri muri si innalzeranno nelle zone contese della Terra. Muri reali e muri mentali, ben più pericolosi, nella mente di tanta gente terrorizzata e politici spregiudicati.

(F. Anfossi, *Quei muri delle illusioni innalzati in tutto il mondo*, «Famiglia cristiana», 18 novembre 2016)

7 La parafrasi

La **parafrasi** (dal greco *paráphrasis*, sostantivo derivato dal verbo *paraphrázein*, "dire con altre parole") consiste nella riformulazione di un testo in una **forma più semplice**, senza modificarne il contenuto. A differenza del riassunto, infatti, nessuna informazione viene eliminata o sintetizzata; si tratta dunque di una vera e propria traduzione. La parafrasi è utile quando si leggono testi del passato, scritti in una lingua ormai lontana da quella di oggi, ma anche quando si affrontano testi attuali ma particolarmente complessi per le strutture sintattiche, il registro, il lessico.

Per fare la parafrasi è indispensabile lavorare tenendo sotto mano il **dizionario** (in alcuni casi, può essere necessario consultare dizionari dell'italiano antico). Procedi così:

- sostituisci le **parole** e le espressioni difficili, di registro troppo elevato, che hanno mutato significato o che oggi sono disusate, con parole più comuni o perifrasi più chiare;
- elimina le **espressioni figurate** non immediatamente trasparenti, sostituendole con i termini propri;
- verifica se l'antecedente (ovvero la parola cui si riferiscono) dei **pronomi** è chiaro o se è meglio esplicitarlo;
- se ti sembrano poco chiari, sostituisci i **sinonimi** e le **perifrasi** che si riferiscono allo stesso antecedente: *la Serenissima, la dominante, la regina del mare = Venezia;*
- riordina le parole secondo l'**ordine** oggi abituale; può essere necessario spostare la posizione del soggetto, degli aggettivi (che nei testi antichi spesso precedono il nome), del predicato, che spesso veniva collocato alla fine;
- semplifica la **sintassi**: spezza i periodi molto lunghi, preferendo la coordinazione alla subordinazione; riscrivi i passi con sintassi intricata: secondo il modello latino, imposto da Boccaccio, nella prosa d'arte italiana spesso i periodi sono molto complessi, con numerose subordinate che si incastrano l'una nell'altra e principale posta alla fine;
- sostituisci i seguenti costrutti, tipici dell'italiano antico:
  - la **subordinata relativa** posta a inizio di periodo, con funzione di reggente: *Al quale ella quasi ridendo disse* = ***Gli*** *disse quasi ridendo;*
  - le strutture ellittiche che imitano l'**ablativo assoluto**: *Così detto* = ***dopo aver*** *detto così;*
  - le subordinate oggettive, soggettive, dichiarative all'infinito, a imitazione della **costruzione infinitiva** latina, dove oggi si ricorrerebbe alla forma esplicita: *avisando quella non potere sì poco valere* = *pensando* ***che quella non potesse valere*** *così poco;*
  - i verbi *temere* e *dubitare* costruiti con *non*: *temendo non essere preso* = *temendo* ***di essere catturato***;
- anche in testi moderni può essere utile sostituire alcune costruzioni che possono creare problemi di comprensione:
  - trasforma le **frasi passive** in attive: *Il calendario giuliano fu introdotto da Giulio Cesare nel 46 a.C.* = ***Giulio Cesare introdusse*** *il calendario giuliano nel 46 a.C.;*
  - elimina le **doppie negazioni**: *non era insensibile* = *era sensibile;*
  - trasforma i **nomi astratti** di azione nei verbi corrispondenti: *La differenziazione cellulare avviene già nello stato embrionale.* = ***Le cellule si differenziano*** *già nello stato embrionale;*
- integra il testo completando le espressioni ellittiche, rendendo espliciti i legami logici, inserendo informazioni di collegamento («informazioni ponte») lasciate implicite nel testo, spiegando le espressioni figurate. In questi casi, per distinguere il testo di partenza dai tuoi interventi, è buona norma racchiudere quest'ultimi tra parentesi quadre. Questi interventi devono in ogni caso limitarsi all'essenziale: una parafrasi non è un commento.

7.1 La versione in prosa

Un tipo particolare di parafrasi molto usato a scuola è la versione in prosa, ovvero la trasformazione di un testo poetico nel corrispondente testo in prosa. È uno strumento utile per comprendere il **significato letterale** di una poesia, soprattutto quando quest'ultima è molto lontana, nel lessico quanto nelle strutture sintattiche, dalla lingua di oggi. Non dimenticare, tuttavia, che i testi poetici sono per loro natura polisemici, cioè dotati di molti significati: dunque anche la migliore versione in prosa non potrà restituire l'intera ricchezza semantica del testo di partenza; si tratta, appunto, solo di un primo strumento, che permette un approccio iniziale, da approfondire con ulteriori livelli di analisi.

Per fare la parafrasi procedi così:

- suddividi il testo in **unità sintattiche** (periodi e frasi), in base ai segni di punteggiatura forti (punto, punto e virgola, talvolta due punti). Ricorda che spesso non c'è corrispondenza tra unità metriche (strofe e versi) e sintattiche; la parafrasi condotta verso per verso è quindi scorretta e può comportare gravi errori di comprensione. Ad esempio, nell'*Infinito* di Leopardi, solo in due casi le unità sintattiche (indicate con il simbolo //) coincidono con unità metriche:

Sempre caro mi fu quest'ermo colle,
E questa siepe, che da tanta parte
Dell'ultimo orizzonte il guardo esclude. //
Ma sedendo e mirando, interminati
Spazi di là da quella, e sovrumani
Silenzi, e profondissima quiete
Io nel pensier mi fingo; // ove per poco
Il cor non si spaura. // E come il vento
Odo stormir tra queste piante, io quello
Infinito silenzio a questa voce
Vo comparando: // e mi sovvien l'eterno,
E le morte stagioni, e la presente
E viva, e il suon di lei. // Così tra questa
Immensità s'annega il pensier mio: //
E il naufragar m'è dolce in questo mare. //

- riordina le parole secondo l'**ordine naturale**: infatti nel testo poetico è frequente l'alterazione dell'ordine abituale, a fini ritmici ed espressivi: *Sempre caro mi fu quest'ermo colle, / E questa siepe, che da tanta parte / Dell'ultimo orizzonte il guardo esclude.* → *Mi fu sempre caro questo colle ermo e questa siepe che esclude il guardo da tanta parte dell'ultimo orizzonte*. Un sistema semplice per fare questa operazione è numerare le parole sul testo stesso;
- sostituisci le parole o espressioni difficili, inusuali, antiquate o che hanno mutato significato con **sinonimi più comuni**: *ermo* → *solitario; guardo* → *sguardo*;
- integra le **espressioni ellittiche**, inserendo tra parentesi quadre le parole mancanti o sottintese che reputi necessarie per la comprensione del testo: *E le morte stagioni, e la presente / E viva* → *e le stagioni morte, e la [stagione] presente e viva*;
- regolarizza i **costrutti irregolari** (dovuti a mutamenti dell'uso o a voluta licenza poetica): *Sempre caro mi fu quest'ermo colle, / E questa siepe* → *Mi furono sempre cari questo colle solitario e questa siepe*;
- per non appiattire troppo il testo, rischiando anche gravi incomprensioni, è meglio non eliminare le **figure retoriche** (metafore, sinèddoche, metonìmie ecc.); conservale e affiancale con una «traduzione» tra parentesi: *s'annega il pensier mio* → *il mio pensiero annega [sprofonda, si annulla]*. Usa la stessa tecnica per spiegare le perifrasi;
- a differenza di quanto faresti in un riassunto, non alterare le persone e i tempi verbali.

LABORATORIO

LA PARAFRASI

1 **Leggi il brano (tratto dai *Ricordi* di Guicciardini) e svolgi le attività.**

È antico proverbio, che tutti **e'** savi sono timidi, perché cognoscono tutti **e'** pericoli, e però[1] temono assai. Io credo che questo proverbio sia falso, perché non può più essere chiamato savio chi stima uno pericolo più che non merita essere stimato; savio chiamerò quello che **cognosce** quanto pesi **el** pericolo e lo teme appunto quanto si **debbe**. Però più presto si può chiamare savio uno animoso che uno timido; e presupposto che **tutt'a dua vegghino** assai, la discordia dall'uno all'altro nasce perché **el** timido mette a entrata[2] tutti **e'** pericoli che **cognosce** che possono essere, e presuppone sempre **el** peggio **de'** peggi; l'animoso che ancora lui **cognosce** tutti, considerando quanti se ne **possino** schifare calla industria[3] degli uomini, quanti ne fa smarrire **el** caso per sé stesso, non si lascia confondere da tutti, ma entra nelle imprese con fondamento[4] e con speranza, che non tutto quello che può essere abbia a essere.

(F. Guicciardini, *Ricordi*, a cura di E. Pasquini, Garzanti, Milano 1965)

1. però: in italiano antico, significa quasi sempre *perciò*.
2. mette a entrata: prende in considerazione, mette in conto (è un'espressione tratta dal linguaggio tecnico della mercatura).
3. industria: operosità, capacità di agire.
4. fondamento: motivi fondati, ragioni valide.

1. Riscrivi nella grafia moderna le parole in neretto.
2. Con l'aiuto del contesto e delle note, individua in quale significato sono usate le parole sottolineate (molte sono usate ancora oggi, ma con diverso significato o sfumatura di significato).
3. Con quale parola sottintesa va integrata l'espressione *ancora lui cognosce tutti*?
4. Semplifica l'ultimo periodo, dalla struttura sintattica alquanto complessa.
5. Scrivi ora la parafrasi del testo.

2 **Con l'aiuto delle note, scrivi la parafrasi del seguente brano tratto dalla *Vita* di Alfieri.**

E qui, a guisa di storietta, inserirò pure la mia prima confessione spirituale, fatta tra i sette ed otto anni. Il maestro mi vi andò preparando, suggerendomi egli stesso i diversi peccati ch'io poteva aver commessi, dei più de' quali io ignorava persino i nomi. Fatto questo preventivo esame in comune con don Ivaldi[1], si fissò il giorno in cui porterei il mio fastelletto[2] ai piedi del padre Angelo, carmelitano, il quale era anche il confessore di mia madre. Andai: nè so quel che me gli dicessi, tanta era la mia natural ripugnanza e il dolore di dover rivelare i miei segreti fatti e pensieri ad una persona ch'io appena conosceva. Credo, che il frate facesse egli stesso la mia confessione per me; fatto si è che assolutomi m'ingiungeva di prosternarmi alla madre prima di entrare in tavola, e di domandarle in tal atto pubblicamente perdono di tutte le mie mancanze passate. Questa penitenza mi riusciva assai dura da ingoiare; non già[3], perché io avessi ribrezzo nessuno di domandar perdono alla madre; ma quella prosternazione in terra, e la presenza di chiunque vi potrebbe essere, mi davano un supplizio insoffribile[4]. Tornato

1. don Ivaldi: si tratta appunto del maestro del piccolo Vittorio.
2. il mio fastelletto: metaforicamente, il piccolo fardello dei peccati da confessare.
3. non già: ma non.
4. insoffribile: insopportabile.

dunque a casa, salito a ora di pranzo, portato in tavola, e andati tutti in sala, mi parve di vedere che gli occhi di tutti si fissassero sopra di me; onde io chinando i miei me ne stavo dubbioso[5] e confuso ed immobile, senza accostarmi alla tavola, dove ognuno andava pigliando il suo luogo[6]; ma non mi figurava[7] per tutto ciò, che alcuno sapesse i segreti penitenziali della mia confessione. Fattomi poi un poco di coraggio, m'inoltro per sedermi a tavola; ed ecco la madre con occhio arcigno guardandomi, mi domanda se io mi ci posso veramente sedere; se io ho fatto quel ch'era mio dovere di fare; e se in somma io non ho nulla da rimproverare a me stesso. Ciascuno di questi quesiti mi era una pugnalata nel cuore; rispondeva certamente per me l'addolorato mio viso; ma il labbro non poteva proferir parola; né ci fu mezzo mai, che io volessi non che eseguire, ma né articolare[8] né accennar pure la ingiuntami penitenza. E parimente la madre non la voleva accennare[9], per non tradire il traditor confessore. Onde la cosa finì, che ella perdé per quel giorno la prosternazione da fargli si, ed io ci perdei il pranzo, e fors'anco l'assoluzione datami a sì duro patto dal padre Angelo. Non ebbi con tutto ciò per allora la sagacità di penetrare[10] che il padre Angelo aveva concertato con mia madre la penitenza da ingiungermi. Ma il core servendomi in ciò meglio assai dell'ingegno, contrassi d'allora in poi un odietto bastantemente profondo pel suddetto frate, e non molta propensione in appresso per quel sagramento ancorché nelle seguenti confessioni non mi si ingiungesse poi mai più nessuna pena pubblica.

(V. Alfieri, *Vita*, a cura di G. Dossena, Einaudi, Torino 1967)

5. dubbioso: esitante, incerto.
6. andava pigliando il suo luogo: stava sedendosi al suo posto.
7. non mi figurava: non immaginavo.
8. articolare: sottinteso, parola.
9. parimente... voleva accennare: allo stesso modo anche mia madre non vi volle accennare.
10. penetrare: capire.

3 **Scrivi la parafrasi del seguente brano, tratto da un saggio storico, spezzando i periodi (spesso molto lunghi e articolati) e sostituendo i termini di registro elevato e le espressioni figurate con sinonimi più comuni.**

Il risveglio della vita delle città, un movimento inverso a quello che aveva caratterizzato i tempi a partire dal terzo secolo dell'era volgare, è sicuramente un fenomeno lento, che tuttavia assume nel XII secolo un profilo così netto che, non solo gli storici moderni da lontano, ma anche gli uomini di allora hanno potuto avvertirlo e salutarlo con sentimenti senz'altro diversi (compiacenza, orgoglio, orrore), ma sempre come un fatto inequivocabile.

Nell'Europa dell'XI secolo i centri urbani erano ancora pochi e esili, e l'iniziativa culturale stava pertanto nelle mani delle abbazie e delle poche cattedrali in grado di organizzare e gestire l'insegnamento. Nella rarefazione ancora così tangibile di questo secolo, esemplari appaiono le carriere parallele di Lanfranco di Pavia e del grande Anselmo di Aosta. Lanfranco, nato pochi anni dopo il Mille, aveva studiato diritto e arti liberali a Bologna e fondato una scuola a Avranches in Francia. Entrato nel monastero di Bec in Normandia, vi dirige la scuola che diviene sempre più nota nell'ambiente culturale dell'epoca (è qui che studia diritto il grande canonista Ivo di Chartres): nel 1070 diventa arcivescovo di Canterbury dove muore vent'anni dopo. Si cita volentieri questa carriera tipicamente medievale e così strana agli occhi di noi moderni, una carriera internazionale che si svolge in regioni assai dissimili per lingua parlata, in tempi in cui le comunicazioni non erano né agevoli né fitte: tuttavia la lingua latina e le istituzioni monastiche offrivano, si suppone, quella confortante uniformità di contesto, essenziale per un intellettuale che era anche un organizzatore [...].

Ma non ci si può sottrarre all'impressione che la carriera di per sé interessante di Lanfranco prefiguri quella più nota e prestigiosa di Anselmo di Aosta. Anselmo diventa priore nel 1063 e abate nel 1078 nello stesso monastero di Bec, fondato dal cavaliere normanno Herluino. Approderà anche lui a Canterbury come arcivescovo, nel 1093, nel mezzo delle lotte per l'investitura[1] tra il re inglese Enrico Beauclerc ed il pontefice romano Pasquale II. Sarebbe difficile definire Anselmo un intellettuale: su di lui l'ambiente sereno dei chiostri e la sua atmosfera di meditazione prevalgono sulla ricerca. Ma quanti tratti "da intellettuale" possedeva questo santo, monaco e arcivescovo! Innanzitutto il bisogno di trovare nella fede "una intelligenza"; poi quello di comunicare ai suoi monaci, confratelli e insieme discepoli, uno strumento che senza dubbio era intellettuale e culturale; e, ancora, la forma di una delle sue opere maggiori, il *Monologion*, strutturato come una *disputatio*[2]; infine l'onestà intellettuale di cercare un confronto serrato e appassionato come quello con l'insipiente del *Proslogion*[3].

(M. Fumagalli Beonio Brocchieri, *L'intellettuale*, in J. Le Goff, a cura di, *L'uomo medievale*, Laterza, Bari 1987)

1. lotte per l'investitura: anche in Inghilterra, come nell'Impero, si determinò un conflitto tra monarchia e Papato su chi (re o papa) dovesse nominare i vescovi.
2. *disputatio*: nelle scuole medievali, la *disputatio* era la discussione pubblica di un argomento, condotta da un maestro e sviluppata secondo schemi retorici prestabiliti. Il *Monologion* è un'opera filosofica di Anselmo di Aosta incentrata sugli attributi divini e sulla dimostrazione dell'esistenza di Dio attraverso la sua evidenza nella creazione.
3. l'insipiente del *Proslogion*: lo stolto (secondo la definizione biblica) che nega l'esistenza di Dio, cui si rivolge il *Proslogion*, la seconda opera di Anselmo sull'esistenza di Dio, in cui si avvale di argomenti a priori (deduttivi).

LA VERSIONE IN PROSA

4 **Leggi il sonetto, tratto dal *Canzoniere* di Petrarca, e svolgi le attività.**

Amor con sue promesse lusingando
mi ricondusse a la prigione antica[1],
et die' le chiavi a quella mia nemica[2]
ch'anchor me di me stesso tene in bando[3].

Non me n'avidi, lasso, se non quando
fui in lor forza[4]; et or con gran fatica
(chi 'l crederà perché giurando i' 'l dica?)
in libertà ritorno sospirando.

Et come vero pregioniero afflicto
de le catene mie gran parte porto[5],
e 'l cor[6] ne gli occhi et ne la fronte ò scritto.

Quando sarai[7] del mio colore accorto,
dirai: S'i' guardo et giudico ben dritto,
questi avea poco andare ad esser morto.

(F. Petrarca, *Canzoniere*, a cura di M. Santagata, Mondadori, Milano 1996)

1. a la prigione antica: il sonetto è costruito attorno a una metafora continuata: l'amore per Laura è una prigione, di cui la donna amata tiene le chiavi e da cui il poeta si libera a malincuore.
2. quella mia nemica: Laura.
3. me di me stesso tene in bando: mi tiene in esilio da me stesso, mi separa da me stesso.
4. fui in lor forza: fui nelle loro mani (di Amore e di Laura).
5. come vero pregioniero... gran parte porto: tormentato come un vero prigioniero, porto con me gran parte delle mie catene; fuori di metafora, anche liberato conserva gran parte dell'afflizione amorosa.
6. 'l cor: i sentimenti che ho nel cuore.
7. Quando sarai: il poeta si rivolge a un interlocutore generico.

1. Individua i periodi in cui si articola il testo, osservando se c'è o meno coincidenza tra strutture metriche e strutture sintattiche.

2. Riordina il testo disponendo le parole nell'ordine oggi abituale.
3. Aiutandoti con le note, individua il significato metaforico delle espressioni sottolineate.
4. Scrivi la parafrasi del sonetto.

5 **Con l'aiuto delle note, scrivi la parafrasi di *Alla luna* di Leopardi.**

O graziosa[1] Luna, io mi rammento
che, or volge l'anno, sovra questo colle
io venia pien d'angoscia a rimirarti:
e tu pendevi[2] allor su quella selva,
siccome[3] or fai, che tutta la rischiari.
Ma nebuloso[4] e tremulo dal pianto,
che mi sorgea sul ciglio, alle mie luci[5]
il tuo volto apparia, ché travagliosa[6]
era mia vita: ed è, né cangia[7] stile,
o mia diletta Luna. E pur mi giova
la ricordanza, e il noverar l'etate[8]
del mio dolore. Oh come grato occorre[9]
nel tempo giovanil, quando ancor lungo
la speme e breve ha la memoria il corso[10],
il rimembrar delle passate cose,
ancor che[11] triste, e che l'affanno duri!

(*Tutte le opere di G. Leopardi*, a cura di F. Flora,
I, Mondadori, Milano 1958)

1. **graziosa:** dotata di bellezza, ma anche amata e benevola.
2. **pendevi:** sovrastavi (latinismo, da *pendere*).
3. **siccome:** così come.
4. **nebuloso:** velato, annebbiato.
5. **alle mie luci:** ai miei occhi.
6. **travagliosa:** tormentata.
7. **cangia:** cambia.
8. **E pur mi giova... l'etate:** Eppure mi conforta il ricordo e misurare la durata.
9. **grato occorre:** giunge gradito.
10. **quando ancor... la memoria il corso:** riordina così: quando la speme ha il corso ancora lungo e la memoria [lo ha] breve. *Speme* significa speranza.
11. **ancor che:** anche se.

6 **Con l'aiuto delle note, scrivi la parafrasi di *Portami il girasole* di Eugenio Montale.**

Portami il girasole ch'io lo trapianti
nel mio terreno bruciato dal salino[1],
e mostri tutto il giorno agli azzurri specchianti
del cielo[2] l'ansietà del suo volto giallino[3].
Tendono alla chiarità le cose oscure,
si esauriscono i corpi in un fluire
di tinte[4]: queste in musiche. Svanire
è dunque la ventura[5] delle venture.
Portami tu la pianta che conduce
dove sorgono bionde trasparenze[6]
e vapora la vita quale essenza[7];
portami il girasole impazzito di luce.

(E. Montale, in *Ossi di seppia*,
Mondadori, Milano 2011)

1. **salino:** salsedine.
2. **agli azzurri specchianti del cielo:** al cielo azzurro che riflette la luce come uno specchio.
3. **l'ansietà del suo volto giallino:** il capolino del girasole di colore giallo è definito metaforicamente volto; è detto ansioso perché si sposta seguendo il corso del sole.
4. **in un fluire / di tinte:** in un flusso di colori.
5. **ventura:** sorte, destino.
6. **dove sorgono bionde trasparenze:** accanto al sole, che trascolora in trasparenze dorate.
7. **vapora la vita quale essenza:** la vita evapora come un profumo.

2 Scrivere di letteratura
La Tipologia A della prova d'esame

1 La specificità del testo letterario

Che cos'è un **testo letterario**? Rispondere non è semplice, anche se intuitivamente ognuno di noi probabilmente non ha difficoltà a riconoscere la "letterarietà" di un testo. In effetti, non esiste un singolo tratto distintivo, ma diverse caratteristiche che, tutte insieme, ne determinano la specificità. Sintetizziamo le principali.

- La **correlazione tra contenuto e forma**, ovvero tra ciò che si dice e le parole usate per dirlo, è strettissima. Addirittura, potremmo dire che la forma diventa contenuto, è essa stessa portatrice di significato. Questa caratteristica – presente comunque anche nella prosa – è particolarmente evidente nei testi poetici, in cui il significato del messaggio è dato dall'interrelazione tra parola, suono, ritmo.
- Non ha **fini** pratici, ma **estetici**. Lo scrittore non scrive per dare informazioni, ma per trasmettere emozioni ed esprimere il proprio mondo interiore attraverso le parole, in uno stile che gli è proprio. Ciò non significa che un'opera letteraria non possa anche rispondere a obiettivi concreti, ma che questi ultimi si realizzano secondo modalità specifiche, estetiche e letterarie. Ad esempio, nello scrivere *L'ultimo giorno di un condannato a morte* Victor Hugo si proponeva certamente di denunciare la barbarie della pena capitale, tuttavia non l'ha fatto esponendo dati e ragionamenti logici (come in un saggio), ma attraverso una narrazione che ci coinvolge e commuove grazie alla maestria artistica con cui è stata scritta.
- Si esprime in un **linguaggio** che, in misura maggiore o minore, si allontana dalla lingua quotidiana perché è il frutto delle scelte estetiche e della rielaborazione formale dell'autore. In base alla sua poetica, egli può decidere di riprodurre la lingua colloquiale (come nei romanzi realistici) o, all'opposto, osare le sperimentazioni più audaci (dall'eliminazione della punteggiatura alla ricreazione stessa del linguaggio, come fa Joyce in *Finnegans Wake*).
- Mentre nei testi informativi, il linguaggio deve essere chiaro e preciso, la parola letteraria è **polisemica** (ovvero dotata di più significati) e ricca **di valori connotativi** (ovvero di sfumature ed echi emotivi). Soprattutto in poesia (ma non solo) è frequente l'uso di figure retoriche.
- Non risponde **al criterio di verità**: quando leggiamo un romanzo, sappiamo che quelle vicende non sono mai avvenute, che quei personaggi esistono solo sulla carta. Anche una poesia lirica, pur partendo dal vissuto dell'autore, lo rivive e lo traspone attraverso le regole della comunicazione letteraria; non è una confessione, non è realtà: è letteratura.
- Per essere compreso e interpretato, richiede la **partecipazione attiva del lettore**. È infatti un messaggio complesso, che si offre a **molteplici livelli di lettura**. Così, in un romanzo il livello più immediato, quello che di solito interessa i lettori ingenui, è la trama; ma lettori più riflessivi e consapevoli apprezzeranno la psicologia e i conflitti tra i personaggi, la capacità di sorprendere e di capovolgere gli schemi usuali, la bellezza delle descrizioni, il ritmo delle frasi e la musicalità delle parole; sapranno cogliere significati e temi più profondi, valori simbolici, messaggi morali, una visione del mondo.
- Fa sempre parte di una **tradizione** e dialoga con altri testi, magari per rifiutarli e respingerli.

Va sottolineato, tuttavia, che i **confini** tra letterario e non letterario **non sono del tutto definiti**. In primo luogo essi cambiano nel tempo: al contrario di oggi, in cui in un'opera storiografica, ad esempio, mettiamo in primo piano soprattutto l'oggettività e la ricchezza di documentazione piuttosto che il valore estetico, nell'antichità la storiografia era considerata a pieno titolo un genere letterario, in cui il fine artistico era prevalente. In secondo luogo, la qualità della scrittura può farci apprezzare come pienamente letterarie anche opere che, nelle intenzioni dell'autore, non avevano fini artistici: così, le lettere private che Madame de Sévigné scrisse alla figlia, caratterizzate da vivacità, esattezza di sguardo, lingua perfetta, sono oggi considerate uno dei massimi capolavori della letteratura francese del Seicento.

2 I generi letterari

In termini molto generali, i testi letterari vengono abitualmente distinti in tre grandi categorie: **poesia**, **prosa**, **teatro**. I testi poetici, al contrario di quelli in prosa, sono scritti in versi; quelli teatrali sono destinati allo spazio scenico e possono essere scritti sia in versi sia in prosa. In base alle caratteristiche formali, alle regole compositive, al contenuto, possono poi essere raggruppati in **generi letterari**. Questi ultimi sono definiti storicamente e mutano nel tempo: ad esempio, il romanzo come lo intendiamo oggi è nato tra Seicento e Settecento. La saggistica fin verso il Settecento faceva parte del canone letterario e ubbidiva a criteri estetici, mentre oggi (a parte qualche eccezione) non rientra più in quest'ambito.

I generi sono molto numerosi. Elenchiamo solo i più rappresentativi nella nostra tradizione.

2.1 La poesia

La **poesia** comprende quattro generi principali, che a loro volta possono includere più sottogeneri: poesia epica, poesia lirica, poesia didascalica, poesia satirica.

- L'**epica**, il genere letterario più antico della tradizione occidentale, consiste nella narrazione in versi di gesta eroiche; ha assunto diverse forme nel corso dei secoli: nella letteratura italiana tra Quattrocento e Cinquecento la sua manifestazione più importante fu il **poema cavalleresco**.
- La **poesia lirica** dà voce ai sentimenti e all'interiorità del poeta; nei secoli ha assunto forme assai diversificate. Nella letteratura contemporanea è la principale forma poetica.
- La **poesia didascalica** si propone di impartire insegnamenti morali, religiosi, filosofici, scientifici ecc. Per le caratteristiche comunicative, si colloca a metà tra il testo letterario e non letterario: gli scopi non sono puramente estetici, ma informativi; tuttavia la cura formale è quella tipica del testo letterario. Ha avuto una grande tradizione nella nostra letteratura (vi possiamo far rientrare anche la *Commedia* di Dante), ma si è esaurita con il Romanticismo, quando è stata soppiantata dalla prosa saggistica e divulgativa.
- La **poesia satirica** mette in ridicolo e critica costumi sociali, personaggi, storture della società. Ha una lunga tradizione nella nostra letteratura (sia in italiano sia in dialetto).

2.2 La prosa

Possiamo distinguere la **prosa** in due grandi filoni: prosa **narrativa** e prosa **non narrativa** (saggistica e retorica).

- All'interno della **prosa narrativa**, distinguiamo ulteriormente tre grandi gruppi di generi: la **narrativa di finzione**, con il romanzo (una narrazione lunga, a sua volta distinto in innumerevoli sottogeneri) e il racconto (una narrazione breve, anch'esso distinto in sottogeneri; il termine novella, usato fino all'inizio del Novecento, può essere considerato sinonimo di racconto); la **narrativa biografica** (diario, memorie, autobiografia, biografia), che in passato era un genere letterario a tutti gli effetti (pensiamo alla *Vita* di Vittorio Alfieri) e oggi può avere o non avere carattere letterario; la **narrazione storica**, che fino al Settecento era un genere codificato, mentre oggi fa parte della saggistica non letteraria.

- La **saggistica**, come si è detto, oggi non rientra più nella letteratura. Ebbe invece grande importanza soprattutto a partire dal Quattrocento, sia sotto forma di trattato sia sotto forma di dialogo.
- Sebbene si esprimesse soprattutto in forma orale, possiamo far rientrare nella prosa letteraria anche l'**oratoria**, uno dei generi principali dell'età antica; nella nostra letteratura a partire dal Medioevo è stata particolarmente significativa l'oratoria religiosa.

2.3 Il teatro

Il **teatro** comprende tradizionalmente due generi principali: la **commedia**, di tono leggero, con vicende a lieto fine; la **tragedia**, di tono serio e stile elevato, con finale luttuoso. Questa distinzione fu di fatto superata nella seconda metà dell'Ottocento, quando nacquero nuove forme, come il dramma borghese. Il melodramma (o opera lirica) è un genere teatrale, di argomento comico o tragico, che unisce parola e musica.

3 Le figure retoriche

Come abbiamo visto, il testo letterario si caratterizza per una particolare attenzione al mezzo espressivo, cioè al linguaggio. Rientra in questa tendenza l'ampio uso di figure retoriche, che sono appunto forme espressive basate su una **deviazione** dal linguaggio comune. Considerate dalla retorica classica un abbellimento dei testi poetici e argomentativi, sono presenti anche nella lingua di tutti i giorni. Oggetto di studio fin dall'antichità, vennero variamente classificate; l'influente trattato di Quintiliano (I sec. d.C.) *Institutio oratoria* le distinse in *figure* e *tropi* (figure basate su uno spostamento di significato). Nei secoli successivi furono proposte altre classificazioni, nessuna delle quali tuttavia è universalmente accettata. Un modello largamente diffuso individua i seguenti quattro gruppi:

- **figure morfologiche**: sono basate sul **significante** (la forma e il suono) della parola; fanno parte di questo gruppo anche le figure metriche [› p. 60];
- **figure sintattiche**: riguardano i **rapporti sintattici** tra le parole e il loro **ordine** nella frase;
- **figure semantiche**: comportano un cambiamento di **significato delle singole parole**;
- **figure logiche**: riguardano il **significato di un'intera frase**, di un **enunciato** o di un **testo**.

3.1 Figure morfologiche

- L'**allitterazione** consiste nella ripetizione della stessa consonante o della stessa sillaba all'inizio di parole vicine o anche al loro interno: ***Viene il verno. Nella tua voce / c'è il verno tutt'arido e tecco*** (Pascoli). È una figura stilistica assai diffusa in prosa e in poesia. Nelle tradizioni poetiche che non usano la rima, costituisce spesso la componente fondamentale del verso (**metrica allitterativa**). Nella poesia italiana è largamente presente in ogni epoca, con diversi fini stilistici: la ripresa dei medesimi suoni in parole vicine crea effetti musicali o imitativi, rafforza il significato di parole chiave, crea un'eco sonora che sottolinea le relazioni semantiche tra termini collegati. Può essere associata all'**onomatopea** (dal greco *onomatopoiía*, "composizione di parole"), che consiste nell'imitazione o riproduzione di un rumore mediante il suono delle parole, come avviene largamente nella poesia di Pascoli: *sentivo un **fru fru** tra le **fratte**.*

- Altre figure basate sulla ripetizione dei suoni sono la consonanza e la paronomàsia. La **consonanza** è l'uguaglianza, in due parole successive, delle consonanti che seguono la vocale tonica: *tra gli scogli parlò**tta** la marè**tta*** (Montale). La **paronomàsia** (dal greco *paronomasía*, "alterazione di un nome"), detta anche bisticcio, consiste nell'accostamento di due parole simili per il suono, ma diverse per significato: *traduttore traditore.* Nei testi poetici la paronomàsia sfrutta il contrasto tra forma e significato, come nel seguente esempio di Sanguineti: *mio avaro amore amaro.*

- Il termine **metaplasmo** (dal greco *metá*, "cambiamento" e *plásma*, "forma") raggruppa diverse figure basate sulla modificazione della forma di una parola mediante l'aggiunzione, la soppressione o la permutazione di suoni. La permutazione dell'ordine di successione dei suoni è detta **metatesi** (dal greco *metathesis*, "trasposizione"): *interpetrare* per *interpretare, padule* per *palude.*

  Si basano sull'**aggiunzione**:
  - la **protesi**, o **prostesi** (gr. *prosthesis*, "aggiunta iniziale"), aggiunta di uno o più suoni davanti a una parola: *ignudo* per *nudo;*
  - l'**epentesi** (gr. *epenthesis*, "inserzione"), inserimento di un suono all'interno di una parola: *Pa**g**olo* per *Paolo.* In poesia può essere usata a fini metrici: *Niun fantas**i**ma di luce* (Carducci);
  - l'**epitesi** (gr. *epithesis*, "aggiunta") o **paragoge** (gr. *paragogé*, "aggiunta finale"), aggiunta di una vocale finale: *alcol**e*** per *alcool.* Anch'essa è usata a fini metrici: *poi che mosso fu**e*** (Dante, in rima con *ambedue*).

  Sono **soppressioni**:
  - l'**aferesi** (gr. *aphaeresis*, "soppressione"), caduta di uno o più suoni all'inizio di parola: *stasera* per *questa sera;*
  - la **sincope** (gr. *synkopé*, da *synkoptein*, "spezzare"), caduta di uno o più suoni interni: *spirto* per *spir**i**to;*
  - l'**apocope** (gr. *apokopé*, "troncamento"), caduta di uno o più suoni in fine di parola: *signor* per *sign**ore**, piè* per *pie**de**.*

3.2 Figure sintattiche

- L'**accusativo alla greca**, detto anche **accusativo di relazione**, è una costruzione sintattica di origine greco-latina, talora imitata nella poesia italiana; il nome all'accusativo in genere si riferisce a parti del corpo o a specifiche qualità. Un esempio celebre è presente nell'*Adelchi* di Manzoni: *Sparsa **le trecce morbide** / sull'affannoso petto, / lenta **le palme**, e rorida / di morte **il bianco aspetto**.*

- L'**anacoluto** (dal greco *anakolutos*, "privo di seguito") consiste nella rottura dell'andamento regolare della frase, che non viene completata adeguatamente sul piano sintattico: *Lei sa che noi altre monache, ci piace sentir le storie per minuto* (Manzoni). Considerato un vero e proprio errore nella lingua scritta, l'anacoluto è una struttura frequente nel parlato; nei testi letterari può essere usato a fini espressivi (ad esempio per sottolineare l'ansia o l'incoerenza di un personaggio) o come imitazione della lingua parlata.

- L'**endiadi** (dal greco *hèn dià dyoin*, "uno attraverso due") consiste nell'esprimere un concetto mediante due termini coordinati: *vedo **le stelle e il chiarore*** invece di *vedo il chiarore delle stelle.* Lo sdoppiamento del concetto rende l'immagine più ricca e incisiva. Analoga è la **dittologia** (dal greco *dissologia*, "ripetizione di parole") sinonimica, in cui tuttavia i due termini coordinati hanno significato identico o affine (sono cioè sinonimi): *ha natura sì **malvagia e ria*** (Dante). La dittologia fu molto amata dalla poesia medievale; se talvolta ha puro valore ornamentale, spesso i due sinonimi si integrano a vicenda per rafforzare e precisare meglio il concetto espresso.

- L'**ipallage** (dal greco *hypallagé*, "scambio") è una figura sintattica e semantica, detta anche **enallage,** costituita dallo scambio di funzione grammaticale tra due parole; la più tipica è l'ipallage dell'aggettivo, che consiste nell'attribuire un aggettivo a un nome diverso da quello con il quale normalmente si accompagna: *col trito mormorio della rena* (Montale) invece di *col mormorio della rena trita*.
- Il **pleonasmo** (dal greco *pleonázo*, "sovrabbondo") è un'espressione ridondante, in cui uno o più elementi non sono necessari per la completezza del messaggio: *scendere giù, a me mi piace*. Frequente nella lingua parlata, è considerato erroneo in uno scritto formale. Nei testi letterari può essere usato a fini espressivi, come imitazione del parlato o con funzione enfatica: *di* ***me*** *medesmo* ***meco mi*** *vergogno* (Petrarca).
- Lo **zeugma** (dal greco *zeugma*, "giogo") consiste nel far dipendere da un unico verbo più termini che richiederebbero ciascuno un verbo specifico: ***Parlare e lagrimar vedrai*** *insieme* (Dante) invece di *udrai parlare e vedrai lacrimare*.

Figure dell'ordine

Molto numerose le figure retoriche basate sull'**alterazione dell'ordine** naturale delle parole. Sono un tratto tipico del testo poetico, in cui creano effetti ritmici ed espressivi.

- La più semplice è l'**anàstrofe** (dal greco *anastrophé*, "inversione"), che consiste nell'inversione di due parole: *l'animo nostro informe* (Montale) invece di *il nostro animo informe*.
- L'**ipèrbato** (dal greco *hypérbaton*, "inversione", "trasposizione") è una figura più complessa, più frequente in poesia che in prosa, in cui due parole che normalmente sono vicine e sintatticamente unite vengono allontanate e divise dall'inserimento di altri termini: *colui che l'****acque*** *cantò* ***fatali*** (Foscolo) invece di *colui che cantò l'acque fatali*. Tale figura permette di porre in particolare rilievo le parole così separate, che vengono anticipate o posposte e spesso collocate in posizione forte (all'inizio del verso o in rima).
- Una variante dell'ipèrbato è l'**epifrasi** (dal greco *epìphrasis*, "parola aggiunta") che consiste nell'aggiungere alla frase un nuovo membro coordinato, in posizione tale da produrre un ipèrbato tra il membro aggiunto e l'elemento cui si coordina: *Io gli studi leggiadri talor lasciando* ***e le sudate carte*** (Leopardi).
- Nella poesia del Settecento e dell'Ottocento, per influenza delle letterature classiche (nella poesia greca e latina l'ordine delle parole era assai libero), si afferma un uso spinto di anastrofe e ipèrbato; la loro ripetuta combinazione provoca una profonda alterazione dell'ordine naturale, detta **sìnchisi** (dal greco *synchysis*, "mescolanza"): *Il gran prodigio / immobili i riguardanti lassa, / e di terrore un palpito / in ogni cor trapassa* (Monti).
- Il **chiasmo** (dal nome della lettera greca X, *chi*) consiste nella disposizione incrociata degli elementi di un enunciato: *La musica è piacevole, piacevole è anche la lettura*. Le due frasi hanno struttura parallela, ma nella seconda gli elementi si presentano in ordine invertito. Il chiasmo può essere rafforzato, sul piano lessicale, da ripetizioni, sinonimi, corrispondenze semantiche, come nel celebre esempio di Ariosto: *le donne, i cavallier, l'arme, gli amori / le cortesie, l'audaci imprese io canto*; l'effetto ritmico del chiasmo può essere accentuato dall'allitterazione e da altre somiglianze nei suoni, nella lunghezza e nel ritmo delle parole coinvolte, come nel seguente esempio di Petrarca: ***ridono*** *i* ***prati***, *e 'l ciel si* ***rasserena***. Spesso il chiasmo mette in rilievo un'opposizione semantica, combinandosi con l'antitesi o l'ossimoro: *Pace non trovo e non ò da far guerra* (Petrarca). Nel chiasmo complicato o **antimetàbole** le due frasi, costruite con le stesse parole in ordine invertito, hanno significato opposto: *chi ha pane non ha denti e chi ha denti non ha pane*.
- La **prolèssi** (dal greco *prolepsis*, "anticipazione") consiste nell'anticipazione di un elemento della frase rispetto alla sua normale posizione sintattica: ***Questo*** *mi preme, che non abbiate a lamentarvi*.

3.3 Figure semantiche

Le figure basate su mutamento di significato di una parola nella retorica antica erano indicate con il termine **tropo** (dal greco *tropos*, “direzione”, “maniera”, “stile”). Se ne distinguono tre tipi principali: la metonìmia, la sinèddoche e la metafora.

- Nella **metonìmia** (dal greco *metonymia*, “scambio di nome”) il trasferimento di significato è basato su una relazione di **contiguità** materiale o logica tra il termine letterale e il termine figurato; presenta moltissimi tipi, ad esempio: contenente/contenuto (*bevi un bicchiere con noi* = un bicchiere di vino); materia/oggetto (*ferro* = spada); autore/opera (*erano esposti due Picasso* = quadri di Picasso); effetto/causa (*sei la mia gioia* = la causa della mia gioia); astratto/concreto (*Gina è una bellezza* = è bella).
- Nella **sinèddoche** (dal greco *synekdoché*, “comprensione”) il trasferimento di significato si basa su una relazione di maggiore o minore **estensione**; il significato del termine letterale è **incluso** in quello del termine figurato o viceversa. Anche la sinèddoche presenta vari tipi: la parte per il tutto (***tetto*** per *casa*); il tutto per la parte (***America*** per *Stati Uniti*); il genere per la specie (***mortali*** per *uomini*); la specie per il genere (***pane*** per *cibo*) ecc. I confini tra metonìmia e sinèddoche non sono netti e alcuni studiosi hanno messo in discussione la distinzione tra le due figure.
- Una variante della sinèddoche può essere considerata l'**antonomasia** (dal greco *antonomázo*, “cambiare nomi”) che consiste nella sostituzione di un nome proprio con una perifrasi (*il maestro di color che sanno* = Aristotele) o un epiteto (*lo Stagirita* = Aristotele, nativo di Stagira); un nome comune con un nome proprio (*un ercole* = un uomo forte come Ercole); un nome proprio con un nome comune (*l'Avvocato* = Giovanni Agnelli).
- La **metafora** (dal greco *metaphora*, “trasferimento”, “traslato”) consiste nella sostituzione di una parola con un altro termine, sulla base di una relazione di **analogia**, cioè di parziale somiglianza di significato: *la **mandra** fortunata* (le anime degli scomunicati nel III canto del Purgatorio). Mediante la metafora, il termine normale (qui, *gruppo*), detto **veicolo**, viene sostituito da un termine (qui, *mandra*), detto **tenore**, appartenente a un'altra sfera semantica; in tal modo ne assume il significato denotativo, ma vi aggiunge le proprie connotazioni: in questo caso, *mandra* sottolinea la mitezza del gruppo di penitenti.
  La metafora può essere costruita in vari modi. Il tipo più semplice è basato su un confronto tra due entità: *Lisetta è una vipera*. Metafore più complesse sono fondate su un'analogia a quattro termini in cui il primo termine A sta al secondo B come il terzo C sta al quarto D: *Gli occhi del cielo* = le stelle, in cui *occhio* (A) sta a *volto* (B) come *stella* (C) sta a *cielo* (D).
  Possono essere usati in modo metaforico anche aggettivi e verbi; in questo caso, in genere, vengono consapevolmente violate le regole di combinazione delle parole: in espressioni come *la campagna ridente*, *un motore goloso di benzina*, entità inanimate sono trattate come un essere animato; in frasi come *il sergente abbaiava ordini* o *Gianni si avvicinò scodinzolante al capoufficio* si accostano a esseri umani termini abitualmente associati ad animali. In questo tipo di metafora, dunque, il tenore non è sostituito dal veicolo ma è modificato da esso.
- È detta **sinestesia** (dal greco *synaisthesis*, “percezione simultanea”) un tipo di metafora basato sull'associazione di termini che appartengono a due diverse sfere sensoriali. Ad esempio nel verso pascoliano *voci di tenebra azzurra*, che si riferisce al suono delle campane nella notte, vengono accostate una percezione uditiva (*voci*) e una percezione visiva (*tenebra azzurra*).
- Anche la **similitudine**, come la metafora, è basata su una relazione analogica. Essa consiste in una comparazione esplicita tra due oggetti, introdotta da *come*, *simile a*, *a guisa di* ecc.: *Ho tirato su le mie quattr'ossa e me ne sono andato **come un acrobata sull'acqua*** (Ungaretti). Può essere introdotta anche da una coppia di espressioni correlate: ***Quali** colombe dal disio chiamate / con l'ali alzate e ferme al dolce nido / vengono per l'aere, dal voler portate; / **cotali** uscir de la schiera ov'è Dido / a noi vegnendo per l'aere maligno / sì forte fu l'affettuoso grido* (Dante). Può

avere ampiezza variabile; particolarmente ampie ed elaborate sono le **similitudini epiche**, in cui la comparazione dà vita a un'immagine complessa, che concentra l'attenzione del lettore sul veicolo della similitudine (nel precedente esempio dantesco, le colombe).

3.4 Figure logiche

Il gruppo più numeroso di figure riguarda non la singola parola, ma porzioni di testo più o meno ampie. Sono dette anche **figure di pensiero**.

- L'**allegoria** (dal greco *allegoria*, "dire altro") si basa sulla costruzione di una situazione in cui a ogni elemento viene attribuito, oltre al significato letterale, un secondo significato, più profondo e nascosto. Propone un duplice percorso di lettura e cerca di evocare un duplice interesse: uno verso gli eventi, i personaggi, gli ambienti della narrazione di superficie, l'altro verso le idee che essi veicolano o il significato nascosto cui rimandano.
- Spesso i personaggi allegorici rappresentano concetti astratti e la narrazione esemplifica una tesi o una dottrina. In tal caso, un meccanismo fondamentale è la **personificazione** (detta anche **prosopopea**) che consiste nel mettere in scena oggetti inanimati o entità astratte come virtù, vizi, stati d'animo, stili di vita, tipi, che parlano e agiscono come esseri umani.
  Tradizionalmente l'allegoria è interpretata come una metafora continuata; tuttavia, la metafora non può essere interpretata letteralmente, a differenza dell'allegoria, in cui coesistono due significati. L'allegoria è applicata ad ampie porzioni testuali e spesso si estende a un intero testo. Alcuni generi letterari sono tipicamente allegorici: ricordiamo ad esempio gli apologhi, le favole esopiche, le parabole, la poesia pastorale. È tra le strutture fondamentali della letteratura medievale e ne impronta l'intera produzione didascalica, in particolare sotto forma di vasti poemi allegorici, come il *Roman de la Rose*, la *Commedia* di Dante, i *Trionfi* di Petrarca, l'*Amorosa visione* di Boccaccio.
- L'**antitesi** (dal greco *antithesis*, "contrapposizione") consiste nell'accostamento di due espressioni dal significato contrastante: *Non fronda verde, ma di color fosco; / non rami schietti, ma nodosi e 'nvolti; / non pomi v'erano, ma stecchi con tosco* (Dante). L'antitesi può anche essere messa in rilievo dalla figura sintattica del chiasmo: *Cesare fui e son Iustiniano* (Dante).
- L'**apostrofe** (dal greco *apostrepho*, "cambio direzione", "mi rivolgo") consiste nel rivolgere bruscamente il discorso, in tono ora commosso ora indignato, sia a una persona reale sia a un'entità astratta o non umana; in quest'ultimo caso si associa alla personificazione: ***Oh avarizia**, che puoi tu più farne, / poscia ch'ha' il mio sangue a te sì tratto / che non si cura della propria carne?* (Dante).
- L'**epifonema** (dal greco *epiphonema*, "esclamazione") consiste in una frase sentenziosa, spesso di tono solenne, posta a conclusione di un testo: *Or cognosco io che mia fera ventura / vuol che vivendo et lagrimando impari / come* ***nulla qua giù diletta et dura*** (Petrarca).
- L'***hysteron proteron***, locuzione greca che significa "posteriore anteriore", consiste nell'inversione dell'ordine logico e cronologico di due eventi. Ad esempio, nei versi di Tasso che rievocano gli ultimi giorni del padre del poeta *gemendo scaldai* ***la tomba e il letto***, la morte, che cronologicamente segue la malattia, viene messa in primo piano e anticipata, con effetto di enfasi tragica.
- L'**ironia** (dal greco *eironeia*, "dissimulazione", "finzione") si basa sull'espressione ambigua e indiretta del pensiero, allo scopo di burlarsi di qualcosa o qualcuno: *O natura* ***cortese*** */ son questi i* ***doni*** *tuoi / questi i* ***diletti*** *sono / che porgi ai mortali* (Leopardi). Nella sua forma più esplicita, l'**antifrasi**, consiste nell'affermare l'opposto di quanto si pensa: *Era la più grossa [impresa] a cui* ***il brav'uomo*** *avesse ancor messo mano* (= quel farabutto, riferito da Manzoni a don Rodrigo). Un'ironia particolarmente aggressiva e violenta è detta **sarcasmo**.

- Apparentemente affine all'antifrasi è il **paradosso** (dal greco *paradoxa*, "opinione contraria"), un'affermazione apparentemente contraddittoria o assurda, che sembra in contrasto con il senso comune fino a che non se ne percepisce il vero significato: *Vergine Madre,* ***figlia di tuo figlio*** */ umile e alta più che creatura* (Dante). Vi ricorre con frequenza la poesia religiosa, per esprimere i misteri della fede cristiana che trascendono la ragione umana. I poeti secentisti indulsero a metafore paradossali per meravigliare il lettore con accostamenti inediti e stupefacenti: *il crin s'è un Tago e son due Soli i lumi; / prodigio tal non rimirò natura: / bagnar coi soli e rasciugar coi fiumi* (G. Artale).

Basato su un accostamento paradossale è l'**ossimoro** (dal greco *oxymoros*, "acuto sotto un'apparente stupidità") che consiste nell'abbinare due termini dal significato opposto e apparentemente inconciliabile: *dotta ignoranza, verde vecchiaia, grido silenzioso*. L'ossimoro è una figura chiave del discorso poetico, poiché coglie intuitivamente la profonda unità di senso che si cela dietro concetti apparentemente irriducibili.

Procedimenti di amplificazione

- Con il termine **amplificazione** si indica l'insieme dei procedimenti e delle tecniche retoriche che permettono di accentuare un concetto, dilatandone la trattazione o l'espressione. I due procedimenti amplificanti fondamentali sono la **ripetizione** (basata sulla ripresa di uno stesso elemento) e l'**accumulazione**. Quest'ultima è una figura logica che consiste nell'ammassare, in modo ordinato o volutamente caotico, un certo numero di termini (nomi, aggettivi, verbi) o di strutture (frasi, sintagmi): *Trascurò così poco a poco calabroni e farfalle, mosche e cimici: abbandonò al loro destino lepidotteri, imenotteri e ditteri: non volle più saper di rincoti* [...] (C.E. Gadda, *L'Adalgisa*). La forma più tipica dell'accumulazione è l'**enumerazione** o elenco [› p. 11].
- Un tipo particolare di accumulazione "in crescendo" può essere considerato il **climax** (dal greco *klimax*, "scala"), che consiste nella disposizione in ordine di intensità crescente, emotiva o logica, di una serie di parole; dal termine più debole si "sale" gradualmente a quello più forte: *Quivi sospiri, pianti e alti guai* (Dante). Se i termini sono disposti in ordine discendente si ha l'**anticlimax**: *In terra, in fumo, in polvere, in ombra, in nulla* (Gongora).
- Ha funzione amplificante anche l'**iperbole** (dal greco *hyperbolé*, "eccesso") che consiste in una voluta esagerazione: *di sangue fece spesse volte laco* (Dante). Ingrandendo o rimpicciolendo le dimensioni degli oggetti, l'iperbole travalica i limiti del reale; così nel poema epico conferisce una dimensione sovrumana alle imprese degli eroi. Essa si presta però anche a effetti comici e parodistici, che si basano sulla sproporzione tra parole grandiose e realtà meschine.
- Può essere considerato una variante dell'iperbole l'***adynaton*** (parola greca che significa "impossibile"), che consiste in un'ipotesi impossibile o paradossale, cui si subordina la realizzazione di un altro fatto (che risulterà dunque tanto più impossibile): *Prima divelte, in mar precipitando, / spente nell'imo strideran le stelle, / che la memoria e il vostro / amor trascorra o scemi* (G. Leopardi).

Procedimenti di ripetizione

- La **ripetizione** consiste nella ripresa di una parola, un'espressione, una struttura sintattica; è detta anche **iterazione**. Frequente in ogni tipo di testo, parlato e scritto, è considerata dai critici una delle caratteristiche costitutive del discorso poetico: su di essa si basano meccanismi come la rima, l'assonanza, l'allitterazione, le cadenze ritmiche, i parallelismi sintattici. Qui analizzeremo la ripetizione lessicale, che assolve nel testo poetico le funzioni più diverse. Se ne distinguono moltissimi tipi, a seconda della posizione e della forma del segmento ripetuto. Esamineremo quelli più diffusi.
- L'**anàfora** (dal greco *anaphorà*, "ripetizione") è la ripresa di una parola o di un gruppo di parole all'inizio di enunciati successivi: ***Per me si va*** *nella città dolente /* ***per me si va*** *nell'eterno dolore /* ***per me si va*** *tra la perdùta gente* (Dante).

- Il suo opposto è l'**epìfora** (dal greco *epihorà*, "conclusione"), cioè la ripetizione di una parola o di un gruppo di parole alla fine di enunciati successivi. Ne sono esempi i ritornelli e le formule fisse che si ripetono nelle invocazioni, negli scongiuri e nelle preghiere.
- Assai diffusa in testi di ogni genere è l'**epanalèssi** (dal greco *epanálepsis*, "ripetizione", "ripresa"), che consiste nella ripetizione consecutiva di una parola o un gruppo di parole: *Bei* ***cipressetti***, ***cipressetti*** *miei* (Carducci). Può trovarsi in ogni posizione (all'inizio, all'interno, o alla fine di un segmento di testo), sebbene sia più frequente all'inizio.
- L'**anadiplòsi** (dal greco *anadíplosis*, "raddoppiamento") è la ripresa della fine di un verso o di una frase all'inizio del verso o della frase successivi: *Invano cerchi tra la polvere, / povera mano, la città* ***è morta***. / ***È morta***: *s'è udito l'ultimo rombo* (Quasimodo).
- L'**epanadiplòsi** (dal greco *epanadíplosis*, "ripetizione") consiste nella ripresa di una o più parole all'inizio e alla fine di un segmento testuale: ***piace*** *alla gente che* ***piace***. Se, come accade di frequente, nelle repliche la funzione sintattica muta, si ha il **polittòto** (dal greco *polyptoton*, "di molti casi"): *giunta or* ***piaga a la piaga*** *e* ***onta a l'onta*** (Tasso).
- La **figura etimologica**, o annominazione, è la ripetizione della radice di una parola: ***Amor****, ch'a nullo* ***amato amar*** *perdona* (Dante).
- Quando la parola ripetuta assume una nuova sfumatura di senso o un significato diverso, si ha la **diàfora** (dal greco *diaphora*, "differenza"): *Il cuore ha le sue* ***ragioni*** *che la* ***ragione*** *non conosce* (Pascal). In un contesto di dialogo, la ripresa delle parole dell'altro interlocutore con un nuovo significato è detta **antanaclasi** (dal greco *antanaklasis*, "ripercussione"): *Amleto,* ***tu hai molto offeso*** *tuo* ***padre***. // *Madre,* ***voi avete molto offeso*** *mio* ***padre*** (Shakespeare, *Amleto*).

Procedimenti di attenuazione

- L'**attenuazione** (o mitigazione), per mezzo della quale si rappresenta qualcosa come assai più piccolo o meno importante di quanto non sia in realtà, spesso con intenti comici o ironici, è il procedimento retorico opposto all'amplificazione. Una sua forma è la **litote** che consiste nell'affermare un concetto mediante la negazione del suo contrario: *Don Abbondio* ***non era nato con un cuor di leone*** (Manzoni).
- L'attenuazione può essere dovuta al desiderio di evitare argomenti imbarazzanti, alla volontà di esprimersi con cautela, presentando il proprio pensiero in modo meno netto e crudo. Quando si devono esprimere concetti che possono ferire l'interlocutore o sono considerati, per convenzione sociale o cause psicologiche, indelicati, imbarazzanti o indecenti, si ricorre all'**eufemismo** (dal greco *eu*, "bene", e *phemi*, "parlo"). L'espressione troppo cruda viene sostituita con un termine attenuato (*deceduto* invece di *morto*), una circonlocuzione o perifrasi (*male incurabile* invece di *cancro*), una litote (*non molto intelligente* invece di *stupido*) ecc.
- Una forma estrema di attenuazione è la **reticenza**, che consiste nell'interrompere il messaggio, lasciando tuttavia intendere all'interlocutore i suoi sviluppi impliciti; è in genere segnalata dai puntini di sospensione: *Io cominciai: "Frati, i vostri mali..." / ma più non dissi* (Dante). Può essere motivata da delicatezza e desiderio di evitare argomenti sgradevoli, ma può anche essere veicolo di minaccia, insinuazione, maldicenza. Quando si accenna in modo indiretto o velato a qualcosa che non si vuole nominare, si ha l'**allusione**: *Non voglio sentir parlare di quella persona.*
- Simile alla reticenza è la **preterizione**, che consiste nell'annunciare che non si parlerà di un argomento, che tuttavia viene nominato e spesso trattato nelle sue linee generali: così nelle *Nozze di Figaro* di Mozart, il protagonista, dopo una lunga invettiva contro le donne, dice: *e il resto noi dico / già ognuno lo sa*; a questa affermazione però faranno seguito ulteriori accuse.

LABORATORIO

LA SPECIFICITÀ DEL TESTO LETTERARIO

1 **Sottolinea, tra quelle indicate, le caratteristiche proprie del testo letterario.**

Ha sempre uno scopo definito. – Usa la lingua di tutti i giorni. – È caratterizzato da una stretta correlazione tra contenuto e forma. – Non può essere valutato in base al criterio di verità. – Può essere facilmente distinto dai testi d'uso con criteri che non variano nel tempo. – Anche quando si prefigge intenti concreti, li persegue attraverso modalità proprie, espressive ed estetiche. – Richiede la partecipazione attiva dei lettori. – Usa un linguaggio chiaro e preciso, prevalentemente denotativo.

I GENERI LETTERARI

2 **Scrivendo la lettera corrispondente, indica se i seguenti generi appartengono alla poesia (A), alla prosa (B), al teatro (C).**

lirica ☐ – romanzo ☐ – trattato ☐ – commedia ☐ – melodramma ☐ – epica ☐ – poema didascalico ☐ – tragedia ☐ – novella ☐ – oratoria religiosa ☐

3 **Collega ciascun genere con la definizione corretta.**

a. genere poetico in cui si esprime la soggettività del poeta	**1.** romanzo
b. genere teatrale leggero a lieto fine	**2.** melodramma
c. genere narrativo basato su una narrazione lunga	**3.** lirica
d. genere narrativo basato su una narrazione breve	**4.** poema didascalico
e. genere poetico che ha lo scopo di ammaestrare	**5.** commedia
f. genere teatrale che unisce recitazione e musica	**6.** novella

LE FIGURE RETORICHE

4 **Individua le figure retoriche morfologiche presenti nei seguenti passi.**

a. tu pria che l'erbe inaridisse il verno (Leopardi) – **b.** il fruscìo che fan le foglie (d'Annunzio) – **c.** Narran le istorie e cantono i poeti (Carducci) – **d.** Don... don... E mi dicono, Dormi! (Pascoli) – **e.** Pere avea pure e qualche fratta frutta / E svina, e svena di botto una botte (Pulci) – **f.** similemente il mal seme d'Adamo (Dante) – **g.** cent'anni e piùe / girato ha 'l monte in la prima cornice (Dante) – **h.** E nella notte nera come il nulla (Pascoli).

5 **Individua le figure retoriche sintattiche presenti nei seguenti passi.**

a. io, la mia patria or è dove si vive (Pascoli) – **b.** sorgon così tue dive / membra dall'egro talamo (Foscolo) – **c.** Un bimbo piange, il piccol dito in bocca; canta una vecchia, il mento sulla mano (Pascoli) – **d.** S'ïo avessi le rime aspre e chiocce (Dante) – **e.** e l'armi e 'l fragorio / che n'andò per la terra (Leopardi) – **f.** Fuori sgorgando lagrime e sospiri (Dante) – **g.** A me mi par di sì: potete domandare nel primo paese che troverete andando a diritta (Manzoni).

6 **Individua le figure retoriche sintattiche dell'ordine presenti nei seguenti passi.**

a. Love's fire heats water, water cools not love («D'amore il fuoco scalda l'acqua, l'acqua non raffredda l'amore», Shakespeare) – **b.** Dolce e chiara è la notte e senza vento (Leopardi) – **c.** benignamente d'umiltà vestuta (Dante) – **d.** Il vento soffia e nevica la frasca (Pascoli) – **e.** E Natale verrà e il giorno dell'anno / che sfolla le caserme (Montale) – **f.** Codesto solo oggi possiamo dirti / ciò che non siamo, ciò che non vogliamo (Montale) – **g.** mille di fior al ciel mandano incensi (Foscolo).

7 **Individua le figure retoriche semantiche presenti nei seguenti passi.**

a. due volte nella polvere, / due volte sull'altar (Manzoni) – **b.** E se da lunge i miei tetti saluto (Foscolo) – **c.** che ella mi fa tremar le vene e i polsi (Dante) – **d.** il gran nemico de l'umane genti (Tasso) – **e.** all'urlo nero / della madre (Ungaretti) – **f.** O animal grazioso e benigno (Dante) – **g.** Come un branco di segugi, dopo aver inseguito invano una lepre, tornano mortificati verso il padrone, co' musi bassi, e con le code ciondoloni, così, in quella scompigliata notte, tornavano i bravi al palazzotto di don Rodrigo (Manzoni).

8 **Individua e spiega le metafore e le similitudini presenti nella breve poesia di Diego Valeri.**

Tremava in punta a ogni ago di pino
una lacrima tonda e lucente?
(O pioggerella bianca del mattino,
piccolo pianto dell'aprile adolescente!)

Dietro i rabeschi neri dei rami
una nube pareva una fiorita di meli.
Gli uccelli tramavano canori ricami
per il silenzio grigiazzurro dei cieli.

(D. Valeri, *Poesie*, Mondadori, Milano 1967)

9 **Individua le figure retoriche di pensiero presenti nei seguenti passi.**

a. Godi, Fiorenza, poi che se' sì grande, / che per mare e per terra batti l'ali, / e per lo 'nferno tuo nome si spande! (Dante) – **b.** Que' duo bei lumi, assai più che 'l Sol chiari / Chi pensò mai veder far terra oscura? (Petrarca) – **c.** Ell'è Semiramìs, di cui si legge che succedette a Nino e fu sua sposa (Dante) – **d.** Passa la nave mia colma d'oblio / per aspro mare, a mezza notte, il verno, / enfra Scilla e Cariddi; ed al governo / siede'l signore, anzi'l nimico mio (Petrarca) – **e.** Ahi fiera compagnia! Ma ne la chiesa / coi santi e in taverna coi ghiottoni (Dante) – **f.** tacito tumulto (Pascoli) – **g.** la mia cara nemica [Laura] (Petrarca).

10 **Individua le figure logiche di insistenza e attenuazione presenti nei seguenti passi.**

a. vegghio, penso, ardo, piango (Petrarca) – **b.** il dolore e tutti i suoi frutti / sopportano, o Erme, il piacere / e i suoi fiori senza radici / e l'avida gioia / e il desiderio feroce / e gli inestricabili nodi / delle anime chiuse nei corpi / ignavi , e gli intorpiditi / crimini dall'unghie rattratte / e le volontà rilucenti / nei sogni come in guaine / diàfane, e l'opere nate / da ieri, e i messaggi dei cuori / fraterni, e la copia dei beni / giocondi trasportano, o Erme (d'Annunzio) – **c.** E non ti nascondo / Quelle infinite complicazioni simboliche che non ti rivelo (Sanguineti) – **d.** Lo mar potresti arompere, a venti asemenare, / l'abere d'esto secolo tutto quanto asembrare: / avere me non pòteri a esto monno (Cielo d'Alcamo) – **e.** E questo padre Cristoforo, so da certi ragguagli che è un uomo che non ha tutta quella prudenza, tutti quei riguardi... (Manzoni) – **f.** «O frati», dissi, «che per cento milia / perigli siete giunti a l'occidente» (Dante) – **g.** Don ... Don ... E mi dicono, Dormi! / mi cantano, Dormi! sussurrano, / Dormi! bisbigliano, Dormi! (Pascoli).

11 **Nei seguenti passi analizza i diversi tipi di ripetizione.**

a. il poco è molto a chi non ha che poco (Pascoli) – **b.** Più sordo e più fioco / s'allenta e si spegne. / Solo una nota / ancor trema, si spegne, / risorge, trema, si spegne (d'Annunzio) – **c.** Noi assistiamo [...] grandi malati: malati di quella strana e talora paurosa malattia (Gadda) – **d.** Figlio occhi iocundi, / figlio, co' non respundi? / Figlio, perché t'ascundi / al petto o' sì lattato? (Jacopone) – **e.** Non son colui, non son colui che credi (Dante) – **f.** Belli i belli occhi strani della bellezza ancora / d'un fiore che disfiora e non avrà domani (Gozzano) – **g.** La mattina seguente don Rodrigo si svegliò don Rodrigo (Manzoni).

4 Il contesto e la contestualizzazione

Un testo letterario nasce sempre in un preciso **contesto**: un dato momento storico, un ambiente geografico e sociale, una realtà culturale. Sulla sua elaborazione influiscono le vicende personali dell'autore, gli eventi storici in cui è variamente coinvolto, la sua origine sociale, i dibattiti culturali del tempo, i movimenti artistici e culturali, le opere di altri autori ecc. Per comprenderlo pienamente e interpretarlo, dobbiamo ricostruire il più possibile questa rete di influssi, mettendo in relazione il testo con:

- il **contesto storico**, economico e sociale;
- il **contesto culturale**, artistico, letterario;
- le **vicende biografiche** dell'autore;
- l'intera **produzione** dell'autore;
- l'**opera** da cui è tratto;
- **testi di altri autori** con cui dialoga o a cui si contrappone.

4.1 Il contesto

Il **contesto storico** può influire sul testo in modo più o meno diretto, anche in base al coinvolgimento maggiore o minore dell'autore nelle vicende del suo tempo. Ad esempio, Dante Alighieri, nato e vissuto a Firenze nel momento in cui la sua città era dilaniata dalle lotte tra le fazioni, fu coinvolto in prima persona negli eventi, che trasformarono non solo la sua vita personale, ma anche la sua visione del mondo e la sua idea di letteratura. Al contrario, Petrarca, benché non indifferente ai fatti politici, li visse sicuramente con maggior distacco.

Anche il **contesto sociale** ed **economico** (in particolare il ruolo socio-economico e l'origine sociale dello scrittore stesso) ha la sua importanza. Per tornare all'esempio precedente, Dante, membro della piccola nobiltà impoverita, dapprima osserva con occhio critico e risentito l'opulenza del nuovo ceto egemone della sua città, i banchieri e i mercanti; poi vive con disagio la sua condizione di esule costretto a dipendere dalla benevolenza dei vari signori che lo ospitano. Decisivi sono poi i mutamenti delle modalità di **circolazione dei testi letterari** e del rapporto tra scrittore e lettore: nel Cinquecento l'invenzione dei libri a stampa moltiplica rapidamente il numero di questi ultimi, delle copie e dei lettori, mentre nell'Ottocento la nascita dell'industria editoriale trasforma i libri in merce e gli scrittori in professionisti.

I temi, la poetica, le scelte formali di un autore nascono in un preciso **contesto culturale**. Ogni epoca è caratterizzata da una mentalità e ha un'idea diversa di cultura; è segnata da sensibilità specifiche e percorsa da dibattiti culturali (le teorie sull'amore cortese per i poeti dello Stilnovo; la questione della lingua nel Cinquecento; lo scontro tra classici e romantici all'inizio dell'Ottocento) collegati ai grandi movimenti che coinvolgono tutte le arti (come l'Umanesimo, il Barocco, l'Illuminismo o il Romanticismo) o specificamente letterari (come il Verismo).

4.2 L'autore e l'opera

Per inquadrare correttamente un testo è opportuno conoscere quei tratti della **vita dell'autore** che si riflettono nella sua opera letteraria, perché ne hanno forgiato la personalità, il modo di pensare, la poetica. Elementi significativi sono l'ambiente familiare, la formazione, le letture e il bagaglio culturale, gli incontri con altri intellettuali, l'adesione a gruppi e movimenti, la partecipazione ai dibattiti culturali, nonché esperienze esistenziali decisive (come l'uccisione del padre e la morte precoce della madre e dei fratelli per Pascoli o la guerra in trincea per Ungaretti).

Ogni opera si inserisce poi nel percorso della **produzione** dell'autore: appartiene a un genere letterario che ne condiziona i caratteri formali, i temi, i destinatari; è stata scritta in un dato momento della vita dell'autore o è frutto di una continua rielaborazione che ne ha accompagnato tutta l'esistenza. Può essere nata da circostanze specifiche; avere uno scopo extra letterario; rivolgersi a un pubblico privilegiato che ne condiziona, ad esempio, le scelte linguistiche (così i testi latini di Dante non hanno gli stessi destinatari delle sue opere in volgare).

Soffermiamoci poi su due elementi centrali, interni al testo stesso: la poetica e lo stile.

- Definiamo **poetica** di uno scrittore la sua **concezione della letteratura**, l'insieme delle idee che ha sull'arte e sulla poesia, dunque anche i princìpi, gli intenti, i temi cui si attiene quando scrive. La poetica può essere **esplicita** quando l'autore (o un gruppo di artisti, quando essa è l'espressione di un movimento) la espone in uno o più testi (ad esempio, i *Discorsi dell'arte poetica* in cui Tasso illustra la sua concezione del poema eroico); oppure **implicita**, quando dobbiamo ricavarla dalla lettura dell'opera stessa (come nel caso della concezione ariostesca del poema cavalleresco).
- Definiamo **stile** di uno scrittore l'insieme delle sue **scelte formali** e dei suoi **mezzi espressivi**; è il suo modo caratteristico di esprimersi, la maniera peculiare con cui dà voce alla sua personalità. Può rimanere costante in tutta l'opera di un autore; essere la conquista graduale di un percorso artistico; adeguarsi al genere testuale; mutare all'interno di una stessa opera, adattandosi con grande forza espressiva all'argomento e all'atmosfera (l'esempio più alto è il pluristilismo della *Commedia* dantesca). Elementi significativi dello stile di un autore sono:
  - le **strutture sintattiche**, e in particolare l'uso prevalente della paratassi oppure dell'ipotassi. Legato alle scelte sintattiche è anche l'uso della punteggiatura;
  - il **registro** (colloquiale, dimesso, medio, alto, solenne, ricercato, ironico ecc.); la mescolanza di registri; l'uso di termini gergali, dialettali, regionalismi;
  - le **sfere lessicali** prevalenti (ad esempio, la sfera lessicale della morte in Foscolo);
  - l'uso delle **figure retoriche** (ad esempio, le figure basate sul contrasto, come l'antitesi e l'ossimoro in Petrarca);
  - l'uso delle **tecniche letterarie**; ad esempio la funzione e le caratteristiche delle descrizioni sono totalmente diverse in tre autori come Manzoni (affidate al narratore onnisciente, possono tradursi in vere e proprie pause liriche), Verga (affidate al punto di vista interno del personaggio), Hemingway (pressoché assenti, per l'adozione della focalizzazione esterna, che lascia quasi tutto lo spazio al dialogo).

Un testo tratto da un'**opera più ampia** (un sonetto del *Canzoniere*, una novella del *Decameron*, un passo dei *Promessi sposi*) va messo in relazione con l'opera di cui fa parte. Ad esempio, per una novella del *Decameron*, si individuano elementi come la giornata, il tema generale, il rapporto con la cornice.

Un ultimo elemento di contestualizzazione, che riprenderemo a p. 48, riguarda il rapporto con altri testi. Ogni volta che uno scrittore produce un testo letterario, fa riferimento in modo più o meno implicito a ciò che è stato scritto prima. In primo luogo, ogni testo appartiene a un **genere** [› p. 36], quindi ubbidisce a determinate regole compositive e prevede l'uso di specifiche tecniche letterarie, che sono anche quelle che permettono al lettore di riconoscerne il genere testuale. In secondo luogo, dialoga con la **tradizione**, riprendendo e trattando in modo più o meno nuovo e originale motivi e temi. Inoltre, sia che lo scrittore faccia parte di un gruppo (un movimento, una corrente letteraria o artistica) sia che sia isolato, non può prescindere dalla produzione letteraria del suo tempo. Rispetto ai testi contemporanei, può porsi in consonanza, riconoscendosi in scelte stilistiche, temi, una visione della vita e della letteratura che sente anche propri; oppure in una posizione di contrapposizione e polemica.

In sintesi, per contestualizzare un testo letterario, occorre individuare:

- l'**epoca storica** e gli eventuali riferimenti all'interno del testo a eventi o personaggi specifici;
- eventuali riferimenti al **contesto socioeconomico**;
- parole chiave, temi, citazioni che rimandano a una corrente di pensiero, a un movimento, a un **contesto culturale**;
- eventuali riferimenti alla **biografia** dell'autore;
- la sua relazione con altre **opere** e gli elementi che rimandano alla **poetica** e allo **stile** dell'autore;
- per i testi che fanno parte di un'**opera più ampia**, la relazione con quest'ultima;
- la relazione con **altri testi** del passato o del presente.

5 L'intertestualità

Ogni testo è sempre inserito in una rete di relazioni con altri testi. Questa proprietà, detta **intertestualità**, non è esclusiva del testo letterario: ad esempio, chi compila una domanda in un contesto burocratico, si attiene a modelli precisi; non leggiamo un articolo di cronaca nera come leggeremmo un reportage di viaggi e ci aspettiamo tipi diversi di informazioni e un linguaggio differente. Ma l'intertestualità è ancora più evidente nel testo letterario che, come si è accennato, fa parte di una **tradizione** che lo scrittore può magari respingere, ma non ignorare. In termini molto generali, se ne distinguono due tipi:

- **intertestualità interna**: le relazioni di un testo con altri testi dello stesso autore che lo precedono o lo seguono; ad esempio, la figura di Beatrice nella *Vita Nuova* di Dante costituisce un antecedente, un punto di riferimento da riprendere ma anche superare per la Beatrice della *Commedia*;
- **intertestualità esterna**: le relazioni di un testo con testi di altri autori, di epoche passate o contemporanee, secondo molte modalità di cui vedremo le principali.

Il **genere testuale** [› p. 36] condiziona le scelte formali e i contenuti. Ad esempio, in un romanzo giallo il lettore si aspetta che si parli di un delitto, che alla fine deve essere risolto; ci aspettiamo anche che il ritmo narrativo sia veloce, che il linguaggio sia scorrevole e non troppo letterario. Fino al Romanticismo, che mise in discussione il sistema dei generi in nome della libertà dell'artista, la loro codificazione era molto stretta: dettava la scelta tra la prosa e la poesia; nell'ambito di quest'ultima, il metro; il registro linguistico; persino le situazioni e gli argomenti. La creatività di un autore si misurava anche nella sua capacità di rompere le regole, di creare uno scarto, ma questo poteva comportare un rifiuto da parte dei lettori più legati alla tradizione (come accadde alla *Gerusalemme liberata* di Tasso, considerata da molti contemporanei non conforme alle regole del poema cavalleresco). Oggi i generi non sono scomparsi, ma è frequente la commistione tra di essi e la libertà dello scrittore è massima; si può giungere persino a rovesciare del tutto le attese del lettore (come fa Gadda in *Quer pasticciaccio brutto de via Merulana* dove c'è un delitto che non viene risolto, il ritmo è lento, il linguaggio espressionistico e iperletterario).

All'interno dei testi letterari sono poi riconoscibili alcune **strutture tematiche** ricorrenti. Con il termine **archetipo**, derivato dalla psicologia junghiana, si definiscono immagini, simboli, opposizioni, figure che affondano nella psiche umana, che sono presenti nei miti, nelle religioni, nella cultura orale ma anche nella letteratura di ogni tempo e di ogni luogo; sono archetipi la contrapposizione tra la luce (positiva, simbolo di vita e di verità) e il buio (negativo, simbolo di morte e di falsità), oppure la figura dell'eroe. All'interno di una specifica tradizione letteraria sono ricorrenti temi, motivi e *topoi*. Con il termine **tema** si indica il soggetto o il motivo di fondo di un'opera: la solitudine, il denaro, il conflitto tra vecchi e giovani, il male, l'amore ecc. Il termine **motivo** (talvolta usato come sinonimo di tema) ha una portata più limitata e indica un elemento ricorrente in un autore, una corrente, una tradizione (ad esempio, il motivo dell'innamoramento attraverso lo sguardo nello Stilnovo). Con il termine ***topos*** (plurale *topoi*), o luogo comune letterario, si intende uno schema narrativo che attraverso i secoli viene ripreso e variato; ad esempio, il *topos* della donna-angelo salvifica, creato dai poeti stilnovisti, giunge fino a Montale, che lo rielabora alla luce dei drammatici eventi del totalitarismo e della Seconda guerra mondiale. Lo studio di temi, motivi e *topoi* permette di capire come lo stesso soggetto venga trattato in modo diverso nell'ambito di generi differenti (ad esempio, l'amore nella commedia, nella poesia lirica, nel romanzo rosa) o di differenti movimenti culturali (il Rinascimento, la Controriforma, il Barocco, l'Illuminismo, il Romanticismo ecc.), ma anche di apprezzare la sua peculiare trattazione in un singolo autore.

L'incontro con la tradizione può avvenire anche in modo più diretto, attraverso la **ripresa** più o meno **esplicita** di un frammento testuale, di una struttura poetica o narrativa, di un personaggio o di una situazione, o anche attraverso l'imitazione, seria o parodica, di un altro testo. La forma di ripresa più diretta è la **citazione**, con la quale lo scrittore riporta testualmente parole o espressioni di un altro testo: ad esempio, l'attacco di *Preghiera* di Caproni (*Anima mia,* ***leggera*** */* ***va'*** *a Livorno, ti prego*) è una citazione esplicita della più famosa lirica di Cavalcanti (*Perch'i' no spero di tornar giammai, / ballatetta, in Toscana, /* ***va'*** *tu,* ***leggera*** *e piana, / dritt' a la donna mia*). Più sottile è la ripresa, che diventa una vera ricreazione, di una situazione: ad esempio, l'episodio di Cloridano e Medoro nell'*Orlando Furioso* imita, e allo stesso tempo reinventa, con una sensibilità tutta diversa, l'episodio virgiliano di Eurialo e Niso. Una forma di ripresa "al contrario" è la **parodia**, ovvero l'imitazione intenzionale di un testo (o anche di un genere letterario) in chiave comica o ironica; uno degli esempi più antichi è la *Batracomiomachia* ("La battaglia dei topi e delle rane"), parodia dei poemi omerici. I *Paralipomeni alla Batracomiomachia* di Leopardi, che a loro volta attualizzano e imitano questa opera antica, possono essere considerati una parodia al quadrato.

Oltre che con i testi precedenti, un'opera dialoga con le opere degli autori del suo tempo. In particolare, un gruppo di autori e di opere che hanno in comune una concezione della letteratura, dei temi e delle scelte espressive è definito **movimento**; gli aderenti si riconoscono esplicitamente come membri del gruppo e spesso fanno riferimento a un **manifesto** (un testo che ne espone la poetica comune). Come sinonimo, soprattutto per le epoche più antiche, si usa anche il termine **scuola** (scuola siciliana, scuola stilnovista). Il termine **corrente** è talvolta usato come sinonimo di movimento, ma più propriamente indica una tendenza culturale che influisce sugli scrittori di un certo periodo, caratterizzata da un'uniformità estetica, poetica, ideologica di fondo, che tuttavia non va a costituire un gruppo organizzato e non fa riferimento a un manifesto comune. Non di rado le correnti vengono individuate a posteriori dai critici. Movimenti e correnti sono espressione di un particolare momento culturale e spesso si pongono in un rapporto di opposizione con le correnti che li hanno preceduti (un esempio classico è la radicale rottura dei romantici con l'Illuminismo). Lo studio dei movimenti e delle correnti è un aspetto decisivo della storia della letteratura; per farlo puoi usare il seguente schema:

- i limiti **cronologici**;
- la diffusione **geografica**;
- la **poetica** e le scelte estetiche e stilistiche;
- i **temi** ricorrenti;
- gli eventuali **manifesti** e le **opere** più rappresentative;
- gli **autori** principali;
- per i movimenti non solo letterari, gli **ambiti** coinvolti (musica, pittura, filosofia ecc.);
- l'**opposizione** con movimenti precedenti o coevi;
- gli elementi di **anticipazione** di movimenti successivi.

Le **relazioni intertestuali** permettono di mettere a confronto due o più testi dello stesso autore o di autori diversi, individuando differenze e punti di contatto. A seconda dei casi, il confronto può essere condotto in vari modi:

- in testi appartenenti allo stesso **genere testuale** si confrontano le costanti e le variazioni delle strutture (ad esempio, in un testo narrativo, la voce narrante e la focalizzazione), dello stile, dei temi dominanti;
- in testi che hanno in comune il **tema** si esamina il modo in cui quest'ultimo viene trattato, evidenziandone analogie e differenze; si può seguire l'**evoluzione** cronologica di un tema, di un motivo, di un *topos*, anche in connessione con le correnti culturali prevalenti;
- in due testi legati da uno stretto **rapporto intertestuale** (il testo di partenza e la sua **imitazione** o la **parodia**) si individuano gli elementi di continuità e quelli di innovazione; nei testi parodici, il modo in cui è condotta la parodia;
- testi appartenenti a esponenti della stessa **corrente** vengono analizzati cogliendo gli elementi che fanno riferimento alla comune poetica o, al contrario, sono peculiari del singolo scrittore;
- in testi appartenenti a correnti diverse (coeve o di epoche successive) ci si concentra sui punti di **contrasto** e rottura.

6 L'interpretazione

Come abbiamo accennato, un testo letterario presenta molti livelli di lettura e richiede la **partecipazione attiva** del lettore, che è chiamato a cogliere i diversi segnali testuali per giungere a una **interpretazione**. Interpretare un testo significa coglierne tutta la complessità e fare emergere, dalla relazione tra i suoi diversi elementi, il significato più profondo, l'eventuale messaggio, la visione dell'autore.

D'altra parte, non dimentichiamo che l'opera letteraria è per sua natura **ambigua** (ovvero suscettibile di più interpretazioni) e **polisemica** (cioè dotata di molteplici significati). Certamente, nell'interpretare un testo dobbiamo sforzarci di usare tutti gli strumenti a nostra disposizione per capire che cosa lo scrittore volesse veramente dire, quale messaggio intendesse trasmettere ai lettori. Ma dobbiamo anche essere consapevoli che qualsiasi testo (e soprattutto i capolavori), **si presta a diverse interpretazioni**. Tant'è vero che intorno ai grandi testi si sono accesi dibattiti, spesso secolari, che hanno portato critici diversi, in base alla loro sensibilità personale, alle tendenze culturali della loro epoca o al metodo di lettura privilegiato, a darne letture differenti, facendo emergere ora questo ora quell'elemento. Un capolavoro, un classico, è tale, proprio perché non cessa di parlare ai lettori e ha in serbo una sorpresa per nuove generazioni di lettori. «Un classico è un libro che non ha mai finito di dire quel che ha da dire», come ha affermato Italo Calvino.

Questo non significa che possiamo far dire al testo quello che ci pare, che ogni interpretazione valga l'altra. L'interpretazione lascia spazio alla nostra **soggettività**, alla nostra **sensibilità** di lettori, ma per essere accettabile e fondata deve basarsi su un'attenta **analisi** del testo, sui **segnali** che esso ci invia, anche in relazione al suo contesto e alla tradizione di cui fa parte.

L'interpretazione è dunque il momento conclusivo e culminate dell'interrogazione del testo letterario, ed è preceduto dall'analisi (che vedremo meglio nei prossimi paragrafi) e dalla contestualizzazione. Per ora, in termini generali, sintetizziamo le operazioni da compiere per giungere a un'interpretazione fondata e ben argomentata. Si tratta di indicazioni di massima; non tutte le operazioni elencate devono essere compiute per tutti i testi, ma bisognerà di volta in volta scegliere l'approccio più utile per meglio interrogare il testo specifico che si offre alla nostra interpretazione.

- La prima operazione consiste ovviamente nella **lettura** del testo e nella **comprensione letterale**; per testi poetici, lontani nel tempo o per qualsiasi ragione difficili da capire, si può ricorrere a tecniche come la versione in prosa e la parafrasi [› p. 29].
- Si procede quindi all'**analisi del testo**, secondo le indicazioni specifiche esposte nei prossimi paragrafi; le note, le chiavi di lettura proposte dal manuale, le attività aiutano ad analizzare le singole caratteristiche di un testo e a metterle in relazione tra loro.
- Si mette in relazione il testo con l'**opera** da cui è tratto, con l'**autore**, la sua poetica, le sue scelte espressive [› p. 47].
- Si individuano gli elementi del **contesto** storico, politico, culturale cui fa riferimento il testo o che in qualche modo possono illuminarne la comprensione.
- Si collega il testo all'eventuale **corrente** o **movimento** letterario di appartenenza.
- Si individuano gli elementi di continuità, di rottura, di innovazione rispetto al **genere** di appartenenza.
- Si individuano **temi** e **motivi** in comune con altri testi dell'autore, con un movimento letterario, con altri autori.
- La lettura di analisi e **giudizi critici** è molto utile perché stimola e indirizza l'interpretazione, offrendoci spunti di riflessione e opinioni motivate. Se è possibile, è bene leggere più di una critica, mettendo a confronto letture e sensibilità diverse.
- Alla fine di questo percorso, prova a formulare una **tua interpretazione** del testo, che può confermare una delle critiche che hai letto oppure confutarla.
- Esponi la tua interpretazione **in modo argomentato**, facendo sempre puntuali **riferimenti al testo** e agli elementi extra testuali pertinenti.

LABORATORIO

IL CONTESTO

1 **Ricostruisci il contesto storico, politico, culturale, biografico da cui nacque *Il principe* di Machiavelli, con l'aiuto delle domande. Esponi poi il risultato del tuo lavoro in un testo di due colonne.**

1. Quando fu scritto *Il Principe*? A chi fu dedicato e perché?
2. Quale mutamento politico era avvenuto a Firenze? In conseguenza di quali eventi?
3. In che modo questo rivolgimento politico influì sulla vita personale di Machiavelli?
4. Attraverso quali esperienze Machiavelli aveva acquisito la larga esperienza politica che profuse nel trattato?
5. Qual era la situazione generale dell'Italia? Quale soluzione Machiavelli si proponeva di offrire con il suo trattato?
6. Quale importanza attribuivano gli umanisti alla lettura dei classici? Quale importanza essa ebbe per Machiavelli e per la stesura del *Principe* (in particolare la lettura di Tito Livio)?
7. Perché l'idea dell'autonomia della politica rispetto alla morale aveva una portata rivoluzionaria?

2 **Ricostruisci il contesto storico, politico, culturale, biografico da cui nacquero i *Sepolcri* di Foscolo, con l'aiuto delle domande. Esponi poi il risultato del tuo lavoro in un testo di due colonne.**

1. Quando furono composti *I Sepolcri*? Furono scritti di getto o furono frutto di una lunga rielaborazione?
2. Qual era la situazione politica dell'Europa in generale e dell'Italia in particolare in quel momento?
3. Qual era la posizione politica di Foscolo?
4. Quale evento specifico spinse Foscolo a scrivere il carme?
5. Quale importanza aveva all'epoca la letteratura sepolcrale? Quali echi di questa letteratura ritroviamo nel carme?
6. A quale o quali movimenti artistici del tempo è collegabile il carme?
7. Ci sono riferimenti ad autori del passato, personaggi del tempo e/o eventi della vita dell'autore? Quale importanza vi possiamo attribuire?

3 **Ricostruisci il contesto storico, politico, culturale, biografico da cui nacque *L'allegria* di Ungaretti, con l'aiuto delle domande. Esponi poi il risultato del tuo lavoro in circa due colonne.**

1. Quali furono le vicende compositive della raccolta? Quando venne pubblicato il primo nucleo? Quando vennero pubblicate la seconda, la terza e la quarta edizione?
2. Da quale tragico evento della storia europea nacque la raccolta?
3. Nel dibattito che divise l'opinione pubblica italiana tra interventisti e anti interventisti, quale era la posizione di Ungaretti? Come giunse ad arruolarsi?
4. Quali erano le caratteristiche generali della guerra di trincea?
5. Quali elementi della guerra di trincea emergono con maggiore evidenza nella raccolta?
6. Quali tratti Ungaretti riprende dal Simbolismo francese?

7. In che modo il soggiorno parigino e i contatti con le avanguardie francesi hanno influenzato le scelte stilistiche dell'*Allegria* (ad esempio, la rinuncia alla punteggiatura e l'adozione del versicolo)?

L'AUTORE E L'OPERA

4 **Analizza lo stile del seguente passo del *Decameron* di Boccaccio con l'aiuto delle domande. Esponi poi il risultato in circa quindici righe.**

Sì come chiarissima fama quasi per tutto il mondo suona, messer Cane della Scala, al quale in assai cose fu favorevole la fortuna, fu uno de' più notabili e de' più magnifici signori che dallo imperadore Federigo secondo in quà sapesse in Italia. Il quale, avendo disposto di fare una notabile[1] e maravigliosa festa in Verona, e a quella molte genti e di varie parti fossero venute, e massimamente uomini di corte d'ogni maniera, subito[2] (qual che la cagion si fosse) da ciò si ritrasse, e in parte provedette coloro che venuti v'erano e licenziolli[3]. Solo uno, chiamato Bergamino, oltre al credere di chi non lo udì presto parlatore e ornato[4], senza essere d'alcuna cosa proveduto o licenzia datagli, si rimase, sperando che non senza sua futura utilità ciò dovesse essere stato fatto. Ma nel pensiero di messer Cane era caduto ogni cosa che gli si donasse vie peggio esser perduta che se nel fuoco fosse stata gittata[5]; né di ciò gli dicea o facea dire alcuna cosa. Bergamino dopo alquanti dì, non veggendosi né chiamare né richiedere a cosa che a suo mestier partenesse[6] e oltre a ciò consumarsi nello albergo co' suoi cavalli e co' suoi fanti, incominciò a prender malinconia; ma pure aspettava, non parendogli ben far di partirsi. E avendo seco portate tre belle e ricche robe, che donate gli erano state da altri signori, per comparire orrevole[7] alla festa, volendo il suo oste esser pagato, primieramente[8] gli diede l'una, e appresso, soprastando ancora molto più[9], convenne, se più volle col suo oste tornare[10], gli desse la seconda; e cominciò sopra la terza a mangiare, disposto di tanto stare a vedere quanto quella durasse e poi partirsi.

Ora, mentre che egli sopra la terza roba mangiava, avvenne che egli si trovò un giorno, desinando messer Cane, davanti da lui assai nella vista malinconoso[11]. Il qual messer Can veggendo, più per istraziarlo che per diletto pigliare d'alcun suo detto[12], disse: – Bergamino, che hai tu? tu stai così malinconoso! dinne alcuna cosa.

(G. Boccaccio, *Decameron*, I, 7, a cura di V. Branca, Mondadori, Milano 2005)

1. **notabile:** notevole.
2. **subito:** all'improvviso.
3. **provedette... licenziolli:** provvide del necessario coloro che erano venuti e li congedò.
4. **presto parlatore e ornato:** persona dotata di parola pronta e retoricamente ornata.
5. **Ma nel pensiero... fosse stata gittata:** Nei pensieri di messer Cane l'idea di donargli qualcosa era venuta meno, peggio che se fosse stata gettata nel fuoco.
6. **a suo mestier partenesse:** attinente al suo mestiere (quello di novellatore di professione).
7. **orrevole:** onorevolmente (cioè con abiti adatti all'occasione).
8. **primieramente:** dapprima.
9. **soprastando ancora molto più:** poiché l'oste insisteva ancora.
10. **col suo oste tornare:** far tornare i conti con l'oste.
11. **malinconoso:** malinconico.
12. **istraziarlo... detto:** più per prenderlo in giro che per avere piacere da una sua novella.

1. Le frasi sono prevalentemente lunghe o corte? Prevale la paratassi o l'ipotassi?
2. Nei periodi complessi, la proposizione principale si trova prevalentemente all'inizio o alla fine?
3. Quando viene riferito il discorso diretto, la struttura sintattica varia?
4. Pur considerando la distanza temporale, il registro ti sembra colloquiale, medio, elevato?
5. Ci sono modi di dire che riproducono la vivacità del parlato?
6. Nel lessico, prevalgono termini astratti (concetti, idee) o concreti (persone, oggetti, circostanze)?
7. La situazione viene descritta in modo generico e astratto, o resa vivace con particolari specifici?

5 **Analizza lo stile del seguente passo della *Vita* di Alfieri con l'aiuto delle domande. Esponi poi il risultato in circa quindici righe.**

Mi compiaccio ora moltissimo nel parlar di quel mio zio, che sapea pure far qualche cosa[1]; ed ora soltanto ne conosco tutto il pregio. Ma quando io era in Accademia, egli, benché amorevolissimo per me, mi riusciva pure noiosetto anzi che no; e, vedi stortura di giudizio, e forza di false massime, la cosa che di esso mi seccava il più era il suo benedetto parlar toscano[2], ch'egli dal suo soggiorno in Roma in poi mai più non avea voluto smettere; ancorché il parlare italiano sia un vero contrabbando in Torino, città anfibia. Ma tanta è però la forza del bello e del vero, che la gente stessa che al principio quando il mio zio ripatriò, si burlava del di lui toscaneggiare, dopo alcun tempo avvistisi[3] poi ch'egli veramente parlava una lingua, ed essi smozzicavano un barbaro gergo, tutti poi a prova favellando con lui andavano anch'essi balbettando il loro toscano; e massimamente quei tanti signori, che volevano rabberciare un poco le loro case e farle assomigliar dei palazzi: opere futili in cui gratuitamente per amicizia quell'ottimo uomo buttava la metà del suo tempo compiacendo ad altrui, e spiacendo, come gli sentii dire tante volte, a sé stesso ed all'arte[4]. Onde molte e molte case dei primi di Torino da lui abbellite o accresciute, con atri, e scale, e portoni, e comodi interni, resteranno un monumento della facile sua benignità nel servire gli amici o quelli che se gli dicevano tali.

(V. Alfieri, *Vita*, a cura di G. Dossena, Einaudi, Torino 1967)

1. quel mio zio... qualche cosa: si tratta di Benedetto Alfieri, grande architetto piemontese.
2. parlar toscano: italiano; all'epoca di Alfieri, alla corte di Torino si usava piuttosto il francese e nella conversazione quotidiana il dialetto. Per questo poco oltre Alfieri la definisce «anfibia».
3. avvistisi: resisi conto.
4. all'arte: ai princìpi dell'arte dell'architettura.

1. La struttura sintattica è prevalentemente paratattica o ipotattica? I periodi sono lunghi, di media lunghezza, brevi? La struttura delle frasi è lineare o intricata?
2. In che modo vengono usati i segni di punteggiatura intermedi (punto e virgola e due punti)?
3. Quali registri si mescolano nel brano? Quale prevale?
4. Individua esempi di espressioni ironiche.
5. Ci sono esempi di figure retoriche?
6. A quale elemento narrativo (la storia, i personaggi, l'ambiente) va l'attenzione dell'autore?

6 **Analizza il seguente passo di *La cognizione del dolore* di Gadda con l'aiuto delle domande. Quindi sintetizza i risultati in circa quindici righe.**

Il fulmine infatti, quando capì di non poter più resistere al suo bisogno, si precipitò sul parafulmine piccolo; ma non parendogli, quella verga, abbastanza insigne per lui, rimbalzò subito indietro come una palla demoniaca e schiantò su quell'altro, un po' più lungo, della torre più alta, e cioè in definitiva allontanandosi da terra, cosa da nemmen crederci. Lì, sul riccio platinato e dorato, aveva accecato con un attimo di terrore dei castani, sotto la nuova veste d'una palla ovale – fuoco pazzo a bilicare[1] sulla punta, – come fosse preso da un bieco furore, nell'impotenza: ma in realtà sdipanando e addipanando un gomitolo e controgomitolo di orbite ellittiche in senso alternativo un paio di milioni di volte al secondo: tutt'attorno l'oro falso del riccio, che difatti avea fuso, insieme col platino, e anche col ferro: e smoccolàtil anche, già per la stanga, quasi che 'e' fussero[2] di cera di candela.

(C.E. Gadda, *La cognizione del dolore*, a cura di P. Italia, G. Pinotti, C. Vela, Adelphi, Milano 2017)

1. bilicare: stare in bilico; è vocabolo raro.
2. e' fussero: essi fossero (arcaismo, che riprende la lingua letteraria del Trecento).

1. La struttura delle frasi è prevalentemente paratattica o ipotattica? Le frasi sono lunghe o brevi? La struttura delle frasi è lineare o intricata?
2. In che modo vengono usati i due punti e le lineette?

3. C'è un registro di base o si mescolano diversi registri? In tal caso, quali?
4. Ci sono parole prese da un lessico tecnico? In tal caso, vengono usate in senso proprio o rispondono a esigenze espressive?
5. Ci sono esempi di figure retoriche?
6. Prevale l'urgenza di raccontare una storia o il desiderio di giocare con le parole?
7. Perché lo stile di Gadda è stato definito «espressionista»?

L'INTERTESTUALITÀ

7 **Collega ciascuno dei termini al significato corretto.**

a. corrente	**1.** soggetto o motivo di fondo di un'opera
b. *topos*	**2.** gruppo organizzato di artisti con una poetica comune
c. parodia	**3.** esposizione esplicita della poetica di un movimento
d. citazione	**4.** schema narrativo ripreso e variato attraverso i secoli
e. tema	**5.** tendenza culturale caratteristica di una certa epoca
f. movimento	**6.** elemento ricorrente in un autore, una corrente, una tradizione
g. manifesto	**7.** ripresa testuale di parole di un altro testo
h. motivo	**8.** rovesciamento ironico di un altro testo

8 **Nelle letterature classiche, il poema epico era considerato il genere più nobile, quindi anche il più codificato, con precisi tratti distintivi nell'argomento, nello stile, nelle strutture. Iniziava obbligatoriamente con un proemio, articolato in due parti: l'invocazione alla Musa e la protasi (cioè l'esposizione sintetica dell'argomento). Questa struttura viene ripresa nel poema cavalleresco rinascimentale, con l'aggiunta della dedica a un mecenate (qui non riportata). Analizza e metti a confronto i proemi dell'*Odissea*, dell'*Eneide*, della *Gerusalemme liberata* con l'aiuto delle attività.**

a. **Omero**, ***Odissea*** (I, 1-10)

Narrami, o musa[1], dell'eroe multiforme[2], che tanto
vagò, dopo che distrusse la Rocca sacra di Troia:
di molti uomini vide le città e conobbe i pensieri,
molti dolori patì sul mare nell'animo suo,
per riacquistare a sé la vita e il ritorno ai compagni.
Ma i compagni neanche così li salvò, pur volendo:
con la loro empietà si perdettero,
stolti, che mangiarono i buoi del Sole
Iperione[3]: ad essi tolse il dì del ritorno.
Racconta qualcosa anche a noi, o dea figlia di Zeus.

(Omero, *Odissea*, trad. it. di R. Calzecchi Onesti, Einaudi, Torino 2014)

1. musa: è Calliope, Musa della poesia epica, più avanti chiamata con l'appellativo «figlia di Zeus».
2. eroe multiforme: si tratta di Odisseo, definito in greco con un aggettivo polisemico, che significa contemporaneamente "dall'ingegno multiforme" e "sballottolato dal destino".
3. mangiarono... Iperione: i compagni di Odisseo morirono, uccisi dal dio, per aver violato il divieto di cibarsi dei buoi del Sole, figlio del titano Iperione.

b. **P. Virgilio Marone**, ***Eneide*** (I, 1-11)

Canto le armi e l'uomo[1] che per primo dalle terre di Troia
raggiunse esule l'Italia per volere del fato e le sponde
lavinie[2], molto per forza di dei travagliato in terra
e in mare, e per la memore ira della crudele Giunone,
e molto avendo sofferto in guerra, pur di fondare

1. le armi e l'uomo: armi è metonimia per "battaglie"; l'uomo è Enea.
2. sponde lavinie: le coste del Lazio, dette lavinie perché Enea vi fonderà Lavinio, così chiamata in onore della sposa latina Lavinia.

la città, e introdurre nel Lazio i Penati[3], di dove la stirpe
latina, e i padri albani[4] e le mura dell'alta Roma.
O Musa, dimmi le cause, per quali offese al suo nume,
di cosa dolendosi, la regina degli dei[5] costrinse un uomo
insigne per pietà a trascorrere tante sventure, ad imbattersi
in tanti travagli? Tali nell'animo dei celesti le ire?

(P. Virgilio Marone, *Eneide*, trad. it. di L. Canali, Mondadori, Milano 1991)

3. Penati: per i romani, gli dei protettori della famiglia e della patria.
4. padri albani: gli antenati di Alba, da cui discese Romolo, fondatore di Roma.
5. la regina degli dei: Giunone.

c. T. Tasso, *Gerusalemme liberata* (I, ottave 1-2)

Canto l'arme pietose, e 'l Capitano
che 'l gran sepolcro liberò di Cristo[1].
Molto egli oprò col senno e con la mano[2];
molto soffrì nel glorioso acquisto[3]:
e invan l'Inferno a lui s'oppose; e invano
s'armò d'Asia e di Libia[4] il popol misto:
chè 'l Ciel gli diè favore, e sotto ai santi
segni ridusse i suoi compagni erranti.

O Musa, tu, che di caduchi allori
non circondi la fronte in Elicona[5],
ma su nel Cielo infra i beati cori
hai di stelle immortali aurea corona[6];
tu spira al petto mio celesti ardori,
tu rischiara il mio canto, e tu perdona
s'intesso fregi al ver, s'adorno in parte
d'altri diletti, che de' tuoi le carte[7].

(T. Tasso, *Gerusalemme liberata*, a cura di A.M. Carini, Feltrinelli, Milano 1961)

1. arme pietose... Cristo: l'esercito crociato (*pietoso* perché mosso da un intento religioso) e Goffredo di Buglione, che conquistarono Gerusalemme nel 1099.
2. col senno e con la mano: con l'intelligenza e il valore militare.
3. molto soffrì... acquisto: soffrì molto nel portare a compimento la sua gloriosa impresa.
4. Libia: sineddoche per Africa.
5. Elicona: il monte sacro alle Muse nella mitologia classica.
6. su nel Cielo... corona: la Musa cui si rivolge Tasso non è pagana, ma è l'ispirazione divina, che ha la sua sede in Paradiso.
7. s'intesso fregi... le carte: se mescolo l'invenzione poetica alla realtà, se adorno le mie carte di piaceri diversi da quelli che ti sono cari (piaceri mondani, contrapposti a quelli divini).

1. Nei tre testi, individua e sottolinea in colori diversi l'invocazione alla Musa e la protasi.
2. Quale particolarità presenta l'invocazione nell'*Odissea*? Dov'è invece collocata nell'*Eneide* e nella *Gerusalemme liberata*?
3. In che modo Tasso caratterizza in senso cristiano la sua Musa?
4. Cosa chiedono, rispettivamente, i tre poeti alla Musa?
5. Sintetizza l'argomento di ciascun poema sulla base di quanto viene detto nella protasi.
6. Come viene caratterizzato Odisseo? In quale modo si contrappone ai suoi compagni?
7. Come viene caratterizzato Enea? Da chi o che cosa sono causate le sue sofferenze?
8. Com'è caratterizzato Goffredo? In quale modo si contrappone ai suoi compagni? I tre eroi hanno qualche caratteristica in comune?
9. In quale dei tre proemi è presente il motivo dell'esaltazione della patria? In quale (o quali) è presente una componente religiosa?

10. Nel proemio dell'*Eneide*, individua e sottolinea le espressioni che costituiscono una citazione diretta del testo di Omero.

11. Nel proemio della *Gerusalemme liberata*, individua e sottolinea le espressioni che riprendono il testo di Omero e/o di Virgilio.

12. Pur lavorando per i testi classici su traduzioni moderne, prova a definire le caratteristiche stilistiche del poema epico e poi epico-cavalleresco. Osserva in particolare il registro dominante, la presenza di termini ricercati, l'uso delle figure retoriche.

13. Sintetizza i risultati dell'analisi fin qui condotta in un testo di circa due colonne.

9 **La similitudine che paragona gli uomini alle foglie è uno dei *topoi* più importanti e persistenti della letteratura occidentale. Se i termini di paragone rimangono invariati, in epoche e autori diversi cambia però l'elemento in comune, il punto su cui si basa l'analogia. Analizza alcune occorrenze del *topos* con l'aiuto delle attività.**

a. Omero, *Iliade* (VI, 145-149)

O magnanimo Tidide[1], perché chiedi la stirpe?
Come stirpi di foglie, così le stirpi degli uomini;
le foglie, alcune ne getta il vento a terra, altre la selva
fiorente le nutre al tempo di primavera;
così le stirpi degli uomini: nasce una, l'altra dilegua.

(Omero, *Iliade*, trad. it. di R. Calzecchi Onesti, Einaudi, Torino 2014)

1. **magnanimo Tidide:** sul campo di battaglia, Diomede, figlio di Tideo, prima di battersi con un avversario sconosciuto, temendo di trovarsi di fronte a un dio, chiede quale sia la sua stirpe (divina o umana). Con questa risposta Glauco rivela di essere anch'egli un mortale.

b. Mimnermo[1] (frammento 8)

Al modo delle foglie che nel tempo
fiorito della primavera nascono
e ai raggi del sole rapide crescono,
noi simili a quelle per un attimo
abbiamo diletto del fiore dell'età,
ignorando il bene e il male per dono dei Celesti.
Ma le nere dèe[2] ci stanno a fianco,
l'una con il segno della grave vecchiaia
e l'altra della morte. Fulmineo
precipita il frutto di giovinezza,
come la luce d'un giorno sulla terra.
E quando il suo tempo è dileguato
è meglio la morte che la vita.

(S. Quasimodo, *Lirici greci*, Mondadori, Milano 2004)

1. **Mimnermo:** poeta lirico, vissuto tra la seconda metà del VII e l'inizio del VI secolo a.C.
2. **le nere dèe:** le Chere, personificazione della vecchiaia e della morte.

c. P. Virgilio Marone, *Eneide* (VI, vv. 305-312)

Qui[1] tutta una folla dispersa si precipitava alle rive,
donne e uomini, i corpi privati della vita
di magnanimi eroi, fanciulli e intatte fanciulle,
e giovani posti sul rogo davanti agli occhi dei padri:
quante nelle selve al primo freddo d'autunno
cadono scosse le foglie, o quanti dall'alto mare

1. **Qui:** in questo passo Virgilio descrive le anime dei morti che si affollano per essere traghettate da Caronte nell'Ade.

uccelli s'addensano in terra, se la fredda stagione
li mette in fuga oltremare e li spinge nelle regioni assolate.

(P. Virgilio Marone, *Eneide*, cit.)

d. Dante Alighieri, *Inferno* (III, vv. 112-117)

Come[1] d'autunno si levan le foglie
l'una appresso de l'altra, fin che 'l ramo
vede a la terra tutte le sue spoglie;
similemente il mal seme d'Adamo[2]:
gittansi di quel lito[3] ad una ad una
per cenni, come augel[4] per suo richiamo.

(D. Alighieri, *La Commedia*,
a cura di R. Hollander e S. Marchesi,
Loescher, Torino 2016)

1. **Come... :** anche nei versi danteschi la similitudine si riferisce ai dannati che si affollano sulla riva dell'Acheronte.
2. **il mal seme d'Adamo:** i malvagi discendenti di Adamo, cioè i dannati.
3. **lito:** sponda (sono le rive dell'Acheronte).
4. **augel:** uccello; si fa riferimento alla pratica dei cacciatori di usare richiami per ingannare e catturare gli uccelli.

e. A. de Lamartine[1], *Souvenir*

Io vedo i miei rapidi anni
accumularsi dietro di me,
come la quercia attorno a sé
vede cadere le sue foglie avvizzite.

(A. de *Lamartine, Méditations poétiques. Nouvelles méditations poétiques*, Le livre de Poche, Paris 2006, trad. nostra)

1. **Alphonse de Lamartine:** (1790-1869) fu uno dei principali poeti romantici francesi.

f. G. Ungaretti, *Soldati*

Si sta come
d'autunno
sugli alberi
le foglie

(G. Ungaretti, *L'Allegria*,
Mondadori, Milano 2011)

1. La similitudine omerica è piuttosto complessa perché coinvolge quattro termini di paragone: le foglie cadute e le foglie in pieno rigoglio da una parte; le stirpi (noi diremmo le generazioni) del passato e quella presente. Ci sono legami tra le foglie cadute e quelle ancora verdeggianti? Quale analogia possiamo individuare tra l'avvicendarsi delle generazioni e quello delle foglie? Secondo Glauco, dunque, perché non ha senso chiedere a qualcuno a quale stirpe appartenga? Quale caratteristica della condizione umana viene sottolineata in tal modo dalla similitudine?
2. Nella poesia di Mimnermo, qual è l'analogia tra le foglie nel rigoglio della primavera e gli uomini nella loro giovinezza? Quale seconda, diversa similitudine, è presente nel testo? Quale caratteristica della condizione umana viene sottolineata da essa? Se la morte è preferibile alla vecchiaia, quale invito implicito rivolge il poeta ai lettori?
3. Nel passo virgiliano, che cosa hanno in comune le anime che si affollano sulla riva dell'Acheronte, le foglie che si ammassano ai piedi degli alberi, gli uccelli che si radunano per migrare?
4. Dante imita in modo molto evidente Virgilio, riutilizzando la similitudine nella medesima situazione, ma con delle importanti differenze: quali sono le anime che si ammassano per

salire sulla barca di Caronte in Virgilio? Quali in Dante? Con quale perifrasi sono definite? In che modo Dante ha variato la seconda parte della similitudine? Se le anime dei dannati si gettano sulla riva come uccelli ingannati dai cacciatori, chi potrebbe essere il cacciatore che li ha adescati?

5. La poesia di Lamartine dipende direttamente dal passo di Dante: quale elemento lessicale è una spia di questa dipendenza? Tuttavia il poeta ha rinnovato la similitudine cambiando il secondo termine di paragone: a che cosa sono paragonate le foglie? Su quale condizione esistenziale medita il poeta?
6. Da quale elemento della brevissima lirica di Ungaretti capiamo che il poeta si riferisce alla condizione dei soldati in trincea? Perché la loro condizione è simile a quella delle foglie autunnali?
7. Esponi le tue conclusioni in un testo di circa due colonne.

10 **Una delle più celebri poesie di d'Annunzio, *La pioggia nel pineto*, è stata parodiata da Montale in *Piove*. Con l'aiuto delle attività, analizza come è stata condotta la parodia. Del testo dannunziano proponiamo solo la prima strofa, di quello montaliano l'inizio e la fine.**

a. G. d'Annunzio,
La pioggia nel pineto (vv. 1-32)

Taci. Su le soglie
del bosco non odo
parole che dici
umane; ma odo
parole più nuove
che parlano gocciole e foglie
lontane.
Ascolta. Piove
dalle nuvole sparse.
Piove su le tamerici
salmastre ed arse,
piove su i pini
scagliosi ed irti,
piove su i mirti
divini,
su le ginestre fulgenti
di fiori accolti,
su i ginepri folti
di coccole aulenti,
piove su i nostri vólti
silvani,
piove su le nostre mani
ignude,
su i nostri vestimenti
leggieri,
su i freschi pensieri
che l'anima schiude
novella,
su la favola bella
che ieri
t'illuse, che oggi m'illude,
o Ermione[1].

(G. d'Annunzio, *Poesie*, Garzanti, Milano 1978)

1. **Ermione:** nome classicheggiante con cui d'Annunzio si rivolge alla donna amata.

b. E. Montale,
Piove (vv. 1-25; 34-41; 55-59)

Piove. È uno stillicidio
senza tonfi
di motorette o strilli
di bambini.

Piove
da un cielo che non ha
nuvole.
Piove
sul nulla che si fa
in queste ore di sciopero
generale.
Piove
sulla tua tomba
a San Felice
a Ema[1]
e la terra non trema
perché non c'è terremoto
né guerra.

Piove
non sulla favola bella
di lontane stagioni,
ma sulla cartella
esattoriale[2],

1. **tomba... Ema:** è la tomba della moglie, Drusilla Tanzi, sepolta a San Felice a Ema.
2. **cartella esattoriale:** la cartella delle tasse.

piove sugli ossi di seppia[3]
e sulla greppia nazionale[4]. [...]

Piove
in assenza di Ermione
se Dio vuole,
piove perché l'assenza
è universale
e se la terra non trema
è perché Arcetri[5] a lei
non l'ha ordinato. [...]

Piove ma dove appari
non è acqua né atmosfera,
piove perché se non sei
è solo la mancanza
e può affogare.

(E. Montale, *L'opera in versi*, Einaudi, Torino 1980)

---

3. ossi di seppia: allusione alla sua prima celebre raccolta, intitolata appunto *Ossi di seppia*.
4. greppia nazionale: la mangiatoia della politica italiana.
5. Arcetri: località dove si trova un celebre osservatorio, con un sismografo.

1. La lirica di d'Annunzio è scritta in una lingua molto letteraria, ricercata, retorica, con parole preziose. Quale registro ha invece adottato Montale?
2. La pioggia descritta da d'Annunzio è una pioggia reale. Com'è il cielo da cui cade la pioggia di Montale? Dunque, si tratta di una pioggia reale o simbolica?
3. Lo scenario della poesia di d'Annunzio è una pineta in cui il poeta e la donna amata si immergono totalmente nella natura. Qual è lo scenario della poesia di Montale?
4. Nella lirica di d'Annunzio la pioggia permette di trascendere il reale, di carpire l'intimo segreto di una natura permeata di divinità. Al contrario, in Montale è un monotono stillicidio che svela la mancanza di senso della realtà. Quale fiducia manifesta il poeta in questo testo verso la realtà politica del suo tempo, la scienza, la poesia stessa?
5. Sul piano della vita personale, quale dolorosa realtà si contrappone alla «favola bella» dell'amore? Perché siamo in «assenza di Ermione»?
6. Gli ultimi versi sono stati variamente interpretati; per molti, il "tu" a cui si rivolge Montale è la moglie morta; secondo questa chiave di lettura, è la sua assenza ad aver annullato qualsiasi possibilità di dare un significato all'esistenza. Per altri, il "tu" è l'Assoluto, la via di fuga; dove si manifesta, «non è acqua né atmosfera», ma se non c'è, «è solo la mancanza». In modo argomentato, indica quale delle due interpretazioni ti sembra più convincente.
7. Esponi le tue conclusioni in un testo di circa una colonna.

L'INTERPRETAZIONE

11 **Indica se le seguenti affermazioni sull'interpretazione del testo letterario sono vere o false.**

	V	F
a. Un testo letterario ha una sola interpretazione corretta.	☐	☐
b. I testi letterari sono polisemici.		
c. Nell'interpretazione di un testo letterario entra in gioco anche la sensibilità personale del lettore.	☐	☐
d. Per interpretare correttamente un testo dobbiamo anche metterlo in relazione con altri testi.	☐	☐
e. Dato che i testi letterari si prestano a più chiavi di lettura, possiamo interpretarli in modo intuitivo, sulla base delle nostre impressioni soggettive.	☐	☐
f. L'interpretazione dei classici è ormai consolidata, non riservano più sorprese ai lettori.	☐	☐

7 L'analisi del testo poetico

Il significato originario della parola **poesia** (dal greco *poiéo*, "faccio", "creo") sottolinea l'attività creativa del poeta e la capacità del testo poetico di evocare idee, esperienze e sentimenti, di ricreare mondi, attraverso un uso inconsueto e "creativo" del linguaggio. Infatti nella poesia, ancor più che in ogni altro genere letterario, il **significato globale** del messaggio nasce da una stretta **correlazione tra contenuto e forma**: ogni elemento del testo (non solo le parole, ma anche i suoni, il ritmo, le strutture sintattiche) è portatore di significato.

Caratteristiche peculiari del discorso poetico sono:

- la **divisione in versi**, segmenti di testo caratterizzati da una determinata struttura metrica e da un particolare ritmo;
- la costante **ripresa di suoni**, **parole**, **strutture**, che mettono in rilievo i rapporti di significato tra le parti del testo: il ritorno di gruppi di suoni (attraverso la rima, l'assonanza, la consonanza, l'allitterazione), le ripetizioni di parole chiave, il parallelismo delle strutture sintattiche;
- l'**uso creativo del linguaggio**: parole inconsuete o con significati insoliti, ordine delle parole diverso da quello abituale, ampio ricorso alle figure retoriche;
- la **ricchezza di significati** (cioè la **polisemìa**): il testo poetico, ancora di più di ogni altro testo letterario, si presta a diverse modalità di lettura e a più interpretazioni.

Per coglierne tutta la complessità di significati e mettere correttamente in relazione contenuti, temi, scelte formali giungendo al significato complessivo, i testi poetici vengono abitualmente analizzati a più livelli: distinguiamo il livello dei **contenuti** o **tematico** (la cui comprensione procede per gradi, partendo da una prima comprensione generale per giungere a una penetrazione sempre più profonda attraverso l'analisi degli altri livelli; lo tratteremo perciò per ultimo); il livello **metrico-ritmico**; il livello **fonico** (strettamente connesso al precedente); il livello **morfo-sintattico** e la sua correlazione con quello metrico; il livello **semantico-lessicale**; il livello **stilistico-retorico**. Quest'ultimo non verrà analizzato a parte, ma ricollegato agli altri livelli in cui è avvertibile la presenza di figure retoriche: il livello fonico (con le varie figure di suono), il livello sintattico (con le varie figure sintattiche), il livello semantico-lessicale (con le varie figure semantiche e logiche).

7.1 Le strutture metriche: il verso

L'unità fondamentale del testo poetico è il **verso**. Nella poesia tradizionale è caratterizzato da un numero determinato di sillabe metriche (o **posizioni**) e da uno specifico **ritmo**. La poesia nelle principali lingue moderne si basa infatti sull'alternarsi di sillabe accentate e sillabe atone (**metrica accentuativa**).

Le figure metriche

L'unità metrica del verso è la **posizione**, o **sillaba metrica**, che molto spesso (ma non sempre) coincide con la **sillaba grammaticale**. Infatti, per contare correttamente le posizioni non è sufficiente applicare le regole usuali della divisione in sillabe, bisogna anche tener conto delle seguenti **figure metriche**: la sinalèfe, la dialèfe, la sinèresi, la dièresi.

- **Sinalèfe**: la vocale finale di una parola si fonde con la vocale iniziale di quella seguente, anche se si pronunciano distinte: Non/ son/ l**i_e**/dit/t**i_e**t/ter/ni/ per/ noi/ gua/sti (Dante). Come si vede dall'esempio, la sinalèfe può verificarsi anche più volte nello stesso verso. Può inoltre coinvolgere due (doppia sinalèfe) o tre parole (tripla sinalèfe): Di/ mia/ spe/ ran/z**a_ò_i**n/ te/ la/ mag/gior/ par/te (Petrarca).
- **Dialèfe**: è opposta alla sinalèfe; le due vocali contigue rimangono metricamente distinte: l**à**/ **o**n/de_il/ Car/ro/ gi**à**/ **e**/ra/ spa/ri/to (Dante).

Di norma viene applicata la sinalèfe, mentre la dialèfe è più rara e viene utilizzata per ottenere particolari effetti espressivi, ad esempio per rallentare il ritmo.

- **Sinèresi**: due vocali contigue all'interno della stessa parola, che grammaticalmente formano due sillabe (iato), vengono considerate un'unica sillaba: per/ l'**ae**/re/ te/ne/bro/ so/ si/ ri/ver/sa (Dante).
- **Dièresi**: due vocali contigue all'interno della stessa parola, che grammaticalmente formano una sillaba (dittongo), vengono computate come due sillabe. La dièresi è indicata dal segno ¨ : Per/ più/ fi/a/te/ li‿oc/chi/ ci/ so/spin/se (Dante).

Per calcolare il numero delle sillabe metriche occorre considerare, inoltre, l'**ultima parola** del verso, che può essere **piana** (accento tonico sulla penultima sillaba, *sor-rì-so*), **sdrucciola** (accento tonico sulla terzultima sillaba, *im-mò-bi-le*), **tronca** (accento tonico sull'ultima sillaba, *an-dò*):

- si considerano **tipici** i versi che terminano con una **parola piana**: *In/va/no‿in/van/ la/ **chiò**/ma* → **sette** sillabe (verso **settenario**);
- per i versi **sdruccioli** si conta una sillaba **in meno**: *la/ con/tu/ma/ce/ **Vè**/ne/re* → **otto** sillabe, ma **sette** posizioni (verso **settenario**);
- per i versi **tronchi** si conta una sillaba **in più**: *il/ sen/no/ del/l'e/**tà*** → **sei** sillabe, ma **sette** posizioni (verso **settenario**).

Il ritmo

Il **ritmo** del verso è dato dall'alternanza di sillabe **accentate** (posizioni forti) e sillabe **atone** (posizioni deboli). L'accento metrico, o ***ictus***, coincide quasi sempre con l'accento tonico di una parola, ma non tutti gli accenti tonici sono *ictus*; viceversa, parole lunghe possono avere due *ictus*: *in/ quel/ **mèz**/zo‿il/ ca/val/ **nè**/ro* (Carducci); ***mè**/lan/co/**nì**/a* (Pindemonte).

Talvolta per ragioni metriche l'accento grammaticale può essere spostato in avanti o indietro grazie alla licenza poetica: *oceàno* invece di *ocèano*, *pièta* invece di *pietà*. L'*ictus* non può cadere su due sillabe metriche contigue, a meno che siano separate da una **cesura**.

Nei versi **parisillabi** (cioè con un numero pari di sillabe) gli accenti sono in genere fissi; nei versi **imparisillabi** (cioè con un numero dispari di sillabe) sono invece solitamente mobili. Dunque questi ultimi hanno ritmo più vario, e proprio per questa ragione furono privilegiati nella tradizione poetica italiana, mentre i versi parisillabi (più cantabili) erano tipici delle composizioni popolari.

I ritmi che iniziano con una sillaba accentata hanno ritmo **discendente**, quelli che iniziano con una sillaba atona hanno invece ritmo **ascendente**.

A seconda delle intenzioni comunicative dell'autore, il ritmo può essere veloce e incalzante, lento e meditativo, monotono, ossessivo e martellante, cantabile ecc. Poiché la poesia è musica, la correlazione tra ritmo e contenuto è sempre essenziale per interpretare un testo poetico.

I versi

I versi prendono il nome dal **numero** delle sillabe, o meglio delle **posizioni**:

- **bisillabo**: ha due sillabe, con un unico accento in prima posizione; è di uso raro, per lo più alternato a versi più lunghi:
  Do/po/ tan/ta
  néb/bia
  a‿ù/na
  a‿ù/na
  si/ sve/la/no
  le/ stel/le (Ungaretti)
- **ternario** o **trisillabo**: ha tre sillabe, con accento fisso sulla seconda; di uso raro, ha ritmo monotono e spezzato:
  La/ **mòr**/te
  si/ **scón**/ta
  vi/**vèn**/do (Ungaretti)

- **quaternario** o **quadrisillabo**: ha quattro sillabe, con accento principale sulla terza sillaba; è usato soprattutto in combinazione con altri versi, in particolare ottonari:
  Bel/le/ ro/se/ por/po/ri/ne
  che/ tra/ **spì**/ne
  sul/l'au/ro/ra/ non/ a/pri/te (Chiabrera)
- **quinario**: ha cinque sillabe, con accento principale sulla quarta e secondario sulla seconda o sulla prima:
  Mè/lan/co/**nì**/a,
  nìn/fa/ gen/**tì**/le,
  la/ **vì**/ta/ **mì**/a
  con/**sé**/gno_a/ **té**. (Pindemonte)
- **senario**: ha sei sillabe, con accento principale sulla quinta e gli altri accenti sulla prima, seconda o terza:
  Dól/ci/ miei/ so/**spì**/ri,
  dól/ci/ miei/ mar/**tì**/ri,
  dól/ce/ mio/ de/**sì**/o (Chiabrera)
- **settenario**: ha sette sillabe, con accento principale sulla sesta e gli altri accenti variabili su una delle prime quattro sillabe:
  Bel/la_e/ **và**/ga/ bru/**nét**/ta,
  i/ vo/**stri_òc**/chi/ lu/**cèn**/ti
  son/ **strà**/li_e/ fiam/me_ar/**dèn**/ti (Tasso)
  Grazie alla grande varietà di ritmi (otto varianti), il settenario è uno dei versi più usati nella letteratura italiana; compare in alternanza con l'endecasillabo nelle forme metriche più illustri, quali la canzone e il madrigale.
- **ottonario**: ha otto sillabe, con accenti fissi sulla terza e sulla settima; per il ritmo cantabile, fu assai diffuso nella poesia popolare e fu tra i versi preferiti dai poeti romantici:
  Sul/ ca/**stèl**/lo/ di/ Ve/**ró**/na
  bat/te_il/ **só**/le_a/ mez/zo/**giór**/no (Carducci)
- **novenario**: ha nove sillabe, tradizionalmente con accenti sulla seconda, quinta e ottava; trascurato dalla poesia precedente, fu uno dei versi preferiti da Pascoli, che lo usò in molte varianti ritmiche:
  Ho/ **vì**/sto_i/non/**dà**/ta/ di/ **rós**/so
  la/ **tèr**/ra/ dal/ **fiór**/ di/ tri/**fò**/glio;
  ho/ **vì**/sto/ nel/ **sòf**/fi/ce/ **fòs**/so
  le/ **siè**/pi/ di/ **prù**/no_in/ ri/**gó**/glio (Pascoli)
- **decasillabo**: ha dieci sillabe, con accenti solitamente sulla terza, sesta e nona; verso fortemente ritmato, fu usato soprattutto nell'Ottocento, in particolare nella poesia patriottica:
  Sof/fer/**mà**/ti/ sul/**l'à**/ri/da/ **spón**/da,
  vol/ti_i/ **guàr**/di_al/ var/**cà**/to/ Ti/**cì**/no (Manzoni)
- **endecasillabo**: ha undici sillabe, con ultimo accento sulla decima:
  La/ bu/**fè**/ra_in/fer/**nàl**/ che/ mai/ non/ **rè**/sta (Dante)
  L'endecasillabo è il verso principale della poesia italiana, presente nelle composizioni metriche più nobili (il sonetto, la canzone, l'ottava); ha grande varietà di ritmi (22 varianti): solo l'ultimo accento ha posizione fissa, mentre tutti gli altri sono variabili. È inoltre caratterizzato da una pausa, detta **cesura** (//), che divide il verso in due **emistichi** (mezzi versi), corrispondenti a un settenario e un quinario.
  L'endecasillabo che inizia con un quinario (accento in quarta posizione) è detto **a minore**:
  Or/ in/co/**mìn**/cian // le/ do/**lén**/ti/ **nó**/te (Dante)
  L'endecasillabo che inizia con un settenario (accento in sesta posizione) è detto **a maiore**:
  a/ **fàr**/mi/si/ sen/**tì**/re; // or/ son/ ve/**nù**/to (Dante)

L'endecasillabo è considerato il verso più lungo della poesia italiana; esistono, però, anche **versi doppi**: senario doppio (dodecasillabo), settenario doppio (o martelliano) e ottonario doppio.

Nella poesia contemporanea si è affermato il **verso libero**: la lunghezza del verso e il suo ritmo non seguono schemi prefissati, ma si modellano liberamente secondo gli intenti del poeta.

7.2 Le strutture metriche: le rime e il livello fonico

Nel testo poetico, il **tessuto sonoro**, formato dai suoni delle parole che si richiamano e si contrappongono, è esso stesso portatore di significato. Non dimentichiamo che le origini della poesia sono legate all'oralità e alla musica: la parola poetica è nata per essere recitata, declamata, cantata, ascoltata. È parola che recupera la propria materialità sonora, in cui il suono (il significante) si fa significato.

Le rime

La **rima** è l'identità di suoni della parte finale di due o più parole, poste alla fine del verso, a partire dalla vocale accentata: vìta/smarrìta - oscùra/dùra/paùra - fòrte/mòrte/scòrte.

La rima, mettendo in rilievo gli ultimi suoni di ciascun verso, ha un forte effetto ritmico; inoltre esercita una straordinaria funzione semantica: infatti il richiamo sonoro tra serie di parole dai suoni parzialmente identici può sottolineare l'affinità di significato o, al contrario, accentuare il contrasto tra parole con significati contrapposti. Ha tale importanza nella nostra tradizione poetica che, al plurale, ha assunto il significato di "componimento poetico" (le rime di Dante = le poesie di Dante).

Dal punto di vista dell'accento, le rime si distinguono in **piane** (g*è*nte, m*è*nte), **tronche** (am*ò*r, c*ò*r), sdrucciole (*fl*ò*ride*, ròride). La rima è detta **facile** quando esistono molte parole con tale terminazione, **difficile** o **rara** quando le parole a disposizione sono poche; nella rima **equivoca** rimano due parole identiche, ma con significato diverso: *sole* (nome)/*sole* (aggettivo). Nella **rima ipèrmetra**, un verso sdrucciolo rima con un verso piano, ma la sillaba in più non viene considerata (***àsole**/**càso***). Nella **rima siciliana** *i* rima con *e* chiusa (*ven**isse**/trem**esse***), *u* con *o* chiusa (***luce**/**croce***); questo fenomeno è dovuto all'imitazione da parte dei poeti toscani di quelle che in volgare siciliano erano rime regolari (ad esempio, ***luci**/cr**uci***), ma nella trascrizione toscana diventavano irregolari (***luce**/**croce***).

Talvolta la parola finale di un verso rima con una parola interna del verso successivo; nell'endecasillabo è detta **rimalmezzo** se cade alla fine del primo emistichio: *Amor regge suo impero senza sp**ada**. / Chi smarrita à la str**ada** // torni indietro* (Petrarca). La rima interna lega parole che si trovano, in qualsiasi posizione, all'interno del verso: *e pi**anto**, ed inni, e delle Parche il c**anto*** (Foscolo).

Gli schemi di rime

Lo **schema delle rime** è una componente importante della **strofa**. In molti testi, comprese le antologie scolastiche, è abitualmente indicato in nota, usando una simbologia convenzionale: i versi in rima sono indicati con la stessa lettera dell'alfabeto (AA BB CC ecc.); nel caso di componimenti in cui si alternano versi di diversa lunghezza (ad esempio, endecasillabi e settenari), per i versi più lunghi si usano lettere maiuscole, per quelli più corti lettere minuscole (Aa); per i ritornelli si impiegano le ultime lettere dell'alfabeto (X Y Z). I versi non legati da rima in una composizione con schema metrico regolare sono detti **irrelati**. Una composizione metrica priva di rime è detta in **versi sciolti**.

Esaminiamo gli schemi di rime più comuni.

- Rima **baciata** o **accoppiata**, cioè tra due versi successivi (schema **AA BB CC**): *Semplice fanciull**etto** / se al tenero augell**etto** / rallenta il laccio un **poco** / il fa volar per gi**oco*** (Metastasio).

- Rima **alternata**, cioè tra il primo e il terzo verso, tra il secondo e il quarto ecc. (schema **ABAB**): *A Carlo Magno, il quale io stimo e on**oro** / pel più savio signor che al mondo **sia**, / sono per mandare un ricco scudo d'**oro**, / con patto e condizion che esso lo **dia** / al cavalliero il quale abbia fra **loro** / il vanto e il primo onor di gagliard**ia*** (Ariosto).
- Rima **incrociata**, cioè tra il primo e il quarto verso e tra il secondo e il terzo (schema **ABBA**): *Solo e pensoso i più deserti c**ampi** / vo misurando a passi tardi e **lenti**; / e gli occhi porto, per fuggire, int**enti**, / ove vestigio uman l'arena st**ampi**.*
- Rima **incatenata**, secondo lo schema **ABA BCB CDC**; è lo schema di rime creato da Dante per scrivere la *Commedia*: *«O frati», dissi, «che per cento **milia** / perigli siete giunti a l'occid**ente**, / a questa tanto piccola vig**ilia** / d'i nostri sensi ch'è del riman**ente** / non vogliate negar l'esperi**enza**, / di retro al sol, del mondo sanza **gente**. / Considerate la vostra sem**enza**: / fatti non foste a viver come br**uti**, / ma per seguir virtute e canosc**enza**».*
- Rima **replicata**, cioè ripetuta nello stesso ordine (**ABC ABC**): *Sì ch'io mi credo omai che monti e pi**agge** / e fiume e selve sappian di che t**empre** / sia la mia vita, ch'è celata altr**ui**. // Ma pur sì aspre vie né si selv**agge** / cercar non so, ch'Amor non venga **sempre** / ragionando con meco, et io con **lui*** (Petrarca).
- Rima **invertita**, cioè ripetuta in ordine inverso (**ABC CBA**): *Non si poria contar la sua piag**enza** / Ch'a le' s'inchin' ogni gentil vert**ute** / E la beltate per sua dea la m**ostra**. // Non fu sì alta già la mente n**ostra** / e non si pose 'n noi tanta sal**ute** / che propriamente n'aviàn conosc**enza*** (Cavalcanti).

L'assonanza e la consonanza

Dalla rima si distinguono l'assonanza e la consonanza, che consistono in una parziale **somiglianza di suono** tra la parte finale di due parole:

- nell'**assonanza** si ha identità delle sole **vocali** a partire dalla sillaba accentata: *s**a**l**e**/c**a**r**e** – p**o**st**o**/m**o**lt**o***;
- nella **consonanza** (chiamata anche assonanza consonantica) si ha identità delle **consonanti** che seguono la vocale tonica: *gra**pp**a/tri**pp**a – po**st**o/ce**st**o*. Quasi sempre (ma non obbligatoriamente) la vocale finale è identica.

L'assonanza e la consonanza, molto usate nel Duecento e nella poesia popolare, sono state riprese dai poeti contemporanei che, invece, hanno ridotto il ruolo della rima. Nella poesia novecentesca sono frequenti anche casi di **rime imperfette** (*arte/alte, gufo/buffo, disagio/randagie*).

L'analisi fonica

Spesso in poesia troviamo una precisa correlazione tra **suoni** e **significato**: suoni chiari e luminosi sottolineano un'atmosfera di speranza e gioia, suoni duri e cupi si adattano a immagini dolorose. Il suono può acquisire un valore simbolico (questo fenomeno è detto **fonosimbolismo**): il poeta percepisce i suoni come correlati a uno stato d'animo, un sentimento, un'atmosfera emotiva che poi trasmette al lettore attraverso il tessuto sonoro del testo. Ad esempio, la vocale *a* (la più aperta della nostra lingua) può essere associata a sensazioni di chiarore, vastità, serenità; la vocale *u*, chiusa e grave, a sensazioni di buio, chiusura, angoscia; la vocale *i*, chiusa e acuta, a sensazioni di luminosità, leggerezza, allegria.

I suoni delle parole chiave di una poesia spesso si spandono e si riverberano in più versi o addirittura nell'intero componimento (**disseminazione fonica**): ad esempio, osserva come nei primi versi della poesia *Maestrale* di Eugenio Montale si disseminino i suoni della parola chiave ***calma***: *S'è rif**a**tt**a** **la calma** / ne**ll**'**a**ria: tr**a** gli scogli p**a**r**l**ott**a** **la** m**a**rett**a**.*

La ripresa dei suoni delle parole chiave dà vita a una serie di **figure foniche** (o morfologiche, › p. 37): allitterazione, paronomàsia, onomatopea, ma anche rime interne, assonanze, consonanze. Talvolta è presente anche l'**anagramma**, cioè la ripresa degli stessi suoni in un altro ordine: *Silvia/salivi*.

Attraverso riprese e variazioni foniche il materiale sonoro delle parole chiave si riflette mutato e deformato in altre parole, suggerendo e sottolineando parallelismi, legami e contrasti di significato.

7.3 Le unità metriche: strofe e componimenti metrici

I versi si raggruppano in unità più ampie, le strofe e i componimenti metrici, che nella poesia tradizionale erano regolati da schemi fissi, spesso legati anche al contenuto e al genere.

Le strofe

Nella poesia tradizionale solitamente i versi si combinano in **strofe**, ovvero in gruppi con una struttura determinata e ripetibile, che possono essere costituiti da versi tutti della stessa misura o di diversa lunghezza. La strofa costituisce allo stesso tempo un'**unità ritmica** (cioè un gruppo di versi con una determinata struttura metrica) e un'**unità semantica**: spesso, infatti, corrisponde a un nucleo di significato (analogo a un capoverso in un testo in prosa).

Il modello della strofa stabilisce il tipo e il numero dei versi, l'uso e la disposizione delle rime; questo schema è detto **metro**. I diversi metri sono spesso legati a determinati generi: ad esempio, la terzina è il metro dei testi narrativi e didascalici, l'ottava è quello del poema cavalleresco ed eroico.

Le **strofe a schema fisso** della nostra tradizione sono:

- il **distico**, coppia di versi per lo più a rima baciata;
- la **terzina**, formata da tre versi; la più tipica è la terzina dantesca di endecasillabi con schema ABA BCB CDC; troviamo anche terzine di endecasillabi con schema diverso e terzine di settenari e novenari;
- la **quartina**, formata da quattro versi, in genere endecasillabi; può essere monorima (AAAA), a rima baciata, alternata o incrociata, o anche su tre rime più una isolata (AAAB);
- la **sestina**, formata da sei versi, per lo più endecasillabi; può avere grande varietà di rime;
- l'**ottava**, formata da otto versi, di solito endecasillabi, secondo lo schema ABABABCC; chiamata anche **stanza** o **ottava rima**, è la strofa tipica del poema epico-cavalleresco.

Una serie di versi di numero variabile è detta **lassa**; è tipica delle forme più antiche della poesia francese e italiana. Di solito i versi non sono legati tra loro dalla rima, ma dall'assonanza.

La **strofa libera**, inventata da Leopardi, non ha numero fisso di versi né ordine fisso di rime.

Nella poesia contemporanea vengono definiti strofe i gruppi di versi separati da uno spazio bianco, anche se non si rifanno a uno schema ricorrente.

I componimenti metrici

A loro volta le strofe si raggruppano per formare i **componimenti metrici** (o **metri**); ne esistono svariatissimi modelli. Ricordiamo brevemente solo i più importanti nella tradizione poetica italiana.

- La **ballata** è un componimento di origine popolare, originariamente nato per accompagnare il ballo. È caratterizzato da una prima strofa, detta **ritornello** o **ripresa**, la cui rima è ripetuta di solito alla fine delle altre strofe. Amata dagli stilnovisti, ma poco usata da Petrarca, fu invece rivalutata dalla poesia popolareggiante del Quattrocento.

Con il nome di **ballata romantica** si designano componimenti metrici narrativi che riecheggiano la poesia popolare, diffusi specie in Germania e in Inghilterra. I romantici italiani la chiamarono in genere romanza; ha caratteristiche metriche varie.

- La **canzone** è il componimento più nobile della tradizione italiana; è composta da endecasillabi e settenari, raggruppati in strofe (o **stanze**) in numero variabile (cinque, sette o più); la stanza ha struttura assai complessa. In genere la canzone si conclude con una strofa, detta **congedo** o **commiato**, spesso con schema particolare. Una forma complessa e virtuosistica di canzone è la **sestina**, formata da strofe di sei versi, che prevede il ritorno in ogni strofa di sei parole-rima, secondo un ordine obbligato. La canzone **libera** (o leopardiana) ha strofe di lunghezza diseguale e rime senza schemi fissi.
- È detto **capitolo**, capitolo ternario, terza rima, un componimento piuttosto ampio, di argomento didascalico, morale, comico-realistico, che adotta il metro della terzina. Il nome forse deriva dai "capitoli" in cui sono divisi i *Trionfi* di Petrarca. Nel Cinquecento la terza rima trovò ampia diffusione nel genere satirico (ricordiamo le *Satire* di Ariosto); con Berni e i suoi imitatori, divenne il metro tipico della poesia burlesca (capitolo bernesco).
- Il **contrasto** è un componimento poetico di varia forma metrica in cui disputano o dialogano due personaggi allegorici (come l'Anima e il Corpo) o reali (spesso una donna e il suo innamorato): nel secondo caso, ha spesso tono realistico e giocoso. L'esempio più celebre è *Rosa fresca aulentissima* di Cielo d'Alcamo (XIII sec.).
- La **lauda** è un canto religioso, fiorente soprattutto nel XII e XIII secolo; dapprima formata da lasse monorime o da sestine, finì per adottare il metro della ballata. La **lauda drammatica** (detta anche mistero), prevedeva monologhi e dialoghi tra diversi personaggi.
- Il **madrigale** è un componimento breve, composto da endecasillabi e settenari variamente rimati. Tra gli autori maggiori e più prolifici ricordiamo Torquato Tasso. Nel Rinascimento il madrigale fu il genere più importante della musica polifonica profana in Italia. In forma di madrigale vennero musicati anche testi non madrigalistici, come i sonetti di Petrarca e le ottave di Ariosto e Tasso.
- L'**ode** (detta anche ode-canzonetta) è un componimento di origine classica che trovò grande sviluppo nel Settecento e nel primo Ottocento; è caratterizzata da strofe brevi, dalla preferenza per versi brevi, dall'alternanza di versi piani, tronchi e sdruccioli che conferisce ritmo vario e cantabile.
- Il **poema** è un componimento narrativo in versi, di ampie proporzioni, spesso articolato in canti o libri. In base alla materia trattata, si distinguono il poema epico, cavalleresco, didascalico, sacro, eroicomico ecc. È caratterizzato da una forma metrica ampia e solenne (esametro nella letteratura classica, endecasillabo in quella italiana). Se di minore ampiezza, è detto **poemetto**.
- Il **serventese** (detto anche sirventese o sermentese) è un componimento strofico di vario schema metrico, di argomento morale, politico, didascalico, che trovò ampio sviluppo nel XIII e XIV sec.
- Il **sonetto** è la forma breve più importante della nostra tradizione; è composto da quattordici endecasillabi, raggruppati in quattro strofe: due quartine e due terzine. Le quartine sono legate da una prima serie di rime alternate o incrociate, le terzine da una seconda serie di rime secondo schemi vari. Nella poesia inglese si affermò una variante del sonetto, detta **sonetto inglese** o **shakespeariano** (dal grande poeta e drammaturgo W. Shakespeare che lo portò a perfezione), in cui i versi sono raggruppati in tre quartine più un distico finale (schema ABAB CDCD EFEF GG). Una serie di sonetti sullo stesso tema è detto **corona** o collana. Celebre, ad esempio, la corona di sonetti di Folgòre da San Gimignano, dedicata ai mesi.

7.4 Il livello morfo-sintattico

Il livello morfo-sintattico è relativo alle scelte espressive del poeta rispetto all'uso delle diverse categorie grammaticali, alle strutture sintattiche, all'ordine delle parole, alla punteggiatura.

Per quanto riguarda le **categorie grammaticali**, ad esempio, possiamo osservare un'aggettivazione ricca, o al contrario sobria ed essenziale; quasi sempre molto significativo è l'uso dei **tempi** o dei **modi verbali**: ad esempio, il sonetto proemiale del *Canzoniere* di Petrarca è caratterizzato dall'alternanza tra il passato remoto (tempo dell'errore) e il presente (tempo della consapevolezza); in *Meriggiare pallido e assorto* di Montale, l'uso dei verbi all'infinito caratterizza la situazione come universale, ripetitiva, atemporale.

Un altro aspetto rilevante è la scelta dei **pronomi personali**: osserviamo se il testo è scritto in **terza persona** (come avviene prevalentemente nei generi poetici narrativi, ad esempio il poema epico o didascalico) o in **prima persona** (come avviene nella poesia lirica, in cui la voce del poeta è un io lirico che parla direttamente); se c'è un **interlocutore interno** (un **tu** o un **voi** che può essere, di volta in volta, il lettore, una persona determinata, una personificazione).

A livello sintattico, come abbiamo già visto parlando dello stile [› p. 46], è significativa la prevalenza di **paratassi** o di **ipotassi**; ma nel testo poetico è soprattutto importante la correlazione tra sintassi e ritmo: frasi brevi e nervose si accompagnano a un ritmo spezzato, lunghi periodi basati sull'ipotassi si adattano ai ritmi distesi della poesia narrativa o discorsiva. Alle scelte sintattiche è correlato l'uso della punteggiatura, che scandisce il testo in unità di significato che possono coincidere o meno con le unità metrico-ritmiche.

Infatti tra metro e sintassi può esserci un perfetto parallelismo: un verso corrisponde a una frase o a una porzione di frase sintatticamente completa, mentre un intero periodo è compreso in una strofa. Tuttavia, spesso il poeta non rispetta volutamente tale corrispondenza e colloca in versi successivi parole sintatticamente collegate (soggetto e predicato, nome e aggettivo ecc.):

Ma sedendo e mirando, ***interminati***
spazi *di là da quella, e* ***sovrumani***
silenzi*, e profondissima quiete* (Leopardi)

Tale fenomeno è detto **enjambement** (dal francese *enjamber*, "passare nel terreno altrui") e può trovarsi sia tra due versi sia tra due strofe.

L'uso dell'enjambement può dare vita a molteplici effetti: crea uno scarto tra ritmo e significato; introduce variazioni ritmiche; mette in evidenza le parole coinvolte, collocandole in posizione forte al termine e all'inizio del verso; suggerisce legami tra verso e verso ecc. È dunque sempre un elemento estremamente significativo, un segnale che il poeta invia al lettore e che non va mai trascurato.

Costitutivo del discorso poetico è poi la frequente alterazione dell'**ordine delle parole**, che quasi sempre si allontana da quello prosaico; la posizione delle parole è infatti legata al ritmo, determinato dall'alternarsi di sillabe atone e sillabe accentate. Può inoltre creare particolari effetti stilistici, mettendo in rilievo termini chiave e suggerendo legami e contrapposizioni tra termini altrimenti distanti. Inoltre l'uso di particolari **figure retoriche dell'ordine** è anche legato al gusto di un'epoca, a un genere letterario, all'ambiente culturale, alla stessa concezione della poesia. Così nel corso del Settecento e dell'Ottocento, per influenza delle letterature classiche (nella poesia greca e latina l'ordine delle parole era assai libero), si afferma un uso spinto di anastrofe e ipèrbato; la loro ripetuta combinazione provoca una profonda alterazione dell'ordine naturale, detta **sìnchisi** (dal greco *synchysis*, "mescolanza"), che corrisponde alla volontà di nobilitare il discorso poetico: *Oh beati fra gli altri e cari al cielo / viventi a cui con miglior man Titàno / formò gli organi egregi, e meglio tese / e di fluido agilissimo inondolli* (Parini); *Il gran prodigio / immobili i riguardanti lassa,/ e di terrore un palpito / in ogni cor trapassa* (Monti).

7.5 Il livello semantico-lessicale

L'analisi del livello lessicale e semantico (cioè delle parole e del loro significato) è centrale nella comprensione di un testo poetico. Infatti la poesia è essenzialmente parola: è questo il mezzo espressivo attraverso cui il poeta traduce in immagini la sua visione del mondo e la comunica al lettore. Ma la parola poetica è diversa da quella dei testi volti a fini pratici.

In primo luogo, è ricca di valori connotativi. I linguisti riconoscono due tipi di significato: il **significato denotativo**, ovvero quello di base che troviamo nei dizionari (ad esempio, *Luna*, "unico satellite naturale della Terra"), uguale per tutti i parlanti; e un **significato connotativo**, ovvero una sfumatura di significato legato alle sensazioni soggettive che ciascun parlante associa a quella parola (ad esempio, la luna evoca innumerevoli associazioni anche simboliche, che ritroviamo in espressioni figurate come "sei sulla luna", "hai la luna di traverso", "quello è lunatico" ecc.). La ricchezza di valori connotativi rende la parola poetica **polisemica** (ha molti significati), **ambigua** (si offre a diverse interpretazioni), **evocativa**. Essa infatti assolve a una duplice funzione: dice qualche cosa, ma allo stesso tempo evoca altro.

In secondo luogo, non dimentichiamo che il testo poetico, per sua natura, è **sintetico**: la *Commedia* di Dante, un poema che sentiamo come "lungo", comprende 101 698 parole, molto meno della metà dei *Promessi sposi*, cioè di un romanzo di media lunghezza. A creare un episodio indimenticabile come quello di Pia dei Tolomei (*Purgatorio*, V) a Dante sono bastati 7 versi e 42 parole. Nell'economia del testo poetico dunque ogni parola conta, e viene scelta per la sua aderenza alle intenzioni comunicative del poeta, ora per lo stretto legame tra suono e significato, ora per la forza evocativa, ora per le associazioni (anche inconsce) che suscita, ora per l'esattezza, ora, al contrario, per l'indeterminatezza.

Sintetizziamo i punti a cui prestare attenzione.

- Individua le **parole chiave**, ovvero le espressioni più significative, grazie alle quali possiamo identificare il tema di fondo o i motivi principali. Spesso esse sono **ripetute** [› p. 42]; messe in rilievo dalla **posizione** (all'inizio o alla fine del testo, in posizione forte come inizio e fine verso, dove entrano nel gioco delle rime grazie all'uso di un enjambement); evidenziate da procedimenti come la **disseminazione fonica** [› p. 64].
- Individua le **parole tematiche** che rinviano alla poetica dell'autore o del movimento cui aderisce (ad esempio, nello Stilnovo *gentile, saluto, salute, dolce, soave, spirito* ecc.).
- Cerca le parole legate dall'appartenenza alla stessa **sfera semantica** (talvolta meno propriamente definite anche campi semantici, le sfere semantiche sono vasti insiemi di parole appartenenti al medesimo ambito di significato). Ad esempio, nella quartina iniziale di *Spleen* di C. Baudelaire, tutti i termini in neretto rimandano alla sfera semantica dell'oppressione e della chiusura, simbolo dell'angoscia esistenziale: *Quando, come un* ***coperchio****, il cielo basso e* ***greve*** */* ***schiaccia*** *l'anima che geme nel suo tedio infinito, / e in un unico* ***cerchio stringendo*** *l'orizzonte / fa del giorno una tristezza più nera della notte.* Molto significativa è la presenza di sfere semantiche **contrapposte** (*morte/vita, luce/buio, giovinezza/vecchiaia* ecc.).
- Individua il **registro** (linguaggio aulico, letterario, quotidiano, ironico), la commistione di registri e il suo significato, l'eventuale uso di **lessici settoriali** (ad esempio, il lessico dei lavori agricoli in Pascoli), di arcaismi, di termini dialettali o gergali.
- Analizza **le figure retoriche** di significato e le figure logiche, molto importanti proprio perché è soprattutto attraverso di esse che il poeta introduce le sfere semantiche dominanti.

7.6 Il livello tematico

Come abbiamo accennato, la comprensione del significato procede attraverso una serie di riletture e di approfondimenti, che partono dalla comprensione del significato letterale per giungere all'individuazione del tema fondamentale e dei motivi secondari. La **comprensione letterale** si avvale di ausili come le note del manuale, il dizionario (particolarmente utile quando si leggono testi antichi o caratterizzati da un registro aulico, con termini ricercati e letterari), la parafrasi [› p. 29]. Può anche essere utile, specie per testi che almeno in parte hanno un contenuto narrativo, scrivere una sintesi di quest'ultimo.

Come abbiamo già visto, l'individuazione del **tema** (ovvero del contenuto di fondo del testo) è facilitato dall'analisi degli altri livelli, e in particolare dall'esame delle scelte lessicali. Sono infatti proprio le **parole chiave** a svelare il tema e gli eventuali motivi secondari. Nei testi che hanno un **titolo** (almeno fino al Seicento, il titolo delle liriche era semplicemente il primo verso), quest'ultimo può essere un indizio significativo del tema, anche se può essere fuorviante se rimanda invece all'argomento.

È bene precisare infatti che il tema non coincide con l'**argomento**: ad esempio, l'argomento del sonetto di Foscolo *Alla sera* è appunto la sera, ma il tema è la morte. L'argomento dell'ode *All'amica risanata*, sempre di Foscolo, è la guarigione di un'amica dalla malattia, il tema è la funzione della poesia, capace di rendere eterno ciò che è caduco.

Al tema principale possono affiancarsi **temi secondari** (ad esempio, nell'ode *All'amica risanata*, la funzione consolatoria della bellezza femminile, l'assurdità e la fragilità della vita umana, l'ineluttabile caducità di ogni cosa). Non dimentichiamo inoltre che, visto il carattere polisemico e aperto del testo poetico, suscettibile più di ogni altro testo letterario a una molteplicità di interpretazioni, quello che appare come il tema di fondo esplicito può rinviare a temi più profondi e impliciti; ad esempio, sempre in *All'amica risanata* di nuovo il tema della morte, che ritorna ossessivo in tutta l'opera letteraria di Foscolo.

Il modo in cui i temi si dispongono in un testo poetico ne determina la struttura tematica. Se ne riconoscono diversi modelli. Ricordiamo i più comuni:

- il testo è dominato da un tema di fondo, sviluppato in una progressione ordinata: la struttura è **lineare**;
- il testo è aperto e chiuso dallo stesso tema (che molto spesso corrisponde a quello di fondo): la struttura è **circolare**;
- nel testo si alternano e si intrecciano diversi temi, secondo varie disposizioni: ad esempio, se temi o motivi minori sono distribuiti in ordine apparentemente casuale, irradiandosi dal tema di fondo, la struttura è **a stella**; se due o più temi si ripetono nel medesimo ordine, la struttura è **parallela**; se si susseguono secondo l'ordine sfalsato ABBA, la struttura è **a chiasmo**.

LABORATORIO

L'ANALISI DEL TESTO POETICO

1 **Leggi la lirica e scrivine l'analisi guidata, con l'aiuto delle domande e delle attività.**

Guido Cavalcanti (1259-1300)

Biltà di donna e di saccente core

Metro: *sonetto con rime ABAB ABAB CDE CDE*

Biltà[1] di donna e di saccente core[2]
e cavalieri armati che sien genti[3];
cantar d'augelli[4] e ragionar[5] d'amore;
adorni legni[6] 'n mar forte correnti[7];

aria serena quand'apar l'albore[8]
e bianca neve scender senza venti;
rivera d'acqua[9] e prato d'ogni fiore[10];
oro, argento, azzurro[11] 'n ornamenti[12];

ciò passa la beltate e la valenza
de mia donna[13] e 'l su' gentil coraggio[14],
sì che rasembra vile[15] a chi ciò guarda;

e tanto più d'ogn' altr'ha conoscenza
quanto lo ciel de la terra è maggio[16].
A simil di natura ben non tarda[17].

(G. Cavalcanti, *Rime*, a cura di D. De Robertis, Einaudi, Torino 1986)

1. **Biltà:** bellezza.
2. **di saccente core:** cuore di sapiente; le due espressioni sono poste in chiasmo: "bellezza di donna e cuore di sapiente".
3. **che sien genti:** che siano nobili (di stirpe, ma soprattutto d'animo).
4. **augelli:** uccelli.
5. **ragionar:** parlare.
6. **adorni legni:** navi (metonìmia) adornate.
7. **forte correnti:** che corrono (cioè navigano) veloci.
8. **apar l'albore:** appare l'alba.
9. **rivera d'acqua:** corso d'acqua, fiume (è un francesismo).
10. **prato d'ogni fiore:** prato colmo di ogni tipo di fiori.
11. **azzurro:** lapislazzuli, pietra semipreziosa dal colore azzurro.
12. **'n ornamenti:** usati come ornamento.
13. **ciò... donna:** tutte queste cose (*ciò*, c. oggetto) le superano la bellezza e il valore (*valenza*) della mia signora.
14. **su' gentil coraggio:** il suo nobile cuore.
15. **rasembra vile:** appare di poco valore (il soggetto è *ciò* del v. 9).
16. **e tanto... maggio:** e essa (soggetto sottinteso) ha saggezza (*conoscenza*) superiore a quella di ogni altra persona, tanto quanto il cielo supera (*è maggio*, "è maggiore") la terra.
17. **A simil... tarda:** A un essere di natura simile non manca (*tarda*) il bene.

COMPRENSIONE COMPLESSIVA

1. Leggi attentamente il testo, e, con l'aiuto delle note, fai la versione in prosa.
2. Riassumi il contenuto informativo della lirica in circa 50 parole.

ANALISI DEL TESTO

Livelli metrico-ritmico e fonico

1. Qual è il metro del testo? Quale nome prendono gli schemi di rime utilizzati rispettivamente nelle quartine e nelle terzine?

2. Qual è il ritmo dominante (lento e solenne, vivace, monotono ecc.)? Noti alcuni stacchi ritmici? Osserva in particolare il v. 4: quale correlazione puoi notare tra mutamento di ritmo e contenuto?
3. Puoi notare correlazioni semantiche tra alcune delle parole poste in rima?
4. Nelle quartine, si nota il ricorrere assai frequente del suono vibrante della lettera *r*. Individuane le occorrenze. Come si chiama la figura retorica basata sulla ripetizione ravvicinata dello stesso suono? Quale potrebbe essere qui la sua funzione espressiva? Avanza una ipotesi interpretativa argomentata.

Livello morfo-sintattico

5. Il sonetto è nettamente diviso in due parti, perfettamente corrispondenti alle quartine e alle terzine: le quartine presentano un lungo elenco di cose belle, le terzine le paragonano alle qualità della donna. Quale elemento sintattico rappresenta l'anello di congiunzione tra le due sezioni?
6. Quale figura sintattica troviamo nel primo verso? Quali qualità (che poi ritroveremo anche nella donna) vengono così poste in posizione forte a inizio e fine verso?
7. La lirica è caratterizzata da una sostanziale coincidenza tra strutture sintattiche (frasi e periodi) e strutture metriche (versi e strofe). Ci sono però tre eccezioni: rileva i due enjambement; indica in quale strofa non c'è coincidenza tra strofa e periodo. Quali elementi vengono così messi in evidenza?

Livello semantico-lessicale

8. Analizza in quale modo sono scelti gli oggetti piacevoli elencati nelle quartine: quali appartengono al mondo naturale? Quali al mondo umano? Alcuni sono presentati a coppie contrapposte: su che cosa si basano le contrapposizioni? Puoi trovare punti in comune tra gruppi di oggetti?
9. Quali qualità fisiche e morali sono attribuite alla donna? Prevalgono le prime o le seconde?
10. La poesia è ricca di francesismi (ripresi dalla poesia francese o occitana). Rintracciali.
11. Rintraccia e spiega l'unica figura di significato presente nel testo.

Livello tematico

12. Trova le parole tematiche tipiche dello Stilnovo.
13. Qual è il tema di fondo della lirica?
14. Sono presenti temi secondari? Se sì, come si intrecciano con quello principale?

CONTESTUALIZZAZIONE E INTERPRETAZIONE

1. Alcuni critici collocano questo testo nella produzione giovanile del poeta: ne sono spia la struttura metrica molto semplice (lo schema di rime è quello della poesia siciliana), i numerosi francesismi, la ripresa di un componimento tipico della poesia provenzale, il *plazer*. Quali erano le caratteristiche di quest'ultimo? Come lo rielabora Cavalcanti?
2. La lirica ha molti punti in contatto con il sonetto di Guinizzelli *I' voglio del ver la mia donna laudare*. Metti a confronto i due testi osservando i seguenti punti: ci sono immagini comuni? Ci sono immagini simili, ma in parte diverse? Quale delle due poesie è più statica (privilegia immagini fisse) e quale più dinamica (privilegia immagini in movimento)? In quale diverso modo viene espressa la lode?
3. Guido Cavalcanti ha tratto lo stesso tema in *Chi è questa che vèn, ch'ogn'om la mira*. Quali punti di contatto e quali differenze puoi rilevare tra le due poesie?
4. All'interno della corrente stilnovistica, per quale particolare concezione dell'amore si caratterizza Cavalcanti? Ne trovi traccia in questo sonetto?
5. Raccogliendo tutte le tue osservazioni, in una decina di righe esponi la tua interpretazione del testo, illustrandone in particolare il tema e il modo peculiare in cui è trattato;

discuti inoltre l'ipotesi dell'appartenenza a un periodo giovanile (rifiutata da quei critici secondo i quali nella produzione di Cavalcanti si affiancano maniere poetiche o stili diversi, ma contemporanei tra loro).

2 **Leggi la lirica e scrivine l'analisi guidata, con l'aiuto delle domande e delle attività.**

Giambattista Marino (1569-1625)

Narra alcuni amori di pesci

***Metro**: sonetto con rime ABBA ABBA CDE CDE*

Oggi, là dove il destro fianco ad Ischia
rode il Tirren col suo continuo picchio[1],
vidi conca[2] con conca e nicchio[3] e nicchio
baciarsi, e come a l'un l'altro si mischia[4];

e la biscia del mar, che pur s'arrischia
venirne infin colà presso il crocicchio[5],
ove del sole al luminoso spicchio[6]
la chiama l'angue[7] innamorato e fischia.

E vidi ancor d'amor l'algente[8] anguilla
arder[9] fra l'acque; e gir[10] di grotta in grotta,
i lor maschi seguendo, occhiate e salpe[11].

Né però[12] vidi mai, perfida Lilla,
te fatta a me cortese[13], e, se non rotta,
men dura, del tuo cor la rigid'alpe[14].

(G. Marino, *Poesie varie*, a cura di B. Croce, Laterza, Bari 1913)

1. là dove... picchio: là dove il mar Tirreno col continuo battere delle sue onde (*picchio*) corrode la costa occidentale (*destro fianco*) all'isola di Ischia.
2. conca: conchiglia.
3. nicchio: mollusco dotato di conchiglia (come i mitili).
4. come... si mischia: e come si congiungono insieme (nell'atto amoroso).
5. s'arrischia... crocicchio: si arrischia a venire dal mare (*ne*) là fino all'incrocio. Probabilmente indica un incrocio di sentieri nei pressi della riva.
6. ove... spicchio: dove battono i luminosi raggi (*spicchio*) del sole.
7. angue: serpente.
8. algente: gelida.
9. arder: ardere d'amore, secondo una consueta metafora poetica.
10. gir: andare.
11. occhiate e salpe: due tipi di pesci.
12. Né però: ma non per questo.
13. fatta a me cortese: mostrarti disponibile nei miei confronti.
14. se... alpe: la dura roccia del tuo cuore, se non spezzata, almeno meno dura.

COMPRENSIONE COMPLESSIVA

1. Leggi attentamente il testo, e, con l'aiuto delle note, fai la versione in prosa.
2. Riassumi il contenuto informativo della lirica in circa 50 parole.

ANALISI DEL TESTO

Livello metrico-ritmico e fonico

1. Qual è il metro del testo? Quale nome prendono gli schemi di rime utilizzati rispettivamente nelle quartine e nelle terzine?
2. Le rime utilizzate nelle quartine sono facili o difficili? Su quali suoni si basano?
3. Nella prima quartina, attraverso la ripetizione di quale suono viene riprodotto in modo onomatopeico il cozzare delle conchiglie dei molluschi innamorati? Quale contrasto sonoro è introdotto dal verbo *baciarsi*?

4. Nella seconda quartina, accanto ai suoni duri rappresentati dalle rime, vengono introdotti suoni sibilanti. Quale correlazione possiamo notare tra questi suoni e i protagonisti di questa strofa?
5. Nella strofa conclusiva, a quale motivo si associa l'insistenza sulle consonanti dentali (*t* e *d*)?
6. Quale figura fonica rileviamo in *algente anguilla* (v. 9)?
7. Nel v. 10 l'irrequieto vagare amoroso dei pesci è sottolineato da un'allitterazione. Individuala.

Livello morfo-sintattico

8. Il sonetto descrive una situazione esterna, vista attraverso gli occhi dell'io lirico, che viene messa a confronto con un'esperienza che egli vive in prima persona. Attraverso quale voce verbale, ripetuta tre volte, viene stabilita la correlazione? In tutte e tre le occorrenze, si tratta del verbo reggente delle proposizioni principali dei tre periodi di disuguale lunghezza e differente struttura sintattica in cui si articola il testo. Individua i tre periodi, analizzane le rispettive strutture sintattiche e verifica se è possibile stabilire una correlazione tra di esse e il contenuto.
9. Chi è il *tu* a cui si rivolge il sonetto?
10. Quale figura dell'ordine è presente in «dove il destro fianco ad Ischia / rode il Tirren col suo continuo picchio» (vv. 1-2)? Questa figura ricorre altrove? In tal caso, con quali intenti espressivi e stilistici (nobilitare lo stile allontanandosi dalla lingua quotidiana, rendere il ritmo mosso delle onde e dei movimenti dei pesci ecc.)?
11. *Conca* e *nicchio* sono sinonimi (il loro significato è praticamente identico). Quale figura ha qui utilizzato il poeta? Con quale effetto espressivo?
12. Nel sonetto sono presenti cinque enjambement. Individuali e analizzane la funzione (spezzare il ritmo, mettere in rilievo parole chiave, mimare il movimento sinuoso e zigzagante dei pesci ecc.).

Livello semantico-lessicale e tematico

13. Il registro prevalente è quello letterario, di derivazione petrarchesca. Quali termini inediti si staccano da questo registro di fondo?
14. Individua e sottolinea i termini appartenenti alla sfera semantica del mare.
15. Individua e sottolinea i termini appartenenti alla sfera semantica dell'amore.
16. Quale figura semantica e logica troviamo in *il destro fianco* (v. 1)?
17. Spiega le figure semantiche presenti in *rode il Tirren col suo continuo picchio*.
18. Quale figura troviamo in *algente anguilla / arder* (vv. 9-10)? Quale motivo fondamentale del testo viene così evidenziato?
19. Spiega la metafora finale *del tuo cor la rigid'alpe* (v. 14). A quale sfera semantica appartiene la parola *alpe*? Quale contrasto si instaura con la sfera semantica dominante del mare?

CONTESTUALIZZAZIONE E INTERPRETAZIONE

1. Il tema della donna insensibile, all'epoca di Marino, era ormai così frequente nella poesia amorosa da apparire banale. In che modo il poeta barocco lo rinnova totalmente?
2. Perché (fin dal titolo) accostare l'amore ai pesci genera stupore? Quali caratteristiche sono solitamente attribuite a questi animali? In che modo Marino rovescia questo luogo comune?
3. In che modo viene presentato l'amore? Si tratta di un'attrazione spirituale o erotica? A quali comportamenti inattesi (e talvolta pericolosi) spinge gli abitanti del mare?
4. Quale contrasto paradossale viene sottolineato tra il comportamento dei pesci e quello della donna?
5. Quali elementi di questo testo sono riferibili alla poetica della meraviglia?
6. Come giudichi questo testo? Secondo te si tratta di un puro gioco letterario, se pur raffinato, o Marino seppe rinnovare la poesia lirica ampliando gli oggetti del "poetabile" e scoprendo aspetti inediti dell'esperienza amorosa?

3 **Leggi la lirica e scrivine l'analisi guidata, con l'aiuto delle domande e delle attività.**

Eugenio Montale (1896-1981)

In limine[1]

Metro: *quattro strofe, alternatamente di cinque e quattro versi, di endecasillabi, tranne i versi 3, 4, 11 (settenari), con rime irregolari nelle strofe dispari, regolari in quelle pari*

Godi se il vento ch'entra nel pomario[2]
vi rimena l'ondata della vita[3]:
qui dove affonda un morto
viluppo di memorie[4],
orto non era, ma reliquiario[5].

Il frullo che tu senti non è un volo[6],
ma il commuoversi dell'eterno grembo[7];
vedi che si trasforma questo lembo
di terra solitario in un crogiuolo[8].

Un rovello è di qua dall'erto muro[9].
Se procedi t'imbatti
tu forse nel fantasma che ti salva:
si compongono qui le storie, gli atti
scancellati pel giuoco del futuro[10].

Cerca una maglia rotta nella rete
che ci stringe, tu balza fuori, fuggi!
Va, per te l'ho pregato[11], – ora la sete[12]
mi sarà lieve, meno acre la ruggine[13]...

(E. Montale, *Ossi di seppia* cit.)

1. ***In limine***: espressione latina che significa "sulla soglia". La lirica apre infatti la raccolta *Ossi di seppia*.
2. **pomario:** frutteto.
3. **vi rimena... vita:** vi riconduce il flusso della vita.
4. **un morto... memorie:** un groviglio di ricordi inutili e morti.
5. **reliquiario:** un luogo che custodisce, come un reliquiario, i ricordi ormai morti.
6. **Il frullo... volo:** Il frullio che senti non è il volo di un uccello.
7. **il commuoversi... grembo:** il sommovimento della terra (*eterno grembo*).
8. **crogiuolo:** un luogo dove la vita può assumere una nuova forma, come i metalli in un crogiolo.
9. **Un rovello... muro:** Al di qua del muro scosceso c'è solo il tormento.
10. **scancellati... futuro:** destinati a essere cancellati dalla memoria perché il futuro possa rinnovarsi, essere un gioco sempre nuovo.
11. **l'ho pregato:** l'ho chiesto in preghiera.
12. **la sete:** il desiderio sempre insoddisfatto di liberazione, ma anche l'aspirazione al divino, all'assoluto.
13. **meno acre la ruggine:** l'angoscia di rimanere prigioniero del passato, di un'esistenza ripetitiva, come arrugginita.

COMPRENSIONE COMPLESSIVA

1. Leggi attentamente il testo, e, con l'aiuto delle note, fai la versione in prosa.
2. Dai un titolo a ciascuna delle quattro sequenze in cui si articola la lirica, coincidenti con le quattro strofe.
3. Riassumi il contenuto informativo del testo.

ANALISI DEL TESTO

Livello metrico-ritmico e fonico

1. Il metro della poesia presenta un rapporto complesso di continuità e rottura con la tradizione. Si avvicina alla misura del sonetto, ma non è un sonetto: quale scarto notiamo da questo punto di vista?

2. Quasi tutti i versi sono endecasillabi perfettamente regolari; spiccano dunque i tre settenari. Il primo condensa la funzione simbolica del *pomario*. Qual è invece la funzione degli altri due? Puoi trovare un legame, per analogia o contrasto, tra questi versi più brevi?
3. Individua le rime (prestando attenzione al fatto che l'ultimo verso, sdrucciolo, presenta una rima ipermetra). Quale variazione noti nello schema delle rime delle strofe pari?
4. Analizza le rime della prima strofa: quale legame si instaura tra le due parole-rima? Puoi trovare un legame tra le tre parole finali dei versi irrelati (cioè non rimati)?
5. Quale rima interna si instaura tra il v. 3 e il v. 5? Quale correlazione mette in rilievo?
6. Anche nella terza strofa c'è un verso irrelato: di quale significato è portatrice la parola così isolata?
7. Quale figura fonica lega rispettivamente le coppie *eterno/grembo* e *questo/lembo*?
8. Individua le allitterazioni presenti nei vv. 11-12 e 16.

Livello morfo-sintattico

9. Nel testo sono presenti sia un io lirico, sia un interlocutore interno (*tu*). Sottolinea in colori diversi i verbi alla prima e alla seconda persona singolare.
10. Quali tempi e modi verbali vengono utilizzati? Qual è il tempo prevalente?
11. Con quali verbi all'imperativo l'io lirico si rivolge al tu? Che cosa lo/la invita a fare?
12. Qual è l'unica azione che attribuisce a se stesso?
13. Le parole seguono solitamente l'ordine prosastico; fanno eccezione *un morto viluppo* (vv. 3-4), *dell'eterno grembo* (v. 7), *dall'erto muro* (v. 10), in cui l'aggettivo precede il sostantivo, anziché seguirlo. Possiamo ipotizzare che questa scelta sia collegata a esigenze metriche e ritmiche: quali parole vengono in tal modo poste in posizione forte a fine verso?
14. Individua e analizza i cinque enjambement. Hanno funzione essenzialmente ritmica o semantica (mettendo in rilievo parole chiave)?

Livello semantico-lessicale e tematico

15. Individua le parole appartenenti alle sfere semantiche contrapposte della morte e della vita.
16. Individua le parole appartenenti alle sfere semantiche contrapposte del chiuso e dell'aperto.
17. Sul piano spaziale, la lirica contrappone due spazi: uno ben definito, concreto, l'orto-pomario; l'altro indefinito e astratto, l'altrove, l'oltre. Raccogli tutte le espressioni che si riferiscono all'orto e scrivine una breve caratterizzazione.
18. Sul piano temporale, la lirica si colloca in un presente che oscilla tra la memoria del passato e la tensione del futuro. Come è caratterizzato il passato? Perché il futuro sembra renderlo inutile?
19. Secondo la poetica dell'oggetto, quali immagini concrete compaiono nella lirica? A quale significato simbolico rimandano?
20. Spiega il significato della densa rete di metafore che percorre il testo: *l'ondata della vita* (v. 2); *affonda un morto viluppo di memorie* (vv. 3-4); *reliquiario* (v. 5); *eterno grembo* (v. 7); *crogiuolo* (v. 9); *una maglia rotta nella rete* (v. 15); *la ruggine* (v. 18).

CONTESTUALIZZAZIONE E INTERPRETAZIONE

1. Quale duplice interpretazione possiamo attribuire al titolo, pensando sia alla sua collocazione nella raccolta sia al suo contenuto?
2. Chi potrà raggiungere la salvezza? L'io lirico, il tu, entrambi? Questa salvezza è certa o possibile?
3. Il tu è stato variamente interpretato: chi potrebbe essere secondo te (una persona concreta, ovvero una donna amata; il lettore; la poesia; contemporaneamente tutti questi possibili interlocutori)?
4. Inquadra il testo nella poetica di Montale, con particolare riferimento ai temi e alle scelte stilistiche di *Ossi di seppia*.

8 L'analisi del testo narrativo

La famiglia dei testi narrativi è molto ampia e comprende il diario, le memorie, la biografia, gli articoli di cronaca, la fiaba, la favola, la leggenda, il poema epico, il poema cavalleresco, il racconto e il romanzo ecc. I testi narrativi sono dunque molto differenti tra loro, ma hanno tutti in comune la caratteristica di presentare una **storia**, cioè una sequenza di eventi connessi tra loro, in cui agiscono dei **personaggi**, collocati nello **spazio** e nel **tempo**.

Sintetizziamo le operazioni da compiere per comprendere, analizzare e interpretare un testo narrativo.

- Leggi il testo, concentrandoti dapprima sulla **struttura narrativa**; individua lo schema delle storie (se applicabile); dividi il testo in sequenze.
- Se necessario, **riassumi** il contenuto narrativo [› p. 22].
- Individua le **tecniche narrative**: voce narrante, focalizzazione, distanza.
- Analizza la collocazione nello **spazio** (luoghi geografici, ambienti sociali) e nel **tempo**.
- Analizza i **personaggi** (funzione e caratterizzazione) e individuane l'eventuale sistema.
- Individua il **genere** narrativo (romanzo realistico, racconto dell'orrore ecc.).
- Analizza lo **stile** dell'autore [› p. 47].
- Individua il **tema** di fondo e i motivi secondari; per questo aspetto si rinvia a quanto detto a proposito del testo poetico [› p. 69].
- **Contestualizza** e **interpreta** il testo, secondo le indicazioni esposte alle pp. 46-50.

8.1 Strutture narrative: la storia

In ogni testo narrativo viene raccontata una **storia**: una sequenza di eventi e di azioni collegati tra loro. Molto spesso la storia si articola intorno ad alcuni momenti fondamentali (**schema delle storie**):

- l'**esordio** o situazione iniziale: vengono presentati i personaggi, le circostanze e i principali fatti che hanno preparato l'azione. La situazione iniziale può essere serena o al contrario carica di tensioni e contraddizioni;
- l'**azione complicante**: si verifica qualche fatto che, modificando la condizione iniziale, mette in moto la storia; il protagonista deve affrontare una situazione nuova o inaspettata;
- lo **sviluppo della vicenda**: il protagonista attraversa varie **peripezie**, che avvicinano l'eroe alla sua meta (processi di miglioramento) o lo allontanano da essa (processi di peggioramento): l'azione si avvia verso il punto culminante; tale momento cruciale, con termine tedesco, è detto ***Spannung***;
- lo **scioglimento** o conclusione: il protagonista supera con successo tutte le difficoltà e raggiunge il suo fine, oppure constata il fallimento delle sue aspirazioni.

L'identificazione di questi quattro momenti aiuta a cogliere le linee essenziali della vicenda nei suoi snodi fondamentali. Tuttavia lo schema non è sempre applicabile.

Il testo narrativo è articolato in **sequenze** o unità narrative di contenuto unitario; la loro individuazione è assai utile per un'analisi in profondità. In base al contenuto le sequenze possono essere **narrative** (portano avanti l'azione), **descrittive** (presentano luoghi e personaggi), **riflessive** (contengono pensieri e commenti). Il passaggio da una sequenza all'altra è segnalato da cambiamenti di luogo o di tempo, dall'entrata o uscita di scena di un personaggio, da una svolta nella vicenda.

L'ordine narrativo: fabula e intreccio

Il testo narrativo riferisce fatti che si susseguono nel tempo (ordinamento cronologico). Tuttavia chi scrive può alterarne la sequenza, anticipando alcuni episodi o posticipandone altri. La scelta di un particolare **ordine** contribuisce a dare spessore temporale alla vicenda, a suscitare attese, a creare particolari effetti.

È opportuno distinguere tra **intreccio** e **fabula** (in latino "storia"): il termine **intreccio** indica l'esposizione degli avvenimenti secondo l'ordine scelto dallo scrittore (ordine del

racconto); il termine **fabula** indica l'esposizione degli avvenimenti in ordine logico e cronologico (ordine della **storia**). Se l'autore ha scelto di raccontare i fatti in ordine naturale, l'ordine della fabula e quello dell'intreccio coincidono. Quando non coincidono, abbiamo un'*anacronia* (dal greco *ana*, "contro", e *chronos*, "tempo"). Le due forme più usate sono:

- la **retrospezione** (detta anche analessi o *flash back*), grazie alla quale la narrazione ritorna indietro nel tempo e recupera eventi precedenti (ad esempio, nei *Promessi sposi*, il racconto della monacazione forzata della Monaca di Monza).
- l'**anticipazione** (detta anche prolessi o *flash forward*) anticipa un evento che si verificherà nel prosieguo della narrazione, creando un'aspettativa nel lettore (un esempio celebre è l'inizio di *Cent'anni di solitudine* di García Márquez: *Molti anni dopo, di fronte al plotone di esecuzione, il colonnello Aureliano Buendía si sarebbe ricordato di quel remoto pomeriggio...*).

Altri modi di alterare l'ordine naturale sono le **storie a incastro** (una storia è interrotta per narrarne un'altra) e le **storie parallele** (due vicende si svolgono contemporaneamente).

Le forme della durata e il ritmo narrativo

In base alle sue scelte espressive, l'autore può condensare in tre righe un'intera vita o dedicare una pagina a un episodio di pochi minuti. La narrazione, infatti, illumina solo determinate parti della storia, lasciandone in ombra altre, secondo lo scopo comunicativo dell'autore. La proporzione tra il **tempo della storia** (cioè la durata della storia stessa) e il **tempo del racconto** (cioè la lunghezza del testo che la narra) non è costante; varie sono le modalità per accelerare o rallentare la narrazione:

- nella **scena** tempo della storia e tempo del racconto coincidono; la scena è costituita da dialoghi o narrazioni che riportano gli eventi istante per istante;
- nel **sommario** il tempo della storia è più lungo del tempo del racconto; la narrazione riassume in poche righe molti avvenimenti o un lungo periodo;
- nella **pausa** il tempo della storia è più breve del tempo del racconto. La narrazione rallenta e si ferma per lasciare il posto a riflessioni o a descrizioni.

Alcuni eventi possono anche passare sotto silenzio grazie all'**ellissi**; il "salto" viene segnalato da espressioni come *qualche ora più tardi; il giorno dopo; passarono alcuni anni* ecc. Oltre a omettere eventi non necessari nell'economia della storia, l'ellissi viene utilizzata per creare *suspense*: un'informazione chiave, talvolta il nodo centrale della vicenda, viene nascosta al lettore, al quale sarà rivelata solo al momento opportuno con un *flash back*.

L'alternarsi di scene, sommari e pause conferisce a ogni racconto un peculiare **ritmo narrativo**: l'avvicendarsi di sommari e scene imprime un ritmo incalzante a una storia basata sull'azione; ampie pause descrittive e riflessive conferiscono un ritmo lento e posato a storie che analizzano la psicologia dei personaggi o mettono a confronto diverse visioni del mondo.

8.2 Strutture narrative: la voce narrante, la prospettiva, la distanza

Al contrario di quanto avviene nei film o a teatro, in cui la storia si svolge direttamente sotto ai nostri occhi, nei testi narrativi è necessario che una "voce" ci descriva la storia che non può raccontarsi da sé. Distinguiamo due tipi fondamentali di voci: **esterna** e **interna**. Il **narratore esterno** o extradiegetico non è un personaggio della storia e racconta in terza persona. Se interviene con propri commenti è detto narratore **palese** (come la voce narrante dei *Promessi sposi*); se si limita a raccontare gli eventi senza commentarli è detto narratore **nascosto** (come la voce narrante dei *Malavoglia*). Il **narratore interno** o intradiegetico è un personaggio della storia che racconta in prima persona eventi a cui ha partecipato o ha assistito; può essere il protagonista (come Mattia nel *Fu Mattia Pascal* di Pirandello) o un testimone (come Biagio, voce narrante e fratello del protagonista nel *Barone rampante* di Calvino).

La voce narrante è un artificio letterario e va sempre **distinto dall'autore**, la persona reale che ha scritto il testo. Spesso la distinzione è lampante: nel *Nome della rosa* il narratore è il monaco Adso, l'autore lo scrittore contemporaneo Umberto Eco. Talvolta i due concetti sembrano avvicinarsi: il narratore dei *Promessi sposi*, che interrompe la vicenda con commenti che riflettono la visione dell'autore, non coincide però del tutto con Alessandro Manzoni, è un'invenzione letteraria costruita secondo certe regole del romanzo ottocentesco. Il narratore della *Ricerca del tempo perduto*, benché si chiami Marcel e abbia molti tratti in comune con l'autore, non coincide con la persona di Marcel Proust: è anch'esso una voce letteraria.

Non sono rari i casi di più **livelli** di narratore; ad esempio, nel *Decameron* di Boccaccio il primo livello è rappresentato da un narratore esterno cui è affidata la cornice, il secondo livello dai dieci giovani che raccontano le cento novelle.

Oltre al destinatario esterno (noi lettori) nella storia può esserci un personaggio che ascolta la narrazione, il **narratario**, ovvero il destinatario interno. Nel *Decameron*, ad esempio, i dieci giovani si alternano nel ruolo di narratori e narratari. Alla categoria del narratario appartiene anche il lettore fittizio a cui si rivolge la voce narrante in alcuni romanzi (come i famosi venticinque lettori dei *Promessi sposi*).

La prospettiva

Per raccontare una storia si possono adottare differenti **prospettive** così da offrire al lettore una particolare visione della vicenda. La prospettiva viene definita anche **visione**, **punto di vista**, **focalizzazione**. Se ne distinguono tre tipi principali: visione illimitata, punto di vista di un personaggio, visione dall'esterno.

- **Visione illimitata** (o **focalizzazione zero**): il narratore (sempre esterno) mostra di conoscere ogni particolare della storia e i pensieri più segreti dei personaggi: è **onnisciente**. Come un burattinaio che fa agire i personaggi a suo piacimento, tutto vede e tutto sa.
- **Punto di vista di un personaggio** (o **focalizzazione interna**): la storia viene vista e raccontata così come la vive un personaggio interno a essa; il lettore saprà solo ciò che egli sa, vede, pensa. Si può trovare anche nella narrazione in terza persona.
- **Visione dall'esterno** (o **focalizzazione esterna**): il narratore racconta solo i fatti che si presentano direttamente all'osservazione, senza mostrare di conoscere pensieri e sentimenti dei protagonisti. La visione dall'esterno, che permette di dare un'apparenza di oggettività, è stata introdotta dagli scrittori naturalisti e veristi (seconda metà dell'Ottocento).

All'interno di uno stesso testo la prospettiva può variare e possono intrecciarsi diverse tecniche. Si parla di **focalizzazione multipla** quando lo stesso evento è presentato dal punto di vista di due o più personaggi; **focalizzazione variabile** quando nel corso della narrazione si alternano i punti di vista di più personaggi.

La distanza

Il modo in cui il narratore riferisce le parole (ma anche i pensieri) dei personaggi rivela la **distanza** che lo separa dai protagonisti. Quando il narratore lascia la parola ai personaggi la distanza è minima; quando, invece, la riassume, prendendo lui stesso la parola, la distanza è massima. Nel primo caso la narrazione è detta **mimetica**, nel secondo **diegetica**. Le modalità per esprimere parole e pensieri dei personaggi sono molteplici.

- Il **discorso diretto** riproduce la vivacità del parlato; se ne distinguono due tipi: discorso diretto legato e discorso diretto libero. Nel **discorso diretto legato** i personaggi si esprimono in prima persona e il narratore si limita a segnalare chi sta parlando con espressioni introduttive (*disse, esclamò, chiese, rispose* ecc.). Nel **discorso diretto libero** le parole dei personaggi vengono riportate senza alcun intervento del narratore.
- Nel **discorso indiretto** le parole dei personaggi ci giungono attraverso la mediazione del narratore. Nel **discorso indiretto legato** esse sono introdotte da espressioni come *disse che, affermò che, domandò se* e sono riferite in terza persona dal narratore. Anche nel **discorso indiretto libero** le parole dei personaggi sono riferite in terza persona, ma scompaiono le espressioni introduttive.
- Nel **discorso narrativizzato** le parole dei personaggi si inseriscono nella narrazione, riassunte in modo più o meno ampio dal narratore.

Nell'ambito della narrativa ottocentesca, è stata elaborata la tecnica del **monologo interiore**, che riporta i pensieri e le riflessioni dei personaggi così come si affacciano alla mente. Un'evoluzione che si è affermata nel Novecento è il **flusso di coscienza**, grazie al quale pensieri, ricordi, associazioni inconsce del personaggio si presentano al lettore, senza alcun intervento della voce narrante, così come affiorano alla coscienza del personaggio stesso.

8.3 Lo spazio e il tempo

Nella narrazione lo **spazio**, oltre a far da sfondo alla storia, permette lo svolgimento dell'azione e può assumere funzioni realistiche o simboliche. Una narrazione collocata in uno **spazio aperto** o lungo le tappe di un viaggio dà al personaggio libertà d'azione, facilita gli incontri, apre sviluppi inattesi alla vicenda. Uno **spazio chiuso** limita l'azione del personaggio e può simboleggiare l'impossibilità di agire, ma può anche essere l'elemento che sprona ad agire con la mente, a sognare, a immaginare.

Anche i movimenti dei personaggi talvolta assumono valore simbolico. Ad esempio, spesso l'andare verso il basso assume valori negativi (caduta) e il procedere verso l'alto valori positivi (ascesa). Il ritorno in uno stesso luogo può segnare una maturazione, ma può anche essere indizio di una ripetizione monotona, di un movimento senza sbocco.

La presentazione e la funzione dello spazio è condizionata dal genere testuale e dall'epoca in cui è stato scritto il testo. La **descrizione dell'ambiente** può essere limitata a pochi tratti essenziali, oppure minuziosa e ricca di particolari. Nelle novelle di Boccaccio, ad esempio, le descrizioni sono in genere essenziali, nei romanzi del Settecento e dell'Ottocento, invece, sono ampie e dettagliate. Anche il **rapporto tra spazio e personaggi varia**. Mentre, ad esempio, nella narrativa cavalleresca l'ambiente è uno sfondo convenzionale, nel romanzo dell'Ottocento si fa specchio della personalità del personaggio. A partire dalla narrativa romantica, inoltre, lo spazio e le condizioni atmosferiche entrano in correlazione con lo stato d'animo del protagonista: al tormento del personaggio può corrispondere un ambiente cupo, tempestoso (**consonanza**) oppure un ambiente solare, sereno (**dissonanza**).

L'autore può ambientare l'opera in un passato più o meno lontano, in un'epoca contemporanea, nel futuro. Ovviamente nell'accostarsi a un'epoca passata userà le conoscenze e le concezioni del suo tempo: il Medioevo di Walter Scott è molto diverso da quello di Umberto Eco. La **durata** della vicenda può coprire un arco di poche ore, di mesi, di decenni, può estendersi su più generazioni. Talora la vicenda principale è molto breve, ma attraverso i ricordi e le riflessioni del protagonista riemerge un'intera vita. La maggior parte delle narrazioni rivela una **cronologia interna** che permette al lettore di datare gli eventi principali, sia grazie a indicazioni esplicite sia grazie a riferimenti storici.

Mentre nel romanzo tradizionale la concezione del tempo è **oggettiva** e lineare, nella narrativa contemporanea la dimensione temporale diviene soggettiva e frammentaria. Prevale il **tempo interiore** del personaggio, nella cui coscienza e memoria si intrecciano passato e presente.

8.4 I personaggi

I **personaggi** sono i motori della storia, coloro che con le loro azioni e le loro aspirazioni intervengono nella vicenda e ne orientano lo svolgimento. In genere si tratta di esseri umani, ma possono essere anche animali più o meno umanizzati, creature fantastiche, oggetti, persino agenti non umani.

In base alla loro **funzione** o **ruolo** i personaggi sono stati classificati dagli studiosi in sei categorie (**attanti**):

- il **protagonista** o soggetto: il personaggio principale, colui che con le sue aspirazioni e i suoi bisogni determina la storia;
- l'**antagonista** o oppositore: colui che contrasta l'azione del protagonista; suscitando

conflitti e ostacoli mette in moto l'azione narrativa. Può essere rappresentato anche da un agente non umano (il destino, un evento naturale, un fenomeno storico);
- l'**oggetto** del desiderio: lo scopo a cui tende il protagonista. Può essere una persona, un oggetto, una situazione, un sentimento;
- l'**aiutante**: il personaggio o i personaggi che aiutano il protagonista (o l'antagonista), favorendone i progetti;
- il **destinatore**: chi influenza la destinazione dell'oggetto; spesso è un'entità invisibile;
- il **destinatario** o beneficiario dell'azione: chi ottiene l'oggetto del desiderio; non sempre si identifica col protagonista.

Questa classificazione dei ruoli è nata nell'ambito degli studi sulla fiaba e sul racconto mitologico, ma è stata applicata anche alla narrativa di invenzione, dove si è rivelata abbastanza utile, soprattutto per individuare le relazioni tra i personaggi e il loro organizzarsi in un vero e proprio **sistema**. Ad esempio, nei *Promessi sposi* spesso si distinguono oppressi (Renzo e Lucia), oppressori (don Rodrigo), aiutanti degli oppressi o protettori (fra' Cristoforo, il cardinal Borromeo), aiutanti degli oppressori (don Abbondio, Azzeccagarbugli) con il significativo doppio rovesciamento di campo (la Monaca, inizialmente aiutante degli oppressi, aiuta l'oppressore; l'Innominato da oppressore diviene protettore).

I personaggi si possono classificare anche in base ad altri criteri:
- a seconda della loro evoluzione nel corso della storia, si suole distinguerli in **statici** e **dinamici**. I personaggi statici non subiscono alcun mutamento, rimangono sempre simili a se stessi, sono dei "tipi" (l'ipocrita, l'avaro, lo spaccone). I personaggi dinamici, invece, subiscono una trasformazione psicologica o sociale che può scaturire da una situazione di crisi o da un processo graduale di maturazione;
- lo scrittore inglese Edward Morgan Forster (1879-1970) ha distinto i personaggi in "**piatti**" (*flat*) e "**spessi**" (*round*): i primi sono costruiti attorno a una sola idea o qualità; i secondi hanno un carattere complesso e ricco di sfumature e sono capaci di sorprenderci;
- in base alla loro importanza i personaggi possono essere **principali** e **secondari**. Di solito i personaggi principali sono ben individualizzati, mentre molti personaggi secondari sono piatti. Nei romanzi appaiono inoltre **comparse** che, pur non influenzando l'azione, permettono di caratterizzare un ambiente o una situazione.

Per dare vita e spessore al personaggio lo scrittore gli attribuisce le caratteristiche che un essere umano a lui simile avrebbe nella vita reale: un nome, una precisa età, un determinato aspetto fisico, gusti, abitudini, una famiglia, un ambiente sociale ecc. Occorre osservare con attenzione questi elementi che non sono casuali; ad esempio, nel *Decameron* i nomi dei dieci narratori offrono una chiave di lettura: ne simboleggiano la personalità, rinviano a opere precedenti dell'autore, rimandano ad altre opere letterarie.

Un elemento particolarmente significativo è il **linguaggio** in cui si esprime il personaggio: l'uso della lingua o del dialetto, il registro quotidiano, colloquiale o ricercato, i modi di dire tipici, la tendenza alla verbosità o alla concisione.

Naturalmente l'autore non caratterizza con lo stesso grado di approfondimento tutti i personaggi: può delineare una comparsa con pochi tratti e dare un ritratto a tutto tondo dei suoi protagonisti. La maggiore o minore caratterizzazione varia inoltre a seconda dell'autore, del genere, dell'epoca. Ad esempio, nelle novelle del *Decameron* di Boccaccio non c'è quasi mai una descrizione fisica; assumono invece importanza il comportamento del protagonista e i valori in cui crede, spesso tipici del suo ambiente sociale. Inoltre, le caratteristiche e la personalità dei personaggi possono essere introdotte in modo diretto o indiretto:
- nella **presentazione diretta** sono esposte esplicitamente dal narratore, da un altro personaggio o dal personaggio stesso: *Don Abbondio, il lettore se ne sarà già accorto, non era nato con un cuor di leone*;
- nella **presentazione indiretta** emergono da azioni, comportamento e parole del personaggio. Questa modalità è tipica dei racconti brevi, soprattutto della narrativa del Novecento.

I differenti modi di presentazione si affiancano spesso nel medesimo testo per dare un'immagine più completa e vivida del personaggio.

LABORATORIO

L'ANALISI DEL TESTO NARRATIVO

1 **Leggi la novella e scrivine l'analisi guidata, con l'aiuto delle domande e delle attività.**

Giovanni Boccaccio (1313-75)

Decameron, I, 5

Era il marchese di Monferrato, uomo d'alto valore, gonfaloniere della Chiesa, oltre mar passato in un general passaggio da' cristiani fatto con armata mano[1]. E del suo valore ragionandosi[2] nella corte del re Filippo il Bornio, il quale a quel medesimo passaggio andar di Francia s'apparecchiava, fu per un cavalier detto non essere sotto le stelle una simile coppia a quella del marchese e della sua donna[3]; però che, quanto tra' cavalieri era d'ogni virtù il marchese famoso, tanto la donna tra tutte l'altre donne del mondo era bellissima e valorosa. Le quali parole per sì fatta maniera nell'animo del re di Francia entrarono, che, senza mai averla veduta, di subito ferventemente la cominciò ad amare e propose di non volere, al passaggio al quale andava, in mare entrare altrove che a Genova[4]; acciò che quivi, per terra andando, onesta cagione[5] avesse di dovere andare la marchesana a vedere, avvisandosi che, non essendovi il marchese, gli potesse venir fatto di mettere ad effetto il suo disio[6]. E secondo il pensier fatto mandò ad esecuzione[7]; per ciò che, mandato avanti ogni uomo, esso con poca compagnia e di gentili[8] uomini entrò in cammino; e avvicinandosi alle terre del marchese, un dì davanti mandò a dire alla donna che la seguente mattina l'attendesse a desinare.

La donna, savia e avveduta, lietamente rispose che questa l'era somma grazia sopra ogni altra e che egli fosse il ben venuto. E appresso entrò in pensiero che questo volesse dire, che un così fatto re, non essendovi il marito di lei, la venisse a visitare; né la 'ngannò in questo l'avviso, cioè che la fama della sua bellezza il vi traesse[9]. Nondimeno, come valorosa[10] donna dispostasi ad onorarlo, fattisi chiamare di que' buoni uomini che rimasi v'erano, ad ogni cosa opportuna con loro consiglio fece ordine dare, ma il convito e le vivande ella sola volle ordinare. E fatte senza indugio quante galline nella contrada erano ragunare[11], di quelle sole varie vivande divisò a' suoi cuochi[12] per lo convito reale. Venne adunque il re il giorno detto, e con gran festa e onore dalla donna fu ricevuto. Il quale, oltre a quello che compreso aveva per le parole del cavaliere, riguardandola, gli parve bella e valorosa e costumata, e sommamente se ne maravigliò e commendolla[13] forte, tanto nel suo disio più accendendosi, quanto da più trovava esser la donna che la sua passata stima di lei[14]. E dopo alcun riposo preso in camere ornatissime di ciò che a

---

1. **un general passaggio... mano:** una grande spedizione armata dei cristiani; si tratta della III crociata, cui partecipò anche il re di Francia Filippo II, qui ricordato con il soprannome Bornio (Guercio), ma passato alla storia come Filippo Augusto.
2. **ragionandosi:** parlando.
3. **sua donna:** sua moglie.
4. **al passaggio... Genova:** decise di imbarcarsi per la crociata dal porto di Genova.
5. **onesta cagione:** una buona scusa.
6. **avvisandosi... disio:** pensando che, essendo assente il marchese, gli sarebbe riuscito di soddisfare il suo desiderio.
7. **secondo... esecuzione:** mise in esecuzione il progetto che aveva pensato.
8. **gentili:** nobili.
9. **né la 'ngannò... traesse:** e non sbagliò a pensare che a portare lì il re fosse la fama della sua bellezza.
10. **valorosa:** di grandi qualità intellettuali e morali.
11. **quante galline... ragunare:** fece raccogliere tutte le galline del paese.
12. **di quelle... cuochi:** ordinò ai suoi cuochi di preparare vari piatti utilizzando solo quelle (cioè utilizzando solo galline).
13. **commendolla:** la lodò.
14. **quanto... lei:** vedendo che la donna era molto migliore di quanto lui l'avesse stimata (prima di conoscerla).

quelle, per dovere un così fatto re ricevere, s'appartiene, venuta l'ora del desinare, il re e la marchesana ad una tavola sedettero, e gli altri secondo la lor qualità ad altre mense furono onorati.

Quivi essendo il re successivamente di molti messi[15] servito e di vini ottimi e preziosi, e oltre a ciò con diletto talvolta la marchesana bellissima riguardando, sommo piacere avea. Ma pure, venendo l'un messo appresso l'altro, cominciò il re alquanto a maravigliarsi, conoscendo che quivi, quantunque le vivande diverse fossero, non per tanto di niuna cosa essere altro che di galline. E come che il re conoscesse il luogo, là dove era, dovere esser tale che copiosamente di diverse salvaggine avervi dovesse, e l'avere davanti significata la sua venuta alla donna spazio l'avesse dato di poter far cacciare; non pertanto, quantunque molto di ciò si maravigliasse, in altro non volle prender cagione di doverla mettere in parole[16], se non delle sue galline, e con lieto viso rivoltosi verso lei disse: - Dama, nascono in questo paese solamente galline senza gallo alcuno? -

La marchesana, che ottimamente la dimanda intese, parendole che secondo il suo disidero Domenedio l'avesse tempo mandato opportuno a poter la sua intenzion dimostrare[17], al re domandante, baldanzosamente verso lui rivolta, rispose: - Monsignor no, ma le femine, quantunque in vestimenti e in onori alquanto dall'altre variino, tutte perciò son fatte qui come altrove.

Il re, udite queste parole, raccolse bene la cagione del convito delle galline e la virtù nascosa nelle parole[18]; e accorsesi che invano con così fatta donna parole si gitterebbono, e che forza non v'avea luogo[19]; per che così come disavvedutamente acceso s'era di lei, così saviamente era da spegnere per onor di lui il mal concetto fuoco. E senza più motteggiarla, temendo delle sue risposte, fuori d'ogni speranza desinò; e, finito il desinare, acciò che col presto partirsi[20] ricoprisse la sua disonesta venuta, ringraziatala dell'onor ricevuto da lei, accomandandolo ella a Dio, a Genova se n'andò.

(G. Boccaccio, *Decameron* cit.)

---

15. **messi:** piatti, cibi (è francesismo, dal francese *met*, "piatto", "vivanda").
16. **non volle... parole:** non volle perdere l'occasione per fare una battuta.
17. **che ottimamente... dimostrare:** che aveva capito benissimo la domanda, sembrandole che Dio stesso gliel'avesse mandata perché potesse manifestare le sue intenzioni.
18. **raccolse... parole:** capì bene il motivo di quel banchetto a base di galline e il senso nascosto di quelle parole.
19. **forza... luogo:** non era possibile usare la forza.
20. **presto partirsi:** la sua immediata partenza.

COMPRENSIONE COMPLESSIVA

1. Leggi il testo e individua la situazione iniziale, l'azione complicante, le peripezie, lo scioglimento. Quale momento costituisce il punto culminante dell'azione, cioè la *Spannung*?
2. Riassumi il contenuto narrativo della novella in circa 150 parole.

ANALISI DEL TESTO

1. L'ordine della fabula coincide con quello dell'intreccio o ci sono anacronie?
2. Tenendo conto che la novella è raccontata da Fiammetta, quali sono la voce narrante e la prospettiva?
3. Il ritmo narrativo è lento, veloce, vario? Motiva la tua risposta.
4. In quale ambiente sociale è collocata la novella? Questa collocazione, a tuo parere, ne condiziona lo svolgimento? In quali luoghi sono ambientate le vicende? Sono descritti o solo nominati?
5. In che epoca si colloca la vicenda? Puoi indicarne, anche approssimativamente, la durata?
6. Filippo e la marchesana sono caratterizzati in modo diretto, indiretto, misto? Tracciane un breve ritratto.

4. Quali sono la voce narrante e la prospettiva?
5. Quale modalità narrativa prevale nel testo? Il ritmo narrativo rimane costante o noti delle variazioni?
6. Quali tecniche vengono utilizzate per riferire i pensieri e le parole dei personaggi?
7. Come viene definito il castello di Thunder-ten-tronckh? Come viene descritto? Come spieghi la distanza tra la definizione e le caratteristiche reali del castello?
8. Nel testo c'è un distanziamento ironico tra ciò che viene detto sui personaggi e ciò che noi capiamo su di loro; ad esempio, di Candido si dice che ha modi squisiti, è di animo retto e semplice, ammira il suo maestro, ama Cunegonda; il lettore capisce che è un ragazzo ingenuo e del tutto privo di esperienza. Analizza allo stesso modo il barone, la baronessa, Cunegonda, Pangloss.
9. In che modo Pangloss spiega che il mondo in cui viviamo è «il migliore dei mondi possibili»?
10. Che cos'è la «fisica sperimentale» che Pangloss insegna alla cameriera?
11. Individua nel testo le espressioni del linguaggio filosofico: con quali intenti sono usate?
12. Individua nel passo tutte le espressioni ironiche e spiegane il funzionamento (Voltaire usa svariati procedimenti: iperbole, rovesciamento ironico, perifrasi, ragionamenti paradossali).
13. In che modo viene descritto l'innamoramento tra Candido e Cunegonda? Il registro rimane ironico?

CONTESTUALIZZAZIONE E INTERPRETAZIONE

1. Perché Voltaire, per polemizzare con la metafisica di Leibniz, invece di scrivere un trattato filosofico, scrive un romanzo? Come si inquadra questa scelta nella concezione illuminista della cultura?

3 **Leggi il racconto e scrivine l'analisi guidata, con l'aiuto delle domande e delle attività.**

Titanio *è uno dei primi racconti di Primo Levi. Pubblicato su una rivista nel 1948 con il titolo* Maria e il cerchio, *nel 1975 entrò a far parte della raccolta* Il sistema periodico, *che raggruppa 21 racconti, ciascuno dei quali è intitolato a uno degli elementi del sistema periodico.*

Primo Levi (1919-87)

Titanio[1]

In cucina c'era un uomo molto alto, vestito in un modo che Maria non aveva mai visto prima. Aveva in testa una barchetta fatta con un giornale, fumava la pipa e dipingeva l'armadio di bianco.

Era incomprensibile come tutto quel bianco potesse stare in una scatoletta così piccola, e Maria moriva dal desiderio di andare a guardarci dentro. L'uomo ogni tanto posava la pipa sull'armadio stesso, e fischiava; poi smetteva di fischiare e cominciava a cantare; ogni tanto faceva due passi indietro e chiudeva un occhio, e andava anche qualche volta a sputare nella pattumiera e poi si strofinava la bocca col rovescio della mano. Faceva insomma tante cose così strane e nuove che era interessantissimo starlo a guardare: e quando l'armadio fu bianco, raccolse la scatola e molti giornali che erano per terra e portò tutto accanto alla credenza e cominciò a dipingere anche quella.

L'armadio era così lucido, pulito e bianco che era quasi indispensabile toccarlo. Maria si avvicinò all'armadio, ma l'uomo se ne accorse e disse: – Non toccare. Non devi toccare –. Maria si arrestò interdetta, e chiese: – Perché? – al che l'uomo rispose: – Perché

---

1. ***Titanio:*** elemento chimico e metallo molto resistente con caratteristiche simili a quelle dell'acciaio. Da un suo composto, il biossido di titanio, si ottiene una vernice bianca.

non bisogna –. Maria ci pensò sopra, poi chiese ancora: – Perché è così bianco? – Anche l'uomo pensò un poco, come se la domanda gli sembrasse difficile, e poi disse con voce profonda: – Perché è titanio.

Maria si sentì percorrere da un delizioso brivido di paura, come quando nelle fiabe arriva l'orco; guardò con attenzione, e constatò che l'uomo non aveva coltelli, né in mano né intorno a sé: poteva però averne uno nascosto. Allora domandò: – Mi tagli che cosa? – e a questo punto avrebbe dovuto rispondere «Ti taglio la lingua». Invece disse soltanto: – Non ti taglio: titanio.

In conclusione, doveva essere un uomo molto potente: tuttavia non pareva in collera, anzi piuttosto buono e amichevole. Maria gli chiese: – Signore, come ti chiami? – Lui rispose: – Mi chiamo Felice –; non si era tolta la pipa di bocca, e quando parlava la pipa ballava su e giù eppure non cadeva. Maria stette un po' di tempo in silenzio, guardando alternativamente l'uomo e l'armadio. Non era per nulla soddisfatta di quella risposta ed avrebbe voluto domandare perché si chiamava Felice, ma poi non osò, perché si ricordava che i bambini non devono mai chiedere perché. La sua amica Alice si chiamava Alice ed era una bambina, ed era veramente strano che si chiamasse Felice un uomo grande come quello. Ma a poco a poco incominciò invece a sembrarle naturale che quell'uomo si chiamasse Felice, e le parve anzi che non avrebbe potuto chiamarsi in nessun altro modo.

L'armadio dipinto era talmente bianco che in confronto tutto il resto della cucina sembrava giallo e sporco. Maria giudicò che non ci fosse nulla di male nell'andarlo a vedere da vicino: solo vedere senza toccare. Ma mentre si avvicinava in punta di piedi avvenne un fatto imprevisto e terribile: l'uomo si voltò, con due passi le fu vicino; trasse di tasca un gesso bianco, e disegnò sul pavimento un cerchio intorno a Maria. Poi disse: –Non devi uscire di lì dentro –. Dopo di che strofinò un fiammifero, accese la pipa facendo colla bocca molte smorfie strane, e si rimise a verniciare la credenza.

Maria sedette sui calcagni e considerò a lungo il cerchio con attenzione: ma dovette convincersi che non c'era nessuna uscita. Provò a fregarlo in un punto con un dito, e constatò che realmente la traccia di gesso spariva; ma si rendeva benissimo conto che l'uomo non avrebbe ritenuto valido quel sistema.

Il cerchio era palesemente magico. Maria sedette per terra zitta e tranquilla; ogni tanto provava a spingersi fino a toccare il cerchio con la punta dei piedi e si sporgeva in avanti fino a quasi perdere l'equilibrio, ma vide ben presto che mancava ancora un buon palmo a che potesse raggiungere l'armadio o la parete con le dita. Allora stette a contemplare come a poco a poco anche la credenza, le sedie e il tavolo diventavano belli e bianchi.

Dopo moltissimo tempo l'uomo ripose il pennello e lo scatolino e si tolse la barchetta di giornale dal capo, ed allora si vide che aveva i capelli come tutti gli altri uomini. Poi uscì dalla parte del balcone, e Maria l'udì tramestare e camminare su e giù nella stanza accanto. Maria cominciò a chiamare – Signore! – dapprima sottovoce, poi più forte, ma non troppo, perché in fondo aveva paura che l'uomo sentisse.

Finalmente l'uomo ritornò in cucina. Maria chiese: – Signore, adesso posso uscire? – L'uomo guardò in giù a Maria e al cerchio, rise forte e disse molte cose che non si capivano, ma non pareva che fosse arrabbiato. Infine disse: – Sì, si capisce, adesso puoi uscire –. Maria lo guardava perplessa e non si muoveva; allora l'uomo prese uno straccio e cancellò il cerchio ben bene, per disfare l'incantesimo. Quando il cerchio fu sparito Maria si alzò e se ne andò saltellando, e si sentiva molto contenta e soddisfatta.

(P. Levi, *Il sistema periodico*, in *Opere*, Volume primo, Einaudi, Torino 1987)

COMPRENSIONE COMPLESSIVA

1. Dividi il racconto in sequenze. Ne devi individuare almeno sei.
2. Riassumilo in circa 120 parole.

ANALISI DEL TESTO

1. Individua lo schema delle storie: situazione iniziale, azione complicante, peripezie, *Spannung*, scioglimento.
2. Qual è la modalità narrativa dominante (sommario, scena, pausa)? Come definiresti il ritmo narrativo?
3. La voce narrante è interna o esterna?
4. Qual è l'unico personaggio di cui conosciamo i pensieri, persino le intenzioni non espresse? Qual è dunque il punto di vista? Perché l'adozione di questo particolare punto di vista crea un effetto di straniamento, rendendo inedita una realtà quotidiana e banale?
5. Con quale tecnica sono riportati i dialoghi? Sono lunghi o brevi? Perché i due personaggi parlano così tanto o così poco?
6. Quale battuta pronunciata da Felice viene equivocata da Maria? Che cosa ha detto Felice? Che cosa ha capito lei? Sai spiegare (anche sul piano psicologico) le ragioni di quell'equivoco?
7. La vicenda si svolge in uno scenario del tutto quotidiano: qual è? È chiuso o aperto? Familiare o ostile?
8. Nel corso della vicenda, agli occhi di Maria, quale trasformazione quasi magica subisce lo spazio?
9. All'interno dello spazio già delimitato, quale secondo spazio viene creato da Felice? Perché secondo Maria è «palesemente magico»?
10. Chi è Felice? Come viene descritto? Che cosa sta facendo? Che cosa capiamo del suo carattere?
11. Chi è Maria? Viene descritta in qualche modo? Che cosa capiamo del suo carattere?
12. Analizza lo stile del racconto: le frasi sono lunghe o brevi? Prevale la paratassi o l'ipotassi? L'aggettivazione è ricca o essenziale?
13. Qual è il registro linguistico prevalente?
14. Il racconto può essere letto come una fiaba moderna: trova nel testo tutte le espressioni che fanno riferimento al mondo delle fiabe e alla magia.

CONTESTUALIZZAZIONE E INTERPRETAZIONE

1. Trova nel testo tutte le occorrenze della parola *bianco*. Perché sono così numerose? Che cosa simboleggia il bianco agli occhi di Maria? Qual è il legame tra il bianco e il titanio (che dà il titolo al racconto)?
2. Pur nella sua apparente semplicità, il racconto lascia un alone di mistero e può essere variamente interpretato. In particolare, sono state proposte diverse letture del cerchio: è una prigione creata da un mago buono che si contrappone al mondo concentrazionario; è il simbolo dell'irrazionalità e della superstizione; è una metafora della religione, di un credo politico, di una dipendenza che ci fa sentire al sicuro. Discuti queste interpretazioni, anche alla luce della tua conoscenza dell'autore.

9 L'analisi del testo teatrale

Il testo teatrale ha molti punti in comune con il testo narrativo: anch'esso racconta una storia, si colloca nello spazio e nel tempo, vi agiscono dei personaggi. Frequenti sono infatti le trasposizioni teatrali di testi narrativi. Tuttavia troviamo anche importanti differenze:

- il testo narrativo ha forma prevalentemente **diegetica** (dal greco *diéghesis*, "narrazione") perché è il narratore a riportare gli eventi e a presentare i personaggi (in prima o in terza persona);
- il testo teatrale ha forma **mimetica** (dal greco *mimesis*, "imitazione") perché gli eventi vengono direttamente rappresentati dagli attori, senza l'intervento di un narratore;
- il testo narrativo è destinato alla **lettura**, è **fisso** e concluso in sé; non c'è alcuna mediazione tra l'autore, il testo, il lettore;
- il testo teatrale, benché possa anche essere letto, è nato per essere **rappresentato sul palcoscenico**; giunge al lettore attraverso la lettura del regista e la recitazione degli attori, che ne danno una loro **interpretazione**, non fissa, ma **fluida** (nessuna rappresentazione della stessa opera è mai perfettamente identica).

Rimandando al paragrafo 3.8 per i tratti comuni con il testo narrativo (in particolare la storia, l'ambientazione, i personaggi), vediamo più da vicino le principali peculiarità del testo teatrale.

9.1 La struttura

Proprio perché è destinato alla rappresentazione, il testo drammatico (detto anche **copione**) ha una struttura particolare. Solitamente inizia con una **lista dei personaggi** con una brevissima indicazione del ruolo e/o della loro relazione con altri personaggi (ad esempio, nella *Locandiera* di Goldoni: Mirandolina, *locandiera*; Fabrizio, *cameriere della locanda*). Il testo vero e proprio è poi strutturato in due parti con caratteristiche nettamente distinte: le didascalie e le battute.

Le didascalie

Le **didascalie** (dal greco *didaskalìa*, "istruzioni") non sono destinate al pubblico, ma a regista, attori, scenografo ecc. La loro funzione è dare indicazioni su diversi elementi della messa in scena:

- **ambientazione**: luogo ed epoca in cui si svolge la vicenda (*La scena si rappresenta in Firenze nella locanda di Mirandolina*); indicazioni di cambi di luogo e salti temporali tra un atto e l'altro;
- **allestimento della scena**: luci, suoni, arredamento, oggetti (*Camera del Cavaliere, con tavola apparecchiata per pranzo e sedie*);
- abbigliamento e **caratterizzazione dei personaggi**;
- **entrata e uscita** di scena dei personaggi (*Mirandolina con un tondo in mano; Parte*);
- **azioni** svolte dai personaggi (*Lo assaggia; Beve; Le offerisce del vino*);
- **stato d'animo** dei personaggi e **tono** con cui va pronunciata una battuta (*Ridendo; Alterato; Con dolcezza*);
- l'indicazione delle battute da pronunciare **a parte** (*Da sé*).

Le didascalie si distinguono perché sono scritte in corpo minore e in un carattere diverso (spesso in corsivo), sono date a inizio della scena oppure, quando compaiono all'interno del testo, sono poste tra parentesi. Possono essere più o meno dettagliate, secondo la scelta dell'autore: ad esempio, in Goldoni sono abbastanza sintetiche quelle che si riferiscono all'ambientazione e agli arredi, ma frequenti e molto precise quelle relative alla recitazione (azioni e toni di voce). Usano didascalie molto minuziose gli autori che danno molta importanza all'azione scenica, posta quasi alla pari con il dialogo, come in questo esempio di Beckett: *Spinto violentemente in scena da destra, all'indietro, l'uomo barcolla, cade, si rialza immediatamente, si spolvera, riflette.* (*Atto senza parole*).

stati fatti per reggere occhiali, perciò abbiamo degli occhiali. Le gambe sono visibilmente costituite per calzare brache, e abbiamo delle brache. Le pietre sono state formate per essere tagliate e costruire castelli, perciò monsignore ha un bellissimo castello. Il maggior barone della provincia deve essere quello alloggiato meglio; e i maiali essendo fatti per essere mangiati, mangiamo carne di porco tutto l'anno. Di conseguenza, coloro che hanno affermato che tutto è bene hanno detto una sciocchezza, bisognava dire che tutto è per il meglio».

Candido ascoltava con attenzione, e credeva con innocenza, poiché trovava la signorina Cunegonda estremamente bella, sebbene non avesse mai l'ardire di dirglielo. Ne concludeva che dopo la felicità d'essere nato barone di Thunder-ten-tronckh, il secondo grado di felicità consisteva nell'essere la signorina Cunegonda, il terzo nel vederla tutti i giorni, e il quarto nell'ascoltare mastro Pangloss, il più grande filosofo della provincia e di conseguenza quindi di tutta la terra.

Un giorno Cunegonda, passeggiando nei dintorni del castello, nel boschetto che chiamavano *parco*, vide tra i cespugli il dottor Pangloss che impartiva una lezione di fisica sperimentale alla cameriera di sua madre, una brunetta piuttosto graziosa e assai docile. Dato che la signorina Cunegonda era molto portata per le scienze, osservò, senza fiatare, le esperienze reiterate di cui fu testimone. Vide chiaramente la ragione sufficiente[6] del dottore, gli effetti e le cause, e corse via tutta agitata, tutta pensosa, tutta piena del desiderio di diventar sapiente, pensando di se stessa che avrebbe ben potuto essere la ragione sufficiente del giovane Candido, il quale a sua volta avrebbe potuto essere la sua.

Tornando al castello incontrò Candido, e arrossì; anche Candido arrossì. Lei lo salutò con voce rotta, e Candido le parlò senza sapere quel che dicesse. L'indomani, alla fine del pranzo, mentre gli altri si levavano da tavola, Cunegonda e Candido si trovarono dietro un paravento. Cunegonda lasciò cadere il fazzoletto, Candido lo raccolse; lei gli prese innocentemente la mano, il giovane baciò innocentemente la mano della fanciulla con una vivacità, una sensibilità e una grazia tutta particolare. Le loro bocche si incontrarono, gli occhi fiammeggiarono, le ginocchia tremarono, le mani persero il controllo. Il signor barone di Thunder-ten-tronckh si trovò a passare accanto al paravento, e vedendo quella causa e quell'effetto, scacciò Candido dal castello a calcioni nel sedere. Cunegonda, svenuta, fu presa a schiaffi dalla signora baronessa non appena tornata in sé. E la costernazione scese sul più bello e piacevole dei castelli possibili.

(Voltaire, *Racconti, facezie, libelli*, Einaudi, Torino 2004)

6. **ragione sufficiente:** il principio secondo il quale ogni fatto ha una causa o un effetto, e obbedisce alla legge di necessità e causalità. Aveva un ruolo centrale nella filosofia di Leibniz.

COMPRENSIONE COMPLESSIVA

1. Leggi il testo e dividilo in sequenze; ne devi individuare almeno quattro.
2. Riassumi il brano in circa 100 parole.

ANALISI DEL TESTO

1. Come abbiamo detto, si tratta dell'incipit del romanzo, in cui Voltaire delinea la situazione iniziale. Individuala rispondendo alle domande: dove ci troviamo? Di quali personaggi si parlerà? Qual è la situazione del protagonista Candido?
2. Alla fine del capitolo, Voltaire inserisce l'azione complicante che, determinando la cacciata di Candido dall'eden del castello, mette in moto le vicende del romanzo. In che cosa consiste?
3. L'ordine dell'intreccio coincide fondamentalmente con quello della fabula, ma c'è una piccola retrospezione. Individuala. Quale informazione ne ricaviamo sulla posizione di Candido al castello?

7. Sottolinea nel testo tutte le espressioni che si riferiscono all'amore. Com'è trattato nella novella il tema, di derivazione provenzale, dell'amore da lontano? Prevale l'aspetto erotico o quello sentimentale?
8. Analizza come è trattato il tema del motto: quale scopo vorrebbe raggiungere Filippo con la sua battuta? In che modo la marchesana lo rimette al suo posto?
9. Quella tra il re e la marchesana è anche una gara di intelligenze. In quale diverso modo i due dimostrano la loro intelligenza? Chi dei due vince nel confronto intellettuale?

CONTESTUALIZZAZIONE E INTERPRETAZIONE

1. La novella fa parte della prima giornata, a tema libero; si collega però a temi presenti in altre giornate. Con quali altre novelle da te lette puoi riscontrare particolari affinità?

2 **Leggi il brano e scrivine l'analisi guidata, con l'aiuto delle domande e delle attività.**

Il brano proposto è il capitolo iniziale del romanzo filosofico Candido, ovvero l'ottimismo *di Voltaire, importante esponente dell'Illuminismo francese. In questo romanzo Voltaire prende in giro e confuta l'affermazione di Leibniz secondo la quale «noi viviamo nel migliore dei mondi possibili» attraverso le disavventure del giovane Candido che, educato all'ottimismo dal maestro Pangloss, avrà una vita colma di disgrazie.*

Voltaire (1694-1778)

Come Candido fu allevato in un bel castello e come ne fu cacciato

C'era in Westfalia, nel castello del signor barone di Thunder-ten-tronckh, un giovane a cui la natura aveva fatto dono dei modi più squisiti. L'aspetto annunciava l'animo suo. Al retto giudizio univa la semplicità di spirito; e per questo, credo, lo avevano soprannominato Candido. I vecchi servitori di casa sospettavano che fosse figlio della sorella del signor barone e d'un buono e onorato gentiluomo del vicinato, che la signorina non aveva mai voluto sposare in quanto costui aveva potuto provare soltanto settantun quarti[1]: mentre il resto del suo albero genealogico era andato perduto a causa delle ingiurie del tempo.

Il signor barone era uno dei signori più potenti della Westfalia, giacché il suo castello aveva una porta e delle finestre. Il salone era perfino ornato con una tappezzeria. Al bisogno i cani dei cortili formavano una muta; i palafrenieri[2] fungevano da bracchieri[3], il vicario del villaggio era il suo gran cappellano. Tutti lo chiamavano monsignore e ridevano alle sue facezie.

La signora baronessa, che pesava trecentocinquanta libbre o giù di lì, s'attirava per questo una grandissima considerazione, e faceva gli onori di casa con una dignità che la rendeva ancora più rispettabile. Sua figlia Cunegonda, che aveva diciassette anni, era d'un colorito acceso, fresca, carnosa, desiderabile. Il figlio del barone si mostrava in tutto degno del padre. Il precettore Pangloss[4] era l'oracolo della casa, e il piccolo Candido ascoltava le sue lezioni con tutta la buona fede della sua età e del suo carattere.

Pangloss insegnava la metafisico-teologo-cosmolo-scemologia[5]. Provava in modo ammirevole che non c'è effetto senza causa, e che, nel migliore dei mondi possibili, il castello di monsignor il barone era il più bello dei castelli, e la signora baronessa la migliore delle baronesse possibili.

«È dimostrato» diceva, «che le cose non possono essere altrimenti: poiché, tutto essendo fatto per un fine, tutto è necessariamente per il fine migliore. Notate che i nasi sono

1. **settantun quarti:** con i "quarti" si misurava la nobiltà.
2. **palafrenieri:** servitori addetti alla cura dei cavalli.
3. **bracchieri:** coloro che guidavano la muta di cani alla caccia.
4. **Pangloss:** il significato etimologico è "tutto lingua".
5. **metafisico... scemologia:** scienza ironica coniata da Voltaire, a cui a discipline realmente esistenti (metafisica, teologia, cosmologia) si unisce la scemologia, ovvero la scienza delle stupidaggini.

Le battute

L'azione teatrale si manifesta soprattutto attraverso il **dialogo**, costituito dalle **battute** pronunciate dagli attori (nel testo a stampa sono precedute dal nome del personaggio che le pronuncia, spesso scritto in maiuscoletto). Le battute portano avanti la vicenda, informano su antefatti o eventi accaduti fuori scena, caratterizzano i personaggi. La lunghezza delle battute, il loro avvicendarsi tra un personaggio e l'altro, imprimono al testo un **ritmo** particolare: il rapido scambio di brevi battute conferirà un ritmo brioso a una commedia, un ritmo concitato a una tragedia; lunghe battute e ampi monologhi danno un ritmo lento a scene introspettive.

Le battute, a seconda del numero di attori che partecipano al dialogo e del modo di pronunciarle, si distinguono in:

- **soliloquio**: un personaggio, solo in scena, riflette ad alta voce, esprimendo i suoi pensieri;
- **monologo**: un personaggio rivolge un lungo discorso a un altro personaggio, o direttamente al pubblico; a volte, impropriamente, i due termini vengono confusi: il celebre monologo di Amleto è in realtà un soliloquio;
- **dialogo**: due personaggi si alternano nel pronunciare le battute, più o meno lunghe;
- **duetto**: botta e risposta tra due personaggi in una rapida successione di battute;
- **concertato**: dialogo cui partecipano almeno tre personaggi; il termine è derivato dall'opera lirica;
- **a parte**: una battuta pronunciata da un attore, in presenza di altri personaggi, come se parlasse tra sé e sé o si rivolgesse direttamente al pubblico; secondo una convenzione teatrale, si suppone che gli altri personaggi in scena non la sentano;
- **fuori campo**: intervento di una voce fuori scena, di solito dietro le quinte.

Monologhi, soliloqui, a parte sono delle **convenzioni teatrali** e assolvono diverse funzioni: informare su eventi avvenuti fuori scena o antefatti; esplicitare i pensieri dei personaggi; creare un contrasto tra ciò che il personaggio dice e ciò che realmente pensa. Per il loro carattere convenzionale e artificiale (nella realtà difficilmente le persone parlano da sole ad alta voce, e non è realistico che il pubblico intenda una battuta e non la senta un altro personaggio, molto più vicino a chi parla), esse furono quasi interamente soppresse nel teatro borghese naturalistico, per essere però poi recuperate nel Novecento. Oggi sono anzi abbastanza frequenti opere teatrali in forma di monologo (cioè scritte per essere recitate e messe in scena da un solo attore).

Gli atti e le scene

Il testo teatrale si articola in uno o più **atti**. Un atto corrisponde a una macrosequenza narrativa (analoga a un capitolo di un romanzo), ovvero a un episodio caratterizzato solitamente da unità di tempo e di luogo; tra un atto e l'altro cala il sipario e la rappresentazione si interrompe. Il numero degli atti varia secondo l'epoca e il genere teatrale: ad esempio, nella tragedia classica francese gli atti sono cinque; le commedie goldoniane hanno per lo più tre atti; nel dramma borghese gli atti sono due o tre; frequente, soprattutto a partire dal Novecento, l'atto unico, un'azione scenica non divisa in atti.

La divisione in atti può avere funzione puramente tecnica: nella tragedia francese (in cui, obbedendo alla regola aristotelica di unità di luogo, di tempo e di azione, la scena era fissa) ciascuno degli atti corrispondeva alla durata delle candele che illuminavano il teatro; se il luogo cambia, l'intervallo permette ai macchinisti di cambiare la scenografia; inoltre consente agli attori di riposarsi oppure di cambiare i costumi. Tuttavia spesso possiamo individuare una **funzione strutturale**. Nella tragedia in cinque atti solitamente è riconoscibile questa struttura:

- il primo atto espone la **situazione dei personaggi** (corrisponde alla situazione iniziale dello schema delle storie);
- il secondo atto segna l'ingresso di un **elemento perturbatore** (corrisponde all'azione complicante);
- nel terzo atto i personaggi **cercano una soluzione** che sembra ancora possibile;
- nel quarto atto **ogni sbocco si chiude** e la situazione precipita (corrisponde alla *Spannung*);
- nel quinto atto si giunge allo **scioglimento** con la morte di uno o più personaggi.

Ecco invece uno schema ricorrente nella commedia in tre atti:
- il primo atto espone la **situazione** e presenta i personaggi;
- il secondo atto mette a confronto i personaggi, introduce **complicazioni** e **ostacoli**;
- il terzo atto **ricompone i conflitti** e giunge a una soluzione positiva.

Talvolta gli atti sono preceduti da un **prologo**, solitamente utilizzato per spiegare gli antefatti o per introdurre il tema di fondo e far riflettere gli spettatori sul significato della rappresentazione.

Ogni atto è composto da un certo numero di **scene**. La scena corrisponde a una sequenza del testo narrativo; si ha cambio di scena ogni volta che entra o esce un nuovo personaggio. Il cambiamento di scena è segnalato dalla didascalia, in cui vengono elencati i personaggi presenti sul palcoscenico e gli eventuali cambi di ambientazione. Il numero e la lunghezza delle scene, insieme alle varie forme di dialogo, contribuisce a creare il **ritmo** della rappresentazione (veloce se le scene sono brevi e i cambi di scena frequenti, lento se le scene sono lunghe e i cambi di scena pochi).

9.2 L'ambientazione: spazio e tempo

A partire dal Cinquecento, si affermò il teatro "regolare", basato cioè sulle regole desunte dalla *Poetica* di Aristotele:
- unità di **luogo**: l'azione deve svolgersi in un unico luogo; ciò che avviene al di fuori può essere solo raccontato dai personaggi;
- unità di **tempo**: l'azione si svolge in un'unica giornata, dall'alba al tramonto;
- unità di **azione**: al centro del dramma c'è un'unica vicenda, senza digressioni o trame secondarie.

Queste regole rimasero in vigore, soprattutto per la tragedia, fino all'avvento del Romanticismo.

Altrettanto regolata da convenzioni prescrittive era la scelta degli **ambienti**. La **tragedia** metteva in scena personaggi e ambienti "alti": i protagonisti erano eroi ed eroine, re e regine o personaggi altolocati, spesso collocati in un tempo mitico o storicamente lontano; gli ambienti erano regge, palazzi, templi. La **commedia** metteva in scena persone comuni, soprattutto prese dal mondo borghese: l'ambiente nella commedia del Cinquecento era solitamente la piazza su cui si affacciavano le case dei protagonisti; Molière variò questa ambientazione fissa, introducendo scene di interno e anche cambi di scena.

Nel teatro inglese le regole aristoteliche non erano rispettate. In Shakespeare l'azione può durare molti anni e spostarsi in luoghi molto vari (nel *Macbeth* sono inclusi spazi aperti come la brughiera o i campi di battaglia, spazi chiusi come il castello reale, spazi misteriosi e inquietanti come l'antro delle streghe). In tal modo, lo spazio si carica di **valenze simboliche** (un esempio è la tempesta che nel *Re Lear* si fa metafora sia dello sconvolgimento della mente del re, sia del disordine in cui è caduta l'Inghilterra). Anche l'ambientazione temporale acquista valenze simboliche (pensiamo alle tante scene notturne, in cui la notte è ora amica e complice di amori impossibili, ora si fa scenario di delitti, ora fa da sfondo a divertimenti e beffe).

Altrettanto importante e varia è la scelta degli ambienti in Goldoni: ora una piazza in cui possono incontrarsi personaggi di diverse classi sociali; ora le viuzze di Chioggia dove le donne si riuniscono a lavorare e a spettegolare; ora le stanze di una locanda; ora un salotto borghese; ora una casa di villeggiatura. Queste scelte sono funzionali allo svolgimento della trama, ma anche alla **caratterizzazione di un ambiente sociale**, colto, ora con affetto ora con ironia, nelle sue peculiarità.

9.3 I personaggi

Ancora di più che nel testo narrativo, i personaggi hanno un ruolo centrale nel testo teatrale: è alle loro azioni e alle loro parole che va gran parte dell'attenzione degli spettatori; rappresentando i loro conflitti o scherzando sui loro difetti, trova espressione la visione della vita dell'autore.

Come nel romanzo o nella novella, possiamo analizzare i personaggi in base alla loro **importanza** e al loro **ruolo narrativo**: avremo il/la protagonista, ossia il personaggio principale, attorno a cui ruota tutta la vicenda; i personaggi secondari, nel ruolo ora di antagonisti, ora di aiutanti; le comparse, che pronunciano poche battute o addirittura agiscono in scena senza mai prendere la parola (l'esempio classico è la cameriera che serve la cena e pronuncia la battuta "La signora è servita").

Anche per il teatro vale la distinzione tra personaggio a tutto tondo e personaggi piatti [› p. 80]. Una categoria particolare di questi ultimi, che ha avuto grande importanza nel teatro italiano, sono le **maschere** della Commedia dell'arte, ovvero personaggi fissi, con un carattere codificato: Arlecchino, il servo furbo e pigro; Balanzone, il dottore ignorante e presuntuoso; Pantalone, il mercante avaro; Colombina, la servetta maliziosa, ecc.

Accanto ai ruoli che abbiamo già incontrato nei testi narrativi [› p. 79] troviamo poi alcuni ruoli specificamente teatrali. Il **confidente** (spesso un servitore, un'amica, una nutrice), che non porta avanti l'azione, ma ha essenzialmente la funzione di permettere al personaggio principale di rivelare i suoi pensieri più intimi, le sue intenzioni, le sue preoccupazioni. Con l'espressione inglese *foil* (il termine indica propriamente un sottile foglio di metallo posto sotto una pietra preziosa per aumentarne la brillantezza) si indica un personaggio che viene introdotto nella trama soprattutto allo scopo di esaltare, per contrasto, le caratteristiche del protagonista (un esempio sono le comiche Ortensia e Dejanira, inessenziali alla trama, ma importanti per far risaltare la spontaneità e l'abilità manipolatrice di Mirandolina).

Particolarmente importante nella caratterizzazione del personaggio teatrale è il **linguaggio**: se nella tragedia classica tutti i personaggi si esprimono in un linguaggio solenne, nelle commedie e nel teatro realistico invece l'autore adatta il linguaggio all'origine sociale del personaggio, gli attribuisce modi di dire e tic linguistici, lo caratterizza in senso dialettale.

9.4 Teatro e poesia

Fino alla prima metà dell'Ottocento, la tragedia era scritta **in versi** (e fino al Seicento, lo era anche la commedia); se nel teatro naturalistico l'uso del verso è stato in genere abbandonato perché sentito come artificiale, non sono pochi i poeti che nel Novecento hanno scelto come forma espressiva il teatro in versi. In questi casi, abbiamo dunque a che fare con un'opera che è allo stesso tempo un testo teatrale, un testo narrativo e un testo poetico, da studiare unendo gli strumenti di analisi delle tre tipologie testuali.

Il verso teatrale è spesso il più lungo della tradizione poetica: l'endecasillabo in Italia, l'alessandrino in Francia, il *blank verse* in Inghilterra; può essere sciolto o legato da rime (nel teatro classico francese gli alessandrini rimano a due a due). Del linguaggio poetico la parola del teatro in versi sfrutta la **materialità sonora** e il **ritmo**, che danno espressione ai conflitti tra i personaggi e al loro mondo interiore. Importante nell'analisi è dunque approfondire la scelta dei suoni, le figure foniche, l'ordine delle parole.

Il teatro in versi sfrutta la **ripetitività** della parola poetica ripetendo le parole chiave, creando echi sonori tra una parola e l'altra con rime e assonanze; per esprimere le passioni dei personaggi e trasmetterle agli spettatori, utilizza le **figure dell'enfasi** come l'amplificazione, l'accumulazione, il climax.

Nei monologhi e nei soliloqui, l'azione teatrale si ferma e l'attenzione degli spettatori si concentra sul mondo interiore dei personaggi. Spetta allora alla parola, attraverso la forza evocativa delle immagini, comunicare pensieri, ricordi, angosce, dando vita ai fantasmi dell'immaginazione. Di qui l'importanza delle figure semantiche e logiche, prima tra tutte la **metafora**.

Ma non dimentichiamo che, a differenza di quanto avviene nella poesia lirica, non dobbiamo interpretare il discorso teatrale come manifestazione dell'io lirico, né tanto meno dell'autore. Chi parla è il personaggio, le riflessioni che ascoltiamo sono le sue: quando Macbeth dichiara che la vita «*è un racconto narrato da un idiota, pieno di suoni e furore, che non significa nulla*», le sue parole riflettono forse il pensiero dell'autore, ma sono soprattutto l'espressione del totale fallimento esistenziale del personaggio.

LABORATORIO

L'ANALISI DEL TESTO TEATRALE

1 **Leggi il brano e scrivine l'analisi guidata, con l'aiuto delle domande e delle attività.**

Sogno di una notte di mezza estate *è una commedia, scritta da Shakespeare intorno al 1595. Ha una trama complessa in cui si intrecciano il mondo umano e quello fatato e gli amori di diverse coppie. A fare da sfondo alla vicenda, le nozze tra Teseo e Ippolita, in occasione delle quali un gruppo di artigiani si propone di offrire agli sposi uno spettacolo teatrale.*

William Shakespeare (1564-1616)

Sogno di una di notte di mezza estate – atto I, scena II

Atene, in casa del falegname Cotogna

Entrano COTOGNA, CONFORTO, BOTTONE, FLAUTO, NASONE *e* IL LANCA[1]

COTOGNA Ci siamo tutti della compagnia?
BOTTONE Farai meglio a chiamarli ad uno ad uno
come figurano nella tua lista.
COTOGNA Questo è l'elenco completo dei nomi
di quelli reputati in tutta Atene
adatti a recitare l'interludio[2]
davanti al Duca ed alla sua Duchessa
alla sera del loro dì nuziale.
BOTTONE Prima però, mio buon Piero Cotogna,
dicci che cosa tratta la commedia;
poi leggerai i nomi degli attori,
e quindi arrivi al punto. Non ti pare?
COTOGNA Ebbene, il titolo del dramma è questo:
"La molto lamentevole commedia
con la crudele e tristissima morte
di Piramo e di Tisbe"[3].
BOTTONE Roba buona!
Un assai bel lavoro, v'assicuro,
e allegro. Adesso, buon Piero Cotogna,
puoi pure far l'appello degli attori
nell'ordine di lista. E voi, maestri[4],
verrete avanti come lui vi chiama.
COTOGNA (*Leggendo l'elenco*)
Ognun risponda quando chiamo il nome.
"Bottone Nicoletto, tessitore".
BOTTONE Pronto, dimmi qual è la parte mia,
e tira avanti.
COTOGNA (*Sempre leggendo*)
"Bottone Nicola..."
Sei assegnato alla parte di Piramo.
BOTTONE E che cos'è nel dramma questo Piramo?
L'amoroso? Il tiranno?
COTOGNA L'amoroso, che coraggiosamente
s'uccide per amore.
BOTTONE Questa parte, a volerla fare bene,
richiederà ch'io versi qualche lacrima;
e s'io mi metto a piangere,

---

1. Cotogna... il Lanca: nella traduzione italiana utilizzata il traduttore ha reso i nomi dei personaggi con giochi di parole che richiamassero l'originale: Cotogna è *Quince*, una varietà di mela asprigna; Conforto è *Snug*, "confortevole"; Bottone è *Bottom*, "fondo"; Flauto è *Flute*, "flauto"; Nasone è *Snout*, "proboscide"; il Lanca è *Straveling*, "morto di fame".

2. interludio: intermezzo che veniva recitato tra due atti di una rappresentazione più importante.

3. *La molto... Tisbe*: nelle *Metamorfosi* di Ovidio, si narra della triste vicenda di Piramo e Tisbe, due amanti che in seguito a una infelice concatenazione di circostanze muoiono suicidi per amore.

4. maestri: gli artigiani, chiamati a recitare come attori dilettanti, sono maestri delle loro corporazioni.

gli spettatori stiano attenti agli occhi,
perché scatenerò coi miei lamenti
dei veri temporali.. Andiamo avanti,
sentiamo quali sono le altre parti.
Però, in coscienza, la mia vocazione
sarebbe quella di fare il tiranno.
Ti saprei fare un Ercole, mannaggia,
come è difficile sentirlo altrove;
o una parte dal roboante eloquio[5]
da far saltare in aria tutto e tutti. [...]
Bah!... Chiama pure adesso gli altri, va'!
Eccolo, questo è il tono per un Ercole,
il tono del parlare da tiranno.
L'amoroso s'esprime più sommesso.

COTOGNA (*Leggendo*)
"Flauto Francesco, mastro aggiustamantici".

FLAUTO Presente.

COTOGNA Flauto, tu dovrai far Tisbe.

FLAUTO E chi è Tisbe, un cavaliere errante?

COTOGNA È la dama che deve amare Piramo.

FLAUTO Ah, no! parti da donna[6] per me, no!
Non vedi che ho la barba?

COTOGNA Non fa niente.
Vuol dire che ti metterai la maschera,
e farai la vocina che vorrai.

BOTTONE Anch'io posso nascondermi la faccia.
Lasciami far la parte anche di Tisbe:
saprò fare un vocino prodigioso!
(*Con voce grossa, imitando Piramo*)
"Oh, Tisbe, Tisbe!".
(*In falsetto imitando la voce femminile*)
"Piramo, amor mio!".
"La tua Tisbe! La tua diletta Tisbe!".

COTOGNA No, no, tu devi fare solo Piramo.
Tisbe la farà Flauto.

BOTTONE E sia così! Andiamo pure avanti.

COTOGNA (*Leggendo*)
"Robin Lanca, sartore".

LANCA Presente, Pier Cotogna.

COTOGNA Robin Lanca,
tu devi fare la madre di Tisbe.
(*Leggendo*)
"Conforto Felicetto, stipettaio".
A te tocca la parte del leone.
Ecco, mi pare siate tutti a posto.

CONFORTO Ce l'hai scritta, la parte del leone?
Se sì, ti prego di darmela subito,
perché son tardo a mandare a memoria.

COTOGNA Non c'è bisogno; questa la improvvisi.
Non devi altro che emettere ruggiti.

BOTTONE Senti, Piero Cotogna,
lascialo fare a me anche il leone.
So ruggire così meraviglioso,
che sarà a tutti un vero godimento.
Così bene, che il Duca dovrà dire:
"Ancora, fatelo ruggire ancora!".

5. **reboante eloquio:** linguaggio fragoroso.
6. **parti da donna:** all'epoca di Shakespeare, anche le parti femminili erano sostenute da attori maschi.

COTOGNA A ruggire però così terribile
potresti spaventare la Duchessa
e le sue dame, fino a farle urlare.
Allora sì che n'avremmo abbastanza
per finir tutti quanti sulla forca.
TUTTI GLI ALTRI
(*meno Bottone*)
Eh, sì, impiccàti, poveretti noi!
BOTTONE Ah, certo, se accadesse che le dame
dovessero svenire di paura,
non si farebbero davvero scrupolo
a mandarci alla forca tutti quanti.
Ma io saprò *aggravare*[7] la mia voce
da ruggire sì delicatamente,
che sembrerà il tubar d'una colomba.
Ruggirò come fossi un usignolo.
COTOGNA Che ruggire e ruggire, un accidente!
Tu fai Piramo e basta.
Ché Piramo ha da essere un bell'uomo,
faccia fresca, pulita, un tipo amabile
di quelli che si vedono d'estate,
il tipo del perfetto gentiluomo.
Questa parte la devi fare tu.
BOTTONE Come vuoi. Quella parte la fo io.
Con che barba conviene recitarla?
COTOGNA Che domanda! Con quella che ti pare.
BOTTONE Diciamo color stoppia?...
O forse meglio un bel colore arancio?...
O un color porporino...
O un colore corona francese,
quel bel giallo dorato...
COTOGNA Già, ma attento, corone francesi
ce ne sono anche che non han più peli,
il che vuol dir che reciti sbarbato[8].
Amici, queste son le vostre parti,
ed io vi chiedo, supplico e scongiuro
che l'impariate per domani sera.
Ci troveremo al bosco del palazzo,
nel parco, a un miglio fuori di città;
perché se ci riuniamo qui in città
avremo dietro un codazzo di gente
e tutti scoprirebbero in anticipo
i nostri trucchi e le nostre intenzioni.
Io mi dedico intanto a buttar giù
un inventario di tutti gli attrezzi
necessari alla rappresentazione.
Mi raccomando a tutti, non mancate!
BOTTONE Nessuno mancherà, sta' pur tranquillo.
Sì, là potrem provare a nostro agio
oscenissimamente[9] e con coraggio.
All'opera, mettetecela tutta.
Dovete esser perfetti. Vi saluto.
COTOGNA Domani sera, alla quercia del Duca.
BOTTONE Basta così. O la va o la spacca!
(*Escono*)

(William Shakespeare, *Sogno d'una notte di mezza estate*, trad. it. di G. Raponi, progetto Manuzio, www.liberliber.it)

7. **aggravare:** Bottone usa un verbo a sproposito, dicendo *aggravare* anziché *alleggerire*.
8. **corone... sbarbato:** la battuta si basa su un gioco di parole sul doppio significato di *crown*, "corona" e "guscio d'uovo", quindi anche "zucca pelata". Si allude alla sifilide, o mal francese, che tra l'altro provocava la caduta dei capelli.
9. **oscenissimamente:** altro lapsus di Bottone, che vuol dire "più scenicamente".

COMPRENSIONE COMPLESSIVA

1. Riassumi il contenuto informativo della scena in circa 80 parole.

ANALISI DEL TESTO

1. Dove è ambientata questa scena? Shakespeare ha fornito indicazioni per l'allestimento della scenografia?
2. Come si distinguono le didascalie dalle battute? Quale tipo di indicazioni forniscono agli attori?
3. A un personaggio è affidato un ruolo di "regia", sia nella rappresentazione teatrale sia nella commedia che si progetta di rappresentare: è lui che chiama di volta in volta gli altri interlocutori, con i quali poi avrà uno scambio di battute. Di chi si tratta?
4. Come sono stati scelti da Shakespeare i nomi dei personaggi? Qual è la loro collocazione sociale?
5. Tra tutti i personaggi, sicuramente quello che emerge tra gli altri è Bottom (Bottone), che infatti avrà un ruolo abbastanza rilevante nella commedia. Come viene caratterizzato?
6. Shakespeare fa pronunciare a Bottom due divertenti strafalcioni. Perché? Come lo caratterizza questo uso della lingua?
7. Filtrati dal punto di vista di Bottom, ci vengono presentati due personaggi tipici del teatro serio: l'amoroso e il tiranno. Come devono essere recitati questi ruoli, a suo parere?
8. A un certo punto gli attori svelano anche il loro timore che una rappresentazione troppo realistica possa metterli nei guai. Possiamo interpretare queste battute come una satira dell'autore contro un certo gusto del suo stesso pubblico?

CONTESTUALIZZAZIONE E INTERPRETAZIONE

1. Alla fine della commedia, gli artigiani reciteranno davvero il loro spettacolo davanti alla corte di Atene. Leggi la scena relativa alla rappresentazione (Atto V, scena I): in che modo viene interpretata l'infelice vicenda? Quale effetto ottiene sul pubblico la rappresentazione? Dalla lettura di questa scena, potevi già aspettarti che le cose finissero così?

2 Leggi il brano e scrivine l'analisi guidata, con l'aiuto delle domande e delle attività.

Dalla sua novella omonima, nel 1884 Verga trasse l'atto unico Cavalleria rusticana. *Ne presentiamo le tre scene finali. Questi, in sintesi, i fatti precedenti: Turiddu è diventato amante di gnà Lola, moglie di compar Alfio; Santa, fidanzata di Turiddu, per vendicarsi rivela la tresca ad Alfio, che si reca all'osteria, deciso a cercare Turiddu per lavare l'onore nel sangue.*

Giovanni Verga (1840-1922)

Cavalleria rusticana

La piazzetta del villaggio[1], irregolare. In fondo a sinistra, il viale alberato che conduce alla chiesuola, e il muro di un orto che chiude la piazzetta; a destra una viottola, fra due siepi di fichidindia, che si perde nei campi. Al primo piano a destra, la bettola della gnà[2] Nunzia, colla frasca appesa all'uscio; un panchettino con su delle ova, pane e verdura, in mostra; e dall'altra parte dell'uscio una panca addossata al muro. La bettola fa angolo con una stradicciuola che mette nell'interno del villaggio. All'altra cantonata la caserma dei carabinieri, a due piani, collo stemma sul portoncino. Più in là, sulla stessa linea, lo stallatico[3] dello zio Brasi, con un'ampia tettoia sul davanti. Al primo piano, a sinistra, una terrazza con pergolato. Poscia[4] una stradicciuola. Infine la casetta della zia Filomena.

Scena settima

Compar Alfio, dalla destra, Turiddu, lo zio[5] Brasi, la gnà Lola, comare Camilla e la zia Filomena.

1. La piazzetta del villaggio: riproduciamo la didascalia iniziale, che descrive minuziosamente l'ambientazione che rimane fissa nell'intero atto unico.
2. gnà: appellativo che nel dialetto siciliano significa "signora" e precede il nome di donne sposate.
3. stallatico: stalla; zio Brasi è uno stalliere, comare Camilla è sua moglie.
4. Poscia: Poi.
5. zio: formula di rispetto per le persone anziane; non implica alcun rapporto di parentela.

COMPAR ALFIO Salute alla compagnia.

TURIDDU Venite qua, compar Alfio, ché avete a bere un dito di vino con noi, alla nostra salute l'uno dell'altro (*Colmandogli il bicchiere*).

COMPAR ALFIO (*respingendo il bicchiere col rovescio della mano*) Grazie tante, compare Turiddu. Del vostro vino non ne voglio, che mi fa male.

TURIDDU A piacer vostro. (*Butta il vino per terra e posa il bicchiere sul deschetto*[6]. *Rimangono a guardarsi un istante negli occhi*).

ZIO BRASI (*fingendo che qualcuno lo chiami dalla stalla*) Vengo, vengo.

TURIDDU Che avete da comandarmi qualche cosa, compar Alfio?

COMPAR ALFIO Niente, compare. Quello che volevo dirvi lo sapete.

TURIDDU Allora sono qui ai vostri comandi (*Lo zio Brasi di sotto la tettoia fa segno a sua moglie di andarsene a casa. Comare Camilla via*).

GNÀ LOLA Ma che volete dire?

COMPAR ALFIO (*senza dar retta alla moglie e scostandola col braccio*) Se volete venire un momento qui fuori, potremmo discorrere di quell'affare in libertà.

TURIDDU Aspettatemi alle ultime case del paese, che entro in casa un momento a pigliar quel che fa bisogno, e son subito da voi (*Si abbracciano e si baciano. Turiddu gli morde lievemente l'orecchio*[7]).

COMPAR ALFIO Forte avete fatto, compare Turiddu! e vuol dire che avete buona intenzione. Questa si chiama parola di giovane d'onore.

GNÀ LOLA O Vergine Maria! Dove andate, compar Alfio?

COMPAR ALFIO Vado qui vicino. Che te ne importa? Meglio sarebbe per te che non tornassi più.

ZIA FILOMENA (*s'allontana balbettando*) O Gesummaria!

TURIDDU (*chiamando in disparte compar Alfio*) Sentite, compar Alfio, come è vero Dio so che ho torto, e mi lascerei scannare da voi senza dir nulla. Ma ci ho un debito di coscienza con comare Santa, ché son io che l'ho fatta cadere nel precipizio[8]; e quant'è vero Dio, vi ammazzerò come un cane, per non lasciare quella poveretta in mezzo alla strada.

COMPAR ALFIO Va bene. Voi fate l'interesse vostro (*Via dalla viottola in fondo a destra*).

Scena ottava

Turiddu e la gnà Lola.

GNÀ LOLA O compare Turiddu! In questo stato mi lasciate anche voi?

TURIDDU Non ci ho nulla a fare con voi. Adesso è finita fra noi due. Non avete visto che ci siamo abbracciati e baciati per la vita e per la morte con vostro marito? O madre.

GNÀ NUNZIA[9] (*affacciandosi*) Che c'è ancora?

TURIDDU Vado per un servizio, madre. Non ne posso fare a meno. Datemi la chiave del cancello, che esco dall'orto per far più presto. E voi, madre, abbracciatemi come quando sono andato soldato, e credevate che non avessi a tornar più, ché oggi è il giorno di Pasqua.

GNÀ NUNZIA O che vai dicendo?

TURIDDU Dico così, come parla il vino, che ne ho bevuto un dito di soverchio[10], e vado a far quattro passi per dar aria al cervello. E se mai... alla Santa, che non ha nessuno al mondo, pensateci voi, madre (*Entra in casa*).

Scena nona

La gnà Nunzia attonita; la gnà Lola in gran turbamento; comare Camilla che fa capolino dalla cantonata; la zia Filomena sull'uscio di casa; lo zio Brasi presso la tettoia.

GNÀ NUNZIA O cosa vuol dire?

ZIO BRASI (*accostandosi premuroso*) Gnà Lola, tornate a casa, tornate!

GNÀ LOLA (*turbatissima*) Perché devo tornare a casa?

---

6. deschetto: tavolino.

7. morde... orecchio: con questo gesto, secondo la tradizione siciliana, indica di accettare la sfida.

8. cadere nel precipizio: l'ha sedotta, senza però sposarla.

9. gnà Nunzia: madre di Turiddu.

10. di soverchio: di troppo.

ZIO BRASI Non sta bene in questo momento che vi troviate qui, in piazza! Se volete essere accompagnata... Tu, Camilla, resta qui con comare Nunzia, se mai.

ZIA FILOMENA (*avvicinandosi*) O Gesummaria! Gesummaria!

GNÀ NUNZIA Ma dov'è andato mio figlio?

COMARE CAMILLA (*accostandosi all'orecchio di suo marito*) O ch'è stato?

ZIO BRASI (*piano*) Non hai visto, sciocca, quando gli ha morsicato l'orecchio? Vuol dire, o io ammazzo voi, o voi ammazzate me.

COMARE CAMILLA O Maria Santissima del pericolo[11]!

GNÀ NUNZIA (*sempre di più in più smarrita*) Ma dov'è andato mio figlio Turiddu? Ma che vuol dire tutto questo?

GNÀ LOLA Vuol dire che facciamo la mala Pasqua, gnà Nunzia! E il vino che abbiamo bevuto insieme ci andrà tutto in veleno!

PIPPUZZA[12] (*accorre dal fondo gridando*) Hanno ammazzato compare Turiddu! Hanno ammazzato compare Turiddu!

Tutti accorrono verso il fondo vociando; la gnà Nunzia colle mani nei capelli, fuori di sé. Due carabinieri attraversano correndo la scena. Cala la tela[13].

(G. Verga, *Cavalleria rusticana*, in *Il teatro italiano, La commedia e il dramma borghese dell'Ottocento*, Tomo terzo, Einaudi, Torino 1979)

---

11. Maria... pericolo!: Madonna del culto regionale siciliano.

12. Pippuzza: una ragazza del paese. Pronuncia questa unica battuta, rivestendo un ruolo che era quello del nunzio.

13. la tela: il sipario.

COMPRENSIONE COMPLESSIVA

1. Riassumi le tre scene in circa 150 parole.
2. Dai un titolo a ciascuna scena, che corrisponde a una sequenza narrativa.

ANALISI DEL TESTO

1. Perché la didascalia iniziale è così minuziosa? Come consente di dare unità di luogo al dramma?
2. Riprendendo un espediente della tragedia greca, l'uccisione di Turiddu avviene fuori scena. Come viene fatta conoscere agli altri personaggi e agli spettatori?
3. Quali tipi di indicazioni vengono fornite dalle didascalie che punteggiano le scene?
4. Quale importanza assumono nella vicenda i gesti dei protagonisti, in particolare di Turiddu e Alfio?
5. Quali ruoli narrativi rivestono i personaggi principali (Turiddu, Lola, Alfio, Santa)?
6. Ai margini del dramma, ma al centro delle sue conseguenze, c'è la figura della madre, delineata in pochi tratti, affidati, più ancora che alle parole (pronuncia poche battute), ai gesti, alle espressioni del volto (indicate minuziosamente nelle didascalie). Come è caratterizzata questa figura?
7. Com'è caratterizzato il linguaggio? Quali espressioni rimandano al mondo popolare siciliano?

CONTESTUALIZZAZIONE E INTERPRETAZIONE

1. Leggi la novella di Verga, da cui è stato tratto l'atto unico, e analizza in quale modo l'autore ha adattato la vicenda alla rappresentazione. Ha aggiunto o tolto personaggi? I fatti hanno la stessa durata o sono stati condensati? L'ambientazione delle scene è esattamente la stessa? Ci sono fatti che sono stati aggiunti o tolti? Riflettendo sulle differenze tra testo narrativo e testo teatrale, come spieghi gli interventi di Verga sul suo stesso testo? Quale delle due versioni ti pare più riuscita? Perché?
2. La poetica verista impone una narrazione impersonale, in cui la voce del narratore non si sovrappone mai a quella dei personaggi commentando, giudicando, spiegando. Come si traduce questa poetica nel testo teatrale?

10 Altri testi letterari in prosa

Accanto alla narrativa di finzione, altri generi prosastici possono assumere carattere letterario. Più esattamente, essi si pongono al confine tra testi letterari e testi d'uso: come i primi, sono caratterizzati dall'attenzione alla forma, quindi da un linguaggio che si solleva dalla quotidianità; come i secondi hanno un preciso scopo comunicativo che in genere prevale sui fini puramente estetici. Nel corso della nostra tradizione letteraria, hanno avuto rilevanza soprattutto quattro generi prosastici "di confine": le scritture biografiche, la storiografia, la trattatistica, l'epistolografia. Il primo fa ancora parte del canone letterario, mentre gli altri oggi rientrano per lo più nei testi d'uso.

10.1 Le scritture biografiche

Ci accostiamo a un libro di memorie, un'autobiografia, una biografia partendo da un presupposto diverso rispetto a un romanzo o un racconto: ci aspettiamo che ciò che stiamo leggendo rispecchi la **verità dei fatti**, che sia veramente accaduto. Certamente anche un romanzo può avere una componente autobiografica più o meno evidente; ma il lettore sa che i fatti sono stati rivissuti e rivisitati in un'ottica letteraria, e non li giudica secondo il criterio di verità.

- Di solito sotto l'etichetta **memorialistica** si indicano scritti come le memorie, i diari, le autobiografie in cui l'autore racconta di sé (è dunque, allo stesso tempo, la voce narrante e il protagonista). Le **memorie** consistono in una raccolta di ricordi, riflessioni, esperienze, spesso relative a un momento decisivo della vita di chi scrive. Sono solitamente caratterizzate da brevità ed episodicità (non viene raccontata un'intera vita, ma solo alcuni episodi salienti). Opera talvolta da letterati di professione, più spesso sono scritte da persone che si sono trovate coinvolte in grandi eventi della storia. Importante nella nostra letteratura è la memorialistica legata a periodi cruciali come il Risorgimento, le due guerre mondiali, la Resistenza.

- Qualche affinità con le memorie ha la **narrativa di viaggio**, in cui l'autore illustra ciò che ha visto e le persone che ha incontrato in un Paese straniero, più o meno lontano, o in un luogo inconsueto. Rispetto alle memorie l'accento si sposta dalla persona dell'autore e dagli eventi in cui è coinvolto ai luoghi; dunque, accanto alla narrazione, hanno importanza le sequenze descrittive. Molto varia nelle forme, può avere carattere più oggettivo e distaccato, oppure più soggettivo, mettendo al centro la personalità dell'autore-viaggiatore. Di lunga tradizione (a partire dal *Milione* di Marco Polo) è tuttora un genere letterario molto seguito dal pubblico, in cui si sono cimentati anche grandi autori del Novecento (come Moravia o Pasolini).

- Rispetto alle memorie (non di rado scritte a caldo), l'**autobiografia** comporta una maggiore distanza e una più profonda rielaborazione del proprio vissuto; chi scrive, quasi sempre giunto in età matura o avanzata, racconta il proprio percorso esistenziale, partendo dall'infanzia. L'interesse del lettore spesso va più al personaggio (un uomo politico, un artista celebre, una personalità discussa della cronaca) che alla qualità letteraria del testo, anche se nella storia della nostra letteratura non mancano esempi di alto livello; il primo caso notevole è quello di Benvenuto Cellini, ma il secolo d'oro è il Settecento, con le vite di Vico, Alfieri, Casanova, Goldoni. Nel Novecento, i grandi scrittori tendono a riversare le proprie esperienze nel romanzo (l'esempio più evidente è *Alla ricerca del tempo perduto* di Proust), ma abbiamo anche autobiografie classiche come quella, ampissima, di Simone de Beauvoir. Oggi, nella maggior parte dei casi, le autobiografie sono prodotti commerciali, magari scritti da un *ghostwriter*.

- La **biografia** è la narrazione della vita di una persona diversa dall'autore. È un genere assai prossimo alla storiografia. Come quest'ultima, almeno fino all'Ottocento, è stata inserita nel canone letterario: ciò significa che alle preoccupazioni formali (la bella scrittura, l'impatto emotivo sul lettore) si dava più importanza che alla veridicità e all'uso corretto delle fonti documentarie. I due grandi modelli dell'antichità sono le *Vite parallele* di Plutarco e le *Vite dei dodici Cesari* di Svetonio. Nel Medioevo il genere biografico più diffuso è l'**agiografia** (racconto della vita dei santi), caratterizzata, oltre che da intenti edificanti, dal gusto per il meraviglioso. Nel Cinquecento si ispira al modello antico la *Vita di Castruccio Castracani* di Machiavelli. Come genere letterario, la biografia continua nel Seicento e nel Settecento, culminando con *La Vita del dottor Johnson* di S. Boswell. Nell'Ottocento se ne scrivono molte (dedicate per esempio ai protagonisti del Risorgimento), ma ormai l'intento documentario prevale su quello letterario. La biografia entra così a far parte della saggistica storica.

Le strutture delle narrazioni biografiche sono state sfruttate dalla narrativa di finzione, in cui troviamo memorie e autobiografie fittizie (come *Le memorie di Barry Lindon* di Thackeray o *Le confessioni di un italiano* di Nievo), racconti di viaggi immaginari (*I viaggi di Gulliver* di Swift), biografie romanzate (uno dei sottogeneri del romanzo storico).

10.2 La storiografia

Come la biografia, nell'antichità la **storiografia** era valutata, più ancora che per la validità della documentazione o per la capacità di riflessione (che in autori come Tucidide o Tacito erano comunque di altissimo livello), per la bellezza formale e l'efficacia retorica. Nel Medioevo vennero scritte molte opere storiche (soprattutto in forma di cronache e annali) che noi oggi talvolta apprezziamo anche per la loro qualità di scrittura, sebbene l'intento di chi le scriveva non fosse (o fosse assai marginalmente) letterario. A partire dal Rinascimento, invece, la riscoperta dell'antichità impone il modello della storiografia come *opus oratorium maxime*, "opera essenzialmente retorica". Alla grande cura formale, si accompagna però l'attenzione alle fonti, vagliate con atteggiamento critico. A partire dal Settecento, con l'attenzione posta sulle ricerche di archivio, la creazione di grandi raccolte documentarie, l'erudizione, l'accento si sposta decisamente sui contenuti e sull'affinamento del metodo storico, mentre l'attenzione formale passa in secondo piano. La storiografia diventa uno dei rami della saggistica.

10.3 La trattatistica

Un'evoluzione simile conosce il genere trattatistico. Dall'antichità ci sono giunti **trattati** di argomento artistico (come quello sull'architettura di Vitruvio) o pratico (il *De agri cultura* di Catone); trattati in latino sugli argomenti più diversi (e di differente impegno letterario) ci sono giunti anche dal Medioevo (basti citare il *De vulgari eloquentia* di Dante o *De arte venandi cum avibus*, dedicato alla falconeria). Ma è con l'Umanesimo che la trattatistica diventa uno dei generi letterari principali; il trattato, anche se ha fine didascalico, non è inteso come manuale tecnico, ma come strumento di scoperta e fondazione teorica dell'agire umano nei più diversi campi.

Sul modello dei dialoghi platonici e delle *Tusculanae disputationes* di Cicerone, ma anche come riflesso dell'importanza attribuita al confronto e alla conversazione intellettuale, la forma privilegiata è quella del **dialogo**, un tipo di componimento che riunisce aspetti del testo argomentativo, della narrativa e del teatro:

- presenta un **tema aperto** che viene discusso ed esposto in modo razionale, attraverso la contrapposizione di almeno due tesi, che suscitano obiezioni e vengono sostenute da argomenti;

- è ambientato in una **cornice**, che presenta la discussione come realmente avvenuta, in un luogo e in un tempo precisi, tra personaggi che spesso sono persone reali; la descrizione della cornice spesso si rifà alle modalità della novellistica e può assumere una connotazione simbolica (la descrizione della corte di Urbino nel *Cortegiano*, ad esempio, esprime anche la nostalgia per un'armonia e una perfezione ormai perdute nel clima delle guerre d'Italia);
- **i personaggi** prendono direttamente la parola e espongono le loro argomentazioni, senza la mediazione della voce narrante. Come a teatro, sono caratterizzati non solo da posizioni diverse, ma anche, mimeticamente, da diversi modi di essere, di esprimersi, di supportare le loro idee.

L'autore può essere uno dei personaggi, ma più spesso sceglie come **portavoce** uno di essi, la cui tesi, nel corso del dialogo e attraverso il confronto dialettico tra le varie posizioni, finisce per essere riconosciuta come valida dagli altri interlocutori. I temi vanno dai modelli di comportamento, alla filosofia, alla scienza militare, alla politica. Galileo estenderà il dialogo anche alla scienza (materia prima di lui riservata al latino), strutturando il suo *Dialogo sopra i due massimi sistemi* attorno a tre personaggi: il portavoce dell'autore, aperto sostenitore della tesi copernicana; il sostenitore della tesi geocentrica, rappresentato in modo caricaturale e sarcastico; l'uomo di cultura *super partes*, incarnazione dei destinatari di mentalità aperta cui il dialogo si rivolge, che finisce per accettare la tesi copernicana.

Il **trattato** non si basa sul confronto dialettico tra le diverse posizioni, ma è un testo argomentativo in cui viene enunciata un'unica tesi, che poi viene dimostrata attraverso ragionamenti serrati, confutazione di obiezioni, esempi specifici. L'esempio più noto è *Il principe* di Machiavelli.

Nell'analisi di entrambi i sottogeneri, l'attenzione va in primo luogo ai **contenuti** (in particolare all'individuazione delle parti dell'argomentazione), ma anche alla forma in cui sono espresse le idee: fino al Settecento (in cui la trattatistica finì per scomparire e confluire nel genere non letterario della prosa saggistica) si trattava di un genere letterario codificato, in cui la scrittura si avvaleva ampiamente di un parlare ornato e di artifici retorici.

10.4 L'epistolografia

Con il termine epistolografia (dal latino *epistula*, "lettera") si intende l'arte di scrivere **lettere**. Oggi strumento di comunicazione che risponde essenzialmente a dettami di concisione e chiarezza, in passato le lettere erano un vero e proprio genere letterario, spesso di alto impegno formale, per il quale si seguivano regole codificate. Il modello più importante anche in questo caso fu offerto da Cicerone: fu la scoperta delle *Familiares* dello scrittore latino a spingere Petrarca a sua volta a impegnarsi nella scrittura del suo importante epistolario, caratterizzato da grande cura formale e dall'uso di raffinate tecniche retoriche. Ancora in latino sono le lettere di età umanistica, che assumono molte forme: lettere private ad amici con una lingua vicina a quella della conversazione; lettere di cancelleria con carattere ufficiale e lingua tecnica; lettere-trattato dedicate ad argomenti filosofici, artistici, scientifici, secondo le modalità del testo argomentativo.

Nel Cinquecento questa tradizione passa alle **lettere in volgare**; oltre a essere una testimonianza della personalità di chi scrive, le lettere di Machiavelli ai suoi corrispondenti sono testi di alto valore letterario in cui l'autore racconta episodi biografici, espone riflessioni, polemizza contro le storture del mondo a lui contemporaneo, in uno stile estremamente vario, libero e personale. Raccolte di lettere vengono pubblicate a stampa (il primo esempio è il *Primo libro de le lettere* di Aretino del 1538), con grande successo di pubblico: più libere nella scrittura, più "umorali" della trattatistica, si prestano a discutere temi di attualità, spesso con piglio polemico, in modo più informale. Il successo di questo genere non viene meno nei secoli successivi. Saper comporre una lettera diventa un'abilità sociale indispensabile, cui vengono dedicati manuali e trattati. Ci sono autori celebri soprattutto per le loro lettere (il caso più noto è quello di Madame de Sévigné); in altri casi leggiamo gli epistolari soprattutto per il loro valore documentario (ad esempio, per conoscere meglio la personalità di uno scrittore o per conoscere un periodo storico attraverso la testimonianza diretta anche di persone comuni).

Ecco alcuni elementi di analisi di una lettera:

- individua il **contesto comunicativo** (circostanze, destinatario, argomento, scopo dell'autore);
- distingui le lettere scritte per la **comunicazione reale** da quelle destinate fin da subito alla pubblicazione o rielaborate in chiave letteraria;
- le lettere si avvalgono di molte **modalità di scrittura**: distingui le parti narrative, descrittive, informative, riflessive, argomentative;
- analizza lo **stile** e il **linguaggio** (colloquiale, formale, letterario), e l'eventuale uso di figure retoriche;
- per un **autore noto**, inserisci la lettera nel contesto della sua vita, individuando quale tipo di informazioni ci comunica (sulla biografia, la poetica, la visione della vita ecc.);
- per lettere in cui prevale il valore di **testimonianza**, ricostruisci il contesto storico e il tipo di informazioni fornite dalla lettera stessa.

Anche le strutture formali della lettera hanno avuto uso letterario: il romanzo epistolare si basa sullo scambio di lettere tra più personaggi (talvolta uno solo); nel Settecento ebbe grande fortuna il genere della lettera filosofica, che permetteva di avvicinare il largo pubblico ai temi del dibattito del tempo. Anche oggi opere saggistiche si presentano talvolta sotto forma di lettera (l'argomento X spiegato a...). Inoltre le lettere aperte sono uno strumento frequente per porre polemicamente l'accento su problemi attuali.

LABORATORIO

LE SCRITTURE BIOGRAFICHE

1 **Leggi il brano e scrivine l'analisi guidata, con l'aiuto delle domande e delle attività.**

G.C. Abba partecipò alla spedizione dei Mille, guadagnandosi il grado di ufficiale. Sulla base delle sintetiche note prese a caldo, dopo una lunga rielaborazione, nel 1880, a vent'anni dai fatti, pubblicò Da Quarto al Volturno, Noterelle di uno dei Mille *in cui racconta la sua partecipazione all'impresa.*

G. Cesare Abba (1838-1910)

da Da Quarto al Volturno, Noterelle di uno dei Mille

5 luglio[1]

Fatti i conti, dei siciliani che ci seguirono da Palermo in qua, un mezzo centinaio se ne sono già andati, alcuni portando via anche le armi. Sono contadini che si accendono come paglia e presto si stancano. Il Consiglio di guerra[2] li condanna a morte; si appiccano le sentenze come lenzuola alle cantonate, ma si lascia che i condannati se ne vadano alla loro ventura, purché lontano. I buoni[3] sono quelli delle città e i Palermitani, giovani colti, amorosi, pieni di rispetto. Malveduti sono alcuni ufficiali che paiono chierici[4]. Quando le compagnie vanno agli esercizii, le accompagnano portando le spade come torcetti[5], poi si tirano in disparte e par loro d'essere sciupati nel dover assistere a quelle bassezze dell'imparare come si maneggia un'arma, come si muova ordinati. Se fossero stati l'anno scorso in Piemonte! Giovani dei migliori di tutta Italia si lasciavano strapazzare da quei caporaloni grigi che parlavano di Goito, di Novara, della Crimea[6], e insegnando lanciavano insolenze peggiori delle guanciate[7]. Pur d'imparare, sopportavano tutto quei giovani. Ricordo d'un Conte veneto che caricava su d'una carretta lo strame[8] della scuderia. Passò il caporal Ragni con la gamella[9] in mano.

«Bestie tutte come voi nel vostro paese? Chi v'ha insegnato a maneggiare il bidente?»

Il Conte rispose sorridendo non so che, in italiano.

«Ah! Siete un volontario? Allora che cosa è questa?»

«Una gamella.»

«La patria!» urlò beffardo il caporale, battendo le nocche su quell'arnese di latta. Il Conte sorrise ancora. E il caporale:

«Stassera farete il sacco[10], e passerete a ridere in prigione».

«Sissignore».

(G.C. Abba, *Da Quarto al Volturno, Noterelle di uno dei Mille,* Mondadori, Milano 1980)

---

1. **5 luglio:** Abba scrive da Caltanissetta, dove un battaglione di garibaldini era entrato il 2 luglio.
2. **Consiglio di guerra:** presieduto da Garibaldi, fungeva anche da tribunale militare.
3. **I buoni:** i combattenti validi.
4. **Malveduti... chierici:** si tratta di ufficiali dell'esercito borbonico che si sono uniti ai garibaldini.
5. **torcetti:** candele di cera.
6. **Goito... Crimea:** Goito e Novara richiamano due episodi della Prima guerra d'indipendenza; la Crimea (1853-56) si riferisce alla Guerra di Crimea, a cui per volontà di Cavour il Piemonte partecipò a fianco di Francia e Inghilterra.
7. **insolenze... guanciate:** insulti che facevano più male degli schiaffi.
8. **strame:** letame.
9. **gamella:** recipiente di latta, nel quale i soldati mangiavano il rancio, sinonimo di *gavetta.*
10. **farete il sacco:** preparerete lo zaino.

COMPRENSIONE COMPLESSIVA

1. Riassumi il brano in circa 50 parole.

ANALISI DEL TESTO

1. In quale sottogenere della narrazione biografica possiamo inserire il brano? Motiva la risposta con puntuali riferimenti alle caratteristiche del testo.
2. Distingui le parti riflessive da quelle narrative.
3. L'episodio si struttura in due momenti, caratterizzati da un diverso tempo verbale. Quale tempo prevale nella prima parte? Qual è il tema?
4. Quale frase segna il passaggio al secondo momento? Quale tempo vi prevale? Qual è il tema?
5. Quali informazioni possiamo ricavare dal testo sul diverso atteggiamento verso la spedizione garibaldina da parte dei contadini e dei borghesi?
6. Chi sono i «caporaloni grigi»? Perché i volontari si lasciano strapazzare da loro?
7. Qual è la funzione argomentativa dell'episodio del Conte veneto? Che cosa vuole dimostrare Abba raccontando questo aneddoto?
8. Come interpreti la battuta del caporale Ragni «La patria!»? Perché secondo lui una gamella è la patria?
9. Qual è il registro prevalente nel testo?
10. Nel brano compaiono diverse similitudini. Individuale e spiegale: quale funzione hanno? Da quali campi semantici sono ricavate?
11. Con quale tecnica è riportato il dialogo?

CONTESTUALIZZAZIONE E INTERPRETAZIONE

1. Quali aspetti delle guerre risorgimentali vengono messi in primo piano da Abba?
2. Molti critici hanno sottolineato l'approccio antiretorico del libro di Abba, da tanti considerato il più bello del nostro Risorgimento. Discuti questo giudizio: su quali elementi si fonda? Ti trova d'accordo o in disaccordo? Perché?

LA STORIOGRAFIA

2 **Leggi il brano e scrivine l'analisi guidata, con l'aiuto delle domande e delle attività.**

Niccolò Machiavelli (1469-1527)

Istorie fiorentine, VII, XXII

Mentre che queste cose in questa maniera in Firenze procedevano, il resto dell'Italia viveva quietamente ma con sospetto grande[1] della potenza del Turco; il quale con le sue imprese seguiva di combattere i Cristiani e aveva espugnato Negroponte[2] con grande infamia e danno del nome cristiano. Morì in questo tempo Borso marchese di Ferrara, e a quello successe Ercule suo fratello. Morì Gismondo da Rimino[3] perpetuo nemico alla Chiesa, ed erede del suo stato rimase Ruperto suo naturale figliuolo[4], il quale fu poi intra i capitani di Italia nella guerra eccellentissimo. Morì papa Paulo, e fu a lui creato successore Sisto IV[5], uomo di bassissima e vile condizione[6]; ma per le sue virtù[7] era divenuto

1. **sospetto grande:** grande paura.
2. **Negroponte:** nome con il quale era chiamata dai veneziani l'isola greca di Eubea, governata dalla Repubblica di Venezia dal 1205 al 1470. La caduta di Negroponte il 12 luglio 1470, dopo un lungo assedio, destò grande sconcerto in Italia.
3. **Gismondo da Rimino:** Sigismondo Malatesta, signore di Rimini, morto il 9 ottobre 1468.
4. **Ruperto... figliuolo:** Roberto Malatesta, figlio illegittimo di Sigismondo.
5. **papa Paulo... Sisto IV:** Paolo II, morto il 26 luglio 1471, cui succedette Sisto IV, al secolo Francesco della Rovere, di cui nelle righe successive Machiavelli condanna il nepotismo.
6. **di bassissima... condizione:** di umili origini; apparteneva a una famiglia di condizione modesta, ma non "bassissima e vile" come afferma polemicamente Machiavelli.
7. **virtù:** non va inteso in senso morale, ma nel significato, proprio di Machiavelli, di "abilità".

generale dell'ordine di San Francesco e dipoi cardinale. Fu questo pontefice il primo che cominciasse a mostrare quanto uno pontefice poteva e come molte cose chiamate per lo addietro errori si potessero sotto la pontificale autorità nascondere[8]. Aveva intra la sua famiglia Piero e Girolamo, i quali secondo ciascun credeva, erano suoi figliuoli; nondimanco sotto altri più onesti nomi gli palliava[9]. Piero, perché era frate, condusse alla dignità del cardinalato del titolo di San Sisto[10]; a Girolamo tolse la città di Forlì e tolsela a Antonio Ordelaffi, i maggiori[11] del quale erano di quella città stati lungo tempo principi. Questo modo di procedere ambizioso lo fece più dai principi di Italia stimare, e ciascuno cercò di farselo amico; e perciò il duca di Milano[12] dette per moglie a Girolamo la Caterina[13] sua figliola naturale, e per dote di quella la città di Imola, della quale aveva spogliato Taddeo degli Alidosi. Intra questo duca ancora e il re Ferrando si contrasse nuovo parentado, perché Elisabella, nata d'Alfonso primogenito del re, con Giovan Galeazzo, primo figliolo del duca, si congiunse[14].

(N. Machiavelli, *Tutte le opere storiche, politiche e letterarie*, a cura di N. Borsellino, A. Capata, Newton Compton, Roma 2011)

8. **quanto... nascondere:** quanto grande fosse il potere del pontefice e fino a che punto un papa potesse mascherare sotto l'autorità pontificale cose che prima erano ritenute errori.
9. **Aveva... palliava:** tra gli altri facevano parte della sua famiglia Piero e Girolamo, che secondo l'opinione comune erano suoi figli; tuttavia li mascherava sotto nomi più onesti (facendoli cioè passare per suoi nipoti). Si tratta di una calunnia raccolta da Machiavelli: i due erano figli di Paolo Riario e Bianca della Rovere, sorella del papa.
10. **Piero... Sisto:** Piero, che era frate, riuscì a farlo nominare cardinale di San Sisto. Nominato cardinale nel 1471 a soli 26 anni, gestì la politica estera dello zio e usufruì di un cumulo di cariche che lo resero ricchissimo.
11. **i maggiori:** gli antenati.
12. **il duca di Milano:** Galeazzo Maria Sforza.
13. **la Caterina:** si tratta della celebre Caterina Sforza, più tardi avversaria del Valentino, e madre di Giovanni delle Bande Nere.
14. **Elisabella... congiunse:** si tratta del matrimonio tra Isabella d'Aragona, figlia di Alfonso II, erede al trono di Napoli, con Gian Galeazzo Maria Sforza (celebrato il 5 febbraio 1489).

COMPRENSIONE COMPLESSIVA

1. Riassumi il brano in circa 150 parole.

ANALISI DEL TESTO

1. La narrazione storica di Machiavelli ha un taglio cronachistico (espone cioè gli eventi ordinatamente, anno per anno) o procede piuttosto su centri di interesse?
2. Il tono della narrazione è prevalentemente oggettivo (prevalgono i fatti) o soggettivo (prevalgono le valutazioni e i giudizi)?
3. Come viene presentata la presa di Negroponte, un evento che all'epoca aveva destato enorme scalpore anche per la crudeltà che lo aveva segnato?
4. Quale pratica porta Machiavelli a condannare Sisto IV al punto di stravolgere i fatti? Quali dicerie e inesattezze vengono riportate? Perché, a tuo parere, Machiavelli distorce la verità?
5. In due punti traspare la visione della politica che ritroveremo nelle opere maggiori: in quale significato viene usata la parola *virtù*? Come reagiscono i principi italiani all'arroganza del pontefice? Perché? Da quali considerazioni sono mosse le scelte politiche?
6. Quale registro prevale nel testo? Ci sono termini letterari, latinismi, termini tecnici della politica?

CONTESTUALIZZAZIONE E INTERPRETAZIONE

1. Il passo riferisce alcuni eventi avvenuti tra il 1470 e il 1489, nel periodo in cui, prima della calata di Carlo VIII, l'Italia viveva "quietamente". Quali segni di tensione si possono tuttavia avvertire in questa situazione di apparente quiete?
2. Anche sulla base della tua generale conoscenza dell'autore, esponi la funzione dello studio della storia in Machiavelli e la sua concezione della narrazione storica.

LA TRATTATISTICA

3 **Leggi il brano e scrivine l'analisi guidata, con l'aiuto delle domande e delle attività.**

Il brano fa parte del secondo libro del Cortegiano*, in cui gli interlocutori continuano a discutere sulle qualità del perfetto uomo di corte. Un intervento di Gasparo Pallavicino fa scivolare il discorso sui difetti delle donne, suscitando la replica degli altri interlocutori.*

Baldassarre Castiglione (1478-1529)

Il cortegiano, II, XXXV

Or quivi ridendo rispose il signor Gasparo Pallavicino[1]: – Voi[2] per confirmare il parer vostro con ragione m'allegate di donne[3], le quali per lo più son fuori d'ogni ragione; e se voi voleste dir ogni cosa, questo così favorito da tante donne dovea essere un nescio e da poco omo in effetto[4]; perché usanza loro[5] è sempre attaccarsi ai peggiori e, come le pecore, far quello che veggon fare alla prima, o bene o male che si sia; oltra che son tanto invidiose tra sé, che se costui fosse stato un monstro, pur averian voluto rubarsilo[6] l'una all'altra –. Quivi molti cominciorono[7], e quasi tutti, a voler contradire al signor Gasparo; ma la signora Duchessa[8] impose silenzio a tutti; poi, pur ridendo[9], disse: – Se 'l mal che voi dite delle donne non fosse tanto alieno dalla verità, che nel dirlo più tosto desse carico e vergogna a chi lo dice che ad esse, io lassarei che vi fosse risposto[10]; ma non voglio che col contradirvi con tante ragioni come si poria[11], siate rimosso[12] da questo mal costume, acciò che del peccato vostro abbiate gravissima pena; la qual sarà la mala opinion che di voi pigliaran tutti quelli, che di tal modo vi sentiranno ragionare[13] –. Allor messer Federico, – Non dite, signor Gasparo, – rispose, – che le donne siano così fuor di ragione, se ben talor si moveno[14] ad amar più per l'altrui giudicio[15] che per lo loro; perché i signori e molti savi omini spesso fanno il medesimo; e se licito è dir il vero, voi stesso e noi altri tutti molte volte, ed ora ancor, credemo più alla altrui opinione che alla nostra propria. E che sia 'l vero, non è ancor molto tempo, che essendo appresentati[16] qui alcuni versi sotto 'l nome del Sanazaro[17], a tutti parvero molto eccellenti e furono laudati con le maraviglie ed esclamazioni[18]; poi, sapendosi per certo che erano d'un altro, persero subito la reputazione e parvero men che mediocri. E cantandosi pur in presenzia della signora Duchessa un mottetto, non piacque mai né fu estimato per bono, fin che non si seppe che quella era composizion di Josquin de Pris[19]. Ma che più chiaro segno[20] volete voi della forza della opinione[21]? Non vi ricordate che, bevendo voi stesso d'un medesimo vino, dicevate talor che era perfettissimo, talor insipidissimo? E questo perché a voi era persuaso[22] che eran dui

---

1. **Gasparo Pallavicino:** giovane gentiluomo genovese, nel libro è presentato come convinto misogino. Nel terzo libro, dedicato alle qualità della donna di corte, sosterrà ampiamente le sue posizioni antifemministe.
2. **Voi:** Federico Fregoso, al tempo al servizio della corte d'Urbino, che ha appena sostenuto che gli uomini si fanno influenzare dalle idee altrui e dalle opinioni preconcette, sostenendo la sua tesi con un aneddoto su due dame che si innamorano dello stesso uomo, influenzandosi a vicenda.
3. **per confirmare... donne:** voi, per sostenere la vostra opinione con ragione, portate a prova delle donne.
4. **dovea essere... effetto:** doveva essere in effetti uno sciocco e un uomo dappoco.
5. **loro:** delle donne.
6. **rubarsilo:** rubarselo.
7. **cominciorono:** cominciarono.
8. **la signora Duchessa:** Elisabetta Gonzaga, moglie del duca d'Urbino Guidobaldo da Montefeltro.
9. **pur ridendo:** anch'essa ridendo.
10. **non fosse... risposto:** non fosse così lontano dalla verità, che dirlo va a carico e vergogna di chi lo dice piuttosto che delle donne, permetterei che vi rispondessero.
11. **si poria:** si potrebbe.
12. **siate rimosso:** siate allontanato.
13. **ragionare:** parlare.
14. **si moveno:** sono spinte.
15. **l'altrui giudicio:** il giudizio, le opinioni altrui.
16. **appresentati:** presentati (cioè letti ad alta voce).
17. **Sanazaro:** Jacopo Sannazaro, il celebre poeta autore dell'*Arcadia*.
18. **con le maraviglie ed esclamazioni:** con esclamazioni di meraviglia (è un'endiadi).
19. **Josquin de Pris:** Josquin Desprez, uno dei maggiori compositori del Rinascimento, che fu a lungo al servizio di diverse corti italiane.
20. **più chiaro segno:** una prova ancora più evidente.
21. **opinione:** nel senso di opinione preconcetta, pregiudizio.
22. **a voi era persuaso:** voi eravate convinto.

vini, l'un di Rivera di Genoa e l'altro di questo paese; e poi ancor che fu scoperto l'errore, per modo alcuno[23] non volevate crederlo, tanto fermamente era confermata nell'animo vostro[24] quella falsa opinione, la qual però dalle altrui parole nasceva[25].

(B. Castiglione, *Il libro del cortegiano*, a cura di G. Preti, Einaudi, Torino 1965)

23. per modo alcuno: in nessun modo.
24. tanto... animo vostro: tanto era fissa nel vostro animo.
25. dalle altrui parole nasceva: si basava sulle parole altrui (quindi non sull'esperienza).

COMPRENSIONE COMPLESSIVA

1. Con l'aiuto delle note, fai la parafrasi del testo.

ANALISI DEL TESTO

1. Quali interlocutori intervengono nel dialogo?
2. Individua il ruolo della voce narrante: si limita a introdurre gli interlocutori? Ha un ruolo narrativo? Interviene con propri commenti e giudizi?
3. Quali personaggi prendono la parola in questo capitolo?
4. Con quali argomenti Gasparo respinge le argomentazioni con cui Federico nel capitolo precedente aveva sostenuto che ci facciamo influenzare dalle idee preconcette?
5. Perché la duchessa non permette agli interlocutori di ribattere alle posizioni misogine di Gasparo?
6. Qual è l'obiezione di Federico all'argomentazione di Gasparo?
7. Sottolinea la frase in cui Federico riformula e ribadisce la tesi.
8. Riassumi i tre argomenti (basati su esempi specifici) con cui Federico sostiene la tesi. Perché possiamo dire che sono disposti secondo un ordine crescente (in climax)?

CONTESTUALIZZAZIONE E INTERPRETAZIONE

1. Quale immagine della società di corte emerge da questo passo e più in generale dal libro di Castiglione?
2. Inquadra il passo nella concezione rinascimentale del sapere, esemplificato dall'atteggiamento di Federico, che respinge le idee preconcette in nome di una conoscenza basata sull'indipendenza di pensiero.

L'EPISTOLOGRAFIA

4 **Leggi il brano e scrivine l'analisi guidata, con l'aiuto delle domande e delle attività.**

Lettera al padre *è una lunga lettera (più di 40 pagine manoscritte) che Kafka scrisse al genitore nel 1919, senza mai recapitarla. È un vero e proprio atto d'accusa, in cui Franz esprime il suo amore-odio nei confronti del padre e individua nell'educazione autoritaria ricevuta la sua vulnerabilità di adulto. Riportiamo un passo della parte centrale.*

Franz Kafka (1883-1924)

da *Lettera al padre*

Ero un bimbo pauroso, ma ero anche testardo, come lo sono i bimbi; sicuramente la mamma mi ha anche un po' viziato, ma non posso credere che fosse così difficile indirizzarmi, non posso credere che una parola gentile, un tacito prendermi per mano, uno sguardo buono non avrebbero potuto ottenere da me tutto quel che si voleva. Ora anche tu in fondo sei un uomo tenero e bonario (quel che segue non è una contraddizione, perché io parlo soltanto dell'aspetto che ebbe a influenzare il bambino), ma non tutti i bimbi hanno la resistenza e l'intrepidezza necessarie per continuare a cercare finché non giungono alla bontà.

Tu sai trattare un bambino solo come tu stesso sei fatto, con forza, strepito e iracondia; e nel caso specifico la cosa ti sembrava inoltre ancora più adatta, perché volevi fare di me un ragazzo forte e coraggioso. Naturalmente non sono in grado di descrivere in modo diretto i tuoi metodi educativi nei primissimi anni, ma posso immaginarli con un procedimento deduttivo dagli anni successivi, e dal tuo comportamento nei confronti di Felix[1]. Occorre considerare, a inasprire le cose, che allora eri più giovane, e quindi più fresco, più selvaggio, più istintivo, con minori preoccupazioni di oggi, e che inoltre eri completamente legato al negozio, durante il giorno non ti vedevo mai e quindi facevi su di me un'impressione ancora più profonda, che non si appiattiva mai nell'abitudine.
Direttamente di quei primi anni ricordo soltanto un episodio. Forse lo ricordi anche tu. Una volta, di notte, frignavo perché volevo un po' d'acqua, certo non per sete, ma probabilmente in parte per farvi arrabbiare, in parte per divertirmi. Dopo che alcune severe minacce non erano servite a niente, mi prendesti dal letto, mi portasti sul ballatoio e mi ci lasciasti per un po', in camicia da notte, davanti alla porta chiusa. Non voglio dire che sia stato ingiusto, forse davvero non c'era modo di ripristinare altrimenti la quiete notturna, voglio soltanto caratterizzare i tuoi metodi educativi e il loro effetto su di me. In seguito fui certo più arrendevole, ma ne riportai un danno interiore.
Data la mia natura, non riuscii mai a stabilire il giusto nesso tra l'elemento per me ovvio del mio insensato chiedere l'acqua e quello eccezionalmente spaventoso dell'essere portato fuori. Per molti anni ancora patii pene strazianti all'idea che quel gigante, mio padre, l'istanza ultima, poteva venire quasi senza motivo e, di notte, portarmi dal letto sul ballatoio, e che quindi io per lui ero una tale nullità.
Questo fu soltanto un piccolo inizio, ma questa sensazione di nullità che spesso mi domina (sensazione da altri punti di vista anche nobile e feconda) deriva abbondantemente dalla tua influenza. Io avrei avuto bisogno di un po' d'incoraggiamento, un po' di gentilezza, di qualcuno che mi lasciasse un po' aperta la mia strada: invece me la sbarrasti, sicuramente con le migliori intenzioni, quelle di farmene imboccare un'altra.

(F. Kafka, *Lettera al padre*, trad. it. di F. Ricci, L. Coppé, Newton Compton, Roma 2006)

1. **Felix:** nipote di Kafka, figlio della sorella Eli.

COMPRENSIONE COMPLESSIVA

1. Riassumi il testo in circa 100 parole.

ANALISI DEL TESTO

1. Al centro del testo c'è un trauma infantile: in che cosa consistette? Perché alimentò in Franz il suo senso di inadeguatezza e l'idea che il mondo sia incomprensibile?
2. La figura del padre appare contraddittoria: sottolinea in modi diversi le espressioni che lo descrivono come un uomo buono e quelle che ne sottolineano il carattere violento e iracondo.
3. Alle accuse al padre, Franz affianca una lucida analisi su se stesso, profondamente autocritica e intrisa di sensi di colpa. Quale ritratto dà di se stesso bambino?
4. Perché per un bambino il padre è «un gigante» e «l'istanza ultima»? Come finisce per considerare se stesso il bambino (ma la sensazione rimane nell'adulto)?
5. Quali accuse esplicite rivolge al padre? Di che cosa avrebbe avuto bisogno il piccolo Franz? Che cosa ha invece ricevuto?
6. Franz ama o odia suo padre? Oppure è legato a lui da una più complessa relazione di odio-amore?

CONTESTUALIZZAZIONE E INTERPRETAZIONE

1. In che modo il rapporto con il padre ha influenzato la poetica di Kafka? Come vengono rappresentate nella sua opera le figure paterne e più in generale le autorità (fino allo stesso Dio)?

3 Il testo argomentativo
La Tipologia B della prova d'esame

1 Le strutture del testo argomentativo

I testi argomentativi discutono un tema problematico, sul quale chi parla o scrive presenta una propria opinione, detta **tesi**, cercando di dimostrarne la validità con prove e ragionamenti, detti **argomenti**. A differenza di altri testi persuasivi, come quelli pubblicitari, che puntano sulle componenti emotive o irrazionali, l'argomentazione esplicita il suo scopo e si basa sulla **razionalità**.

I testi argomentativi sono caratterizzati da una struttura testuale molto salda così articolata:

- **introduzione**: presenta il problema e fa da premessa all'argomentazione vera e propria;
- **tesi**: è l'opinione di chi scrive; spesso è espressa fin dall'inizio e può essere ribadita più volte;
- **argomenti**: sono le prove a sostegno della tesi (dati, esempi, ragionamenti ecc.);
- **confutazione**: vengono prese in considerazione possibili obiezioni, che vengono dimostrate non vere;
- **concessione**: è la parziale accettazione di un'obiezione, che tuttavia non è tale da mettere in discussione la validità della tesi;
- **antitesi**: talvolta, vengono esposte una o più tesi contrarie, che vengono respinte dimostrando l'inconsistenza degli argomenti a loro favore;
- **conclusione**: riprende e ribadisce la tesi.

1.1 L'argomentazione

Il centro propulsore di un testo argomentativo è la tesi, l'opinione di cui si vuole dimostrare la validità con una serie di argomenti; l'**insieme degli argomenti** portati a **sostegno della tesi** è detto **argomentazione**. Nella sua formulazione più semplice essa è formata da due proposizioni, l'**affermazione** e la **giustificazione**:

Non bisogna bere caffè di sera (affermazione) *perché non fa dormire* (giustificazione).

La prima proposizione enuncia la **tesi**, la seconda contiene l'**argomento** che la sostiene e le dà forza.

Perché la tesi sia convincente, l'argomento deve fornire una prova di cui il destinatario riconosca la validità. L'affermazione *non fa dormire* è un argomento solido ed efficace perché fa riferimento a un'affermazione più generale, sottintesa, ma facilmente ricavabile, la cui validità è universalmente riconosciuta:

Il caffè non fa dormire. → *Il caffè contiene caffeina, una sostanza eccitante che altera i ritmi del sonno.*

L'affermazione più generale è detta **premessa** e serve da legame tra la tesi e l'argomento:

ARGOMENTO	→ Il caffè non fa dormire.
PREMESSA SOTTINTESA	→ Il caffè contiene caffeina (un eccitante che altera i ritmi del sonno).
TESI	→ Non bisogna bere il caffè di sera.

La forza di convinzione di un'argomentazione dipende dalle sue premesse: se condividiamo queste ultime, la consideriamo valida; se, al contrario, non consideriamo vere le premesse, respingiamo anche l'argomentazione. Ad esempio, l'argomentazione *Non bisogna bere il caffè di sera perché non fa dormire* sarà rifiutata da chi non risente degli effetti stimolanti della caffeina e non è convinto che abbia influenza sul sonno.

Inoltre, un'argomentazione sarà valida se la **conclusione** consegue realmente dalle premesse: così consideriamo assurda l'argomentazione *Bevi tranquillamente il caffè di sera perché non fa dormire* perché non c'è alcun legame logico tra la premessa sottintesa e la conclusione (tesi).

Considereremo dunque valida e fondata un'argomentazione le cui premesse sono vere e in cui la conclusione deriva correttamente dalle premesse; considereremo cattiva un'argomentazione le cui premesse sono false oppure le cui conclusioni non conseguono dalle premesse.

1.2 Tipi di argomentazione

A seconda del problema in discussione, del destinatario, delle intenzioni di chi parla o scrive, l'argomentazione può assumere forme diversificate. Se ne possono riconoscere diverse tipologie che spesso si mescolano tra loro:

- nell'argomentazione **affermativa** (o **probatoria**) si propone una tesi e se ne sostiene la validità con una serie di argomenti; è il tipo più semplice di argomentazione;
- nell'argomentazione **confutativa** si esamina una tesi altrui (spesso chiamata **antitesi** o **controtesi**) e se ne dimostra l'infondatezza;
- argomentazione **confutativa-affermativa**, che unisce i due tipi precedenti: dopo aver confutato l'antitesi, si presenta e si sostiene la propria tesi (o viceversa);
- argomentazione **dialettica**, in cui si prendono in esame le varie soluzioni proposte per un problema, presentando gli argomenti a favore (pro) e a sfavore (contro) di ciascuna. Chi scrive può prendere una posizione, dichiarandosi a favore di una delle soluzioni esaminate, oppure proporre una tesi propria; questo tipo di argomentazione è frequente nei saggi di tipo argomentativo;
- argomentazione **di sostegno**, che appoggia una tesi enunciata da altri, sostenendola con nuovi argomenti.

1.3 Gli argomenti

La scelta degli argomenti è centrale per la progettazione di un testo argomentativo persuasivo. La tesi apparirà tanto più convincente quanto più gli argomenti si dimostreranno **solidi**, **significativi** e **probanti**.
Gli argomenti sono di vario tipo:

- **fatti** e **dati**, cioè prove basate su fenomeni osservabili, eventi storici, dati statistici:
  La poesia italiana nasce sul modello di quella provenzale: i poeti siciliani riprendono dalla poesia trobadorica temi, forme compositive, lessico.
  Il cibo italiano è sempre più amato all'estero: nel 2016 le esportazioni hanno raggiunto il massimo di sempre, con fatturato di 38 miliardi di euro e una crescita del 3%.
- **indizi**, cioè fatti ricavabili per via diretta:
  A uccidere le galline è stata una volpe: ha lasciato le sue impronte nel fango.
- **esempi**, cioè casi particolari che possono essere generalizzati, formando la base di un ragionamento induttivo [› p. 111]:
  All'origine dei principali insediamenti urbani per secoli vi furono i fiumi: basti pensare a Roma, sorta dove il Tevere offriva un guado e un ottimo approdo; a Parigi, posta in un'ansa della Senna, in una posizione protetta e favorevole ai traffici; a Londra, nata là dove il Tamigi diventa navigabile in ogni stagione grazie alla risalita della marea.

- **citazioni** di testimonianze o pareri autorevoli (argomento di autorità):
  Come disse Aristotele, l'uomo per sua natura desidera sapere.
- **opinioni**, cioè affermazioni e giudizi dettati da convincimenti individuali o di gruppo sociale:
  La lettura è un'attività molto piacevole, e spesso è divertente.
- **ragionamenti**, basati su presupposti di varia natura:
  - **leggi naturali**: *Sistemiamo lo stendibiancheria in alto, perché l'aria calda e secca tende a salire;*
  - **relazioni logiche**: *Se N è il doppio di M, allora M è la metà di N;*
  - **esperienza comune**: *Mettiamo in valigia un golfino: anche d'estate in montagna le serate sono fresche;*
  - **norme morali**: *Hai sbagliato ad agire così, perché non bisogna mentire;*
  - **valori e credenze**: *Nessuno deve essere discriminato perché tutti gli uomini hanno uguali diritti. – L'eutanasia è inaccettabile perché la vita è un dono di Dio.*

I fatti e i dati, come anche i ragionamenti basati sulle leggi naturali e le relazioni logiche, hanno una base **oggettiva** e di solito sono accettati da tutti; gli altri argomenti sono **soggettivi** e **opinabili** e la loro forza si basa sulla condivisione da parte del destinatario delle loro premesse.

Ad esempio, l'argomentazione *Non dovevi fare il nome di Marco, perché l'amicizia viene prima di tutto* non è convincente per un destinatario che pensa che l'onestà e il rispetto della verità sono valori molto superiori all'amicizia. Opinioni diffuse in un gruppo o in una data cultura, tanto da essere condivise in modo acritico (i cosiddetti luoghi comuni) hanno scarsa validità nell'argomentazione e spesso sfociano in stereotipi e pregiudizi. Inoltre, argomenti di tipo soggettivo non potranno essere utilizzati in un'argomentazione scientifica, ad esempio in un saggio che si proponga di dimostrare la validità di una ricerca.

1.4 Le argomentazioni confutative

Difficilmente un'argomentazione affermativa riuscirà a convincere un destinatario che la pensa in modo differente, che parte da un altro sistema di valori e da premesse diverse dalle nostre. Occorre mettersi nei suoi panni, immaginare qual è il suo punto di vista, quali obiezioni potrebbe sollevare contro i nostri argomenti o quale tesi contrapposta potrebbe sostenere. Non è sufficiente, quindi, presentare e difendere la propria tesi; occorre esaminare le possibili **antitesi** e le **obiezioni** ai singoli argomenti e **confutarle**, cioè dimostrare che sono errate, non valide o poco significative.

Per respingere un'antitesi o un'obiezione si ricorre alle seguenti tecniche:

- si dimostra che l'antitesi (o l'obiezione) è errata perché si basa su **dati non attendibili** o estrapolati dal loro contesto:
  La ricerca si basa su un campione poco significativo di una realtà locale e i risultati non possono essere estesi all'intero Paese;
- si dimostra che la soluzione proposta per un problema è errata perché laddove è stata applicata ha dato **effetti negativi**:
  Non è vero che la pena di morte ha un effetto deterrente: negli Stati Uniti, negli Stati in cui c'è la pena di morte, il numero degli omicidi supera del 40% quello degli Stati in cui la pena capitale è stata abolita;
- si dimostra che il ragionamento non è valido, perché contiene **errori logici**; torneremo su questo punto a p. 115;
- l'argomento di autorità (cioè la citazione di un'opinione autorevole) si respinge dimostrando che quell'opinione è **superata**, **parziale**, **non pertinente**:
  Anche se Platone sosteneva che bisogna cacciare gli artisti dallo Stato, si tratta semplicemente di un paradosso che trascura l'irrinunciabile ruolo degli artisti come coscienza critica della società.

Su un problema controverso, a un'autorità se ne può contrapporre un'altra, di altrettanto o **maggior peso**:
È vero che il veterinario della clinica ha sconsigliato di vaccinare Pussy, ma il nostro veterinario, che lo segue da sempre, pensa che sarebbe bene farlo;

- si ricorre alla **concessione**, cioè si riconosce all'antitesi o all'obiezione qualche elemento di validità, ma se ne respinge la rilevanza generale oppure nel caso specifico:
Pur ammettendo che non mancano i casi di uomini che subiscono violenze da parte delle donne, la portata del fenomeno è marginale rispetto agli eclatanti numeri dei femminicidi: in Italia, nel 2016, 120 donne sono state vittime di mariti, compagni, ex partner, una ogni due giorni;
- si stabilisce una diversa **gerarchia di valori**: l'obiezione è valida, ma deve passare in secondo piano rispetto alle ragioni ben più forti che sostengono la tesi:
È vero che una chiusura anticipata delle discoteche causerebbe danni economici ai gestori, ma, di fronte alla necessità di salvare vite umane, gli interessi particolari passano in secondo piano.

2 Tecniche argomentative

Per **condurre il ragionamento** si ricorre a diverse tecniche argomentative: le più comuni sono l'analogia, l'induzione, la deduzione.

L'analogia

Con l'analogia si mette a **confronto** un oggetto (o un fatto, una situazione, un concetto) con un altro oggetto appartenente a un campo diverso, in modo da mettere in evidenza **somiglianze** di ordine generale.

L'analogia ha la struttura di una proporzione che si può riassumere nella formula: *A sta a B come C sta a D*. Nell'analogia, quindi, non abbiamo una semplice somiglianza, ma una **somiglianza di rapporti**.

Nell'esempio, tratto da un appello per il diritto allo studio, viene istituito un parallelo tra un volo aereo e la sua cancellazione (*A sta a B*) e il futuro dei bambini negato dalla povertà educativa (*come C sta a D*):

*Tutti i bambini sono pronti a **partire verso il futuro** per realizzare i loro sogni: ma ci sono quelli che **riescono a prendere l'aereo** e quelli che **restano a casa**. Oltre un milione di **voli cancellati** soltanto in Italia. **Attese deluse**, promesse non mantenute, energie sprecate. Michele avrebbe voluto diventare un dottore. Chiara una biologa. Martina una pianista. Già da piccoli avevano mostrato il talento necessario, eppure **il velivolo** che doveva portarli a destinazione **non è decollato**.*

(E. Affinati per Save the Children, *Futuro in partenza?*, www.savethechildren.it)

Il ragionamento per analogia viene utilizzato in diversi campi per risolvere nuovi problemi sulla base di esperienze e conoscenze precedenti. Si tratta di una tecnica affascinante, e sicuramente di grande effetto sull'uditorio, ma richiede una certa abilità. I nessi tra gli oggetti messi a confronto sono spesso deboli ed è perciò facile costruire analogie false o poco significative, che indeboliscono, anziché rafforzare, l'argomentazione.

L'induzione

L'induzione è un ragionamento che, a partire da una serie di osservazioni specifiche o di casi particolari, giunge a una **conclusione di portata più generale**; ad esempio, si attribuiscono a un'intera classe le caratteristiche riscontrate in numerosi individui. Il ragionamento procede dunque **dal particolare all'universale**.

Vediamo un esempio di ragionamento induttivo. In base alla tua esperienza, hai notato che un melone maturo al punto giusto è molto profumato; quindi, per scegliere un melone al supermercato, annusi i frutti e acquisti il più profumato di tutti.

L'induzione permette di giungere a una **conclusione possibile** o **probabile**. Può essere considerata «vera» se basata su un numero rilevante di osservazioni condotte con cura e finché altri fenomeni, diversi da quelli esaminati, non la contraddicono. È il ragionamento basilare delle scienze sperimentali. Le conclusioni cui si giunge con il procedimento induttivo sono spesso usate come premesse del ragionamento deduttivo.

La deduzione

È un ragionamento che procede **dal generale al particolare**; da una o più affermazioni generali si ricava una **conclusione particolare**. Un esempio classico di ragionamento deduttivo è il **sillogismo**, composto da tre proposizioni:

PREMESSA MAGGIORE	→	**PREMESSA MINORE**	→	**CONCLUSIONE**
Tutti i numeri sono divisibili per uno.	→	*Uno è un numero.*	→	*Uno è divisibile per se stesso.*

Se le premesse sono esatte e il ragionamento è condotto correttamente, la conclusione è **valida** e **certa**. Tuttavia, nel procedimento deduttivo si possono compiere **errori**. Il ragionamento può essere basato su una premessa o su un argomento sbagliati, giungendo così a conclusioni false:

Tutti i numeri primi sono dispari (premessa errata)	→	*Due è pari*	→	*Due non è un numero primo* (conclusione falsa)
Due è pari (argomento non pertinente)	→	*Due è un numero primo*	→	*Tutti i numeri primi sono pari* (conclusione errata)

3 La progettazione e la stesura

Per scrivere un testo argomentativo convincente, occorre partire da un **progetto** chiaro, frutto di una seria riflessione personale e di un confronto senza pregiudizi con le altre possibili posizioni. Argomentare, infatti, significa in primo luogo chiarire a se stessi le ragioni delle proprie scelte, per poi assumersene le responsabilità di fronte agli altri; in secondo luogo, significa essere consapevoli che l'esistenza di diversi punti di vista su un problema non è un limite, ma una ricchezza.

3.1 Raccogliere le idee

Ecco alcune indicazioni per progettare un testo argomentativo serio e convincente.

- Individua con precisione l'**argomento**, il tema da analizzare, il problema da discutere.
- Individua il **destinatario** e lo **scopo**: può essere una persona precisa, un gruppo determinato o il cosiddetto uditorio universale (qualsiasi persona dotata di ragione); lo scopo può essere concreto e contingente (convincere il preside a non applicare una sanzione ritenuta ingiusta) o anch'esso di portata generale (convincere chiunque leggerà il tuo articolo della fondatezza della tua opinione riguardo un dato problema).
- Se conosci bene l'argomento, raccogli e sintetizza le **idee** con una delle tecniche viste alle pp. 52-53 (particolarmente indicata è la mappa); in caso contrario, in particolare se si tratta di temi di ampia portata o di questioni controverse, **documentati** svolgendo una ricerca più approfondita.
- Esamina la questione **in modo critico**: analizza i vari aspetti del problema, le diverse posizioni emerse, gli argomenti con cui vengono supportate. Formula quindi la **tesi**, cioè l'opinione che intendi sostenere. Ricorda che la tesi è il centro logico del testo: è bene esprimerla per iscritto, in modo chiaro ed esplicito.

- Individua ed elenca tutti gli **argomenti a favore** della tesi.
- Individua ed elenca le possibili **obiezioni** alla tesi o a qualche argomento; rifletti sulla loro validità e su come è possibile confutarle.
- **Ricontrolla la tesi** alla luce degli argomenti a favore e contro; se appare debole o mal formulata, non esitare a cambiarla, precisarla, modificarla.
- **Controlla gli argomenti**, eliminando quelli più deboli. Ricorda che gli argomenti vanno selezionati anche in base al **destinatario**. Se c'è un destinatario preciso, probabilmente conosci le sue opinioni e sai quali argomenti faranno maggiore presa su di lui. Se invece ti rivolgi a un largo pubblico o all'uditorio universale, devi privilegiare argomentazioni di portata più generale, in particolare fatti e dati. Verifica inoltre se le prove sono sufficienti, controllando la completezza e la precisione di fatti, esempi, dati.
- Scrivi la **scaletta**, scegliendo il tipo di argomentazione più adatta al tuo scopo, al tempo a disposizione, alla lunghezza del testo; se il testo è breve, si può optare per un'argomentazione affermativa o confutativa; per un testo ampio, sono preferibili argomentazioni confutative-affermative e dialettiche.

3.2 L'ordine degli argomenti

Molto spesso gli argomenti a favore di una tesi sono strettamente **collegati tra loro**; a volte, l'intera argomentazione propone, passo dopo passo, lo sviluppo e l'articolazione di un unico ragionamento; altre volte alcuni argomenti devono essere a loro volta dimostrati, diventando così delle sottotesi. In tutti questi casi, l'organizzazione del testo deve seguire il **filo logico** del ragionamento.

Se invece vengono presentati **argomenti indipendenti** tra di loro, questi vengono disposti secondo la loro maggiore o minore forza, secondo diverse strategie, definite fin dalla retorica classica, che individuò tre ordinamenti: crescente, decrescente, nestoriano. Ciascuno presenta vantaggi e svantaggi. Per scegliere quello più opportuno, si considera soprattutto lo **scopo** che si vuole ottenere.

- **Ordine crescente**: si presentano per primi gli argomenti meno decisivi, mentre quelli più solidi concludono il ragionamento. Quest'ordine può essere adottato quando si vuole spronare il destinatario a compiere azioni e scelte concrete, perché gli argomenti citati per ultimi lasciano un'impressione più viva. È una strategia molto usata anche nelle argomentazioni orali (come l'arringa di un avvocato). Tuttavia la parte iniziale del testo può apparire debole, rischiando di suscitare un'impressione negativa in chi legge o ascolta.
- **Ordine decrescente**: si inizia con gli argomenti più forti, per terminare con quelli meno consistenti. Tale ordine predispone favorevolmente il destinatario e lo coinvolge fin dall'inizio; tuttavia la conclusione del ragionamento può indebolire la sua adesione.
- **Ordine nestoriano**: gli argomenti più convincenti iniziano e concludono l'argomentazione, quelli deboli sono collocati al centro. L'ordine nestoriano prende infatti il nome da Nestore, un personaggio dell'*Iliade*, il quale, nel quarto libro del poema, schiera l'esercito acheo disponendo le truppe deboli al centro. Adottandolo, si evitano i rischi degli altri due tipi di ordinamento, ma si rinuncia a effetti particolari.

3.3 La stesura

L'efficacia di un testo argomentativo si basa, in primo luogo, sulla validità dell'argomentazione e sulla qualità di dati, prove, esempi portati a suo sostegno; tuttavia alla forza persuasiva del discorso contribuiscono anche le **scelte linguistiche** e **stilistiche**.

L'**esordio**, anche se breve, ha grande importanza: deve **catturare l'attenzione** del destinatario e fornire gli elementi necessari per seguire l'argomentazione. In base all'**argomento** e allo **scopo** del testo, si può scegliere fondamentalmente tra due tipi di inizi:

- in **testi oggettivi**, che puntano sul rigore del ragionamento, il capoverso iniziale illustra il problema in discussione, enuncia la tesi e anticipa le tappe principali dell'argomentazione; a volte si presentano il metodo di lavoro e le fonti documentarie utilizzate;
- in **testi soggettivi**, che puntano sul coinvolgimento anche emotivo del destinatario, il capoverso iniziale conterrà un'immagine vivida, un aneddoto, un esempio a effetto.

La **conclusione** riprende i **punti principali** dell'argomentazione e spesso ribadisce la tesi. In un discorso che mira a far agire l'uditorio, si conclude con un **appello** esplicito all'azione.

Come per ogni testo, è importante la **chiarezza**: chi legge deve seguire con facilità lo sviluppo del ragionamento. A ogni passaggio sarà perciò dedicato un capoverso e ogni affermazione (argomento a favore o obiezione) sarà accompagnata da esempi e dati concreti. Il testo può essere scritto in **prima persona**, in **terza persona** o in **forma impersonale**:

***Credo** sia indispensabile introdurre lo studio di una seconda lingua straniera.*
*Lo studio di una seconda lingua straniera **è** oggi **ritenuto** indispensabile.*
***Si ritiene** oggi indispensabile lo studio di una seconda lingua straniera.*

La scelta della persona è condizionata dal **contesto** e dalla **destinazione**: l'uso della prima persona prevale nei discorsi orali e nei contesti più informali, in cui emerge il coinvolgimento personale dell'emittente (ad esempio, una lettera a un giornale); la terza persona e la forma impersonale sono richieste nei saggi critici, nell'argomentazione scientifica e in genere in quei testi che esigono un ragionamento rigoroso e il più possibile obiettivo.

Anche la scelta del **registro** è legata alla destinazione; in genere prevale il registro **medio** o **formale**. Il **lessico** è spesso **connotato**; la validità della tesi e degli argomenti a favore è evidenziata da termini con sfumatura positiva, mentre per confutare l'antitesi o le obiezioni si ricorre a parole con sfumature negative:

Bicicletta, ambiente, buon umore, salute stanno bene insieme. Automobile significa invece inquinamento, nevrosi, obesità e invecchiamento precoce.

Nel testo argomentativo è frequente l'uso di **subordinate**, che mettono in risalto i **nessi logici** tra le frasi e quindi tra le idee. Sono in particolare i connettivi a esprimere in modo esplicito le relazioni tra gli elementi dell'argomentazione:

- la **tesi**, in quanto conclusione del ragionamento, è spesso introdotta da **connettivi conclusivi** (*concludendo, in conclusione, ebbene, ecco perché, da qui si deduce, dunque, ne consegue che, ne deriva che, perciò, pertanto, quindi*);
- gli **argomenti a sostegno** della tesi sono spesso introdotti da **connettivi causali** (*allora, come risulta, considerato che, così, dal momento che, dato che, in base al fatto che, infatti, perché, per questa ragione, per questo motivo, poiché*);
- l'aggiunta di **ulteriori argomenti** è segnalata dai **connettivi aggiuntivi** (*alla fine, allo stesso modo, altrettanto importante, anche, e, inoltre, oltre a ciò, per di più, si aggiunga che, tanto più che*);
- **premesse** e **ipotesi** possono essere introdotte da **espressioni condizionali** (*ammesso che, assumiamo che, posto che*);
- le **obiezioni** e le **concessioni** sono indicate da **espressioni concessive** (*anche se è vero, se è vero che... però, sebbene, qualcuno potrebbe dire che, pur ammettendo che*);
- la **confutazione** delle obiezioni e dell'antitesi è segnalata da **connettivi avversativi** (*al contrario, bensì, d'altra parte, in realtà, invece, ma, per altro, però, tuttavia*).

3.4 Gli artifici retorici

Da secoli nella **retorica** («l'arte del discorso», che prende il suo nome dai *retori*, cioè dagli antichi oratori) per accrescere la forza di persuasione di un testo si fa ricorso a particolari tecniche stilistiche, le **figure retoriche** [› pp. 37-41]. Tra le più frequenti ed efficaci nelle argomentazioni ricordiamo il climax, la ripetizione, l'amplificazione, l'ironia, l'antitesi.

- **Climax**: si dispone in ordine di intensità crescente una serie di parole dal significato affine; dal termine più debole si "sale" gradualmente a quello più forte:
Un bambino povero è derubato del ***gioco****, dello* ***studio****, della* ***salute****, della* ***vita****.*

- **Ripetizione**: si ripete più volte una parola, un'espressione o una struttura sintattica, in modo da fissare nella mente dei destinatari i concetti chiave:
Senza ***un suolo sano e vivo*** *non c'è futuro per l'uomo. Oggi* ***il suolo*** *è violentato, soffocato, contaminato, sfruttato, avvelenato, maltrattato, consumato.* ***Un suolo sano e vivo*** *ci protegge dai disastri ambientali, dai cambiamenti climatici, dalle emergenze alimentari. Tutelare* ***il suolo*** *è il primo modo di proteggere uomini, piante, animali.*
(*Salva il suolo*, www.salvailsuolo.it)

- **Amplificazione**: si insiste su un concetto o un fatto, precisandone il significato o la portata, descrivendone le caratteristiche, enumerandone i particolari; in tal modo se ne accrescono l'evidenza e la presa emotiva:
Siccità, desertificazione, alluvioni, innalzamento degli oceani e inquinamento dei mari *mettono in pericolo la sicurezza alimentare di tutto il pianeta. A soffrirne di più sono oggi le nazioni e i popoli più deboli, ma gli effetti del clima che cambia si sentono ovunque:* ***inverni miti alternati a primavere gelide, colture mediterranee che si spostano a Nord, pascoli sempre più magri ed eventi naturali violenti e imprevisti****.*
(*Slow Food, Menu for Change*, donate.slowfood.com)

- **Ironia**: si mette in ridicolo qualcosa fingendo di lodarlo. È una tecnica difficile ma di grande impatto emotivo, come vediamo in questo esempio di Voltaire che prende di mira la guerra:
Indubbiamente è ***una gran bell'arte*** *quella che devasta le campagne, distrugge le abitazioni e fa morire in anni normali quarantamila uomini su centomila.*
(Voltaire, *Dizionario filosofico*, Newton Compton, Roma 1991)

- **Antitesi**: si accostano all'interno della stessa frase due termini o due espressioni di significato opposto, che in tal modo vengono contrapposte e messe reciprocamente in rilievo:
Mentre nei Paesi ***ricchi*** *l'****eccesso*** *di cibo genera obesità e malattie, in quelli* ***poveri*** *si muore ancora per la sua* ***mancanza****.*

4 La revisione: gli errori argomentativi

Una revisione accurata è particolarmente importante per i testi argomentativi, che basano la loro efficacia sulla coerenza del ragionamento e sulla forza dell'espressione; è perciò necessario controllare attentamente sia la correttezza della forma [› p. 67], sia la **fondatezza** degli argomenti, la **precisione** dei dati, la **coerenza logica** dei ragionamenti.

Presta particolare attenzione ai seguenti punti problematici.

- Controlla l'esattezza di **dati** e **statistiche**, scegliendo **fonti** aggiornate e affidabili. Dati errati, imprecisi e parziali tolgono credibilità all'argomentazione.
- Evita di **generalizzare i dati statistici** al di là della loro portata: se da un'inchiesta risultasse che il 97,7% dei bambini odia gli spinaci, non se ne potrebbe concludere che tutti i bambini li odiano, ma solo che li odia la maggior parte di loro.
- Le **citazioni** di frasi di esperti utilizzate per sostenere la tesi devono essere **complete**, **corrette**, il più possibile letterali. Sarà opportuno appoggiarsi all'autorità di persone veramente **qualificate**; il parere di persone, anche celebri, al di fuori del loro ambito specifico, non ha alcuna autorevolezza. Inoltre, il ricorso a un'autorità può rafforzare una tesi, ma in sé non è una prova: per argomenti controversi, sarà sempre possibile citare opinioni contrarie altrettanto autorevoli.

- Se l'argomentazione si basa su un ragionamento induttivo, attenzione a non formulare **conclusioni generalizzate** basandosi su pochi casi o limitate esperienze personali: *Mio cugino e mio zio hanno i capelli rossi e sono persone litigiose; tutti quelli con i capelli rossi sono litigiosi.*
  Questo tipo di ragionamento è alla base di stereotipi e pregiudizi.
- Ciò che va messo in discussione è il **pensiero** delle persone, **non le persone** stesse. È del tutto scorretto ritenere non valida una tesi perché è sostenuta da un individuo discutibile; può essere la persona peggiore del mondo, ma il fatto è ininfluente: un argomento è vero o falso a prescindere da chi lo sostiene.

Attenzione ai seguenti ragionamenti, di uso frequente, ma scorretti sul piano logico (fallacie logiche):

- **ragionamento circolare** (detto anche **tautologia**): si ha quando la conclusione non fa che ripetere con parole diverse la tesi o la premessa: *Il fumo è dannoso perché fa male;*
- **falso dilemma**: si ha quando si semplifica il problema, presentando due sole tesi contrapposte, di cui una inaccettabile: *Se critichi la guerra sei dalla parte dei terroristi.* Il ragionamento è sbagliato perché le soluzioni sono ben più di due;
- la **diffusione di un'idea** diventa la garanzia della sua correttezza: *La maggior parte delle persone pensa X, quindi X è vero.* Questa affermazione è del tutto infondata; prima di Copernico, ad esempio, la maggior parte delle persone pensava che il Sole girasse intorno alla Terra;
- **appello alla natura**: si sostiene che una cosa è valida perché è naturale o al contrario è sbagliata perché non è naturale: gli occhiali non esistono in natura, ma sono indispensabili a chi ha problemi di vista;
- da una tesi si traggono una serie di **conseguenze** presentate come inevitabili, ma che sono in realtà arbitrarie, in modo da arrivare a una conclusione non accettabile e quindi rigettare la tesi: *Non dobbiamo accettare alcun controllo sulle notizie in Internet; se chiudono i siti che pubblicano notizie false, finiranno per limitare ogni libertà di parola;*
- un evento che ne precede un altro viene scambiato per la sua **causa**. È proprio su questo **errore logico** che si basano molte superstizioni: *Dopo l'apparizione della cometa c'è stato un terremoto, quindi le comete causano disgrazie;*
- si ricorre a un argomento in sé valido, ma **irrilevante** per respingere o validare la tesi: *Non puoi dire che quel libro sia brutto: ha venduto 10 milioni di copie*; l'argomento non è pertinente perché il successo commerciale di un'opera non è un criterio per giudicarne il valore.

LABORATORIO

LE STRUTTURE DEL TESTO ARGOMENTATIVO

1 **Analizza il testo argomentativo riportato svolgendo le attività.**

Vivere nella paura sarebbe la vittoria del terrorismo

Londra, 22 marzo: cinque morti. Stoccolma, 7 aprile: altri cinque morti. Manchester, 22 maggio: 22 morti. Ancora Londra, 3 giugno, stavolta sul London Bridge: otto morti. Barcellona, 17 agosto: 15 morti. Cinque attentati in Europa negli ultimi sei mesi, quasi tutti (tranne quello di Manchester) eseguiti utilizzando un furgone in affitto. È ancora sicuro viaggiare in Europa? Naturalmente no. Ma nessun luogo è sicuro per vivere. Puoi essere ucciso da un veicolo guidato da qualcuno che non è un terrorista, o cadere dalle scale, o perfino affogare nella vasca da bagno. In realtà è molto più probabile morire per questi motivi che a causa di un attacco terroristico, a prescindere dal luogo del mondo in cui vivi. Ma in questi casi la tua morte non conquisterà le prime pagine dei giornali.

[...] Ciò che fa apparire "enorme" la minaccia terroristica in Occidente è la naturale tendenza umana a subire il fascino della violenza. I mezzi d'informazione conoscono il loro pubblico, e non resistono alla tentazione di soddisfare il suo appetito: è per questo che ogni settimana migliaia di personaggi di fantasia muoiono violentemente in tv e al cinema.

La violenza reale è ancora più affascinante, soprattutto se esiste la possibilità, per quanto remota, che possa colpire il lettore o l'ascoltatore. Di riflesso, i mezzi di comunicazione ingigantiscono la minaccia, e per chiunque non comprenda le statistiche (ovvero quasi tutti) il terrorismo comincia a sembrare una minaccia terrificante.

Non c'è modo di evitare questa deriva senza imporre un controllo ai mezzi d'informazione, e onestamente non vale la pena farlo, quindi dobbiamo imparare a convivere con il circo mediatico. Dovremmo anche convivere con il terrorismo, ma esprimere questo concetto in pubblico è considerato una sorta di suicidio politico. È per questo che Donald Trump ha pensato di poter screditare il sindaco di Londra, Sadiq Khan, dopo l'attentato del London Bridge scrivendo su Twitter: «Almeno 7 morti e 48 feriti in un attacco terroristico e il sindaco di Londra dice che 'non c'è motivo di allarmarsi'!».

Trump ha deliberatamente distorto il messaggio: Khan aveva in realtà invitato i londinesi a non sentirsi allarmati «dall'aumento della presenza della polizia». Ma il sindaco non avrebbe avuto torto nemmeno se avesse detto ai londinesi di non farsi prendere dal panico a causa di uno sporadico attentato terroristico. Come gran parte dei londinesi, anche Khan sa benissimo che gli attacchi si ripeteranno ancora per un po' di tempo e che non faranno troppi danni.

Dopo tutto è ovvio che non resteremo a corto di estremisti islamici nel futuro prossimo e che i servizi di sicurezza non possono impedire agli aspiranti terroristi di procurarsi un furgone (o un coltello). Probabilmente nel prossimo decennio ci saranno ancora molti attacchi non tecnologici.

Non fatevi prendere dal panico. L'intera Unione europea ha perso 62 vite umane negli attentati di quest'anno, ovvero una persona ogni otto milioni. Questo rapporto è ancora più basso negli Stati Uniti: undici vittime in quattro attentati dall'inizio dell'anno, un quarto rispetto alle persone che muoiono ogni giorno per omicidio.

La risposta migliore al terrorismo non tecnologico in ogni paese occidentale è quella di mantenere la calma e andare avanti, pur sapendo che gli attentati si ripeteranno fino a quando l'attuale generazione di jihadisti invecchierà (il ricambio generazionale è ciò che solitamente mette fine alle tendenze ideologiche).

Nel frattempo la priorità è quella di non aggredire le comunità musulmane dell'Occidente,

perché non è giusto incolpare milioni di persone per le azioni di poche centinaia di giovani che vogliono attirare l'attenzione, ma anche perché è esattamente quello che i propagandisti del gruppo Stato islamico vogliono ottenere.
Dieci o quindici anni fa, gli attentati islamisti nei paesi occidentali avevano un obiettivo preciso: convincere l'Occidente a invadere i paesi musulmani radicalizzando la popolazione e spingendola tra le braccia dei rivoluzionari islamisti. L'obiettivo finale di quei rivoluzionari era di assumere il controllo dei loro paesi, non di "mettere in ginocchio l'Occidente". Ormai quella partita si è conclusa. Oggi gli islamisti non possono più sperare che l'Occidente si lanci in altre invasioni su larga scala. Ma allora perché continuano a incoraggiare gli attentati in Occidente?
Perché costa poco, serve a promuovere il marchio e, nel migliore dei casi, può scatenare un conflitto interno nei paesi occidentali con una grande presenza musulmana. Finora, grazie alla lucidità delle comunità maggioritarie e della minoranza musulmana, questo pericolo è stato scongiurato.

(G. Dyer, *Vivere nella paura sarebbe la vittoria del terrorismo*, «Internazionale», 23 agosto 2017)

1. Qual è il problema oggetto dell'articolo?
2. In che modo nel primo capoverso si cerca di coinvolgere anche emotivamente i lettori?
3. Individua e trascrivi la tesi (ribadita più volte nel testo).
4. Con quali argomenti è sostenuta?
5. Quali soluzioni contrarie (antitesi) vengono esaminate e respinte?

2 **Indica se le affermazioni si riferiscono all'argomentazione affermativa (A), confutativa (C), confutativa-affermativa (CA), dialettica (D), di sostegno (S) scrivendo la lettera o la sigla corrispondente nell'apposito spazio.**

1. Appoggia una tesi enunciata da altri introducendo nuovi argomenti. ☐ - **2.** Propone una tesi e la sostiene con una serie di argomenti. ☐ - **3.** Allo stesso tempo, confuta l'antitesi e sostiene la tesi. ☐ - **4.** Esamina le principali posizioni su un problema, analizzando gli argomenti a favore e contro di ciascuna. ☐ - **5.** Esamina una tesi altrui e la respinge. ☐

3 **Indica se nelle seguenti mini argomentazioni la giustificazione si basa su fatti e dati (D), indizi (I), esempi (E), citazioni di autorità (A), opinioni (O), ragionamenti (R), scrivendo la lettera corrispondente nell'apposito spazio.**

1. È indispensabile istituire un servizio mensa a scuola, infatti il 40% degli studenti viene da fuori e non può rientrare per pranzo. ☐ - **2.** Non possiamo montare la tenda qui, è troppo vicino al fiume, e se stanotte dovesse piovere potrebbe essere molto pericoloso. ☐ - **3.** All'inizio del Novecento Parigi era la capitale culturale d'Europa: è qui che d'Annunzio venne in esilio e Marinetti pubblicò il *Manifesto del futurismo*. ☐ - **4.** Passiamo a salutare gli zii; sono in casa perché vedo la luce accesa. ☐ - **5.** Il legame tra Petrarca e Firenze è di tipo culturale e non esistenziale, visto che nacque altrove quando il padre era già stato esiliato e non vi visse mai. ☐ - **6.** Faresti meglio a non parlare di cose che non conosci. «A volte è meglio tacere e sembrare stupidi che aprir bocca e togliere ogni dubbio», come disse Oscar Wilde. ☐ - **7.** Ti consiglio questo libro perché è molto appassionante. ☐

4 **Indica se nelle seguenti mini argomentazioni il ragionamento si basa su leggi naturali (L), relazioni logiche (R), esperienze comuni (E), norme morali (N), valori (V), credenze (C).**

1. Le difficoltà di comprensione e i risultati scolastici di Fabrizio si spiegano facilmente considerando che durante le lezioni pensa ad altro, gioca con il telefonino, chiacchiera con il compagno di banco. ☐ - **2.** È meglio non iniziare il viaggio di venerdì; non vorrei ci portasse sfortuna. ☐ - **3.** Per restituire fertilità al terreno dell'orto sono utili le leguminose perché, grazie ai batteri ospitati nei noduli delle loro radici, sono in grado di fissare e trasformare l'azoto. ☐ - **4.** Ho deciso di non mangiare carne perché la vita, in tutte le sue forme, va rispettata. ☐ - **5.** È meglio che ci muoviamo: il lunedì mattina c'è sempre più traffico. ☐ - **6.** Per una volta comportiamoci bene: alziamoci e cediamo il posto a quella donna anziana e a quella signora con un bambino piccolo. ☐ - **7.** Non voglio più avere niente a che fare con Camillo: è la terza volta che ho bisogno di lui e mi pianta in asso. ☐

5 **Analizza la seguente argomentazione, individua la tesi, quindi distingui e sottolinea con colori diversi gli argomenti che si basano su fatti e dati, valori, richiamo all'autorità.**

Stop Bullying. Tutti hanno diritto di essere se stessi

«Uno studente è oggetto di azioni di bullismo, ovvero è prevaricato o vittimizzato, quando viene esposto, ripetutamente nel corso del tempo, ad azioni offensive messe in atto da parte di uno o di più compagni». Dan Olweus, 1993

In Italia, il 15% degli studenti di età compresa tra 12 e 18 anni ha sperimentato diverse forme di bullismo, mentre il 10,4% ha riferito di subire ripetuti atti di esclusione da parte di propri pari.

Una persona che è stata vittima di bullismo durante l'infanzia o l'adolescenza, da adulta può presentare gravi problemi come: rifiuto scolastico, riduzione dell'autostima, attacchi d'ansia, depressione, disturbi del sonno, isolamento, paura di uscire di casa e somatizzazioni dovute alla condizione di stress.

Amnesty International considera il bullismo una violazione dei diritti umani poiché lede la dignità di chi lo subisce ed è contrario a principi fondamentali quali l'inclusione, la partecipazione e la non discriminazione.

L'articolo 2 della Dichiarazione universale dei diritti umani afferma che tutti devono poter usufruire dei diritti e delle libertà enunciati nella Dichiarazione «senza distinzione alcuna, per ragioni di razza, di colore, di sesso, di lingua, di religione, di opinione politica o di altro genere, di origine nazionale o sociale, di ricchezza, di nascita o di altra condizione».

La possibilità di godere dei propri diritti senza discriminazione è uno dei principi fondamentali alla base del diritto internazionale e appare in quasi tutti i più importanti strumenti giuridici in materia di diritti umani.

(Amnesty International, *Bullismo e diritti umani*, www.amnesty.it)

6 **Per ognuna delle tesi proposte, trova almeno tre argomenti a favore e tre argomenti contrari. Scegli poi se appoggiare o confutare la tesi e, in base alla tua scelta, scrivi un'argomentazione affermativa o confutativa, utilizzando la scaletta opportuna.**

Argomentazione affermativa:
- introduzione: il problema in discussione
- enunciazione della tesi
- tre argomenti a favore
- conclusione

Argomentazione confutativa:
- introduzione: il problema in discussione
- enunciazione della tesi da respingere
- tre argomenti contro
- conclusione

a. L'orario scolastico deve adeguarsi alle esigenze della società: adottiamo la settimana corta, con qualche ora in più al pomeriggio in modo da avere il sabato libero.

b. Il cyberbullismo, più che con la repressione, va combattuto con l'educazione.

c. «Il mondo non ha bisogni di altri muri.» (B. Obama).

TECNICHE ARGOMENTATIVE

7 **Per ogni ragionamento indica se si basa su analogia (A), induzione (I) o deduzione (D).**

1. Ogni volta che mangio la pizza mi fa male lo stomaco, e così ogni volta che consumo pasta o dolci. Temo di avere un disturbo alimentare legato alla farina. ☐ - **2.** Il cellulare ha squillato, ma è la suoneria di WhatsApp, perciò sicuramente non è il messaggio che aspetto da Giuliana: lei non ha uno smartphone. ☐ - **3.** «Come arrivano lontano i raggi di quella piccola candela: così splende una buona azione in un mondo malvagio». (Shakespeare) ☐ -

4. Martina è sarda e ha uno spiccato legame con la sua terra, Chiara e Rosaria sono siciliane e anche loro sentono un forte attaccamento con la loro isola; credo che gli isolani sentano le loro radici in modo particolare. ☐ - **5.** L'amicizia è come una bottiglia di birra: come una birra appena stappata, se non la bevi subito perde brio e sapore, così un'amicizia, se non la coltivi, dopo un po' finisce per affievolirsi e spegnersi. ☐ - **6.** «Mamma diceva sempre: la vita è come una scatola di cioccolatini, non sai mai quello che ti capita». (dal film *Forrest Gump*) ☐ - **7.** Clemente guida un camion, quindi ha la patente C. ☐

8 **Per convalidare o confutare ciascuna massima, scrivi un capoverso argomentativo, utilizzando un ragionamento analogico, deduttivo o induttivo.**

1. «Chi è malvagio nel profondo del cuore, probabilmente la sa lunga». (W. Allen) - **2.** «C'è una forza motrice più forte del vapore, dell'elettricità e dell'energia atomica: la volontà». (A. Einstein) - **3.** «La fantasia può accendersi al solo udire una parola di libertà, ma la realtà è fatta di sbarre che rifiutano di aprirsi per farci volare via». (E. Dickinson) - **4.** «Due cose assolutamente opposte ci condizionano ugualmente: l'abitudine e la novità». (J. de la Bruyère) - **5.** «Chi legge sa molto; chi osserva sa molto di più». (Aristotele) - **6.** «Il mondo intero è un palcoscenico, e gli uomini e le donne, tutti, non sono che attori». (W. Shakespeare)

LA PROGETTAZIONE E LA STESURA

9 **Rifletti criticamente sulla citazione del filosofo e psicanalista Miguel Benasayag, sviluppando la tua riflessione in un testo argomentativo (affermativo, di sostegno oppure confutativo) di circa tre colonne.**

L'educazione dei figli è certamente il campo in cui è più difficile accettare l'irriducibile discontinuità tra i nostri atti e il risultato. Il divenire di mio figlio non sarà identico se non svolgo il mio lavoro di genitore, ma la mia presenza al suo fianco non è tuttavia sufficiente per farmi prevedere un risultato. L'educazione resta un puro divenire. Non esiste un'educazione verso qualcosa.

10 **Il dossier che segue è stato proposto in occasione dell'Esame di Stato dell'anno scolastico 2015-16. Con le tecniche viste nella parte 4, leggi i testi ed estrai le informazioni. Completa la documentazione cercando ulteriori informazioni in rete. Scrivi quindi un saggio argomentativo sul tema in discussione, definendo con chiarezza una tesi e sostenendola con almeno tre argomenti a favore. Prevedi anche una antitesi e respingila.**

Ambito socioeconomico

ARGOMENTO: **Crescita, sviluppo e progresso sociale. È il PIL misura di tutto?**

A. Il prodotto interno lordo è il valore di tutto quello che produce un paese e rappresenta una grandezza molto importante per valutare lo stato di salute di un'economia, sebbene non comprenda alcuni elementi fondamentali per valutare il livello di benessere. [...] Il PIL è una misura senz'altro grossolana del benessere economico di un paese. Tuttavia, anche molti dei fattori di benessere che non rientrano nel calcolo del PIL, quali la qualità dell'ambiente, la tutela della salute, la garanzia di accesso all'istruzione, dipendono in ultima analisi anche dalla ricchezza di un paese e quindi dal suo PIL.

(*Enciclopedia dei ragazzi*, 2006 - *Treccani online*, www.treccani.it)

B. «Con troppa insistenza e troppo a lungo, sembra che abbiamo rinunciato alla eccellenza personale e ai valori della comunità, in favore del mero accumulo di beni terreni. Il nostro Pil ha superato 800 miliardi di dollari l'anno, ma quel PIL - se giudichiamo gli USA in base ad esso - comprende anche l'inquinamento dell'aria, la pubblicità per le sigarette e le ambulanze per sgombrare le nostre autostrade dalle carneficine dei fine settimana. Il PIL mette nel conto le serrature speciali per le nostre porte di casa e le prigioni per coloro che cercano di forzarle. Comprende il fucile di Whitman e il coltello di Speck, ed i programmi televisivi che esaltano la violenza al fine di vendere giocattoli ai nostri bambini. Cresce con la produzione di napalm, missili e testate nucleari e non fa che aumentare quando sulle loro ceneri si ricostruiscono i bassifondi popolari. Comprende le auto blindate della polizia per fronteggiare le rivolte urbane. Il PIL non tiene conto della salute delle nostre famiglie, della qualità della loro educazione o della gioia dei loro momenti di svago. Non comprende la bellezza della nostra poesia, la solidità dei valori famigliari o l'intelligenza del nostro dibattere. Il PIL non misura né la nostra arguzia, né il nostro coraggio, né la nostra saggezza, né la nostra conoscenza, né la nostra compassione, né la devozione al nostro Paese. Misura tutto, in poche parole, eccetto ciò che rende la vita veramente degna di essere vissuta. Può dirci tutto sull'America ma non se possiamo essere orgogliosi di essere americani».

(Dal discorso di Robert Kennedy, ex senatore statunitense, tenuto il 18 marzo 1968; riportato in una rassegna a cura di V. Lops su «Il Sole 24 Ore», 13 marzo 2013, 24o.it/Eqdv8)

11 **Sostieni una delle tesi elencate con la tecnica dell'amplificazione, aggiungendo esempi, dettagli vividi, particolari concreti.**

a. Negli ultimi anni, le scelte politiche degli elettorati di molti Paesi sembrano orientate, più che da riflessioni razionali, da paure e da sentimenti di rabbia e frustrazione.

b. L'anoressia e la bulimia sono disturbi alimentari particolarmente connessi con l'adolescenza, fase in cui entrano in crisi l'immagine di sé e le relazioni con gli altri.

c. «Eventi meteorologici estremi sempre più frequenti costringono milioni di persone nei Paesi più poveri ad abbandonare le proprie case in cerca di sicurezza», afferma Greenpeace Italia.

12 **Utilizzando la tecnica dell'ironia, denuncia con un breve testo argomentativo un problema, un vizio, un comportamento scorretto, fingendo di elogiarlo.**

LA REVISIONE: GLI ERRORI ARGOMENTATIVI

13 **Nell'articolo, che prende spunto da un intervento in una conferenza del neuropsicologo Sergio Della Sala, si evidenziano diversi errori di ragionamento ricorrenti nella comunicazione pseudoscientifica in rete. Analizzali rispondendo alle domande.**

Ma che cos'è un'evidenza? Il senso comune (per esempio, il detto moglie e buoi dei paesi tuoi) non è un'evidenza, e può essere inquinato da semplificazioni o pregiudizi. Un cliché (per esempio, le donne non sanno guidare) non è un'evidenza. Una dichiarazione promozionale (per esempio, «col dentifricio Brillodent sorridi al mondo intero») non è un'evidenza. Affermazioni di questo tipo possono essere facilmente smontate. Se ne può, cioè, dimostrare scientificamente l'infondatezza e la falsità.

Quando le evidenze non sono nette le cose si complicano. Della Sala fa l'esempio di uno specifico farmaco per curare l'Alzheimer, una malattia straziante, che affligge le persone anziane e destabilizza le famiglie. Bene: alcune ricerche sembrano sostenere che quel farmaco funziona. Altre ricerche dicono l'opposto. Come procedere? Se si fa una meta-analisi delle ricerche (cioè, se si confrontano tutti i dati emersi dai differenti studi) si vede che c'è discrepanza tra i risultati degli studi finanziati dalle industrie farmaceutiche (assai più favorevoli) e quelli degli studi indipendenti. Ciò significa che perfino quando esaminiamo una ricerca scientifica dobbiamo considerare tutti i dati, compresa la provenienza dei finanziamenti [...]. È importante tenere conto non solo di che cosa, ma di come pensano le persone. La nostra mente è costantemente alla ricerca di senso, e tende a vedere schemi, strutture, legami di causa-effetto anche in ciò che è del tutto casuale. È il fenomeno della *patternicity* la ricerca di schemi (*pattern*) a ogni costo. Della Sala fa l'esempio della neuroscienziata inglese che sostiene l'esistenza di un legame tra uso di Internet e autismo, in base al fatto che negli ultimi tempi è aumentato l'uso infantile di Internet, e sono aumentati anche i casi di autismo.

È una falsa correlazione, diventata virale nel Regno Unito. Una falsa correlazione consiste nel fraintendere in termini di causa-effetto la semplice coincidenza casuale tra due fenomeni, uno dei quali (ripetiamolo) non è causa dell'altro. D'altra parte, si può correlare falsamente anche la crescita dell'autismo con la crescita del consumo di cibo biologico. [...]

Anche se viene dimostrata la totale falsità di un messaggio, cancellarlo dalla mente è difficilissimo.

Oggi le persone tendono a prestare fede a referenti fidati, invece che a referenti esperti. E uno degli errori che fanno gli esperti è confidare nel fatto che fornire più informazioni possa cambiare le cose. Purtroppo questo non succede, nella misura in cui le persone vogliono (o hanno bisogno di) continuare a credere in ciò in cui credono, riducendo il più velocemente possibile il disagio provocato dalla dissonanza cognitiva (cioè dal dover fare i conti con informazioni contrastanti).

Oggi chiamiamo bias di conferma il fenomeno per cui tendiamo a considerare solo i fatti che corrispondono alle nostre opinioni pregresse. Ma già Dante lo descrive perfettamente, nel Paradiso: «Più volte piega / l'opinion corrente in falsa parte / e poi l'affetto l'intelletto lega» (cioè: spesso l'opinione corrente si rivolge al falso, e l'attaccamento a quell'opinione imbriglia l'intelligenza).

C'è un ulteriore effetto con cui fare i conti: una volta che un messaggio è stato diffuso e recepito, e anche se ne viene dimostrata la totale falsità, cancellarlo del tutto dalla mente è difficilissimo. Questo è particolarmente pericoloso oggi, in tempi di grande diffusione delle "riviste predatorie" [...]. In sostanza, si tratta di riviste online che si fingono scientifiche, hanno nomi che appaiono scientifici, ma pubblicano a pagamento qualsiasi articolo inviato da qualsiasi ricercatore o sedicente tale, senza alcuna revisione o verifica. Il fatto è stato dimostrato dal corrispondente di «Science» John Bohannon, che ha spedito lo stesso paper pieno di errori marchiani a 304 riviste, ritrovandoselo pubblicato nel 60 per cento dei casi.

Il fatto è stato nuovamente dimostrato di recente, quando un neurobiologo è riuscito a farsi pubblicare un assurdo articolo sui midicloriani, entità che vivrebbero nelle cellule degli Jedi (sì, siamo in pieno *Star Wars*) e sarebbero responsabili dei loro poteri [...].

Dunque: è cruciale stare attenti alle fonti, perché non tutte le riviste "scientifiche" lo sono davvero. Inoltre, prima di dare una notizia riguardante la salute, sarebbe necessario aspettare che sia confermata da più ricerche. Infine, i ricercatori dovrebbero usare cautela e limitare l'enfasi nel divulgare i propri risultati, fino a quando non sono replicati e certificati. C'è differenza nel dire che i vaccini funzionano (migliaia di ricerche lo confermano) e dire che il cavolo rosso cura il cancro: se ad affermarlo è un singolo studio condotto sui topi, essere scettici non è un'opzione. È un obbligo.

(A. Testa, *L'informazione scientifica tra fatti, ambiguità e frottole*, «Internazionale», 2 ottobre 2017, www.internazionale.it)

1. Che cos'è un'evidenza? Detti basati sul senso comune o su cliché sono evidenze?
2. Come bisogna procedere se c'è una discrepanza nei risultati di diverse ricerche scientifiche?
3. Che cos'è la *patternicity*? Perché ci trae in inganno?
4. Quale tipo di errore logico è riconoscibile nel ragionamento della studiosa inglese che ha legato l'autismo all'uso di Internet?
5. Perché la gente tende a prestare fede più alle persone di cui si fida che ai veri esperti?
6. Che cosa si intende con l'espressione «bias di conferma»? Perché a questo proposito nell'articolo viene citato Dante?
7. Quale altro effetto perverso rende particolarmente difficile smentire i messaggi falsi, una volta diffusi?
8. Quale esperimento ha condotto John Bohannon? Che cosa ha dimostrato?
9. Perché bisogna stare attenti alle fonti che pubblicano le notizie?
10. Su quale errore logico si basa un'affermazione come «il cavolo rosso cura il cancro» fondata su un singolo studio condotto sui topi?

5 I testi interpretativo-valutativi: la recensione

Sono definiti interpretativo-valutativi i testi che, a partire da un oggetto di vario tipo, lo analizzano, lo interpretano e lo valutano, esprimendo un giudizio motivato sulle sue qualità, positive o negative. Alcuni testi che abbiamo già analizzato rientrano, almeno in parte, in questa categoria: nell'analisi testuale, si analizza una poesia, una novella, un'opera teatrale, per giungere a darne un'interpretazione motivata; il centro ideativo del testo tuttavia è proprio l'analisi stessa, mentre in genere non si esprime una valutazione. Nel saggio di ambito letterario e artistico, il centro ideativo è invece l'interpretazione, ricavata dall'analisi e sostenuta con riferimenti puntuali al testo; anche in questo caso, la valutazione può essere presente, ma in sé non è indispensabile. Quest'ultima è invece un elemento costitutivo del più diffuso genere testuale interpretativo-valutativo, la **recensione**.

Assai diffusa in quotidiani, riviste generaliste e specializzate, siti Internet, la recensione consiste nella sintetica **presentazione** e nell'**analisi critica** di un prodotto culturale (un libro, un film, una mostra), ma anche di esercizi commerciali (in particolare alberghi e ristoranti) e oggetti (automobili, elettrodomestici, telefonini, personal computer). Rivolta a un largo pubblico e scritta in un linguaggio in genere semplice e accessibile, si propone di presentare un dato oggetto, ma anche di **orientare** le scelte dei lettori, esprimendo un **giudizio esplicito**, personale e soggettivo, ma sostenuto con dati oggettivi ricavati dall'analisi di ciò che viene recensito.

Nelle recensioni possiamo riconoscere uno schema ricorrente:

- **intestazione** (o blocchetto): i dati generali dell'oggetto (ad esempio, per un libro, il nome e il cognome dell'autore, il titolo, la casa editrice, la città, l'anno di edizione, il numero di pagine, il prezzo di copertina);
- una **parte informativa** (per un romanzo, sintesi della trama e aspetti principali); possono anche essere fornite sintetiche informazioni sull'autore e un inquadramento storico dell'opera e del suo argomento;
- **analisi tematica e formale** (ad esempio, per un romanzo verranno esaminati la trama, l'ambientazione, lo stile, gli elementi di originalità della storia, dei personaggi e/o della scrittura);
- **interpretazione** del significato dell'opera, mettendola anche in relazione con la produzione precedente dell'autore (questo punto vale in particolare per prodotti culturali e artistici);
- **valutazione** esplicita e giudizio argomentato sul valore dell'opera (punti di forza e debolezza, elementi di originalità, valore estetico, tipo di pubblico a cui è più adatto).

Per redigere una recensione interessante e convincente, in primo luogo si esamina con attenzione l'oggetto (leggere il libro, guardare attentamente il film, visitare la mostra ecc.), se possibile prendendo appunti. È importante scegliere con accuratezza gli **elementi pertinenti** da analizzare, che varieranno in base all'oggetto e forniranno i criteri di valutazione: ad esempio, per una mostra di pittura saranno rilevanti il percorso espositivo, le opere più significative, la chiarezza e la funzionalità di cartelli e didascalie, la scelta degli spazi e l'illuminazione, l'importanza culturale; tutt'altri saranno gli elementi pertinenti per recensire un ristorante (dal menù all'atmosfera del locale, dalla qualità del servizio al rapporto qualità/prezzo).

Nella stesura, è bene adottare uno **stile sobrio e sintetico**, ma vivace, che catturi l'attenzione del lettore grazie a particolari vividi e concreti; è meglio evitare termini tecnici, o se sono necessari devono essere ridotti all'indispensabile, spiegando quelli che non sono noti al lettore medio. Soprattutto recensendo romanzi e film, è opportuno non esporre dettagliatamente la trama, evitando in particolare di svelare il finale.

Il giudizio su opere culturali (diverso è il discorso per un oggetto d'uso, la cui valutazione può basarsi su dati misurabili, come per un'automobile il consumo, il comportamento su strada, la sicurezza) dipende da criteri soggettivi; ma per risultare convincente deve essere argomentato criticamente, e sostenuto da elementi di analisi ed esempi concreti. Vanno inoltre evitati sia lodi sperticate, in caso di giudizio positivo, sia toni denigratori, in caso di giudizio negativo.

LABORATORIO

I TESTI INTERPRETATIVO-VALUTATIVI: LA RECENSIONE

1 **Analizza la recensione di un saggio divulgativo, apparsa su un blog di divulgazione scientifica, rispondendo alle domande.**

P. Halpern, *I dadi di Einstein e il gatto di Schrödinger. Due menti geniali alle prese con gli enigmi della fisica contemporanea,* Raffaello Cortina editore, Milano 2016

Mentre leggete libri di divulgazione scientifica come quelli di questa rubrica non avete mai avuto la sensazione di avere per le mani qualcosa di astratto? Mi spiego: leggo di scoperte che hanno cambiato la storia, con dovizia di dettagli tecnici, ma quasi sempre non sono contestualizzate, quindi è difficile capire perché sono nate, come e quanto hanno lavorato gli scienziati per arrivare ai risultati e come influirono i contemporanei sul loro lavoro. Ecco perché ho voluto leggere *I dadi di Einstein e il gatto di Schrödinger. Due menti geniali alle prese con gli enigmi della fisica contemporanea* ancora fresco di stampa. I protagonisti sono due colonne portanti della Fisica: Albert Einstein ed Erwin Schrödinger, e di certo le loro scoperte non sono una novità per i lettori di questa rubrica.

Quello che racconta l'autore Paul Halpern quindi non è la solita solfa del paradosso dei gemelli, o del gatto vivo o morto nella scatola, ma una storia vera di due delle menti più brillanti della Scienza che hanno vissuto il primo conflitto mondiale e il nazismo, combattendo al fronte o scappando, hanno avuto tribolati alti e bassi professionali, economici e amorosi, hanno conosciuto la sconfitta, l'incertezza, la fama e lo scherno.

Due persone di estrazione sociale differente che sono assurte all'Olimpo della Scienza con percorsi diversi e furono a fasi alterne acerrimi rivali, fonte di ispirazione reciproca, amici di penna e fonti di dibattiti anche feroci sulla stampa internazionale e nella cerchia della comunità scientifica contemporanea. Due uomini non certo comuni, schivi e per nulla interessati all'etichetta, che hanno votato la loro vita al genio di cui erano dotati e alla capacità di guardare il mondo con occhi diversi dalla gente comune, ma sono stati loro malgrado cambiati, influenzati e trascinati da eventi di inusitata gravità come il nazismo.

Se state pensando che vi sto proponendo una biografia amarcord vi sbagliate, perché comunque *I dadi di Einstein e il gatto di Schrödinger* è un libro che trasuda Scienza da ogni pagina, e che tratteggia con dovizia di particolari le scoperte che ci portano a celebrare continuamente i due protagonisti. Però fa vivere i loro fallimenti, la tribolazione mentale che li ha portati infine ai risultati, e le interferenze (positive e negative) della comunità scientifica e non solo.

Halpern dipinge sapientemente una grande scacchiera in cui sono presenti tutti i personaggi che all'epoca influenzarono in qualche modo Einstein e Schrödinger – dai matematici ai fisici, agli astronomi, passando per le autorità, le figure femminili e familiari, la situazione socio economica. Mette il lettore in una posizione di osservazione privilegiata, da cui può osservare le rispettive mosse, ma al contempo non dimentica di "zoomare" per portarlo dentro alla materia di studio.

Si scoprono così i retroscena dell'equazione di campo di Einstein, il motivo per il quale Einstein si ostinò per tutta la vita a osteggiare la casualità della meccanica quantistica, e perché invece Schrödinger ebbe al riguardo una posizione più flessibile. La lista dei perché a cui dà risposta il libro è troppo lunga per questo articolo e non esula nemmeno dalle questioni trascendenti che di fatto hanno influenzato il pensiero dei due scienziati. Posso solo consigliarvi di leggerlo, perché fornisce una dimensione storica e umana della Scienza, che passa dallo stato di insieme di teorie all'essere una protagonista reale e quasi tangibile.

(E. Re Garbagnati, *Einstein e Schrödinger: attenti a quei due!*, www.tomshw.it)

1. Qual è l'oggetto della recensione?
2. Quali informazioni si ricavano dalla parte informativa?
3. Quali sono gli elementi sottoposti ad analisi?
4. Il giudizio di chi scrive è positivo o negativo? Con quali motivazioni è sostenuto?

2 **Sul modello del testo presentato nell'esercizio precedente, scrivi la recensione di un libro non narrativo (un saggio, un manuale, un ricettario...).**

3 **Analizza la seguente recensione di un romanzo svolgendo le attività.**

Due sono le cose interessanti a proposito di *Si scioglie*, di Lize Spit (edizioni e/o). La prima è che il suo successo, 100mila copie in pochi mesi, decine di traduzioni e i diritti cinematografici già venduti, ha permesso la nascita di una casa editrice. Daniël van der Meer e Toine Donk, della rivista belga «Das Mag», con i 190mila euro raccolti da un crowdfunding, decidono di comprare soltanto tre titoli: o la va o la spacca.

Ci azzeccano: tra questi beccano infatti il romanzo di esordio di una poetessa fiamminga, nata nel 1988 e collaboratrice da tempo della rivista, Lize Spit appunto. È la storia di Eva, una ragazzina cresciuta in una famiglia complicata in un piccolo paese del Belgio, vittima ma anche carnefice in una vicenda di ordinaria sopraffazione tra adolescenti. Un giorno Eva riceve l'invito a partecipare a una ricorrenza. Carica un secchio pieno di ghiaccio nel portabagagli della macchina e parte. Da Bruxelles, dove insegna, torna nel paesino natale, e durante il tragitto la sua vita passata si dipana, si rivela. I due editori belgi sono stati fortunati?

In parte, e questa è la seconda ragione per cui vale la pena di occuparsi di questo libro. *Si scioglie* – non proprio un giallo, non proprio un noir, non proprio un Bildungsroman – è la cosa più vicina a un archetipo del romanzo di successo che vi possa capitare di leggere. È impressionante quanto sia facile decifrare, nelle regole con le quali è stato assemblato, l'impatto che avrebbe avuto sui lettori. Non perché sia un'operazione commerciale, non lo sappiamo e non ci importa. E la questione non è neanche l'argomento. Chiunque potrebbe dire che un po' d'amore, un po' di sesso e un po' di violenza sono quello che serve per vendere un libro.

Ma *Si scioglie* è perfetto non tanto nel contenuto quanto nella confezione. Persino il numero delle pagine, 460. Niente di più breve scala le classifiche, ormai si sa. Ma soprattutto la densità: Spit usa un numero di frasi maggiore del necessario, per dire qualsiasi cosa. Non è un errore, lo fa con la sapienza di chi conosce la pigrizia del lettore. Diluisce, procrastina. E ancora, inserisce riferimenti a oggetti verso i quali proviamo nostalgia, un indovinello molto noto che fa da filo conduttore alla vicenda, certi ineludibili personaggi: la sorellina con un disturbo ossessivo compulsivo, la maestra interessante, la madre e il padre inaffidabili... Non delude, non sorprende. È nata una best-sellerista, salutiamola e ringraziamola per i lunghi viaggi nei quali potrà farci compagnia.

(E. Stancanelli, *È nata una stella*, «La Repubblica», 4 novembre 2017)

1. Individua e sottolinea l'intestazione.
2. Quali informazioni vengono fornite sull'autrice e sulla storia del libro?
3. Sottolinea le frasi che si riferiscono alla trama: viene raccontata dettagliatamente o appena accennata?
4. Quali sottogeneri narrativi si ritrovano, almeno in parte, nel romanzo?
5. Quali elementi fanno del romanzo «la cosa più vicina a un archetipo del romanzo di successo che vi possa capitare di leggere»?
6. Sottolinea le frasi che si riferiscono allo stile di scrittura.

7. Il giudizio dell'autrice della recensione è espresso in modo esplicito o implicito? È positivo o negativo? Ti ha invogliato a leggere questo libro o meno?

4 **Secondo Italo Calvino, la lettura di un classico è sempre una riscoperta. Partendo da questa suggestione, scrivi per una pagina di blog la recensione di un grande classico, presentandolo come se fosse una novità e seguendo la scaletta.**

- Introduzione: dati generali del libro, sintetiche informazioni sull'autore e inquadramento dell'opera.
- Esposizione sintetica della trama e analisi degli aspetti più rilevanti (ambientazione, personaggi, episodi significativi, stile e linguaggio).
- Caratteristiche che rendono il libro attuale per il lettore di oggi (o al contrario, del tutto inattuale).
- Valutazione motivata.

5 **Utilizzando la scaletta, scrivi la recensione di un film a tua scelta, da pubblicare su un blog o sul giornale scolastico.**

- Intestazione: titolo del film, regista, attori principali, anno e casa (o Paese) di produzione, uso del colore o del bianco/nero, durata, genere.
- Introduzione: eventuali informazioni sintetiche sul regista e la sua opera; eventuali cenni storici utili a inquadrare l'opera.
- Esposizione sintetica della trama e breve commento sull'interesse della storia e sull'importanza dei temi affrontati.
- Analisi della regia, della sceneggiatura e della recitazione, e dei più rilevanti elementi tecnici (effetti speciali, montaggio, colonna sonora, fotografia, costumi).
- Conclusione: giudizio generale sull'opera (punti deboli, punti di forza).

6 **Scrivi la recensione di un album musicale.**

- Intestazione: titolo dell'album, interprete/i, casa di produzione, anno, genere, durata.
- Introduzione: eventuali informazioni sull'interprete (gruppo, solista) e sulla collocazione dell'album nel suo percorso musicale.
- Caratteristiche musicali: tipo di sound, strumenti usati, carattere (melodico, graffiante, malinconico, disco ecc.); eventuali elementi di novità all'interno della produzione musicale e/o nel percorso dell'interprete.
- Brani più significativi e loro breve analisi.
- Se l'album contiene musica vocale: caratteristiche dei testi (temi, linguaggio, aderenza della musica al testo).
- Valutazione: il tuo giudizio motivato sull'album (punti di forza e di debolezza), pubblico ideale.

6 Testo argomentativo ed Esame di Stato

A partire dall'anno scolastico 2018-2019 gli studenti avranno la possibilità di cimentarsi nell'analisi e produzione di un testo argomentativo nella seconda prova dell'Esame di Stato.

Questo è quanto si legge nel Quadro di riferimento per la redazione e lo svolgimento della prima prova scritta dell'Esame di Stato.

Tipologie di prova
A Analisi e interpretazione di un testo letterario italiano
B Analisi e produzione di un testo argomentativo
C Riflessione critica di carattere espositivo-argomentativo su tematiche di attualità

Con riferimento agli ambiti artistico, letterario, storico, filosofico, scientifico, tecnologico, economico, sociale di cui all'art. 17 del D. lgs. 62/17 e per dar modo ai candidati di esprimersi su un ventaglio sufficientemente ampio di argomenti, saranno fornite sette tracce: due per la tipologia A, tre per la tipologia B e due per la tipologia C.

Tipologia B. Analisi e produzione di un testo argomentativo. La traccia proporrà un singolo testo compiuto o un estratto sufficientemente rappresentativo ricavato da una trattazione più ampia, chiedendone in primo luogo un'interpretazione/comprensione sia dei singoli passaggi sia dell'insieme. La prima parte sarà seguita da un commento, nel quale lo studente esporrà le sue riflessioni intorno alla (o alle) tesi di fondo avanzate nel testo d'appoggio, anche sulla base delle conoscenze acquisite nel suo specifico percorso di studio.

Nelle pagine che seguono proporremo, a fini di esercitazione, alcune prove di analisi e produzione di un testo argomentativo, secondo i diversi ambiti (artistico, letterario, storico, filosofico, scientifico, tecnologico, economico, sociale) contemplati dal Quadro di riferimento.

LABORATORIO

AMBITO LETTERARIO

1 **Proponiamo un saggio di Mario Vargas Llosa, scrittore di romanzi di grande successo e politico peruviano, che riflette sul valore della letteratura e del romanzo in particolare nella società attuale.**

Molte volte mi capita, nelle fiere del libro o nelle librerie, che un signore mi si avvicini con in mano un mio libro e mi chieda di firmarlo, precisando: «È per mia moglie, o mia figlia, o mia sorella, o mia madre; lei, o loro, sono grandi lettrici e sono appassionate di letteratura». E io gli domando, subito: «E lei, non lo è? Non le piace leggere?».

La risposta arriva puntuale, quasi sempre: «Be', sí, certo che mi piace, ma io sono una persona che ha molto da fare, sa com'è». Sì, lo so fin troppo bene, perché ho sentito questa spiegazione decine di volte: quel signore, quelle migliaia di signori uguali a lui, hanno tante cose importanti, tanti impegni e responsabilità nella vita che non possono sprecare il loro tempo prezioso passando ore e ore immersi in un romanzo, in un libro di poesie o in un saggio letterario. Secondo questa diffusa concezione, la letteratura è un'attività di cui si può fare a meno, un passatempo, certamente elevato e utile per coltivare la sensibilità e le buone maniere [...], ma che può essere sacrificato senza rimorsi al momento di stilare una scala di priorità nelle faccende e negli impegni indispensabili della lotta per la vita. [...]

Mi propongo, in queste righe, di enunciare alcune ragioni contro l'idea che la letteratura, e in particolare il romanzo, sia un passatempo di lusso; proporrò viceversa di considerarla, oltre che una delle più stimolanti e feconde occupazioni dell'animo umano, un'attività insostituibile per la formazione del cittadino in una società moderna e democratica, di individui liberi, e che, pertanto, dovrebbe essere impartita in famiglia sin dall'infanzia e dovrebbe entrare in tutti i programmi d'istruzione come una delle discipline fondamentali. [...]

Viviamo in un'era di specializzazione della conoscenza, causata dal prodigioso sviluppo della scienza e della tecnica, e dalla sua frammentazione in innumerevoli rivoli e compartimenti stagni, tendenza che non potrà fare altro che accentuarsi negli anni a venire. La specializzazione porta con sé, senza dubbio, molti benefici, perché consente di progredire nella ricerca e nella sperimentazione, ed è il motore del progresso. Ma determina anche, come conseguenza negativa, l'eliminazione di quei denominatori comuni della cultura grazie ai quali gli uomini e le donne possono coesistere, entrare in comunicazione e sentirsi in qualche modo solidali. La specializzazione conduce all'incomunicabilità sociale, alla frammentazione dell'insieme di esseri umani in insediamenti o ghetti culturali di tecnici e specialisti che un linguaggio, alcuni codici e un'informazione progressivamente settorializzata e parziale relegano in quel particolarismo contro il quale ci metteva in guardia il vecchissimo adagio: non bisogna concentrarsi così tanto sul ramo o sulla foglia, da dimenticare che essi sono parti di un albero, e questo di un bosco. [...] E il solipsismo – dei popoli o degli individui – genera paranoie e deliri, quelle deformazioni della realtà che spesso danno origine all'odio, alle guerre e ai genocidi. Scienza e tecnica non possono più assolvere una funzione culturale integratrice nel nostro tempo, proprio a causa dell'infinita ricchezza di conoscenze e della rapidità della loro evoluzione che ha condotto alla specializzazione e all'uso di vocabolari ermetici.

La letteratura, invece, a differenza della scienza e della tecnica, è, è stata e continuerà a essere, fino a quando esisterà, uno di quei denominatori comuni dell'esperienza umana, grazie al quale gli esseri viventi si riconoscono e dialogano, a prescindere da quanto siano diverse le loro occupazioni e le loro prospettive vitali, le geografie e le circostanze in cui si trovano, e le congiunture storiche che determinano il loro orizzonte. Noi lettori di Cervantes o di Shakespeare, di Dante o di Tolstoj, ci sentiamo membri della stessa specie perché, nelle opere che hanno creato, abbiamo imparato quello che condividiamo in quanto esseri umani, ciò che sussiste in tutti noi al di là dell'ampio ventaglio di differenze che ci separano. E nulla difende l'essere vivente contro la stupidità dei pregiudizi, del razzismo, della xenofobia, delle ottusità localistiche del settarismo religioso o politico, o dei nazionalismi discriminatori, meglio dell'ininterrotta costante che appare sempre nella grande letteratura: l'uguaglianza essenziale di uomini e donne in tutte le latitudini e l'ingiustizia rappresentata dallo stabilire tra loro forme di discriminazione, dipendenza o sfruttamento. Niente, meglio dei buoni romanzi, insegna a vedere nelle differenze etniche e culturali la ricchezza del patrimonio umano e ad apprezzarle come una manifestazione della sua molteplice creatività. Leggere buona letteratura è divertirsi, certo; ma, anche, imparare, nel modo diretto e intenso che è quello dell'esperienza vissuta attraverso le opere di finzione, cosa e come siamo, nella nostra interezza umana, con le nostre azioni e i nostri sogni e i nostri fantasmi, da soli e nell'intelaiatura delle relazioni che ci legano agli altri, nella nostra presenza pubblica e nel segreto della nostra coscienza [...].

Quella conoscenza totalizzante e in presa diretta dell'essere umano, oggi, si trova soltanto nel romanzo. Neppure gli altri rami delle discipline umanistiche – come la filosofia, la psicologia, la storia o le arti – hanno potuto preservare quella visione integratrice e un discorso accessibile al profano, perché, sotto l'irresistibile pressione della cancerosa divisione e frammentazione della conoscenza, hanno finito per soccombere anche alle imposizioni della specializzazione, per isolarsi in territori sempre più segmentati e tecnici, le cui idee e i cui linguaggi sono fuori della portata della donna e dell'uomo comuni. Non è né può essere il caso della letteratura, sebbene alcuni critici e teorici si sforzino di trasformarla in una scienza, perché la finzione non esiste per indagare in un'area determinata dell'esperienza, ma per arricchire in maniera immaginaria la vita, quella di tutti, quella vita che non può essere smembrata, disarticolata, ridotta a schemi o formule, senza scomparire. [...]

Il legame fraterno che il romanzo stabilisce tra gli esseri umani, costringendoli a dialogare e rendendoli coscienti del loro substrato comune, di essere parte di uno stesso lignaggio spirituale, trascende le barriere del tempo. La letteratura ci riporta al passato e ci affratella con quanti, in epoche ormai trascorse, s'intrigarono, si entusiasmarono e sognarono con quei testi che ci hanno tramandato e che, adesso, fanno entusiasmare e sognare anche noi. Quel senso di appartenenza alla collettività umana attraverso il tempo e lo spazio è il più grande esito della cultura, e nulla contribuisce tanto a rinnovarlo, una generazione dopo l'altra, quanto la letteratura.

(M. Vargas Llosa, *È pensabile il mondo moderno senza il romanzo?* in AA. VV., *Il romanzo* (Vol. I, *La cultura del romanzo*), a cura di F. Moretti, Einaudi, Torino 2001)

LEGGERE E ANALIZZARE

1. Sintetizza il contenuto del testo dell'autore, facendo emergere gli snodi del suo ragionamento.
2. Quale tesi contesta Vargas Llosa?
3. Evidenzia con quali argomenti lo scrittore sostiene la propria opinione, facendo precisi richiami al testo.
4. Lo studioso disapprova la specializzazione della conoscenza, ma cede a un'obiezione che può essere mossa alla sua critica. Quale?
5. Come definiresti la sintassi utilizzata dall'autore? E quali effetti produce questa scelta stilistica?

ARGOMENTARE E PRODURRE

6. Negli ultimi decenni, con la diffusione dei mezzi di comunicazione di massa, si sta assistendo a una progressiva e pericolosa perdita d'importanza della letteratura. Elabora un testo argomentativo a commento del brano d'appoggio, dell'ampiezza massima di tre colonne di foglio protocollo, in cui esprimi la tua opinione facendo riferimento alla tua esperienza di lettore.

AMBITO LETTERARIO

2 **Letteratura e Internet**, da un saggio di Antonio Spadaro

Si discute se Internet sia o meno un mezzo di comunicazione sociale. La risposta, ovviamente, può esser data sulla base della definizione dei media che si fa propria. La metafora che descrive Internet come una gigantesca biblioteca descrive bene la realtà della Rete: in Internet è possibile dunque diffondere testi in modo semplice, rapido e fruibile dovunque nel mondo. Nessuna pubblicazione cartacea offre la stessa capillarità di diffusione, con tempi di pubblicazione così rapidi e a costi che possono essere relativamente irrisori. Ciò ha permesso di immettere nella rete quantità enormi di testi. È possibile già accedere liberamente a biblioteche elettroniche, dove sono presenti centinaia di testi in formato digitale comodamente scaricabili sul proprio computer di casa. È possibile consultare riviste scientifiche che spesso riportano *online* estratti dei loro contenuti, se non articoli interi.

La Rete è un oceano prevalentemente testuale e la letteratura ha trovato in essa un luogo di presenza e di espressione. Oltre alle biblioteche e alle librerie è possibile trovare riviste e siti di argomento letterario. In particolare assistiamo al fenomeno della costruzione di siti, luoghi virtuali, dove sono pubblicati, non su carta - dunque - ma in modo digitale, testi narrativi, poetici e interventi critici: riviste, progetti, archivi cartacei, video e radiofonici (interviste a scrittori e critici, letture di testi...). In Rete è anche possibile trovare molte risorse di lavoro relative al campo letterario ed editoriale. La presenza di siti letterari, e ancor più quella di riviste periodiche di narrativa, solleva delle questioni da valutare con attenzione.

La prima questione riguarda il senso del costruire o allocare un testo di creatività letteraria in Internet. Si può riflettere sul fatto che a volte lo schermo sia solo un sostituto del supporto cartaceo. In questo caso i siti "usano" la Rete e non "vivono" in essa, entrando nella sua logica. Così la forma ipertestuale di Internet diventa un diverso modo per dire e fare la stessa cosa che si fa con la carta. L'*ipertesto* è spesso solo un altro supporto tecnologico per la trasmissione degli stessi testi, cioè un nuovo oggetto "simile" al libro. In realtà occorrerebbe approfondire ciò che appare invece essere la costruzione di un nuovo genere, che potremmo definire "architettonico", di scrittura che implica l'ideare, il progettare e il realizzare strutture testuali, le pagine, organizzate in un ambiente che non le compone una dietro l'altra come in un libro, ma le collega tra loro come i fili di una ragnatela.

Una seconda questione riguarda il fatto che l'immissione di materiali in un ambiente che non ha un supporto fisico stabile pone il problema della permanenza di questi testi digitali, della loro attendibilità filologica e della loro citabilità. La "materialità elettronica" di un'opera fa sì che essa possa diventare volatile, transitoria, sempre modificabile o cancellabile perché esiste "virtualmente" e potrebbe non apparire più all'indirizzo alla quale era reperibile fino a poco tempo prima. Può insomma essere letta e poi sparire o essere modificata e scomposta irrimediabilmente o ancora può essere citata o riutilizzata senza alcuna certezza legata al *copyright* e al diritto d'autore. [...]

Altre questioni riguardano il processo segnato dalle tappe di scrittura, pubblicazione e lettura di un testo collocato in ambiente digitale. Questo processo assume connotazioni nuove innanzitutto riguardo alle modalità di scrittura al computer o al modo di combinare parole, immagini e suoni in ipertesti. Nei siti Internet si ha una strettissima relazione tra testo e immagine: il libro si vede e si sfoglia, il sito Internet si vede e al suo interno si può navigare, facendo riferimento a metafore visive e a simboli ("icone"). Tutto ciò amplifica il significato delle scelte che per la carta definiremmo "tipografiche". Un testo letterario in Internet può includere in sé, [...] musica, immagini, animazioni, sfondi grafici, sviluppando una letteratura che potremmo definire in qualche modo *plurisensoriale*.

Ma Internet può far giungere a mettere in crisi il concetto stesso di autore. La costruzione di "iper-romanzi" in un sistema interattivo genera una confusione di ruoli tra autore e lettore perché chi legge un romanzo in costruzione, può integrare a suo gusto il testo stesso, aggiungendo a esso delle parti. Accanto a tutte le perplessità che una novità del genere suscita, ci si chiede quale sia lo sviluppo della condizione intersoggettiva del sapere scientifico che le nuove tecnologie stanno mettendo in atto. Si può dire per l'arte o almeno per la narrazione la stessa cosa che si può dire per il sapere scientifico? Com'è possibile mantenere una coerenza? Quando è possibile definire un'opera "opera"? Chi sarebbe l'autore? I ragionamenti di Italo Calvino che nel suo articolo del 1968 *Cibernetica e fantasmi* scriveva sulla narrativa come «processo combinatorio» e sulla dissoluzione dell'io dell'autore nel processo della scrittura è di grande attualità, come lo è l'idea della «scrittura collettiva» di cui parlava don Lorenzo Milani.

Altra questione riguarda di conseguenza il processo della "lettura" che può non essere più lineare in sequenza grafica – cioè parola dopo parola e rigo dopo rigo – ma segnata da collegamenti interni (*link*) che restituiscono un testo senza un inizio né una fine, ma solo con un'entrata e un'uscita. Un sito letterario in Rete è chiamato a decidere se offrire percorsi di lettura abbastanza rigidi (rubriche, percorsi...) o lasciare la "navigazione" del tutto a briglie sciolte

Infine il processo della pubblicazione subisce un profondo cambiamento interno. Stampare un libro implica passaggi complessi, selettivi e lunghi, oppure, nel caso di pubblicazione in proprio, di costi spesso onerosi. In Internet, al contrario, si ha un facile ed economico accesso alla produzione e alla fruizione. Un testo può essere letto sullo schermo del computer, stampato su carta o scaricato dalla rete anche nel formato tipografico di un libro grazie alla tecnologia detta "PDF" ("Formato di Documento Portatile"). [...] Una rivista può divenire una sorta di "messaggio in bottiglia" lanciato nell'oceano della Rete, portando al superamento della marginalità da parte di espressioni subalterne (riviste, progetti, iniziative...) ai sistemi editoriali e socioculturali, ma anche un superamento delle distanze, delle lingue e dei problemi distributivi: un libro prodotto in Giappone può essere stampato agilmente in Italia e viceversa.

La valutazione di una attività creativo-letteraria in Rete appare così segnata dal fatto che la sua vita in Rete debba essere intesa non solo come occasionale e strumentale, ma costitutiva, che miri cioè a sviluppare proposte mediate grazie alle potenzialità espressive proprie di Internet.

(A. Spadaro, *Letteratura e Internet*, in *Letteratura e comunicazione sociale*, https://www.lacomunicazione.it/voce/letteratura-e-comunicazione-sociale/)

LEGGERE E ANALIZZARE

1. Riporta in sintesi il contenuto informativo del brano, mettendone in luce le sequenze argomentative.
2. Illustra la tesi di Spadaro e le questioni che essa solleva.
3. Qual è, a tuo parere, l'atteggiamento dell'autore del testo nei confronti di Internet?
4. Da cosa mette in guardia lo scrittore?
5. Soffermati sugli *incipit* di paragrafo, spiegandone la specifica funzione testuale.

ARGOMENTARE E PRODURRE

6. Quello tra letteratura e Internet è un connubio ancora in fase di sviluppo ed è una delle novità più interessanti portate dall'avvento delle nuove tecnologie. Utilizzando il brano che hai letto come punto di partenza, elabora un testo argomentativo in cui esponi le tue riflessioni sulla questione, evidenziando quali sono secondo te i vantaggi e gli svantaggi derivanti da questa unione. Sostieni il tuo discorso con argomenti chiari, tratti dalla tua esperienza personale o dalle conoscenze acquisite nel tuo percorso di studio.

AMBITO STORICO

3 **Nel testo che segue Ian Kershaw, uno dei maggiori storici contemporanei del nazismo, spiega quale fosse, a suo parere, l'essenza del potere di Adolf Hitler.**

Diversamente dalle forme di dominio fondate sull'"autorità tradizionale" dei capi ereditari o sull'"autorità legale" e burocratico-impersonale che caratterizza la maggior parte dei sistemi politici moderni, il "potere carismatico" si basa sulla percezione, da parte di un "séguito" di fedeli, del senso della missione e delle doti di eroismo e di grandezza in possesso di un leader riconosciuto.

Max Weber formulò queste idee quando Hitler non era ancora apparso sulla scena politica, ma la sua nozione di "potere carismatico" può tornare utile per comprendere sia le origini che la prassi del potere hitleriano. Essa, infatti, è applicabile all'analisi tanto del modo in cui Hitler riuscì a imporsi come dominatore all'interno del movimento nazista, quanto dell'effetto corrosivo sviluppato dal suo potere una volta sovrapposto a una diversa struttura di dominio quale era quella dell'apparato burocratico-legale dello Stato tedesco. [...]

Attorno agli anni Venti, prima cioè che Hitler si imponesse sulla scena, il bisogno di trovare un nuovo grande leader, che assommasse in sé le qualità del guerriero, del grande sacerdote e dell'uomo di Stato, era sentito con ardore in tutti gli ambienti della destra tedesca. Questo capo avrebbe eliminato tutte le divisioni e avrebbe riportato il Reich all'unità e alla grandezza.

Nei primi anni Trenta, l'aggravarsi della crisi diede nuova risonanza a tali idee e portò alla ribalta chi, come Hitler, poteva rivendicare a se stesso le qualità "eroiche" del capo carismatico, facendosi allo stesso tempo forte dell'appoggio di un'organizzazione dotata di tutte le caratteristiche di una "comunità carismatica".

Questa comunità fu formata inizialmente dai soggetti più vicini a Hitler, i suoi fedelissimi all'interno del gruppo dirigente nazista, che divennero i primi organi di trasmissione del culto della personalità che circondava il futuro dittatore. I loro rapporti con Hitler non erano determinati dalla carica impersonale e formale che questi deteneva come capo del Partito, ma da rapporti di lealtà personale di tipo arcaico e quasi feudale, fondati sul riconoscimento della "missione" di cui il capo era investito e dei successi che aveva conseguito, e contraccambiati dallo stesso Hitler, che di quella fedeltà aveva imprescindibile bisogno.

Oltre al gruppo ristretto dei dirigenti nazionalsocialisti, i principali destinatari del "carisma" hitleriano furono gli attivisti del movimento, incaricati di diffondere il messaggio delle sue "grandi imprese". Altri portatori e beneficiari di questo carisma furono i funzionari delle organizzazioni, fra cui spiccavano per importanza le SS, che dovettero la loro stessa esistenza e la loro crescente influenza proprio allo stretto rapporto che le legava alla persona del Führer. Al di sotto di tutti c'era il gran numero dei "devoti" di Hitler, diffusi nella popolazione, che con la loro adulazione gli fornirono una base di popolarità rivelatasi essenziale per il consolidamento della sua posizione di potere. Un contributo oggettivo al rafforzamento del culto della personalità carismatica del Führer venne, infine, anche dagli ammiratori più prudenti, dai sostenitori più tiepidi che però non vedevano nessuna alternativa all'orizzonte, dagli opportunisti pronti a gridare "Heil Hitler!" più forte di tutti gli altri se questo poteva tornare utile.

(I. Kershaw, *Hiter e l'enigma del consenso*, Roma-Bari, Laterza 2007)

LEGGERE E ANALIZZARE

1. Dopo un'attenta lettura, svolgi la sintesi del brano proposto, mettendo in luce i punti salienti delle argomentazioni dell'autore.
2. Indica brevemente qual è la tesi sostenuta dallo storico, riguardante il carisma hitleriano.
3. Perché è possibile definire il nazismo una sorta di «neofeudalesimo»?
4. Soffermati sul lessico di cui si serve l'autore. Come definiresti le sue scelte linguistiche?

ARGOMENTARE E PRODURRE

5. Utilizzando il testo proposto come punto di partenza, elabora un testo argomentativo dell'ampiezza massima di tre colonne di foglio protocollo con la seguente articolazione: presentazione degli argomenti a supporto della tesi ed esposizione finale della stessa. Spiega quali sono a tuo avviso le ragioni del successo del potere hitleriano; puoi servirti delle argomentazioni di Kershaw o sostenere una tesi diversa.

AMBITO STORICO

4 **Nella sua vasta ricostruzione della storia del Novecento, lo storico Marcello Flores indaga i fenomeni di trasformazione avvenuti in questo secolo adottando una prospettiva globale. Il movimento di emancipazione femminile, in particolare, rappresenta un importante momento di svolta.**

L'ottimismo che segue la crescita economica degli anni Cinquanta si accompagna a un'ideologia domestica che codifica il ruolo della donna in quella che verrà poi chiamata «mistica della femminilità[1]»; regina della casa e dei consumi, che ruotano intorno alle villette monofamiliari dei quartieri residenziali popolati dalla classe media, la donna sembra difendere i valori della tradizione in un mondo in rapida trasformazione. La cultura di massa diffusa dalla televisione presenta una forte connotazione di genere, una divisione fra i sessi con norme e comportamenti codificati. L'opportunità per le donne di entrare nel mercato del lavoro, non solo in forme stabili ma a tempo parziale o in modo occasionale, cresce per tutti gli anni Cinquanta, mutando progressivamente il contesto entro cui si muove la vita delle donne della classe media, più articolata e differenziata di quanto pretenda il modello proposto dalla televisione. Lo sviluppo dei consumi e in particolar modo degli elettrodomestici libera le donne e al tempo stesso presuppone un reddito più alto, ma il lavoro femminile continua a essere prevalentemente secondario e aggiuntivo rispetto a quello maschile, e specializzato soprattutto nei settori dell'istruzione, della sanità e dei servizi. L'ingresso delle donne nella sfera pubblica – in gran parte attraverso il lavoro e non soltanto in veste di consumatrici – avviene in un periodo di esaltazione della famiglia e della vita privata, sfocando i confini fra i due piani e favorendo il sorgere di tensioni tra la coscienza soggettiva in trasformazione e la rappresentazione oggettiva, legata ancora a stereotipi che cominciano ad appartenere al passato. Il movimento di liberazione della donna attiva un processo di costruzione di una nuova identità, attraverso la decostruzione dell'idea tramandata di femminilità [...]. La proclamazione del 1975, da parte dell'Onu, come anno internazionale delle donne, è il risultato simbolico del pieno ingresso della nuova coscienza femminile nel mondo contemporaneo, non certo di una sua piena accettazione o del raggiungimento dei traguardi che essa si è posta. È intorno a quell'anno che in molti Stati dell'Occidente viene legalizzato l'aborto, introdotto il matrimonio civile e il divorzio, affermato il principio di corresponsabilità nei confronti dei figli e di cogestione nell'amministrazione dei beni, depenalizzato l'adulterio, riconosciute e protette le nascite fuori dal matrimonio.

La rivendicazione egualitaria nel campo dei diritti civili e politici sembra così soddisfatta – limitatamente all'Occidente – alla fine del Ventesimo secolo. Permangono invece radicate le disuguaglianze sul piano sociale ed economico, per non parlare di quelle sul terreno della mentalità, degli stereotipi, dei pregiudizi. [...] La politica, campo privilegiato del potere, è forse il settore dove la battaglia contro l'egemonia maschile si manifesta necessariamente più lunga e difficile. L'orizzonte, tuttavia, non è più lo stesso: il nuovo femminismo ha radicalmente mutato il contesto globale delle relazioni umane, nel linguaggio e nei valori, nelle aspettative e nei comportamenti, nella vita familiare e in quella individuale.

(M. Flores, *Il secolo-mondo. Storia del Novecento*, il Mulino, Bologna 2002)

---

1. **mistica della femminilità:** è il titolo del libro di Betty Friedan (1963), sorta di "bibbia" del femminismo americano.

LEGGERE E ANALIZZARE

1. Sintetizza brevemente il contenuto informativo del brano che hai letto, evidenziando le sequenze essenziali del discorso.
2. Da dove trae origine il femminismo degli anni Settanta? Individua e spiega la tesi dell'autore in proposito.
3. La battaglia per affermare la parità di genere può dirsi conclusa?
4. Definisci le risorse espressive con cui l'autore esprime il suo pensiero.

ARGOMENTARE E PRODURRE

5. Sulla base del brano che hai letto, elabora un testo argomentativo in cui esponi le tue considerazioni sulla costruzione di una nuova identità femminile dai primi del Novecento ad oggi. Approfondisci il tema con opportuni collegamenti alla tua esperienza personale e alle conoscenze acquisite durante il tuo percorso scolastico.

AMBITO FILOSOFICO

5

Il filosofo e sociologo italiano Umberto Galimberti penetra con il pensiero nelle profondità di un sentimento tanto comune quanto poco conosciuto realmente: l'amore.

Dovendo esprimere l'inesprimibile, l'amore non ha parole, e perciò ne usa in gran quantità nel tentativo disperato di dare espressione a ciò che sfugge la logica, al buon senso, all'ordine del discorso che, pur essendo per sua natura tragicamente episodico, finge di essere completo.

Si va da una frase all'altra nel tentativo di catturare l'evento, si ricorre persino al silenzio per dare all'evento maggiore intensità, poi basta un cambiamento impercettibile per sconfessare tutte le parole e deviarle dalla via che si era imboccata per dar parola all'amore.

Per il solo fatto di essere un sentimento, nel linguaggio l'amore si muove un po' a vuoto, dovendo dichiararsi senza svelarsi, simulare quel che non si sa se si prova o non si prova, negarsi senza precludersi la possibilità di un recupero, esprimersi avendo cura che le parole non siano smentite dal tono con cui si pronunciano e dai gesti che le accompagnano.

Nelle cose d'amore, infatti, verità e falsità intrecciano le loro equivoche danze, dove la sincerità non garantisce nulla, così come la menzogna non necessariamente inganna, perché quando a regolare il discorso è la *passione*, chi parla non si sente fino in fondo responsabile delle sue parole, e soprattutto non è tenuto davvero a renderne conto.

Per questo si dice che l'amore è una sorta di "malattia", una "follia"; per questo si dice che l'amore "incatena". E per quanto riguarda il suo significato si dice che è un "mistero" qualcosa di "incomprensibile" che non si riesce né a spiegare, né a fondare.

Tutto questo dirotta il discorso amoroso al di fuori di qualsiasi controllo linguistico e, grazie a questa sua tipica sregolatezza, è possibile esprimere l'indicibile, rafforzare la menzogna, indebolire la verità, minimizzare il tradimento, contrastare il già detto, appianare l'equivoco, correggere il passo falso, con un cambio di livello di comunicazione, dove la contraddizione svanisce anche se la coerenza arranca. E questo perché gli amanti amano la verità, ma insieme le loro illusioni. E quando le illusioni crollano, se l'amore è una follia, ci si può sempre salvare confessando la propria irragionevolezza, lo stato di vaneggiamento, l'instabilità indotta dalla passione.

Per stabilizzare l'instabile, il linguaggio dell'amore di solito ricorre al paradosso, e perciò dice che sarà "per sempre" quel sentimento che si prova "in quel momento". Per esprimere la forza e l'intensità ricorre alla *durata*, quando non è assolutamente vero che la durata di un sentimento dipenda dalla sua intensità.

Qui il linguaggio si piega alla *malafede*, e perciò l'amante è costretto, dalla sua dichiara-

zione, ad agire come se l'amore non potesse mai finire, e quindi a parlare di "eternità", perché se le sue parole si limitassero a esprimere solo le sensazioni del momento, sarebbero il segno palese di una mancanza di autenticità.
Con ciò non si vuol negare che la durata di un sentimento sia un valore di cui sono privi i sentimenti che si incendiano e si spengono, si vuol solo dire che i valori posseduti anche da questi ultimi non devono essere sminuiti nella loro profondità e serietà, nella loro passione e verità, perché a essi non si aggiunge anche la qualità della durata. L'amore, infatti, è come la bellezza di un'opera d'arte, il cui valore estetico non dipende dalla sua fragilità o solidità.
[...] Queste considerazioni valgono anche per quelle condotte a cui molte donne ricorrono per alimentare il gioco dell'amore, differendo nel tempo la concessione di sé, senza mai ovviamente spegnere la speranza. Esse parlano il linguaggio della *virtù*, in realtà ciò che sta loro a cuore non è la *castità*, ma la *durata*.
Ciò che esse ottengono è che, nell'attesa, l'innamorato finisce per apprezzare più la caccia della preda, perché quando l'amore assorbe tempo, ma soprattutto un tempo insincero, si autodistrugge. Dissolve le qualità che avevano messo le ali alla sua immaginazione e le sostituisce con la familiarità, perché la durata temporale, che conferisce all'amicizia la sua perfezione, non garantisce l'amore dalla sua corrosione.

(U. Galimberti, *Le cose dell'amore*, Feltrinelli, Milano 2005)

LEGGERE E ANALIZZARE

1. Riassumi in un massimo di 15 righe il contenuto del brano, facendo precisi e puntuali riferimenti alla struttura argomentativa.
2. Qual è, a tuo parere, la tesi di fondo?
3. Individua gli argomenti che il filosofo porta a sostegno della propria tesi.
4. Per quale motivo l'autore dell'articolo definisce l'amore una "follia"?
5. Attraverso quali scelte stilistiche lo scrittore veicola contenuti così complessi? Quale effetto ne deriva?

ARGOMENTARE E PRODURRE

6. Elabora un commento nel quale sviluppi le tue opinioni sulla questione affrontata nel testo e sulle riflessioni dell'autore, articolando il tuo discorso secondo la seguente struttura testuale: introduzione, tesi, argomentazioni a sostegno della stessa, obiezioni, antitesi e conclusione.

AMBITO FILOSOFICO

6 **In questo saggio il filosofo Remo Bodei riflette sul valore delle cose e affronta in termini filosofici la questione del consumismo.**

Si possono togliere o aggiungere significati alle cose, ma le si può anche caricare di valore in misura eccessiva, quasi a ipercompensare altre perdite, analogamente a quanto avviene nel freudiano «lavoro del lutto». Cosa abbiamo perduto nella nostra civiltà e nella nostra vita per riversarci con tanta foga sulle merci? Quale vuoto, eventualmente, esse ricoprono? È proprio vero che nelle società dominate dal mercato e dall'«individualismo possessivo» [...] il nostro rapporto con il mondo delle cose ha assunto un significato più alto di quello tra uomini [...]? Le merci ci condizionano in maniera tale da occupare il primo posto nei nostri interessi? Se il senso della proprietà o dell'attaccamento agli oggetti è sempre esistito, sia pure con modalità diverse, che cosa differenzia oggi la nostra relazione con ciò di cui ci appropriamo? Cosa distingue un Mastro Don Gesualdo del passato da un nostro contemporaneo ossessionato dallo shopping?

Non è facile cogliere il fenomeno del consumismo nelle sue molteplici sfaccettature senza sbarazzarsi del velo del moralismo. In termini filosofici, un punto di vista più vantaggioso da cui esaminare il problema consiste nel considerarlo, geneticamente, come risultato dell'abolizione dei limiti tradizionalmente imposti dalla penuria alla piena soddisfazione di bisogni e desideri a lungo repressi.

A partire da più di un secolo e mezzo [...], il mondo è segnato dal ruolo preminente del consumo nell'economia, nella società e nella psicologia individuale. I bassi prezzi unitari delle merci, la possibilità di restituirle a determinate condizioni, il pagamento rateale provocano a ondate successive la «proliferazione del superfluo» e la «democratizzazione del lusso». [...]

Nel nostro stile di vita vi è, tuttavia, qualcosa di più rispetto a quella rimozione dei freni al consumo che – a partire dagli anni Venti del secolo scorso – si è rapidamente diffusa, dapprima negli Stati Uniti e, in seguito, in altri Paesi e continenti. Si tratta della bulimia acquisitiva, dell'esagerata inclinazione a soddisfare esigenze e bisogni sostanzialmente superflui. La relativa abbondanza di merci ha indotto gli individui a sfondare le plurimillenarie barriere imposte dalla scarsità, provocando, secondo alcuni critici, una preoccupante regressione della civiltà a stadi primitivi: «Gli oggetti non costituiscono né una flora né una fauna. Tuttavia danno l'impressione di una vegetazione proliferante e di una giungla, dove il nuovo uomo selvaggio dei tempi moderni fatica a ritrovare i riflessi della civiltà» [...].

Dato che gli oggetti partecipano direttamente alla costruzione dell'individualità, tale regressione sembra contribuire a una grave perdita di autenticità delle persone, presentate nelle odierne società come incapaci di andare al di là del proprio desiderio di inglobare il mondo degli oggetti [...]. Si estinguerebbe, in tal modo, l'impulso degli individui a educarsi al meglio: «Non più trascendenza, non più finalità, non più obiettivo: ciò che caratterizza questa società è l'assenza di "riflessione", di prospettiva su se stessa» [...].

Ammesso che il consumismo produca effetti complessivamente nefasti, se ne può e se ne deve uscire? Dato che nella nostra struttura economica se non si consuma, non si produce, e, se non si produce, il sistema fallisce, è evidente che il consumo è inseparabile dall'intero ciclo economico. Per questo, sebbene le crisi finanziarie ed energetiche in corso modificheranno forse i comportamenti collettivi, l'eliminazione delle pratiche legate al consumismo [...] risulta ardua e lunga. Implica sia l'indebolimento e, al limite, il disfacimento dell'attuale modo di produzione, sia la penosa riconversione di centinaia di milioni di individui a stili di vita a cui si erano, storicamente, abituati da poco e con evidente piacere.

Questo a livello sociale. A livello individuale, il consumo di merci oltre la stretta necessità della soddisfazione dei bisogni primari comporta, di per sé, una secca perdita di realtà e una radicale banalizzazione dell'esistenza, privata della forza di trascendersi e di rinnovarsi? Non tutto ci induce ad accettare scenari catastrofici. [...] Vale la pena ricordare che esistono «zone di resistenza, nicchie, percorsi secondari» in cui gli oggetti resistono alla mercificazione e che si danno simboli, non obbligatoriamente derivanti dalla pubblicità, i quali «mostrano la loro capacità di orientare i nostri comportamenti» in modo più personale [...]. Ampliare il raggio della soddisfazione dei bisogni oltre la mera necessità non implica poi la fine automatica della trascendenza, con la conseguente regressione allo stadio selvaggio dell'umanità nella giungla degli oggetti. Per certi versi, rappresenta anzi il risultato apprezzabile di un faticoso processo di incivilimento che coinvolge innumerevoli persone e che si va affermando dopo millenni di forzata e umiliante astinenza dai consumi materiali e immateriali.

Esiste, d'altra parte, un destino inesorabile che ci obbliga ad accettare la permanenza di un sistema economico basato sullo spreco di risorse, proprio mentre più di un terzo dell'umanità soffre di una straziante penuria di beni primari? Questo relativo lusso, distribuito in maniera asimmetrica tra le diverse popolazioni e all'interno di ciascuna di esse, può durare ancora a lungo senza diventare una intollerabile ingiustizia? Cosa avverrà quando i Paesi più ricchi saranno, forse, costretti a dividere i beni con gli abitanti di altre parti del globo in precedenza condannati alla scarsità endemica? [...] Sarebbe azzardato formulare qualsiasi previsione a medio e lungo termine, ma le domande restano aperte.

(R. Bodei, *La vita delle cose*, Laterza, Bari 2009)

LEGGERE E ANALIZZARE

1. Riassumi il contenuto del testo, riconoscendo gli snodi argomentativi del discorso.
2. Sintetizza brevemente la tesi di fondo sostenuta da Bodei.
3. Quali possibili scenari futuri apre il consumismo?
4. Che cosa intende l'autore con l'espressione «bulimia acquisitiva»?
5. Nel brano sono presenti molte interrogative. Quale funzione assumono?

ARGOMENTARE E PRODURRE

6. Il valore attribuito agli oggetti e alle merci è una questione di grande attualità, che si collega anche ai dibattiti ambientali sullo sviluppo sostenibile. Esprimi le tue riflessioni sulla questione e sul ragionamento critico costruito da Remo Bodei. Utilizza, nella tua trattazione, la tecnica argomentativa dell'esempio.

AMBITO ARTISTICO

7 **Sull'arte contemporanea. Un "bene comune"**, da un articolo di Enrico Tommaselli

Nell'arco di tempo intercorso tra la fine degli anni '80 ed i primi anni del nuovo secolo, per le classi dirigenti dei Paesi occidentali, e segnatamente per quelli europei, dove l'intervento pubblico era ancora predominante, l'arte contemporanea assurse al ruolo di fiore all'occhiello; furono fatti grandi investimenti, aperti nuovi musei, sostenuta con forza la "circolazione" dell'arte.

Il fenomeno aveva svariate ragioni, come sempre in questi casi, ma fondamentalmente queste erano legate, per un verso, al meccanismo classico che caratterizza il rapporto tra arte e potere, e per un altro alla necessità di dare risposte a una trasformazione post-industriale della società, che cominciava a mostrare i suoi significativi effetti.

Un po' sull'onda di quanto accadeva negli States, ormai divenuti Paese d'elezione dell'arte contemporanea, un po' sulla spinta autocelebrativa – sostenuta anche da una capacità di spesa non ancora investita dalla crisi – per molta parte delle classi dirigenti europee legare la propria parabola politica all'arte contemporanea, rappresentò anche un modo per sottolineare una propria (presunta) "modernità". E, al tempo stesso, l'investimento in cultura appariva una chiave vincente per offrire sbocchi occupazionali alle metropoli in avanzata fase di de-industrializzazione. [...]

In Italia, il caso più evidente di questa strategia su doppio binario (celebrazione del potere e investimento sulla possibile trasformazione socio-economica) è quello napoletano legato alla figura di Bassolino[1], con la creazione del museo Madre, l'apertura del Palazzo delle Arti Napoli, la Metropolitana dell'Arte...

Sono, anche, gli anni in cui viene coniato il terribile postulato de «la cultura è il petrolio dell'Italia», che tanti danni culturali ha prodotto nel Paese, ed i cui nefasti effetti continuiamo a pagare.

Quando, nella seconda metà degli anni duemila, la crisi economica travolge quel modello di intervento pubblico, in modo ancor più devastante in un Paese strutturalmente arretrato come l'Italia, si apre una stagione di vero e proprio rovesciamento del paradigma. Da un lato, non ci sono più le risorse per mantenere il precedente livello di spesa, anche perché fin troppo spesso si sono fatti investimenti senza pensare ai successivi costi di

1. **Bassolino:** Antonio Bassolino, sindaco di Napoli dal 1993 al 2000, e a seguire presidente della Regione Campania.

gestione, dall'altro quelle stesse classi dirigenti che hanno governato all'insegna della spesa pubblica, si convertono istantaneamente al suo opposto, il rigorismo contabile estremo predicato dai fautori dell'austerity. Il risultato è che, particolarmente nel nostro Paese, improvvisamente le risorse pubbliche per l'arte e la cultura si assottigliano spaventosamente. Molto più, va detto, di quanto non accada in altri Paesi europei, evidentemente assai più convinti della rilevanza strategica degli investimenti culturali. L'esito finale di questa "riconversione", è nel rovesciamento - paradossale - del rapporto pubblico/privato. [...] Il "petrolio", da risorsa pubblica, diviene risorsa che necessita del capitale privato - il quale, ovviamente e legittimamente, si muove per fare profitto, non per fare beneficienza.

Questo ribaltamento riporta alla luce una questione rimasta sempre sin troppo sotto traccia: qual è il ruolo pubblico, sociale, dell'arte, e dell'arte contemporanea in particolare? Storicamente, l'arte si è sviluppata all'ombra del potere, fosse incarnato da sovrani, dalla chiesa o da mecenati (più o meno "illuminati"), è stato un potere "privato" che ha consentito materialmente l'esercizio dell'arte. E però, pur essendo questa spesso anche "celebrativa" del committente, e sempre veicolo della "ideologia" dominante, ha tuttavia rappresentato anche uno strumento "indipendente" dal potere, svolgendo una funzione "pubblica", non solo fornendo - *urbis et orbis* - una costante possibilità di conoscere la bellezza [...], ma anche di trasformazione della società e del potere stesso, attraverso la rottura dei linguaggi espressivi precedenti, la capacità - tipica ed esclusiva dell'arte - di prefigurare un futuro "altro".

La rivoluzione francese rompe anche questo schema, ed in modo talmente forte che, persino quando si cristallizza nell'esperienza napoleonica, cioè in un nuovo potere "imperiale" e personale, l'idea di Stato come strumento della collettività e non del sovrano non ne rimane intaccata.

La ghigliottina, oltre a tagliare le teste dei sovrani, recide il legame (esclusivo) dell'arte con il potere. In tempi più recenti, con l'avvento delle democrazie parlamentari, questo processo arriva a piena maturazione, e l'arte - fatto salvo quanto si diceva precedentemente - diviene un "bene" d'interesse pubblico, collettivo.

L'arte, dunque, è ciò che oggi definiremmo un "bene comune". E di cui dunque deve prendersi cura la collettività, nel suo proprio interesse.

Questa missione, quindi, non può essere affidata ai privati, né tantomeno [...] al "dio mercato". Essa non può che essere pubblica.

Purtuttavia, essa non può essere nemmeno avulsa dal reale [...]. La funzione pubblica, rispetto all'arte contemporanea, deve essere quella di tutelarne la natura di bene comune, di garantirne l'indipendenza, di assicurarne la fruizione non privatistica. Di creare le condizioni affinché si sviluppi, e quindi affinché possa sperimentare.

Di permettere la sua esistenza, non alternativamente al mercato, ma indipendentemente da esso.

Sappiamo bene come, in Italia, si faccia pochissima ricerca scientifica - benché spesso i ricercatori italiani, all'estero, ottengano risultati di valore; e gran parte di quella poca ricerca è "applicata", funzionale cioè a trovare risposte e soluzioni a problemi specifici, predeterminati dall'interesse industriale (da cui spesso provengono i fondi necessari). La ricerca "pura", quella speculativa, non applicata, è limitatissima. [...]

Non può sfuggire il fatto che l'Italia, Paese di così grande tradizione artistica e culturale, sia da decenni "assente" dal panorama artistico internazionale, se non per alcune, singole "eccellenze" (altro termine il cui abuso è assai deleterio). Praticamente dagli anni Sessanta del Novecento, dopo l'arte povera di Anselmo, Boetti, Kounellis, Merz, Pascali, Pistoletto, non c'è "movimento" artistico di rilevanza che sia nato, o abbia anche solo significativamente inciso, nel nostro Paese. E ciò comporta che il contributo della cultura italiana allo sviluppo contemporaneo dell'arte sia del tutto marginale, mentre, al contrario, diventa "soverchiante" quello della cultura anglosassone.

Senza alcun intento di tipo "nazionalistico", sia chiaro; ma è evidente che questa assenza non è soltanto foriera di un possibile "colonialismo culturale", ma priva l'arte contem-

poranea tutta, del possibile contributo derivante da una così ricca e significativa storia. Uno sguardo "nuovo" all'istituzione museale – al suo rapporto con gli artisti, e col pubblico; una diversa relazione, non "estranea" ma anche non "subalterna", col mondo delle gallerie e delle fondazioni; una rinnovata relazione con la scuola e l'università; una diversa politica, anche fiscale, che "regoli" il mercato dell'arte, avendo a mente le finalità non meramente economiche di questa; lo sviluppo di provvedimenti strutturali – legislativi, economici, culturali – atti a favorire e sostenere la ricerca artistica, per un verso, e la "internazionalizzazione" dell'arte italiana, per un altro.
Questo è quanto dovrebbero approntare le classi dirigenti, la cui sensibilità artistica e culturale, invece, appare spaventosamente rattrappirsi.
Il rischio è che, altrimenti, dall'arte povera (che, nelle parole del suo "profeta" Germano Celant[2] consisteva "nel ridurre ai minimi termini, nell'impoverire i segni, per ridurli ai loro archetipi") si finisca semplicemente con un'arte "ridotta ai minimi termini". In tutti i sensi.

(E. Tommaselli, *Sull'arte contemporanea. Un "bene comune"*, 31 marzo 2018, www.freakoutmagazine.it)

---

2. Germano Celant: storico dell'arte, cui si deve la definizione di "arte povera".

LEGGERE E ANALIZZARE

1. Riassumi in un massimo di 8 righe il contenuto informativo del brano.
2. Indica sinteticamente, con precisi richiami e citazioni dal testo, qual è la tesi di Tommaselli.
3. Evidenzia quali argomenti l'autore porta a sostegno della propria tesi.
4. In questo articolo è presente una parte espositiva. Individuala e spiegane la funzione.
5. Soffermati sulla frase «Senza alcun intento di tipo "nazionalistico", sia chiaro» e spiega quale significato assume all'interno del percorso ragionativo.

ARGOMENTARE E PRODURRE

6. Condividi l'idea che l'arte sia un bene comune? Elabora un testo nel quale sviluppi le tue opinioni intorno alla tesi avanzata dall'autore, supportandola o confutandola con esempi pertinenti, tratti dalle tue conoscenze personali. Fai precedere, anche nella tua trattazione, la parte argomentativa da una parte espositiva.

AMBITO ARTISTICO

8 **Il testo qui proposto di Aldo Cibaldi, insegnante, pubblicista e critico d'arte, affronta uno dei problemi più importanti della critica d'arte.**

La lettura di un quadro è operazione complessa, non si può pretendere di guidarla in quattro righe, cioè con una ricetta spicciola. Dico quindi subito che intendo richiamare solo un paio di termini della questione: quel tanto che basta ad avviare un discorso, a dare uno spunto alle considerazioni in proprio dei lettori.
È pacifico che un quadro è un fatto da interpretare, né più né meno delle pagine di un libro. Come tale richiede anzitutto un riporto all'autore per capirne esattamente le intenzioni. Che è il presupposto di un dialogo effettivo, cioè dell'incrocio di idee e dello scambio vero e proprio tra autore e lettore. Il quadro vive però di tutt'altro mezzo espressivo di quello del libro: tutt'altro modo di organizzare il discorso, le emozioni e le proposte. Il riporto all'artista in senso stretto, è quindi assai più disagevole del riporto allo scrittore. In verità si tratta di afferrare simultaneamente fatti diversi, molto spesso letteralmente sommersi dal risalto più evidente degli oggetti o dei contenuti esterni della rappresentazione. Risalto invadente, se si pensa all'osservatore comune: difatti la sua lettura è soprattutto contenutistica.

Ne possiamo avere la riprova seguendo i visitatori dall'angolo di una qualsiasi galleria d'arte. Per carità: si tratta di persone sempre rispettabili, sono qui per cercare il piacere della pittura e della poesia. La gran parte di esse, però, passa davanti al quadro come se guardasse un paesaggio dal finestrino di un treno. Ne abbranca a volo gli oggetti e le descrizioni, tutt'al più si china a controllare se quadrano col titolo messo nel cartellino. In questo modo non ci si riporta di certo all'artista. Tanto più che gli oggetti o le figure che il quadro esibisce, sono molto spesso un semplice pretesto. Il loro significato dipende unicamente dall'atteggiamento dell'artista di fronte ad essi, dalla insostituibile necessità che egli riesce o meno a conferire alla loro presenza nell'economia del quadro. Guardate una natura morta di Cézanne, gli asparagi o la *Seggiola con pipa* di Van Gogh, le bottigliette di Morandi: vecchie tematiche usate e abusate. Epperò ciascuno dei tre maestri ce le rimette a nuovo, gli oggetti risultano evocati da una risentita memoria. Si mettono in pagina e si costituiscono, nell'ordine di uno stile inconfondibile: un'articolazione del colore, una sintassi compositiva e un sentimento dello spazio figurativo del tutto personali. Come si vede, anche la lettura di una semplice natura morta o di un semplice paesaggio, implica il collegamento e l'esame degli elementi capaci di condurci veramente alle *intenzioni* dell'autore, la scoperta della vita interna del quadro. Le opere non figurative della pittura di oggi sollevano certamente difficoltà molto particolari di avvicinamento e di lettura. In verità non si tratta di quadri da leggere nel senso tradizionale del termine; l'errore del grosso pubblico che li avvicina è proprio quello di pretendere da essi almeno un barlume di appiglio naturalistico e di discorsività narrativa. Che è quanto siffatte opere si rifiutano programmaticamente di dare. I loro autori non hanno nessunissima intenzione di raccontare: cercano di rappresentare una temperatura interna, l'equivalente pittorico di uno stato d'animo attribuendo alla linea e al colore l'autonomia e la funzione dei suoni astratti di un brano musicale.

(A. Cibaldi, *Lettura di un quadro*, in «Scuola e didattica», 1968)

LEGGERE E ANALIZZARE

1. Sintetizza il contenuto informativo del brano.
2. Evidenzia la tesi sostenuta dall'autore.
3. Indica le premesse su cui Cibaldi innesta il suo discorso.
4. Che cosa vuole significare l'autore con l'espressione «temperatura interna»?
5. Come definiresti le scelte sintattiche del critico, in funzione dell'argomento trattato?

ARGOMENTARE E PRODURRE

6. L'arte, in ogni sua forma, pone il problema della sua interpretazione. Elabora un testo argomentativo dell'ampiezza massima di tre colonne di foglio protocollo in cui esponi la tua tesi. Correda la tua trattazione con alcuni artifici retorici d'effetto di tua conoscenza.

AMBITO SCIENTIFICO

9 **Cop24, l'ultimo appello per salvare il pianeta**, di Roberto Giovannini

Ha un gusto un po' paradossale aver scelto la Polonia – il Paese che in Europa è sia maggior produttore che maggior consumatore di carbone – e addirittura Katowice, la capitale della Slesia – la regione dove più alta è la produzione del minerale più pericoloso dal punto di vista del cambiamento climatico. Fatto sta che da oggi e fino al 14 dicembre[1] proprio a Katowice si terrà la Conferenza delle Nazioni Unite sul Clima (Conferenza delle Parti, Cop24). Chissà che non si riveli, contro le aspettative, una buona idea. Come tutte le Cop che hanno seguito quella di Parigi del 2015 – è bene chiarirlo subito – questa conferenza

1. **14 dicembre:** 2018.

non vedrà la partecipazione dei leader mondiali: non serve, perché si tratta di un'assise "tecnica" che ha il compito di far fare un altro passo avanti al percorso già definito a Parigi, che dal 2020 - così fu stabilito - scatterà per fermare il riscaldamento globale a livelli non disastrosi. In particolare, spiegano gli ambientalisti, da Katowice dovrà uscire il via libera al cosiddetto *Rulebook*, ovvero le linee guida per rendere operativo l'Accordo di Parigi. Che come noto dovrebbe servire a limitare al di sotto di due gradi centigradi, e possibilmente entro 1,5 gradi, l'aumento della temperatura media globale. Il livello che secondo gli scienziati garantirebbe la riduzione dei fenomeni meteo disastrosi. Il *Rulebook* dovrà tra l'altro dire come si finanzia la decarbonizzazione, l'adattamento e il trasferimento di tecnologia *green*, che comporterà risorse per 100 miliardi di dollari l'anno; chi controllerà che gli impegni presi dagli Stati verranno rispettati; in che modo si aggiusteranno obiettivi e misure, e molto altro ancora. La diplomazia climatica è una faccenda lenta e complicata, con 196 Stati (con interessi contrastanti) da mettere d'accordo. E gli Stati Uniti (ancora presenti al tavolo negoziale) a dar fastidio. Servirebbe davvero un forte protagonismo europeo in grado di consentire a un'Europa coesa di essere il perno di una "Coalizione di Ambiziosi", con il pieno coinvolgimento e supporto della Cina, in grado di ricreare lo spirito di Parigi.
La realtà dei fatti, lo sappiamo, non è particolarmente confortante. Come ha spiegato Patricia Espinosa, che per l'Onu guiderà i negoziati, «probabilmente quest'anno sarà uno dei quattro più caldi da sempre. La concentrazione dei gas serra nell'atmosfera sono a livelli record, e le emissioni continuano a crescere». Ed è un fatto che gli impegni di taglio delle emissioni attualmente messi nero su bianco dai governi sono del tutto inadeguati e insufficienti: ci porteranno a +2,7-3,5 gradi. Già oggi la temperatura è quasi un grado più alta rispetto a quella dell'era preindustriale, e lo dimostra il moltiplicarsi di cicloni, precipitazioni catastrofiche, siccità.
Ma è vero anche che, accanto alle misure a difesa dell'ambiente decise dagli Stati nelle Cop, è già in atto un processo virtuoso di decarbonizzazione di cui ogni giorno sono protagonisti i cittadini e le aziende. Abbiamo scoperto che costa meno innovare tecnologie e processi produttivi in direzione *green* piuttosto che spendere soldi per sistemare i danni prodotti dal cambiamento climatico. Non solo: la trasformazione ecologica del modo di produrre, lavorare e vivere apre grandi spazi per la creazione di posti di lavoro di qualità e ricchezza virtuosa.
In Europa, dicono scienziati ed esperti, ci sono tutte le condizioni per fare un salto di qualità, andando ben oltre il 55% di riduzione delle emissioni entro il 2030, proposto già da diversi governi e dall'Europarlamento, e arrivare a zero emissioni nette entro il 2040. Sarebbe un contributo molto utile. Vedremo se a Katowice l'Ue si farà sentire.

30 000
All'evento parteciperanno 30 000 delegati provenienti da tutto il mondo
45%
Le emissioni di biossido di carbonio devono diminuire del 45% entro il 2030 rispetto al 2010
12
Per gli scienziati restano solo 12 anni per agire in modo decisivo per salvare il pianeta

(R. Giovannini, *Cop24, l'ultimo appello per salvare il pianeta*, «la Stampa», 3 dicembre 2018)

LEGGERE E ANALIZZARE

1. Riassumi il contenuto dell'articolo, evidenziandone le sequenze essenziali.
2. L'autore inserisce nel suo discorso, oltre all'esposizione dei dati oggettivi, anche alcuni interventi personali. Individuali e utilizzali per riscostruire la sua opinione.
3. Qual è il paradosso denunciato dall'autore?
4. Soffermati sull'*incipit* del penultimo paragrafo («Ma è vero anche che...») e spiega quale funzione riveste.
5. Definisci le scelte linguistiche e stilistiche tipiche del giornalismo di cui si è servito l'autore.

ARGOMENTARE E PRODURRE

6. Sulla base del brano che hai letto, elabora un testo argomentativo sul tema del riscaldamento globale iniziando con l'esposizione della tesi e chiarendo successivamente argomentazioni a sostegno e obiezioni. Esprimi le tue considerazioni intorno all'argomento proposto, sostenendo la trattazione con connettivi pertinenti e riferimenti alle conoscenze maturate durante i tuoi studi.

AMBITO SCIENTIFICO

10 **Serve una riflessione etica sulla tecno-scienza**, di Mauro Magatti

La clonazione della scimmia ha fatto scalpore. Suscitando un dibattito che si è subito polarizzato tra i difensori della libertà di ricerca e chi invece invoca una regolamentazione sulla base di considerazioni etiche.

A ben guardare, tale discussione lascia insoddisfatti. Da un lato, perché i difensori della scienza, forti dei successi ottenuti nei secoli, chiedono di «avere fede» nei confronti di un processo del quale nessuno in realtà conosce lo sbocco. Dall'altro, perché, nel mondo in cui viviamo, l'appello a norme etiche elaborate nell'alveo della cultura cristiana-occidentale suonano insufficienti, o inutilmente restrittive, rispetto alle questioni da affrontare. Finendo così, inevitabilmente, per cadere nel vuoto. Il problema però rimane. Non c'è solo la questione della clonazione e delle biotecnologie in grado di agire su dimensioni sempre più intime della vita. Robot capaci di sostituire grandi quantità di lavoro; intelligenza artificiale che supera in alcuni campi le stesse capacità umane; big data e algoritmi che rendono possibili nuove forme di governo e gestione dei processi sociali. La portata dei cambiamenti indotti dallo sviluppo tecno-scientifico ci costringe a porci nuove domande. Almeno su due aspetti.

Il primo è che oggi la distinzione classica tra scienza e tecnica – la prima interessata alla conoscenza e la seconda focalizzata sui risvolti applicativi – diventa sempre più sfuocata. Si pensi al caso delle scimmie clonate: come ha dichiarato il direttore dell'Istituto di Neuroscienze dell'Accademia Cinese delle Scienze di Shanghai nell'annunciare il risultato ottenuto, «il successo si deve alla combinazione di nuove tecniche microscopiche per osservare lo sviluppo delle cellule e di nuovi composti per incoraggiare la riprogrammazione cellulare». La «riprogrammazione cellulare» è un'azione che possiamo rubricare nell'ambito scientifico o tecnico? In realtà, questa domanda permette di capire che quando parliamo di scienza oggi abbiamo a che fare con un reticolo planetario di centri di ricerca, pubblici e privati, che lavorano su progetti sostenuti da ingenti finanziamenti. Ovviamente, quanto più ci si sposta sul versante scientifico, tanto più gli orizzonti sono aperti e i risultati incerti. Ma ciò non significa indeterminati. Sia perché c'è sempre un interesse (economico o politico) più o meno implicitamente coinvolto; sia perché la stessa scienza non può che prodursi all'interno di quella infrastruttura tecnica globale che rende possibile (orienta?) la stessa ricerca di base. Oggi, molto concretamente, possiamo vedere l'ambivalenza tra scienza e potere nelle implicazioni di alcuni degli sviluppi scientifici più avanzati. Ma in fondo non era tutto ciò già ben riconoscibile nel programma originario della scienza moderna, riassunto dal motto baconiano «sapere è potere»?

Il secondo aspetto riguarda invece il successo planetario della scienza, ormai patrimonio dell'intera umanità. Sul Corriere, Boncinelli[1] osservava che anche i prossimi passi in tema di clonazione saranno probabilmente realizzati da scienziati di altre parti del mondo. La scienza non è più monopolio dell'occidente. Negli ultimi decenni anche altre tradizioni culturali hanno acquisito la stessa metodologia e sono diventate capaci di fare da sole. Ma un tale passaggio è tutt'altro che innocente. Con tutta la sua neutralità, la scienza è pur tuttavia nata nell'alveo di un occidente imbevuto dei valori di un umane-

1. **Boncinelli:** Edoardo Boncinelli, genetista.

simo che poneva l'uomo al centro. Anche se in forma conflittuale, tale inculturazione ha implicitamente permesso alla scienza di avanzare senza dimenticare i suoi presupposti e la sua destinazione antropologici. Ma nulla ci può garantire che tutto ciò si verifichi anche in futuro, nel momento in cui vi sono altri universi culturali a utilizzare questo modo di guardare e manipolare la realtà. Abbiamo almeno due problemi: come evitare che, più o meno surrettiziamente, la scienza venga assoggettata al sistema tecnico; come tenere insieme scienza e umanesimo nell'era della globalizzazione.

Per questo, dire, da un lato, che il limite della scienza è la scienza stessa suona oggi insufficiente. Dobbiamo tornare a chiederci quali sono i limiti che, come umani, riteniamo di non potere o volere oltrepassare. Abbiamo cioè bisogno di aprire una riflessione etica nell'era della società tecnica. Ma non è sufficiente appellarsi a una qualche autorità. Abbiamo bisogno di argomenti e di forme di *governance* adeguate. Invece che limitarsi a polemizzare, le diverse componenti della tradizionale occidentale potrebbero trovare un compito comune: nel momento in cui la tecno-scienza diventa infrastruttura planetaria, cosa vuole dire e come fare per salvaguardare il valore della persona umana?

(M. Magatti, *Serve una riflessione etica sulla tecno-scienza*, «il Corriere della sera», 28 gennaio 2018)

LEGGERE E ANALIZZARE

1. Sintetizza il contenuto dell'articolo, riconoscendone gli snodi argomentativi.
2. Evidenzia la tesi dell'autore e rintraccia a che punto del testo viene espressa. Quali sono a tuo avviso le ragioni di tale scelta?
3. Individua gli argomenti che l'autore porta a sostegno della propria tesi.
4. Quali sono le problematiche cui va incontro la scienza del futuro?
5. Qual è a tuo parere il significato dell'espressione «tecno-scienza»?

ARGOMENTARE E PRODURRE

6. In un'epoca in cui la scoperta scientifica sembra non conoscere limiti, si pone il problema dell'eticità di alcune scelte. Sulla base del brano che hai letto, elabora un testo argomentativo iniziando con l'esposizione della tesi e chiarendo successivamente argomentazioni a sostegno e obiezioni. Esprimi le tue considerazioni intorno all'argomento proposto, sostenendo la trattazione con connettivi pertinenti e riferimenti alle conoscenze acquisite con la lettura di notizie d'attualità.

AMBITO TECNOLOGICO

11 **Solo la coscienza ci divide dall'intelligenza artificiale**, di Andrea Zhok

Da Hal di *2001: A Space Odyssey* a Dolores di *Westworld*, uno dei grandi temi della fantascienza contemporanea è la possibilità di acquisire coscienza da parte di computer (automi) altamente sofisticati. Questa prospettiva diviene però controversa quando travalica la fantascienza e viene ripresa in ottica futurologica, ad esempio quando movimenti "transumanisti" vagheggiano una novella escatologia dove forme d'intelligenza artificiale rimpiazzeranno la coscienza umana, e dove, delegando a queste intelligenze artificiali la costruzione di intelligenze ancora superiori, l'umanità verrà evolutivamente superata (singolarità tecnologica).

Posto che di motivi per soppiantare l'umanità con qualcosa di meglio non ne mancherebbero, la domanda interessante è un'altra: in che misura possiamo reputare possibile (prima che eventualmente auspicabile) che una macchina con straordinarie capacità computazionali possa diventare cosciente, ereditando la mente umana per superarne i limiti? Prima di rispondere va chiarito cosa intendiamo qui con possibile o impossibile. In un certo senso di possibilità è perfettamente possibile che Dio rovesci domattina ogni legge di natura, o che tra un quarto d'ora il pianeta Terra venga spazzato via dai Vogon per far passare una superstrada galattica. Sono possibilità che nessuno può escludere, ma sono anche possibilità inservibili per guidare la nostra azione, prive di ragioni che le rendano plausibili. Le possibilità di cui ci interessiamo qui sono invece solo quelle dove abbiamo ragioni per credere che possano realizzarsi.

Ora, in questo senso di possibilità, è possibile che una macchina particolarmente complessa possa pervenire alla coscienza in senso umano?

Consideriamo in prima istanza l'idea che il cervello umano e il computer siano distinti essenzialmente dalla complessità delle connessioni. Sotto queste premesse si potrebbe supporre che in un computer particolarmente sofisticato la coscienza possa sorgere spontaneamente. Se il cervello umano è semplicemente un'entità con maggiori scambi tra neuroni, dendriti e sinapsi rispetto ai bit disponibili in un cervello artificiale, allora è sensato ritenere che, raggiunto un certo grado di complessità, il cervello artificiale possa esercitare le medesime funzioni di quello umano.

Il problema qui è che ciò che chiamiamo coscienza sopravviene a un particolare sostrato materiale, un cervello, anzi un cervello organicamente inserito in un corpo agente e senziente (un cervello da solo è un pezzo di carne). Ora, che ragioni abbiamo per ritenere probabile che le stesse caratteristiche supportate dalla materia biologica di un corpo vivente possano spontaneamente emergere in un sostrato costituito di rame, silicio, tungsteno ecc.? [...]

Le "finalità" che attribuiamo ai sistemi computazionali non somigliano affatto alle motivazioni di un vivente. Si tratta di stringhe di informazione, di sintassi senza semantica. Tali "fini" non appartengono alla macchina e una volta "realizzati" lasciano la macchina "vuota", senza "motivazione" alcuna. La volontà che pervade i viventi infatti non è la mera tendenza a realizzare qualcosa, poiché ogni realizzazione particolare è parte di quel contenuto motivazionale generale che è il vivere in sé. È questa tensione a definire per una coscienza vivente la sensatezza o insensatezza dei suoi atti. L'errore "stupido" che occasionalmente incontriamo in un correttore di bozze o in un traduttore automatico è stupido per noi, ma per il computer non è né stupido né intelligente, perché non ne va di nulla di rilevante per la "propria vita", per l'ottima ragione che qui vita non c'è. Un computer è qualcosa che è stato costruito per simulare alcune facoltà disponibili alla coscienza umana, come memoria e inferenza (deduzione). Ma coscienza è innanzitutto presa di posizione verso il mondo con atti come preferire, desiderare, godere, soffrire ecc. Questi tratti "valoriali" precedono (sia filogeneticamente che ontogeneticamente) lo sviluppo di capacità raziocinanti, le indirizzano, orientano e motivano. Perciò, ricreare facoltà di registrazione o deduzione è utile a esseri che possiedono già quei tratti, ma non avvicinano di un passo la sostituzione della coscienza con dispositivi artificiali. Di fatto un computer può stupirci per la capacità di accrescere alcune nostre facoltà, così come l'invenzione storica della scrittura stupì per la sua capacità di potenziare le facoltà di memorizzazione e di analisi precedentemente disponibili. Ma nel caso del computer come della scrittura ci troviamo di fronte a estensioni di facoltà umane che dipendono integralmente per esercitarsi dal potersi affidare a facoltà umane. Così come un libro senza un lettore competente è solo una sequenza di segni neri su sfondo bianco, così un computer senza una mente umana che a monte pone problemi e a valle interpreta le soluzioni è solo un sistema di trasmissione di impulsi elettromagnetici.

Che dire infine della possibilità di forgiare intelligenza artificiale manipolando direttamente materia biologica, secondo il modello fantascientifico dei *cyborg*? In quest'ultimo scenario è pensabile che si possano assemblare entità capaci di coscienza; il problema diventa un altro: come garantire che si tratterebbe di una coscienza "umana", nei vari sensi che la parola richiama. Infatti il controllo che possiamo avere su un artefatto costruito seguendo nozioni fisiche scomparirebbe di fronte a una "mente" ottenuta assemblando materia vivente (cerebrale, nervosa ecc.). Anche se avessimo piena conoscenza di come dev'essere strutturato fisicamente un organismo (un cervello) per ospitare atti mentali, non avremmo comunque controllo su quegli atti proprio in quanto sono atti. C'è uno iato esplicativo tra i processi che implicano "prese di posizione"

(intenzioni, atteggiamenti, volontà) e i processi descrivibili in termini meramente fisici (cause efficienti).
Conoscere i secondi non garantisce di prevedere i primi. Perciò, il giorno in cui portassimo alla luce un *cyborg* dotato di intelligenza artificiale e coscienza, nulla potrebbe garantirci che quella coscienza sia congenere alla nostra. Potrebbe trattarsi di una coscienza con le propensioni empatiche di un rettile, gli istinti di un parassita, o altro. [...] Affidare a una tale coscienza artificiale le nostre sorti ed eredità non sembra possa diventare mai altro che una distopia.

(A. Zhok, *Solo la coscienza ci divide dall'intelligenza artificiale*, «l'Espresso», 17 agosto 2017)

LEGGERE E ANALIZZARE

1. Riassumi il contenuto informativo del brano, mettendo in risalto gli snodi della trattazione.
2. A partire da quali premesse si sviluppa il ragionamento dell'autore?
3. Spiega la tesi sostenuta nel testo.
4. Individua le argomentazioni che lo scrittore porta a sostegno delle proprie tesi.
5. L'autore inserisce nel suo discorso molti esempi. Individuane alcuni e spiegane la funzione.

ARGOMENTARE E PRODURRE

6. Immagina di dover rispondere, in un dibattito, con una tesi contraria a quella sostenuta da Zhok. Rifletti sulle possibili obiezioni e antitesi, in seguito costruisci la tua tesi avvalorandola con argomentazioni solide.

AMBITO TECNOLOGICO

12 **Nel brano proposto gli studiosi Stewart Boyle e John Ardill riflettono sul tema dell'energia nucleare, evidenziando alcune problematiche che sorgono dall'impiego dell'atomo come fonte energetica.**

Durante i primi tre decenni di energia nucleare non si è data molta importanza al problema dello smaltimento delle scorie radioattive. Era considerato un problema poco importante che poteva essere rimandato a tempi futuri. Quel futuro adesso è arrivato. Grossi accumuli di scorie presso le centrali e gli impianti di riprocessamento richiedono urgenti soluzioni per lo smaltimento o lo stoccaggio.
In termini di volume, la quantità di scorie prodotte da tutti gli stadi del ciclo del combustibile nucleare (estrazione dell'uranio, arricchimento, fabbricazione del combustibile, funzionamento del reattore nucleare e riprocessamento) è piuttosto limitata. Per esempio, è di un ordine di grandezza inferiore a quello dei rifiuti industriali chimici e di parecchio inferiore a quello dei rifiuti urbani. Ciò che rende le scorie radioattive tanto speciali e solleva tanta preoccupazione nell'opinione pubblica è la radioattività da cui sono contaminate. La radioattività si esaurisce nel tempo, emettendo altri tipi di radiazioni durante questo processo. Sebbene non le si possa vedere, avvertirne il sapore o l'odore, il contatto fisico con le radiazioni può provocare danni alla struttura del DNA cellulare, che a loro volta possono causare tumori e leucemie con esito spesso fatale. Siamo esposti alle radiazioni in molti modi: raggi cosmici dallo spazio, gas radon da alcuni tipi di rocce (compreso il granito), e i raggi X impiegati in medicina. Si calcola che oltre centomila persone muoiano annualmente di cancro a causa delle cosiddette radiazioni "naturali" e dell'esposizione ai raggi X. L'interrogativo che dobbiamo porci è: quale limite di ulteriore rischio, rappresentato dalla radioattività prodotta dall'uomo e immessa nell'ambiente dal ciclo del combustibile nucleare, è accettabile?
L'obiettivo a lunga scadenza del trattamento delle scorie nucleari è quello di garantire che l'inquinamento radioattivo non raggiunga l'ambiente umano, o che questo avvenga

in un tempo talmente futuro che le quantità di radioattività in questione saranno abbastanza innocue. [...]

Sebbene sia stato completamente bandito sin dal 1983, lo smaltimento in mare delle scorie radioattive ha sollevato grosse inquietudini e preoccupazioni anche a livello internazionale. I depositi di smaltimento possono essere delle fosse poco profonde, magari soltanto a venti o trenta metri dalla superficie, o delle fosse scavate a maggiore profondità nel sotto del fondo marino o dentro dei tunnel che si dipartono dalla terraferma e raggiungono quest'ultimo.

Finora sono stati costruiti soltanto pochi depositi di smaltimento per le scorie nucleari civili. Lo standard operativo è contrastante. Due delle località di smaltimento negli Stati Uniti sono state chiuse dopo che si sono verificate dispersioni nell'ambiente. In Francia, opera da sedici anni un deposito di smaltimento tecnicamente ben concepito per il quale non si registra, a oggi, alcuna dispersione. Nell'Unione Sovietica, una discarica è esplosa a Kyshtm negli Urali nel 1957, contaminando centinaia di chilometri quadrati di terreno e parecchie migliaia di persone.

Le discariche finora realizzate sono principalmente intese per le scorie a basso livello di radioattività e quelle, cosiddette di breve durata, a livello intermedio; scorie che diventano relativamente innocue dopo parecchie centinaia di anni. Sono le scorie a maggiore durata, comprese quelle, altamente radioattive e che "producono calore", del combustibile nucleare esaurito, a destare le preoccupazioni maggiori.

Questi tipi di scorie contengono degli isotopi di lunga durata che rimangono pericolosi per migliaia di anni. Gli scienziati cercano di isolarli dall'ambiente umano per mezzo di tutta una serie di barriere artificiali e geologiche naturali. È estremamente difficile convincere un'opinione pubblica scettica che questo possa essere fatto nel corso delle lunghe scale cronologiche richieste.

È quindi possibile smaltire in modo sicuro le scorie altamente radioattive? L'industria nucleare e i suoi sostenitori ritengono che lo sia.

Dal 1984 al 1987 il Beijer Institute della Reale Accademia Svedese per le Scienze ha patrocinato uno studio approfondito sullo smaltimento delle scorie altamente radioattive. Il gruppo di ricercatori ha effettuato un'analisi comparativa di programmi di smaltimento allo studio in otto Paesi con il settantacinque per cento della capacità produttiva nucleare mondiale. Sebbene i ricercatori abbiano rilevato dei notevoli progressi nelle ricerche sulla geologia, sul comportamento nel tempo dei materiali radioattivi e sui contenitori impiegati per lo smaltimento, hanno dovuto concludere che non è ancora stata trovata una soluzione al problema dello smaltimento delle scorie altamente radioattive. Il loro rapporto riferiva:

«La soluzione del problema delle scorie altamente radioattive non è e non può essere un problema interamente tecnologico... è un problema interdisciplinare che richiede un apporto legale, sociale, politico e tecnico. La ricerca di una soluzione al problema delle scorie altamente radioattive pone un genere di difficoltà mai affrontato prima nelle indagini scientifiche e tecniche, e che in qualche misura rientrano più propriamente nel campo della filosofia».

Il problema principale è di provare inequivocabilmente e in modo da non lasciare alcun dubbio all'opinione pubblica che gli scienziati hanno previsto tutti gli eventuali problemi che potrebbero sorgere nel tempo. Fra questi, la possibilità che un'attività umana interferisca con i depositi, i fenomeni sismici e una rapida diffusione della radioattività attraverso faglie e spaccature nelle rocce. I criteri di realizzazione dei depositi devono anche tener conto di notevoli cambiamenti nel livello medio dei mari a causa dell'aumento della temperatura terrestre, o di un'altra era glaciale, quando il livello dei mari potrà scendere di parecchie centinaia di metri.

Il problema delle scorie è stato dunque risolto? La risposta è "non ancora", ma alcuni scienziati sono ottimisti e sono certi che verranno trovate delle soluzioni tecnologiche. Altri sono meno sicuri. Gli incidenti possono capitare e capitano.

(S. Boyle - J. Ardill, *Il pianeta che cambia*, Frassinelli, Milano 1990)

LEGGERE E ANALIZZARE

1. Chiarisci brevemente la tesi riportata nel brano che hai letto, mettendo in luce gli argomenti con cui è sostenuta.
2. Quali sono i problemi legati all'eliminazione delle scorie radioattive?
3. Rifletti sulla frase conclusiva del brano. Quale significato assume a tuo parere?
4. Individua il registro utilizzato nella trattazione e spiegane la funzione.

ARGOMENTARE E PRODURRE

5. Commenta le riflessioni riportate nell'articolo d'appoggio, ed elabora un testo argomentativo in cui esprimi la tua opinione sui problemi connessi all'energia nucleare. Sostieni il tuo percorso ragionativo con argomentazioni presentate in ordine crescente di importanza.

AMBITO ECONOMICO

13 **Diseguaglianza, perché serve più crescita per farla diminuire**, di Maurizio Sgroi

Chi osserva la diseguaglianza, sulla quale in questi anni sono state scritte autentiche enciclopedie, dovrebbe leggere l'ultima release Istat sulle condizioni di vita delle famiglie italiane. Tratta un'evidenza spesso trascurata. Ossia che probabilmente la strada maestra per diminuire la diseguaglianza sia l'aumento della ricchezza più che l'intervento pubblico. Se i governi favorissero la crescita migliorando le regole del gioco e facendole rispettare, per esempio con un sistema fiscale efficiente, la diseguaglianza diminuirebbe. Non sarebbe necessario preoccuparsi di come redistribuire il reddito.

I dati pubblicati si riferiscono al 2016. Il reddito medio netto annuo delle famiglie è stato di circa 30 000 euro, 2550 al mese. Il dato è in crescita del 2% nominale rispetto al 2015 e del 2,1% in termini di potere d'acquisto. Nel 2016 i prezzi al consumo sono diminuiti (-0,1%). Il punto è che la crescita di ricchezza, pur riguardando tutte le fasce di reddito, è risultata «più accentuata nel quinto di famiglie meno abbienti».

L'Istat scrive che «il rapporto tra il reddito equivalente del 20% più ricco e quello del 20% più povero si è ridotto da 6,3 a 5,9». È rimasto tuttavia «al di sopra dei livelli pre-crisi». Nel 2007 era 5,2. La perdita complessiva rimane più ampia per chi ha redditi i più bassi (-14,3% dal 2009), a fronte di una media dell'8,5%. La crisi fa aumentare la diseguaglianza, si potrebbe dire, mentre la crescita la riduce.

Non è un principio generale, ma è opportuno tenerne conto. «La crescita del reddito nel 2016 è associata, – sottolinea Istat – diversamente da quanto osservato l'anno precedente, a una riduzione della disuguaglianza». Il reddito equivalente del 20% più povero è cresciuto infatti del 7,7%. Il reddito del 20% più ricco è aumentato dell'1,9%. Ciò è servito a diminuire la diseguaglianza.

Non solo. Ha avuto un effetto anche sui tassi di povertà che, sebbene elevati, sono migliorati.

Figura 1 **Indicatori di povertà o esclusione sociale**[(a)]. Anni 2004-2017, per 100 individui

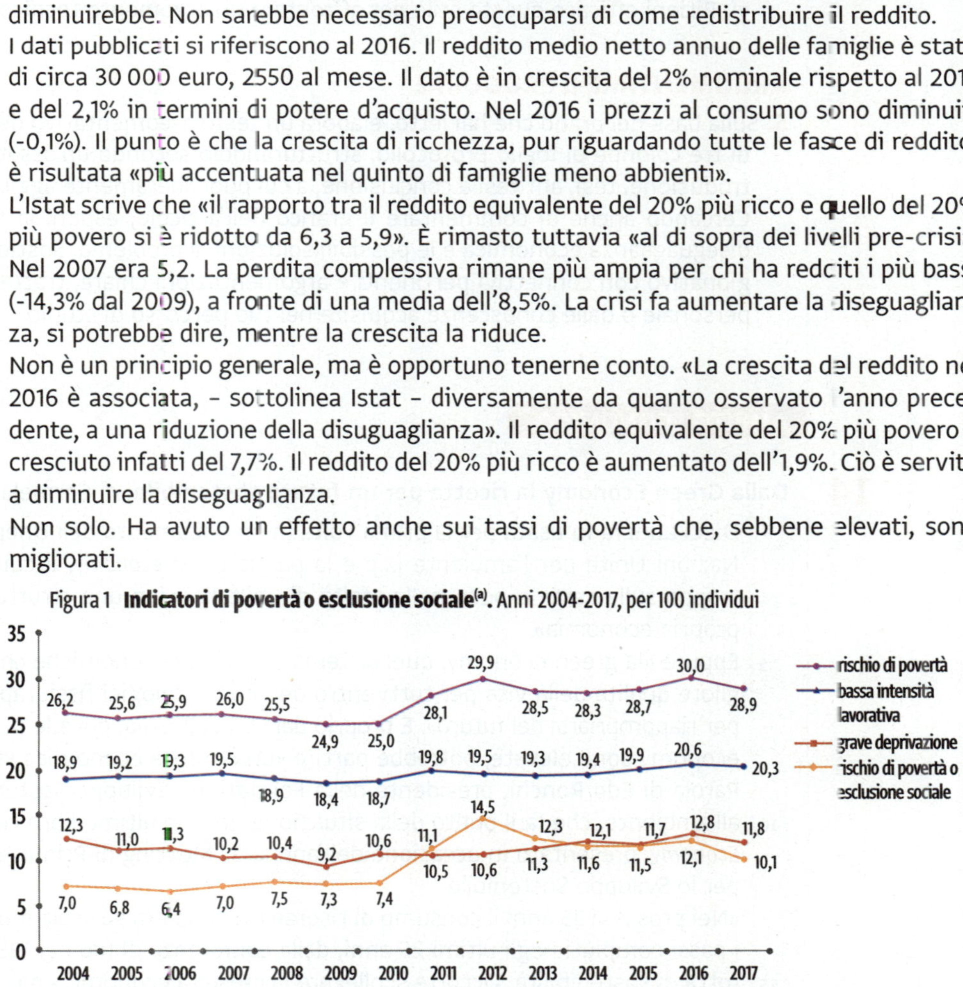

(a) Il rischio di povertà è calcolato sui redditi 2016 e la bassa intensità di lavoro è calcolata sul numero totale di mesi lavorati dai componenti della famiglia durante il 2016.

Si potrebbe pensare che questo andamento sia una peculiarità italiana. Ma l'indagine dice il contrario. «Anche a livello europeo l'indicatore sintetico di rischio di povertà diminuisce negli anni 2016-2017, passando dal 23,5% al 22,5%», spiega Istat.

Una specificità italiana, semmai, è che nel nostro Paese sembra che la diseguaglianza abbia a che fare con la geografia. Al Sud infatti i cittadini del quintile più basso di reddito sono il 32,9% del totale. Nel Nord Ovest-Est sono il 10-13,4%. Al Centro il 16,2%. Ne è controprova l'indice di Gini, che misura la diseguaglianza, più elevato al Sud (0,334) rispetto al Nord (0,311-0,279 nel Nord Est). L'indice nazionale è 0,327, la media europea 0,303. La famosa questione meridionale. Decenni di interventi pubblici non l'hanno risolta. Forse l'hanno pure peggiorata. Se l'Italia fosse cresciuta di più negli ultimi vent'anni, al Sud oggi starebbero probabilmente meglio.

(M. Sgroi, *Diseguaglianza, perché serve più crescita per farla diminuire*, «il Sole 24 ore», 11 dicembre 2018)

LEGGERE E ANALIZZARE

1. Sintetizza brevemente il contenuto informativo del brano.

2. Individua e spiega gli snodi ragionativi del discorso, mettendo in luce la tesi di fondo sostenuta dall'autore.

3. Quale valore assumono i grafici in funzione dell'argomentazione?

4. Il testo presenta una sintassi prevalentemente paratattica, caratterizzata da periodi brevi. Ritieni efficace questo stile per affrontare un argomento tecnico?

ARGOMENTARE E PRODURRE

5. Sulla base del brano che hai letto, elabora un testo argomentativo dell'ampiezza massima di tre colonne di foglio protocollo, strutturandolo secondo un'ossatura composta da introduzione, tesi, antitesi e conclusione, a cui puoi liberamente aggiungere altri paragrafi. Cercando anche di commentare il grafico dell'articolo, esponi la tua opinione circa la diseguaglianza economica e le possibili soluzioni al problema. Sostieni il tuo percorso ragionativo con connettivi pertinenti e argomentazioni chiare, tratte dalla tua esperienza personale o dalle conoscenze acquisite nel tuo percorso di studio.

AMBITO ECONOMICO

14 **Dalla Green Economy la ricetta per un futuro sostenibile**, di Carmela Cioffi

Dieci anni fa fu usata per la prima volta in un documento dell'Unep, il programma delle Nazioni Unite per l'ambiente [...]: è la parola *green economy*, il cui significato è ancora troppo sulla carta e poco nella realtà di un'Italia «con una strutturale debolezza della propria economia».

Eppure «la green economy, quel sistema di attività economiche che determina una migliore qualità della vita per tutti entro dei limiti ecologici fissi, rappresenterebbe la via per riappropriarsi del futuro». E proprio dal Sud dell'Italia, dove le potenzialità della green economy sono elevate, potrebbe partire «una ripresa economica stabile e durevole».

Parola di Edo Ronchi, presidente della Fondazione Sviluppo Sostenibile ed ex ministro all'ambiente, che fa il punto della situazione nel suo ultimo libro *La transizione alla Green Economy*, presentato in occasione dell'annuale "Meeting di Primavera" della Fondazione per lo Sviluppo Sostenibile.

«Nei prossimi 35 anni il consumo di risorse raddoppierà su scala mondiale. E nonostante i passi compiuti negli ultimi 25 anni, dalla conferenza di Rio del 1992, non siamo su una rotta di sostenibilità. Occorre scollegare la crescita economica dal degrado ambientale» rileva Edo Ronchi.

Ma quali sono le condizioni e le possibilità di successo di questo modello economico? Innanzitutto, sarebbe necessario cambiare le politiche pubbliche attuali, «ancorate rigidamente al solo vincolo della riduzione del deficit di bilancio, mentre la green economy richiede un grande volume di nuovi investimenti» e adottare orizzonti non solo di breve, ma di medio e lungo termine.
I settori economici chiave che guidano la transizione alla green economy e che, in alcuni casi, hanno già intrapreso la rotta green sono agricoltura, energia, manifattura, rifiuti, costruzioni, trasporti, turismo.
Se dal 1961 al 2016 l'Italia ha perso 6,8 milioni di ettari di superficie agricola utilizzata, cioè il 36% del totale, d'altra parte va evidenziato che l'agricoltura italiana ha puntato con successo sulla qualità: il comparto agricolo italiano è leader europeo per le produzioni di qualità certificata con un valore di 13 miliardi e oltre il 12% della superficie agricola è coltivata con metodo biologico, la quota più alta in Europa, con ben 70 000 operatori nel 2016.
Poi c'è la riqualificazione del patrimonio urbano esistente, «un'occasione storica per migliorare le prestazioni energetiche e di qualità degli edifici»: mentre dal 2007 al 2017 gli investimenti in nuove abitazioni sono diminuiti del 64%, sono state le ristrutturazioni a coprire il 79% del valore dell'intera produzione del settore edilizio. Positivo è anche il dato sulle imprese green: Il 44,3% delle imprese italiane ha introdotto innovazioni per avere benefici ambientali e hanno aumentato il fatturato in quantità doppia rispetto alle altre.
Molto è ancora da fare sul fronte dell'inquinamento. Secondo i dati esaminati dal libro di Ronchi nelle città italiane si registrano ogni anno circa 80 mila decessi prematuri a causa dell'inquinamento atmosferico e l'82% della popolazione dei comuni italiani è esposta a valori medi annuali delle polveri sottili superiori ai valori guida dell'OMS.

(C. Cioffi, *Dalla Green Economy la ricetta per un futuro sostenibile*, «la Stampa», 14 giugno 2018)

LEGGERE E ANALIZZARE

1. Riassumi brevemente il testo, evidenziando le sequenze del discorso.
2. Qual è l'idea di fondo veicolata dall'articolo?
3. Con quali argomenti viene spiegata la tesi?
4. A che cosa è dovuta, a tuo parere, l'abbondanza di dati tecnici e percentuali?

ARGOMENTARE E PRODURRE

5. Immagina di prendere parte a un dibattito e di dover persuadere i partecipanti che il passaggio alla *green economy* è urgente e necessario, in particolare in un momento di crisi ambientale come questo. Proponi la tua tesi servendoti delle tecniche argomentative che ritieni più efficaci; organizza poi il tuo discorso in paragrafi, collegandoli con opportuni connettivi.

AMBITO SOCIALE

15 **Un appello alla stampa responsabile**, di Umberto Eco

Mi sono molto divertito con la storia degli imbecilli del web. Per chi non l'ha seguita, è apparso on line e su alcuni giornali che nel corso di una cosiddetta *lectio magistralis* a Torino avrei detto che il web è pieno di imbecilli. È falso. La *lectio* era su tutt'altro argomento, ma questo ci dice come tra giornali e web le notizie circolino e si deformino.
La faccenda degli imbecilli è venuta fuori in una conferenza stampa successiva nel corso della quale, rispondendo a non so più quale domanda, avevo fatto un'osservazione di puro buon senso. Ammettendo che su sette miliardi di abitanti del pianeta ci sia una dose inevitabile di imbecilli, moltissimi di costoro una volta comunicavano le loro farneticazioni agli intimi o agli amici del bar – e così le loro opinioni rimanevano limitate a una cerchia ristretta. Ora una consistente quantità di queste persone ha la possibilità di

esprimere le proprie opinioni sui social networks. Pertanto queste opinioni raggiungono udienze altissime, e si confondono con tante altre espresse da persone ragionevoli.
Si noti che nella mia nozione di imbecille non c'erano connotazioni razzistiche. Nessuno è imbecille di professione (tranne eccezioni) ma una persona che è un ottimo droghiere, un ottimo chirurgo, un ottimo impiegato di banca può, su argomenti su cui non è competente, o su cui non ha ragionato abbastanza, dire delle stupidaggini. Anche perché le reazioni sul web sono fatte a caldo, senza che si abbia avuto il tempo di riflettere.
È giusto che la rete permetta di esprimersi anche a chi non dice cose sensate, però l'eccesso di sciocchezze intasa le linee. E alcune scomposte reazioni che ho poi visto in rete confermano la mia ragionevolissima tesi. Addirittura, qualcuno aveva riportato che secondo me in rete hanno la stessa evidenza le opinioni di uno sciocco e quelle di un premio Nobel, e subito si è diffusa viralmente una inutile discussione sul fatto che io avessi preso o no il premio Nobel. Senza che nessuno andasse a consultare Wikipedia. Questo per dire come si è inclini a parlare a vanvera.
Un utente normale della rete dovrebbe essere in grado di distinguere idee sconnesse da idee ben articolate, ma non è sempre detto, e qui sorge il problema del filtraggio, che non riguarda solo le opinioni espresse nei vari blog o twitter, ma è questione drammaticamente urgente per tutti i siti web, dove (e vorrei vedere chi ora protesta negandolo) si possono trovare sia cose attendibili e utilissime, sia vaneggiamenti di ogni genere, denunce di complotti inesistenti, negazionismi, razzismi, o anche solo notizie culturalmente false, imprecise, abborracciate.
Come filtrare? Ciascuno di noi è capace di filtrare quando consulta siti che riguardano temi di sua competenza, ma io per esempio proverei imbarazzo a stabilire se un sito sulla teoria delle stringhe mi dica cose corrette o meno. Nemmeno la scuola può educare al filtraggio perché anche gli insegnanti si trovano nelle mie stesse condizioni, e un professore di greco può trovarsi indifeso di fronte a un sito che parla di teoria delle catastrofi, o anche solo della guerra dei trent'anni.
Rimane una sola soluzione. I giornali sono spesso succubi della rete, perché ne raccolgono notizie e talora leggende, dando quindi voce al loro maggiore concorrente – e facendolo sono sempre in ritardo su Internet. Dovrebbero invece dedicare almeno due pagine ogni giorno all'analisi di siti web (così come si fanno recensioni di libri o di film) indicando quelli virtuosi e segnalando quelli che veicolano bufale o imprecisioni. Sarebbe un immenso servizio reso al pubblico e forse anche un motivo per cui molti navigatori in rete, che hanno iniziato a snobbare i giornali, tornino a scorrerli ogni giorno.
Naturalmente per affrontare questa impresa un giornale avrà bisogno di una squadra di analisti, molti dei quali da trovare al di fuori della redazione. È un'impresa certamente costosa, ma sarebbe culturalmente preziosa, e segnerebbe l'inizio di una nuova funzione della stampa.

(U. Eco, *Un appello alla stampa responsabile*, «l'Espresso», 26 giugno 2015)

LEGGERE E ANALIZZARE

1. Ripercorri le sequenze argomentative in cui è articolato il testo e prova a sintetizzare il percorso ragionativo dell'autore.
2. Qual è la tesi sostenuta da Eco e con quali argomenti?
3. L'autore in alcuni punti del testo si serve dell'ironia, artificio retorico usato frequentemente nell'argomentazione. Spiegane la funzione facendo puntuali riferimenti al brano.
4. Quali sono i vantaggi e gli svantaggi di Internet?
5. Definisci il registro e il lessico impiegati da Eco e spiega le motivazioni delle sue scelte.

ARGOMENTARE E PRODURRE

6. La società e l'individuo si trovano spesso di fronte al fenomeno delle *fake news*. Rifletti sul tema della stampa responsabile, chiarendo la tua posizione in relazione a quella espressa da Eco. Completa il tuo discorso con dei riferimenti a casi attuali di "bufale" del web.

AMBITO SOCIALE

16 **Il filosofo e saggista spagnolo Fernando Savater, immaginando di parlare a suo figlio, nella sua opera *Politica per mio figlio* tratta temi di interesse comune, che riguardano l'uomo inteso non come individuo a se stante, ma facente parte di una comunità.**

Secondo i pacifisti radicali la guerra non è mai giustificabile perché deriva sempre dall'avidità e dalla presunzione umane. La resistenza violenta e armata al male è a sua volta una forma di male, anche se può essere scusata più facilmente (l'autodifesa, per esempio, o la tutela del diritto internazionale) dell'impulso aggressivo della conquista. Insomma, nessun valore sociale o politico autorizza a togliere la vita al prossimo, per quanto risulti indesiderabile o pericoloso. Naturalmente questo rispettabilissimo punto di vista non è politico, bensì del tutto "religioso", anche se i suoi sostenitori non si identificano in nessuna chiesa organizzata. Si tratta di una posizione difficile da mantenere coerentemente perché implica una visione della società concepita come una comunità nel senso antico del termine, una collettività fraterna dove l'unica coercizione lecita del disordine è il rimprovero dei giusti. In effetti, la violenza dell'esercito equivale a quella della polizia, l'avidità dell'usuraio equivale a quella di chi risparmia, di chi investe e, in generale, di chi difende qualunque proprietà come se fosse la sua e di nessun altro. Per questo i primi cristiani, che per un certo lasso di tempo (abbastanza breve, a dire a verità) furono pacifisti, non solo rifiutavano di impugnare le armi per difendere l'Impero, ma non lottavano neppure per difendere i propri diritti, né reclamavano la protezione dei governatori dell'epoca; inoltre non prestavano denaro ad usura e non lo investivano negli affari. Rifiutavano tutte le istituzioni pubbliche basate in modo più o meno evidente sulla violenza contro i trasgressori o sul lucro, anche quando avrebbero potuto trarne dei vantaggi. Certo è che bisogna essere molto convinti che il nostro regno non è di questo mondo per giustificare tanta santità. [...] Io penso che questo tipo di pacifismo possa essere una forma come un'altra di "espressione vitale": aiuta chi lo professa a sentirsi migliore di quanto lo circonda (così come l'avvocato accusatore si sente meglio dell'accusato), ma non contribuisce in nessun modo, o quasi, a migliorare il mondo. [...]
Il secondo modello è quello che io definisco "antimilitarista". Non si tratta in questo caso di una posizione religiosa, ma strettamente politica. Esso non considera la violenza armata un male per eccellenza: è sì un male innegabile, molto grave, ma non il solo né, a volte, il peggiore. Considera l'istituzionalizzazione della violenza (*guerre, eserciti, polizie, ecc.* ndr) una minaccia per le opportunità politiche migliori che la modernità può offrire: l'universalizzazione delle libertà individuali, il rispetto dei diritti umani, l'incremento della democrazia e dell'istruzione, il potenziamento dell'inventiva sociale al di sopra dell'adesione incondizionata ai simboli gerarchici e patriottici, l'aiuto economico ai Paesi dove fame, malattia e sottosviluppo sono endemici ecc. La mentalità militare, amica della disciplina ma non della critica, dell'uniformità ma non delle differenze, è ben poco compatibile con lo spirito democratico che piace a me; inoltre il costante dissanguamento in spese militari, sempre più gravose, impedisce ai Paesi sottosviluppati di crescere e a quelli più sviluppati di aiutarli come dovrebbero da un punto di vista economico. Comunque non è sufficiente dire che gli eserciti sono indesiderabili per pretendere che siano aboliti. Per prima cosa l'antimilitarismo parte dal seguente principio: "Nessuna istituzione politica (come la guerra o l'esercito) può essere abolita in modo soddisfacente se non è sostituita con un'altra istituzione più forte e, in pratica, più efficace". La violenza fra famiglie, tribù e individui fu politicamente interrotta per mezzo dell'istituzionalizzazione dello Stato, monopolizzatore della violenza all'interno del suo territorio. Ma gli Stati restano fra loro nella stessa situazione di urto costante e senza quartiere nella quale vivevano le tribù e le famiglie prima di sottometters all'autorità statale. Dunque, è soltanto istituzionalizzando un'autorità sovranazionale, in grado di impedire che i Paesi ricorrano all'uso della forza – sotto la minaccia di una potenza superiore alla loro, naturalmente – che si può garantire la fine dell'era della guerra in cui l'u-

manità ha vissuto fino ad oggi. Questa possibilità, sebbene remota, oggi sembra essere meno utopistica che in epoche precedenti, come, per esempio, nell'epoca dell'"equilibrio del terrore" (*guerra fredda* ndr) Per questo l'antimilitarista è a favore di tutto quello che sembra capace di accelerare il raggiungimento di questa soluzione:

- Sostituzione del servizio militare obbligatorio con eserciti professionali, ridotti e formalmente difensivi, che la facciano finita con la nefasta e bellicosa concezione dell'esercito come "popolo in armi", "spina dorsale della nazione" ecc. e lo assimilino piuttosto ad altri servizi di ordine pubblico, come la polizia e i vigili del fuoco.
- Sostegno alle autorità tipo ONU e a qualsiasi altro organismo impegnato nella difesa del diritto comune degli individui al di sopra delle nazioni. [...]
- Effettivo controllo sugli armamenti e sul traffico di armi che, insieme ad altri elementi, costituiscono uno stimolo alla bellicosità internazionale.
- Sviluppo economico, politico e culturale dei Paesi, secondo quei moderni presupposti rivoluzionari fondamentalmente inaugurati in Europa e nell'America del Nord nel diciottesimo secolo. In una parola, universalizzazione del processo democratico e imposizione indifferenziata dei diritti umani, superando la barriera mitica e storicamente nefasta della cosiddetta "sovranità nazionale".

(F. Savater, *Politica per un figlio*, Laterza, Roma-Bari 1993)

LEGGERE E ANALIZZARE

1. Riassumi il contenuto del testo del filosofo, indicando gli snodi del suo ragionamento.
2. L'autore presenta due punti di vista altrui, quello dei pacifisti radicali e degli antimilitaristi, ma esprime comunque la propria tesi. Individuala e spiegala brevemente.
3. Esponi gli argomenti che l'autore porta a sostegno della propria tesi.
4. Quali obiezioni muove Savater al pacifismo radicale?
5. Soffermati sull'utilizzo dei nessi logici. Quale effetto producono sul testo?

ARGOMENTARE E PRODURRE

6. Sulla base di ciò che hai letto, elabora un testo argomentativo in cui chiarisci la tua idea di pacifismo. Cerca di far emergere le diverse articolazioni del testo: dopo una premessa iniziale, illustra la tua idea, con opportuni argomenti a sostegno, presentati in ordine crescente di importanza. Puoi approfondire il tema facendo riferimento anche ad altri intellettuali e collegandoti al contesto storico-sociale in cui vivi.

4 La riflessione critica
La Tipologia C della prova d'esame

Con una circolare diramata il 4 ottobre 2018, il Miur ha rivisto la prima prova d'esame: il tema storico (Tipologia C) e il tema di ordine generale (Tipologia D) sono stati eliminati in favore di una riflessione critica di carattere espositivo-argomentativo, denominata Tipologia C. La traccia proporrà agli studenti delle tematiche di attualità, vicine al loro orizzonte esperienziale, e verrà loro richiesto non solo di dimostrare una solida conoscenza dell'argomento, ma anche di esprimere su di esso un giudizio critico argomentato.

Lo svolgimento di un testo di riflessione critica è un'operazione complessa che, pur se sostanzialmente unitaria, consta di varie fasi facilmente individuabili. Le principali sono:

1. la **pianificazione** (o prescrittura), che prevede delle operazioni preliminari alla stesura del testo:
   - lettura e analisi della traccia;
   - raccolta delle idee e progettazione (con una distinzione tra testo espositivo o argomentativo);
   - compilazione di una scaletta;
2. la **stesura**, che consiste nella scrittura vera e propria del testo e si articola in:
   - stesura del corpo centrale del testo, con introduzione e conclusione;
   - assegnazione del titolo;
3. la **revisione** (o postscrittura), che comprende le operazioni successive alla stesura.

1 La pianificazione

1.1 Lettura e analisi della traccia

Prima di cominciare a scrivere la prima operazione da fare è la lettura analitica della traccia, che può presentarsi secondo le seguenti tipologie:

- **traccia aperta**: enuncia l'argomento in modo molto generale e lascia un'ampia libertà di svolgimento;

Es. "I diritti dell'ambiente".

- **traccia-scaletta**: contiene indicazioni piuttosto precise e vincolanti per lo svolgimento (si presenta come una mini-scaletta).

Es. L'Unesco ha dedicato il 2005 alla fisica e, con essa, ad Albert Einstein, che nel 1905, con la pubblicazione delle sue straordinarie scoperte, rivoluzionò la nostra visione del mondo. La notorietà di Einstein è legata in modo particolare alla teoria della relatività, ma anche alle sue qualità morali e ai valori ai quali ispirò la sua azione: fede, non violenza, antifondamentalismo, rispetto per l'altro, egualitarismo, antidogmatismo. Riflettendo sulla statura intellettuale e morale dello scienziato e sulla base delle tue conoscenze ed esperienze personali, discuti del ruolo della fisica e delle altre scienze quali strumenti per la esplorazione e la comprensione del mondo e la realizzazione delle grandi trasformazioni tecnologiche del nostro tempo. (Esame di Stato 2005)

- **traccia-citazione**: riporta il pensiero o un breve testo di un personaggio di spicco antico o moderno.

Es. «Caro mio, ci sono persone che non potranno mai arrivare in Fantàsia", disse il signor Coriandoli, "e ci sono invece persone che possono farlo, ma che poi restano là per sempre. E infine ci sono quei pochi che vanno in Fantàsia e tornano anche indietro. Come hai fatto tu. E questi risanano entrambi i mondi.»

(M. Ende, *La Storia Infinita*, Longanesi, Milano 1985)

Sviluppa la tua riflessione, considerando quale ruolo dovrebbe avere la fantasia nella vita degli individui e quale dovrebbe essere il rapporto fra mondo reale e mondo dell'immaginazione: in che senso, a tuo avviso, chi si sa muovere in tutti due i mondi li "risana entrambi"? (Esame di Stato 2018)

Nel caso in cui vengano assegnate più tracce tra le quali se ne debba scegliere una, sarà bene vagliarle attentamente per orientarsi vergo l'argomento che si conosce meglio. È opportuno quindi porsi domande di questo genere:

- ho delle conoscenze sufficienti sull'argomento?
- ho letto testi o articoli specifici in proposito?
- ho partecipato a eventi, mostre, conferenze di persone esperte?

Se per una data traccia risponderai negativamente a tutte queste domande, farai meglio ad orientarti verso l'altra traccia o ad optare per un'altra tipologia.

1.2 Raccolta delle idee e progettazione

Qualunque sia il genere di traccia, il testo di riflessione critica impone allo studente di presentare un'idea-chiave, amplificandola con riflessioni, esempi e precisi riferimenti. La prima operazione da fare è dunque "espandere" la traccia, ovvero cercare di esplicitare le informazioni e le tematiche implicite in essa contenute, riformulando il titolo sotto forma di domande o trasformando le parole più significative in frasi.

A questo punto, tenendo bene a mente lo scopo del tuo discorso, potrai aggiungere informazioni tratte dal tuo personale bagaglio culturale, richiamando alla mente ciò che già conosci con una delle tecniche presentate dettagliatamente a p. 52 -53. Bisogna evitare di ricadere in frasi fatte, luoghi comuni o interpretazioni altrui sentite di sfuggita, ma ragionare accuratamente per costruire un'opinione personale e possibilmente originale sull'argomento.

1.3 Compilazione di una scaletta

L'ultima operazione di prescrittura è la compilazione di una **scaletta** [› p. 4], una lista verticale delle idee che hai raccolto organizzate in maniera gerarchica, cioè in punti ed eventuali sottopunti. Non dimenticare che avrai a disposizione poche pagine: individua una chiara idea centrale e seleziona non più di due o tre aspetti importanti del problema, accompagnati da un adeguato numero di informazioni di supporto (esempi, dati, ragionamenti ecc.). Seleziona le idee pertinenti anche in base al taglio che vuoi dare al tuo elaborato e ricordati di dare all'organizzazione del tuo testo un filo logico.

1.4 Taglio espositivo o taglio argomentativo

A partire da una determinata traccia dovrai decidere quale tipologia di testo elaborare, scegliendo tra:

- **testo espositivo**: ha uno scopo informativo e spiega un argomento, seguendo un determinato sviluppo tematico;

- **testo argomentativo**: ha uno scopo persuasivo, ovvero intende convincere il destinatario della validità dell'opinione espressa, sostenendola con motivazioni adeguate e dimostrando infondate eventuali antitesi.

Spesso, la scelta tra svolgimento espositivo o argomentativo dipende da chi scrive: ad esempio, nell'illustrare lo sviluppo di un determinato tema, invece di limitarti a esporre in modo oggettivo i punti di vista altrui, puoi proporre una tua chiave interpretativa, inserendo nel lavoro alcune parti argomentative. Al contrario, scrivendo di un problema aperto su cui ci sono opinioni contrastanti, se ritieni di non avere sufficienti informazioni per scegliere una tesi piuttosto che un'altra, puoi dare al tuo lavoro un taglio espositivo, presentando in modo completo e oggettivo le varie posizioni, senza privilegiarne nessuna.

Confrontiamo sinteticamente le caratteristiche generali dei due modelli testuali.

TESTO ESPOSITIVO	TESTO ARGOMENTATIVO
Ha scopo **informativo**: far conoscere e spiegare un fenomeno.	Ha scopo **persuasivo**: convincere chi legge della validità di una certa posizione.
Tratta un **argomento specifico**, fornendo su di esso notizie e informazioni di vario tipo.	Dibatte criticamente un **tema controverso**, attorno al quale ci sono varie opinioni.
Ha una forte **continuità tematica e logica**: tutte le informazioni contribuiscono a illustrare l'argomento di fondo e sono collegate tra loro da rapporti logici.	Ha una salda struttura testuale, che prevede una **tesi** (l'opinione di chi scrive), sostenuta da prove e ragionamenti di vario tipo (**argomentazione**).
Ha caratteristiche testuali molto **variabili**, perché si avvale di molteplici modalità di sviluppo dei capoversi.	Ha caratteristiche testuali **specifiche**: oltre alla tesi e all'argomentazione, possono comparire obiezioni, concessioni, confutazioni di altre tesi.
Le informazioni sono esposte **in modo ordinato**, spesso procedendo dal generale al particolare o in ordine logico (dalle cause agli effetti).	Gli argomenti sono disposti in modo da accrescere la **forza persuasiva** del testo.
Il registro è prevalentemente **formale**, con sintassi articolata.	Il registro è prevalentemente **formale**, la sintassi articolata, con largo uso dei **connettivi**.
Il lessico è **oggettivo**, preciso e specifico.	Si avvale di **artifici retorici** per rafforzare la presa emotiva sui lettori, usa un **lessico connotato**.

Progettare un testo espositivo

Per assolvere alla sua funzione informativa, un testo espositivo efficace deve presentare i seguenti requisiti:

- **completezza**: il testo contiene tutte le informazioni di cui il destinatario ha bisogno per capire l'argomento; in un'esposizione breve (come quella richiesta in un tema scolastico) quest'ultimo non sarà trattato in modo approfondito, ma fornirà comunque a chi legge una sufficiente conoscenza d'insieme;
- **concisione**: non ci sono informazioni ovvie o non pertinenti; anche la forma mira all'essenzialità;
- **chiarezza**: le frasi sono per lo più brevi, lineari; i connettivi rendono evidenti i rapporti logici; i termini tecnici presumibilmente ignoti al lettore sono spiegati; i concetti più complessi sono illustrati da esempi e dati concreti;
- **ordine**: le informazioni sono esposte in modo da favorire la comprensione dell'argomento (ad esempio, dal generale al particolare);
- **oggettività**: chi scrive non introduce opinioni o valutazioni personali.

Nella progettazione di un testo documentato espositivo presta attenzione anche ai seguenti punti:

- privilegia gli aspetti dell'argomento più rilevanti;
- predisponi una **scaletta** che, in termini molto generali, potrà attenersi al seguente schema:
  - **introduzione**: si presenta e si definisce l'argomento e il modo in cui sarà trattato;
  - **corpo del testo**: 3-4 capoversi, dedicati ciascuno a un aspetto rilevante;
  - un'eventuale **conclusione**: talvolta si omette; altrimenti si sintetizzano le informazioni principali.

Progettare un testo argomentativo

La struttura del testo argomentativo è già stata presentata nella sezione 3. Qui sintetizziamo solo alcune indicazioni di massima, per orientare la scelta delle idee e delle informazioni:

- chiarisci l'argomento e individua gli aspetti che lo rendono problematico;
- rifletti sulle varie interpretazioni od opinioni contrapposte; per ciascuna posizione cerca di definire con precisione la tesi e le prove con cui è sostenuta;
- trova le eventuali confutazioni di tesi contrapposte;
- valuta criticamente le diverse tesi e gli argomenti con cui vengono sostenute, individuando punti di forza e di debolezza;
- formula la tesi che vuoi sostenere;
- seleziona una serie di argomenti probanti a favore della tua tesi;
- prevedi le obiezioni alla tesi e la loro confutazione;
- predisponi una **scaletta** che rifletta la struttura tipica del testo argomentativo:
  - **introduzione**: si presenta l'argomento e se ne illustrano gli elementi problematici;
  - enunciazione della **tesi**;
  - presentazione di eventuali **antitesi**;
  - **argomentazione** a sostegno della tesi;
  - **confutazione** delle principali obiezioni;
  - **conclusione**: si riepiloga il ragionamento e si ribadisce la tesi.

2 La stesura

La stesura consiste nello sviluppare attraverso i paragrafi (porzioni di testo compresa tra due "a capo") i diversi punti previsti nella scaletta, mantenendo l'ordine logico con cui sono stati disposti. Bisogna rispettare l'importanza data ai singoli punti, assegnando un peso maggiore agli argomenti più importanti e calibrando lo spazio dedicato ai sotto-punti. La scaletta va considerata come una struttura di partenza, e, qualora lo scrivente la ritenga migliorabile, può essere modificata o rivista in corso d'opera. Se effettui delle modifiche devi però verificare la coerenza del nuovo ordine.

In generale, la stesura si può articolare nella scrittura ampia e articolata del corpo del testo e in quella piuttosto breve di una introduzione e una conclusione.

Ogni **paragrafo** corrisponde a un'unità di informazione-argomentazione autonoma; tratta un aspetto del tema in questione e viene sviluppato in periodi e frasi.

Per lo sviluppo dei capoversi di un testo espositivo, segui le indicazioni presentate a p. 10 sgg. In un testo argomentativo invece i paragrafi dovranno seguire una concatenazione logica, in base alle regole del ragionamento definite dalle diverse tecniche argomentative[› p. 111 sgg]. Il testo dovrà rispettare la **coesione**, cioè la compattezza interna a ciascun paragrafo (sia dal punto di vista semantico che lessicale) e la **coerenza**, cioè la continuità logica e di significato tra i vari capoversi. A tale scopo è necessario utilizzare in maniera opportuna i **connettivi**, cioè avverbi, congiunzioni, locuzioni, espressioni che esplicitano il criterio logico di successione dei paragrafi.

La stesura del testo comporta la scelta di un registro e di uno stile formali, pur senza escludere a priori osservazioni spiritose o interventi brillanti. Sia che si scelga di dare al proprio elaborato un taglio argomentativo, sia che si opti per quello espositivo, è necessario usare un stile impersonale e oggettivo, un lessico appropriato, con termini specialistici o tecnici.

La sintassi deve essere curata, con periodi ben costruiti, talora complessi, scandita dai connettivi che segnalino i passaggi logici del ragionamento.

2.1 La scelta del titolo

Qualora venga richiesto dalla traccia, dovrai scrivere un **titolo** coerente allo svolgimento, che sintetizzi il contenuto e incuriosisca il lettore, e scandire la tua trattazione in paragrafi, muniti di sottotitoli. È bene riservare rinviare questa operazione alla fine della stesura, poiché in questa fase può capitare che il progetto si modifichi e si precisi ulteriormente.

3 La revisione

La revisione è un'operazione complessa e consiste nella lettura della "brutta copia" per apportare eventualmente modifiche sia nella forma sia nel contenuto. Per questa fase operativa si rimanda alle indicazioni generali presentate alle pp. 16-17. La revisione è un'operazione importante in particolar modo per i testi argomentativi, perché serve ad evitare che il ragionamento pecchi di coerenza logica e conseguenti errori argomentativi.

LABORATORIO

TAGLIO ESPOSITIVO O ARGOMENTATIVO

1 **Ti proponiamo una traccia che si presta a una trattazione di tipo sia espositivo che argomentativo. Leggila attentamente e svolgi le attività indicate.**

I rifiuti che ciascun cittadino dell'Unione Europea produce nell'arco di un anno è di circa cinquecento chilogrammi. A causa di questi dati allarmanti, lo smaltimento è diventato un grave problema economico e ambientale. Una delle soluzioni verso cui ci si è orientati è stata la raccolta differenziata, una pratica diffusa in molte città italiane e obbligatoria in altre. Esprimi le tue considerazioni in merito.

1. Leggi la traccia e sottolinea le parole chiave.
2. Prova a espandere la traccia: riformula il titolo con parole tue, possibilmente attraverso delle domande, ed esplicita le problematiche o le informazioni nascoste, trasformando in frasi le parole più significative.
3. Con le tecniche viste finora, procedi alla raccolta delle idee attinte dal tuo bagaglio di conoscenze; in vista di uno svolgimento dal taglio espositivo, individua quali informazioni puoi ricavare sui seguenti punti:
   - i materiali oggetto di raccolta differenziata;
   - la situazione in Italia e le differenze territoriali;
   - i risultati raggiunti e i problemi da superare;
   - le ricadute economiche.
4. In questa fase, puoi eventualmente servirti di documenti aggiuntivi e cercare le informazioni mancanti; scrivi poi la scaletta di un articolo informativo di circa tre colonne di foglio protocollo. Ti suggeriamo alcune possibili idee chiave:
   - Raccolta differenziata: molti passi avanti sono stati fatti, ma c'è ancora molto da migliorare.
   - La raccolta differenziata conviene all'ambiente e alle nostre tasche.
   - Che cos'è e come funziona la raccolta differenziata.
5. In vista di uno svolgimento dal taglio argomentativo, raccogli le idee svolgendo le seguenti attività:
   - individua tre argomenti a favore della raccolta differenziata;
   - individua una possibile obiezione;
   - respingi l'obiezione dimostrandone l'infondatezza o lo scarso peso;
   - formula la tua tesi;
   - verifica se hai elementi sufficienti o se è necessario cercare dati o esempi per supportare gli argomenti.
6. Scrivi la scaletta per un testo a scopo persuasivo, destinato a chi è ancora perplesso sull'importanza della raccolta differenziata. Non dimenticare di formulare chiaramente la tesi (che ribadirai anche alla fine) e di aggiungere dati, esempi, aneddoti coinvolgenti.

ANALISI ED ESPANSIONE DELLA TRACCIA

1 **Prova a "espandere" le seguenti tracce, servendoti dell'esempio dato.**

Esempio: L'educazione è adattamento dell'individuo alla vita sociale, oppure deve proporsi di rinforzare o addirittura sovvertire l'ordine costituito per realizzarne uno migliore? Rifletti criticamente sul tema, argomentando la tua opinione.

ESPANSIONE:
- Che cosa è l'educazione e quale ne è l'obiettivo fondamentale?
- L'educazione deve adattare il soggetto al sistema vigente oppure formarlo così che sia in grado di costruire un ordine migliore?
- Capacità di adattamento e spirito di innovazione possono costituire i due poli di una buona educazione?
- Quali sono le ragioni che rendono necessaria e urgente una educazione che sviluppi le capacità di innovazione del soggetto in questa nostra società in continuo sviluppo?
- La democrazia è la forma di organizzazione politica, sociale e culturale che più di ogni altra può incentivare la formazione di una personalità aperta al nuovo, costruttiva e creativa?
- La scuola e lo Stato italiano sono al passo con le esigenze educative delle giovani generazioni?
- Individuo/vita sociale: la traccia suggerisce di riflettere sull'argomento da un punto di vista sia individuale sia collettivo.

1. L'opportunità di produrre OGM (organismi geneticamente modificati) nel settore alimentare ha scatenato un acceso dibattito sugli eventuali pericoli per la salute dell'uomo, nonché sull'eticità di queste scelte. Spiega la tua opinione in proposito.
2. Di fronte al tema della vivisezione gli animalisti di tutto il mondo ingaggiano fervide battaglie per fermare questa pratica. Tra gli scienziati c'è invece chi la ritiene necessaria per il progresso della medicina.
3. Abuso di videogames e ricadute sull'emotività.
4. Gerarchia e democrazia sono termini antitetici o legati da qualche tipo di rapporto?
5. I mezzi di trasporto, dalla ruota e dalla prima barca fino a quelli odierni, hanno influito in maniera decisiva sul progresso dell'umanità. Rifletti sulle innovazioni tecnologiche avvenute in questo campo negli ultimi anni.
6. Gli effetti della colonizzazione europea sui Paesi del Terzo Mondo a livello politico, economico e sociale.

LA RIFLESSIONE CRITICA SU TEMI DI ATTUALITÀ

Ti proponiamo ora una serie di tracce per esercitarti sulla riflessione critica di carattere espositivo-argomentativo.

1 «Questo appiattimento del passato in una nebulosa indifferenziata si è verificato in molte epoche, e basti pensare a Raffaello che raffigurava il matrimonio della Vergine con personaggi vestiti alla foggia rinascimentale, ma ora questo appiattimento non dovrebbe avere giustificazioni, viste le informazioni che anche l'utente più smandrappato può ricevere su Internet, al cinema o dalla benemerita Rai Storia. [...]. Per Aristotele è possibile tutto quello che si è verificato almeno una volta, e dunque è possibile che in alcuni (molti?) la memoria si sia contratta in un eterno presente dove tutte le vacche sono nere. Si tratta dunque di una malattia generazionale».

(U. Eco, *Quanto è importante la memoria per non vivere in un mondo appiattito*, «l'Espresso», 8 gennaio 2014)

La citazione proposta mette in luce l'importanza di una memoria storica, soprattutto in un'epoca in cui i salti temporali sono a portata di clic. Commenta criticamente le affermazioni di Umberto Eco e organizza il tuo discorso in paragrafi muniti di titolo.

2 «Cultura significa misura, ponderatezza, circospezione: valutare tutti gli argomenti prima di pronunciarsi, controllare tutte le testimonianze prima di decidere, e non pronunciarsi e non decidere mai a guisa di oracolo dal quale dipenda, in modo irrevocabile, una scelta perentoria e definitiva».

(N. Bobbio, *Politica e cultura*, Einaudi, Torino 1955)

Sviluppa le tue riflessioni su questo pensiero, anche alla luce delle tue esperienze scolastiche. Organizza l'elaborato in paragrafi dotati di sottotitoli coerenti e dai al tuo percorso ragionativo un titolo pertinente.

3 Nella parte conclusiva delle sue *Città invisibili* (1972) Calvino fa pronunciare a Marco Polo queste parole: «L'inferno dei viventi non è qualcosa che sarà; se ce n'è uno, è quello che è già qui, l'inferno che abitiamo tutti i giorni, che formiamo stando insieme. Due modi ci sono per non soffrirne. Il primo riesce facile a molti: accettare l'inferno e diventarne parte fino al punto di non vederlo più. Il secondo è rischioso ed esige attenzione e apprendimento continui: cercare e saper riconoscere chi e cosa, in mezzo all'inferno, non è inferno, e farlo durare, e dargli spazio». Commenta questa riflessione rapportandola al comportamento dell'individuo nella società di oggi di fronte all'"inferno". Articola il tuo discorso in paragrafi muniti di sottotitolo.

4 Come si è evoluto il contenuto pubblicitario, diventando sempre più indispensabile nel mondo dei *social media*? Sulla base delle tue conoscenze ed esperienze personali rifletti su questo interrogativo argomentando il tuo punto di vista.

5 Già da molti anni, molti colossi dell'economia stanno investendo enormi capitali per finanziarne svariati progetti di ricerca contro l'invecchiamento, tra cui la criogenetica. L'ultima sfida della Silicon Valley è però un'altra, l'immortalità umana. Discuti criticamente della questione alla luce delle tue conoscenze, specificando quali sono a tuo avviso i limiti che la scienza deve o non deve porsi.

6 «L'amore vuole risparmiare all'altro, al quale si consacra, ogni senso di estraneità. Conseguentemente è tutto un fingere e un assimilarsi, un continuo ingannare e recitare la commedia di un'uguaglianza che in verità non esiste. E questo avviene così istintivamente, che le donne innamorate negano questa finzione e questa costante dolcissima impostura e affermano temerariamente che l'amore rende uguali (cioè opera un miracolo). Questo processo è semplice: quando uno dei due si lascia amare e non trova necessario fingere, piuttosto lo lascia fare all'altro, a colui che ama. Ma quando entrambi sono completamente invaghiti l'uno dell'altro, e quindi ognuno rinuncia a se stesso e vuole farsi uguale all'altro e a lui solo, non c'è commedia più ingarbugliata e impenetrabile, e alla fine nessuno sa più cosa deve imitare, a che scopo deve fingere, per chi deve spacciarsi. La bella assurdità di questo spettacolo è troppo perfetta per questo mondo e troppo sottile per occhi umani».

(F.W. Nietzsche, *Aurora. Pensieri sui pregiudizi morali*, Adelphi, Milano 1978)

Il pensiero del filosofo Nietzsche critica l'asserzione secondo cui "L'amore rende uguali". Ritieni ancora attuale la visione di una «commedia dell'amore»? O l'amore al tempo dei *social media* ha drasticamente cambiato le sue abitudini?
Articola la struttura della tua riflessione in paragrafi opportunamente titolati e presenta la trattazione con un titolo complessivo che ne esprima in una sintesi coerente il contenuto.

7 Al giorno d'oggi i ragazzi nel mondo in cui si muovono abitualmente sono bombardati da una enorme quantità di stimoli e informazioni digitali. A scuola, invece, seduti dietro a un banco a prendere appunti, perdono interesse e si annoiano, *in primis* perché gli stimoli che ricevono nel corso della lezione sono nettamente inferiori a quelli ricevuti fuori dalle mura scolastiche. Forse se gli insegnanti, invece di fossilizzarsi su metodi di insegnamento "classici", si avvicinassero di più al loro mondo si otterrebbero risultati migliori. Esprimi la tua opinione a riguardo in un tema argomentativo.

8 «La possibilità di entrare in contatto, sempre attraverso il clic, con qualunque abitante del mondo, di parlare con un residente in Australia e, a tuo piacimento, con uno che vive nei Caraibi o in Brasile o nel Sudafrica o a Pechino, sembra inserirti in una folla di contatti e di compagnia. In realtà è l'opposto: ti confina nella solitudine. Molti fruitori della Rete infatti hanno smesso di frequentare il prossimo e restano ritirati in casa a "navigare" sulle onde della nuova tecnologia. L'amore anche fisico attraverso la Rete è diventato abituale per molti. Si chiama da tempo "amore solitario" e infatti lo è.
Infine la Rete ha modificato il pensiero, ha ridotto al minimo la parola scritta. Perfino il Papa si serve del linguaggio "twitter" e comunica in questo modo con molti milioni di persone con frasi che non superano i 140 caratteri. Tra il pensiero e la parola scritta c'è un rapporto interattivo. I nostri giovani leggono i giornali e i libri attraverso la Rete. Cioè leggono notizie e cultura ridotte a poche parole. Il numero delle parole usate è ormai al minimo e poiché tra il pensiero e il linguaggio c'è una interazione, ne deriva che il pensiero si è anchilosato come il linguaggio. La malattia è estremamente preoccupante e segna un passaggio di epoca.»

(E. Scalfari, *È Internet la causa dell'ignoranza*, «l'Espresso», 22 gennaio 2014)

Eugenio Scalfari guarda a Internet come a una sorta di morbo che ha contaminato i sentimenti e amputato il linguaggio, riducendolo a qualche grumo di parole. Esprimi il tuo parere su queste considerazioni, supportando le tue affermazioni con opportuni esempi. Organizza il tuo discorso in paragrafi muniti di sottotitolo e scegli per il tuo elaborato un titolo pertinente.

9 Diritti umani e genere: la violazione dei diritti delle bambine.

10 Tendenze strutturali della società contemporanea e tendenze dell'individuo si possono conciliare o sono in contrasto insanabile?

11 «La nostra personalità si modifica col tempo: la personalità, infatti, non è un'entità fissa, permanente e immutabile; è una sintesi di fenomeni che varia cogli elementi che la compongono e che è in via di continua e incessante trasformazione. Nel corso di una esistenza anche normale si succedono numerose personalità distinte; ed è solo per artificio che noi le riuniamo in una sola, perché in realtà, a vent'anni di distanza, noi non abbiamo più lo stesso modo di sentire e di giudicare. [...] Ciascuno di noi non è uno, ma contiene numerose persone che non hanno tutte lo stesso valore. [...] In una stessa persona diversi fatti di coscienza possono vivere separatamente senza confondersi, e dare luogo all'esistenza simultanea di diverse coscienze e anche, in certi casi, di diverse personalità».

(A. Binet, *Les altérations de la personnalité*, Felix Alcan, Paris 1892, trad. it. di R. Luperini, in *Luigi Pirandello e Il fu Maria Pascal*, Loescher, Torino 1990)

La citazione di Binet tratta uno dei paradossi dell'individuo, che pur essendo uno fa esperienza di personalità distinte. Come hai influito l'avvento delle tecnologie sulla personalità? Come si è evoluto questo paradosso, accentuandosi o facendosi più sfumato? Rifletti su questo tema, in una trattazione critica consolidata da argomentazioni chiare.

12 «Il lavoro precario fa male alla salute. Occorrono prevenzione e cura. Quanto prima. A fare il check-up delle condizioni in cui versa il lavoro atipico e soprattutto delle conseguenze per i lavoratori così impiegati è uno studio dell'Osha, l'Agenzia europea per la sicurezza e la salute sul lavoro, che evidenzia l'insorgere di vari rischi legati alle nuove forme di organizzazione del lavoro. Temporaneo o a progetto, prestazione d'opera, finto lavoro "in proprio" e outsourcing: secondo l'indagine, pubblicata nelle settimane scorse, da queste nuove forme di contratto derivano altrettanti nuovi rischi per la salute dei lavoratori. [...] I precari hanno occupazioni più rischiose, condizioni di lavoro più scarse, e raramente ricevono una formazione adeguata su salute e sicurezza. Inoltre, la sequenza spesso convulsa e scostante di contratti a breve termine "aumenta la sensazione di insicurezza e marginalità, provocando l'incremento di stress e preoccupazione, con rischi per la salute molto gravi". [...] Un altro aspetto riguarda i carichi di lavoro: le statistiche europee indicano che oltre metà degli occupati dichiara di lavorare ad alte velocità e pressione per tre quarti del tempo, con un trend che pare essere in aumento. [...] Nella ricerca viene riscontrato anche un collegamento tra la maggiore competitività sul luogo di lavoro e gli episodi di bullismo e molestie. Infine la sottolineatura di un altro aspetto: la connessione tra lo scarso equilibrio della vita professionale e quello della vita privata e famigliare. Situazioni che fanno del lavoratore precario un soggetto a rischio e concorrono ad aumentare i danni alla salute derivanti dal lavoro.»

(T. Fabiani, *Il "mal di vivere del precariato"*, «la Repubblica», 6 novembre 2007)

Esprimi le tue considerazioni sulla citazione proposta, sviluppando il tuo elaborato attraverso connettivi pertinenti che diano coerenza al testo. Articola la struttura della tua riflessione in paragrafi opportunamente titolati e presenta la trattazione con un titolo complessivo che ne esprima in una sintesi coerente il contenuto.

13 Egoismo e altruismo nella società di oggi.

14 Il male dilaga oggi più di ieri perché sono stati messi in crisi i valori permanenti dell'umanità. Ad esempio, le uccisioni di uomini politici o giornalisti, fatte al solo scopo di "mettere in crisi" il sistema, sono un profondo oltraggio alla nozione di umanità. Questi episodi però, invece di indurci al miglioramento di noi stessi, provocano spesso l'inasprirsi della spirale della violenza. Rifletti criticamente sulla questione, supportando il tuo ragionamento con esempi precisi tratti dalle tue personali esperienze e conoscenze. Scegli per il tuo elaborato un titolo sintetico e chiaro, attinente con la trattazione.

15 Quella dell'alimentazione vegana e vegetariana in Italia è una realtà sempre più sotto la lente di ingrandimento. È evidente come negli ultimi anni l'incremento di queste diete particolari sia stato un fenomeno in crescita e non trascurabile. In quasi tutte le mense scolastiche, ad esempio, ormai è prevista la possibilità di richiedere menù alternativi vegani e vegetariani. Fra gli esperti però, in particolare pediatri e nutrizionisti, convivono pareri contrastanti. Esprimi la tua opinione in proposito, organizzando il tuo elaborato in paragrafi titolati.

16 Tra gli atteggiamenti colpevoli nei confronti degli animali ci sono i giochi crudeli, semplici scherzi o tradizioni secolari che affondano le radici nel più antico folklore, come la corrida. Esprimi la tua opinione in proposito, organizzando il tuo elaborato in paragrafi titolati connessi da connettivi pertinenti.

17 In Brasile, nell'ultimo anno sono stati abbattuti più di ottomila chilometri quadrati di alberi per fare spazio ai pascoli e ai campi per coltivare cereali. Il neopresidente Jair Bolsonaro ha affermato: «Non possiamo bloccare una delle ricchezze del nostro Paese per esigenze ambientali»; e, anzi, è intenzionato a ridurre la superficie delle aree protette. Il disboscamento della foresta tropicale più grande del mondo comporterebbe la perdita di molti benefici ambientali per il pianeta, nonché la distruzione di un patrimonio inestimabile di biodiversità. Elabora un testo critico facendo precedere la parte argomentativa da una espositiva che introduca l'argomento.

18 In questi ultimi anni nei territori sotto il suo controllo in Iraq e Siria, l'ISIS ha perpetrato una sistematica distruzione del patrimonio culturale con l'intento di debellare le tracce del passato preislamico. La guerra ha distrutto centinaia di siti archeologici e monumenti classificati come patrimonio Unesco e i filmati delle demolizioni sono stati diffusi sui media a fini di propaganda politica. Affronta il tema della distruzione del patrimonio culturale, connesso alla questione dell'identità di un popolo. Organizza l'elaborato in paragrafi dotati di sottotitoli coerenti e dai al tuo percorso ragionativo un titolo pertinente.

19 «Una società può essere definita "liquido-moderna" se le situazioni in cui agiscono gli uomini si modificano prima che i loro modi di agire riescano a consolidarsi in abitudini e procedure. La vita liquida, come la società liquida, non è in grado di conservare la propria forma o di tenersi in rotta a lungo».

(Z. Bauman, *Vita liquida*, Laterza, Roma-Bari 2008)

Come prepararsi a muoversi con efficacia in un mondo «liquido» e sempre più incerto, evitando di affondarvi pesantemente o di diventare rarefatti fantasmi? Come immaginare il futuro, come elaborare e usare strategie per mantenere la rotta? Esponi le tue opinioni in proposito.

20 «Tutta la vita delle società in cui regnano le moderne condizioni di produzione si presenta come un'immensa accumulazione di spettacoli. Tutto ciò che era direttamente vissuto si è allontanato in una rappresentazione. [...] Le immagini che si sono distaccate da ciascun aspetto della vita si fondono in un corso comune, dove l'unità della vita non può più essere ristabilita. La realtà considerata parzialmente si dispiega nella propria unità generale in quanto pseudo-mondo a parte, oggetto di sola contemplazione. La specializzazione delle immagini del mondo si ritrova, attuata, nel mondo autonomizzato dell'immagine, dove il menzognero ha mentito a sé stesso. Lo spettacolo in generale, come inversione concreta della vita, è il movimento autonomo del non-vivente.»

(G. Debord, *La società dello spettacolo*, Baldini&Castoldi, Milano 2013)

Discuti e commenta queste riflessioni sulla società attuale, dove immagine e menzogna sembrano oramai convivere. Rifletti criticamente sul tema, scegliendo per il tuo elaborato un titolo adatto.

21 Il rapporto tra giovani e anziani.

22 Ogni anno, il 6 agosto, la città di Hiroshima tiene una cerimonia commemorativa (di pace) per pregare per il riposo pacifico delle vittime della bomba atomica, per l'abolizione delle armi nucleari e per una pace mondiale duratura. Durante quella cerimonia, il Sindaco rilascia una Dichiarazione di Pace rivolta all'umanità. Rifletti sulla questione del disarmo nucleare, evidenziando i diversi snodi del dibattito.

23 «La fantasia è una specie di macchina elettronica che tiene conto di tutte le combinazioni possibili e sceglie quelle che rispondono a un fine, o che semplicemente sono le più interessanti, piacevoli, divertenti.»

(I. Calvino, *Lezioni americane. Sei proposte per il prossimo millennio*, Mondadori, Milano 2016)

Sulla base delle tue esperienze personali, rifletti criticamente sul tema della fantasia, rapportandolo al mondo di oggi ed evidenziandone le connessioni intrinseche con le "macchine elettroniche". Dai al tuo svolgimento un titolo coerente e sviluppa il tuo ragionamento articolandolo in paragrafi muniti di sottotitoli.

5 Mondo del lavoro e produzione scritta e orale

1 Strumenti per documentare un'esperienza lavorativa

Da alcuni anni gli studenti del secondo biennio e quinto anno di tutti gli indirizzi scolastici svolgono esperienze di accostamento al mondo del lavoro, le attività di alternanza scuola-lavoro (Legge 107/15), il cui nome a partire dall'autunno 2018 è stato mutato in *Percorsi per le competenze trasversali e per l'orientamento*.

L'alternanza scuola-lavoro punta a molti e complessi obiettivi, di varia natura:

- **obiettivi generali**: collegare il tradizionale studio in aula con l'esperienza pratica acquisita in ambiti lavorativi reali; favorire l'orientamento attraverso una maggiore consapevolezza di attitudini, interessi, stili di apprendimento; arricchire la formazione scolastica con percorsi che consentano di acquisire competenze spendibili nel mercato del lavoro; collegare la scuola con il mondo del lavoro e la società civile attraverso la partecipazione di nuovi soggetti ai processi formativi;
- **obiettivi trasversali**: sviluppare negli studenti l'abitudine a riflettere sulle proprie attese; stimolare le capacità di lavorare in gruppo, assumersi responsabilità, rispettare tempi di consegna; offrire occasioni per assumere iniziative autonome; migliorare la capacità di risolvere problemi;
- **obiettivi comunicativi**: documentare, comunicare e condividere le esperienze; produrre documenti in situazioni concrete; produrre testi efficaci, adeguati ai destinatari e agli scopi comunicativi; riconoscere le caratteristiche della comunicazione professionale; sapere produrre tipi di testi di uso reale nel mondo del lavoro.

È proprio su questo ultimo gruppo di obiettivi che ci soffermeremo in questa sezione. La scuola è stata spesso accusata di proporre agli studenti prodotti comunicativi artificiosi e autoreferenziali (ovvero testi che si producono a scuola per la scuola stessa, ma che non hanno molto in comune con quelli che circolano nel mondo reale; un esempio tra tutti, il tradizionale tema). I *Percorsi per le competenze trasversali e per l'orientamento* invece, da una parte, impongono l'esigenza di **documentare** e **comunicare** le proprie esperienze fuori dall'aula; dall'altra creano l'occasione per misurarsi con **prodotti comunicativi** tipici del mondo del lavoro. L'uso costante di strumenti come diari di bordo, questionari di autovalutazione, relazioni scritte, relazioni orali e presentazioni multimediali, ti permetterà di acquisire l'abitudine di riflettere sulle esperienze fatte in aula e fuori aula; di sviluppare l'attitudine a osservare e raccogliere dati e informazioni; di migliorare le tue capacità espressive, anche grazie al riferimento a un contesto reale. Potrai poi misurarti con diverse tipologie di testi indispensabili per muoversi nel mondo del lavoro, dal curriculum vitae alla lettera, dal dépliant alle ormai numerose forme di scrittura destinate al web. Tutte queste occasioni di produzione scritta evitano l'autoreferenzialità e l'artificiosità di alcune pratiche di scrittura scolastica.

1.1 Il diario di bordo

Il primo strumento che ti accompagnerà nei *Percorsi per le competenze trasversali e per l'orientamento* è il **diario di bordo**. Lo utilizzerai durante l'attività in azienda, per annotare le tue esperienze e riflettere sul tuo vissuto.

- **Che cos'è**: è una **registrazione personale** delle attività, delle difficoltà incontrate, delle competenze attivate e acquisite.
- **A chi si rivolge**: in primo luogo **a te stesso**; ma è anche uno strumento pubblico rivolto al tutor scolastico, al tutor aziendale, ai compagni di classe e di stage.
- **A che cosa serve**: a **tenere memoria** di attività, processi, situazioni, comportamenti che hai osservato o vissuto in prima persona; a **riflettere** sulle esperienze, sui successi, sui problemi incontrati e a **rielaborarli** in modo attivo, problematico, propositivo.
- **Come si usa**: va compilato **regolarmente**, con cadenza giornaliera o al più settimanale; in ogni caso, è utile compilarlo ogni volta che ritieni di aver appreso qualcosa di significativo o di aver incontrato un ostacolo su cui senti il bisogno di riflettere e discutere.

DIARIO DI BORDO INDIVIDUALE

Informazioni generali	Cognome	Nome ....
	Classe	Istituto ....
	Tutor scolastico	
	Tutor aziendale	
	Nome e ragione sociale dell'azienda/ente/istituzione presso cui si opera	
	Orario di servizio	
Diario del giorno/dei giorni		
Elenco e breve descrizione delle attività svolte (in azienda o fuori azienda)	....	
Elenco e breve descrizione delle attività a cui si è assistito	....	
Altre persone coinvolte e i rapporti con esse	....	
Strumenti utilizzati (già noti e usati a scuola o non noti, eventuali problemi)	....	
Spazi in cui si sono svolte le attività (laboratorio, sala riunioni, ufficio, reparto ecc.)	....	
Abilità e conoscenze possedute utili allo svolgimento dell'attività	....	
Abilità/conoscenze acquisite	....	
Problemi emersi/superati	....	
Riflessioni personali	....	
Documenti allegati (foto, documenti aziendali, elaborati ecc.)	....	

1.2 La relazione

La relazione è un tipo di testo con il quale sicuramente hai familiarità; l'hai usata fin dal biennio per documentare un'esperienza di laboratorio, per presentare i risultati di una ricerca, per illustrare attività didattiche come visite a mostre e musei ecc. È altrettanto presente nel mondo del lavoro, dove trova applicazione in ambiti di ogni genere (dal settore tecnico a quello amministrativo, dalla ricerca scientifica all'analisi economica, e così via) per presentare un progetto o rendere conto della sua realizzazione, documentare gli esiti di un'analisi, riferire i risultati di un'indagine, documentare l'andamento didattico di una classe.

Durante i *Percorsi per le competenze trasversali e per l'orientamento* utilizzerai questo strumento comunicativo in diversi momenti: con una **relazione orale** informerai i tuoi compagni di un'esperienza fuori aula; al termine di uno stage o un tirocinio ti sarà chiesto di presentare una **relazione di stage**; la **relazione finale** della tua esperienza di alternanza scuola-lavoro sarà probabilmente un momento dell'Esame di Stato.

- **Che cos'è**: è un testo espositivo sintetico di tono oggettivo, scritto in un linguaggio piano; se ha carattere tecnico-specialistico, può richiedere l'uso di termini tecnici.
- **A chi si rivolge**: a seconda della situazione, il destinatario può essere un singolo individuo (oggi il tuo tutor, domani o in una situazione simulata un cliente) o un gruppo (i membri del team con cui lavori, i tuoi compagni di classe, la commissione d'esame, un ente pubblico ecc.).
- **A che cosa serve**: la relazione ha sempre uno scopo informativo; nell'ambito dell'alternanza scuola-lavoro, è uno dei principali strumenti per documentare e valutare il tuo percorso formativo.
- **Come si usa**: a seconda delle situazioni, può essere presentata in forma orale o in forma scritta; può essere utilizzata nella fase progettuale per esporre gli obiettivi e le fasi di un progetto; nel corso di un'attività, per condividerne l'andamento; alla fine di un'attività, per rendere conto di ciò che è stato fatto.

Per redigere una relazione efficace procedi così:

- raccogli tutte le **informazioni necessarie**; nel caso di relazioni di stage, la **documentazione** sarà raccolta sistematicamente e allegata al diario di bordo;
- in base al **tempo** a disposizione (se la relazione verrà esposta oralmente) o alla **lunghezza** prevista (se la relazione avrà forma scritta), allo scopo e alle aspettative dei destinatari, seleziona i **punti fondamentali** da esporre;
- prevedi una **scaletta** così articolata:
  - una breve **introduzione** che presenta l'argomento, gli obiettivi dell'attività, il metodo utilizzato, gli strumenti e i materiali utilizzati;
  - il **corpo del testo**, in cui si espongono ordinatamente i punti principali, accompagnati da dati, esempi, spiegazioni; inserire fotografie, grafici, tabelle aiuta la chiarezza e l'efficacia della comunicazione;
  - una **conclusione** che riprende e sintetizza i punti principali, traccia un bilancio dell'esperienza, presenta una valutazione dei risultati positivi raggiunti e delle difficoltà incontrate.

Una relazione scritta va redatta con il computer, prestando attenzione, oltre alla correttezza formale, a un'**impaginazione** che favorisca la leggibilità. Prevedi:

- un'**intestazione**, che contenga: nome dell'autore o degli autori, anno scolastico, classe, istituto, titolo; potrai aggiungere un disegno, una fotografia, un logo;
- un **indice** (soprattutto per relazioni di una certa lunghezza);
- un testo ben scandito in **parti** e **paragrafi**, con titoli chiari e sintetici; preferisci un **font** (carattere tipografico) chiaro e ben leggibile, con forme eleganti e tradizionali (buone scelte sono Helvetica, Verdana, Calibri, Century Gothic, Tahoma); evita assolutamente di mescolare font diversi;
- **allegati** con una selezione di documentazione significativa;
- una **bibliografia** e una **sitografia** con le fonti utilizzate.

1.3 L'autovalutazione

Alla fine del periodo di tirocinio, è giunto anche per te il momento di **valutare l'esperienza** che hai vissuto, riflettendo sulla sua corrispondenza con le tue attese, sulla sua utilità e sulla ricaduta nel tuo percorso formativo. Questa riflessione è importante perché permette di acquisire consapevolezza di sé e giungere a scelte, professionali o formative, meglio corrispondenti alle proprie attitudini e ai propri interessi.

Per guidare la riflessione e l'autovalutazione, soprattutto in una prima fase potrai utilizzare strumenti sintetici e guidati, come un **questionario**, da compilare in forma cartacea o on-line; ma potrà anche esserti richiesta la stesura di una vera e propria **relazione di autovalutazione** che ti permetterà di riflettere sull'esperienza in modo allo stesso tempo più libero e più approfondito.

QUESTIONARIO DI AUTOVALUTAZIONE

Nome e cognome	Classe ....
Struttura ospitante	
Periodo di tirocinio: dal .... al .... n. settimane	
In una scala da 1 a 4 (1 = *per niente*, 2 = *poco*, 3 = *abbastanza*, 4 = *molto*) valuta l'utilità dell'esperienza per:	
scoprire nuove cose su di te	1 2 3 4
verificare le tue attitudini	1 2 3 4
acquisire nuove conoscenze e competenze	1 2 3 4
verificare l'utilità di ciò che hai appreso a scuola	1 2 3 4
orientarti nelle tue scelte alla fine della scuola	1 2 3 4
acquisire autonomia e responsabilità	1 2 3 4
comprendere il mondo del lavoro	1 2 3 4
sperimentare l'organizzazione di un ambiente di lavoro	1 2 3 4
imparare a lavorare con gli altri	1 2 3 4
In una scala da 1 a 4 (1 = *per niente*, 2 = *poco*, 3 = *abbastanza*, 4 = *molto*) valuta le difficoltà derivanti da:	
lontananza del luogo di lavoro	1 2 3 4
lunghezza dell'orario di lavoro	1 2 3 4
rispetto dell'orario	1 2 3 4
rispetto dei tempi assegnati	1 2 3 4
condizioni dell'ambiente di lavoro	1 2 3 4
utilizzo e rispetto degli strumenti e delle attrezzature	1 2 3 4
comprensione delle mansioni assegnate	1 2 3 4
ripetitività delle mansioni assegnate	1 2 3 4
scarso interesse delle mansioni assegnate	1 2 3 4
mancanza delle competenze richieste	1 2 3 4
scarsa disponibilità del tutor aziendale	1 2 3 4
Indica il livello di attinenza dell'esperienza con il tuo percorso formativo:	
scrivi i tre aspetti secondo te più positivi dell'esperienza	
scrivi i tre aspetti secondo te più negativi dell'esperienza	
esprimi (sempre in una scala da 1 a 4) il tuo livello di soddisfazione complessivo	1 2 3 4

RELAZIONE DI AUTOVALUTAZIONE

Intestazione	Cognome e nome dello studente Classe Azienda/ente ospitante Periodo dell'esperienza Tipo di attività
Contesto umano e relazioni	Da chi sei stato affiancato durante il percorso? Quale clima generale hai riscontrato sul posto di lavoro? Quale relazione hai instaurato con il tutor? Quale tipo di collaborazione hai instaurato con il personale? Se sei stato a contatto con il pubblico, quali sono state le tue relazioni con gli utenti?
Attività proposte e autonomia	Tipo di attività svolte (semplici, complesse, guidate o meno) Livello di autonomia che ti è stato richiesto Partecipazione alla gestione di imprevisti e alla risoluzione di problemi Possibilità o meno di lavorare in gruppo Adeguatezza dei tempi a disposizione
Adeguatezza delle competenze	Coerenza dell'esperienza con il tuo percorso formativo Possibilità di utilizzare conoscenze/abilità già possedute Adeguatezza delle tue conoscenze/abilità di partenza Difficoltà incontrate che sei/non sei riuscito a superare
Conoscenza del mondo del lavoro	L'esperienza ti ha permesso di comprendere l'organizzazione del lavoro in cui sei stato inserito? Quale comprensione generale della realtà lavorativa ne hai ricavato?
Ricaduta formativa	Conoscenze e competenze acquisite (specificando e descrivendo sinteticamente conoscenze e/o competenze tecniche) Metodologie, strumenti e sistemi di lavoro Competenze comunicative (inclusa l'acquisizione di terminologia tecnica) Utilizzo di strumenti informatici Competenze professionali spendibili nel mondo del lavoro
Orientamento	Quali indicazioni per le tue scelte future puoi ricavare dall'esperienza? Che cosa hai capito meglio sulle tue attitudini? L'esperienza ha fatto emergere nuovi interessi? Pensi che l'esperienza aumenti la tua possibilità di inserirti nel mercato del lavoro?
Valutazione complessiva	Che cosa ti aspettavi da questa esperienza? In quale misura hai raggiunto i tuoi obiettivi? Quali sono stati gli aspetti più positivi dell'esperienza? Quali sono stati i punti deboli? Qual è il tuo giudizio complessivo in termini di esperienza umana, utilità, difficoltà, attinenza con il tuo percorso formativo?
Osservazioni	Aggiungi eventuali osservazioni e suggerimenti: che cosa dovrebbe essere migliorato? E come?

1.4 Dalla relazione alla presentazione multimediale

Oltre che in forma scritta, una relazione può essere presentata in **forma orale**: è quello che accade ad esempio durante un convegno, quando i relatori presentano all'uditorio le loro ricerche, oppure in un'azienda, quando il responsabile del marketing presenta ai collaboratori il progetto (o il consuntivo) di una campagna promozionale. Sarà in forma orale che nel corso dell'esperienza lavorativa condividerai il tuo vissuto con i compagni; parte integrante del colloquio all'Esame di Stato potrà essere una relazione orale.

Rispetto a una relazione scritta, una relazione orale è uno strumento espositivo molto più **sintetico**, che avviene in una determinata **situazione comunicativa**, di fronte a un **uditorio** (*audience*) specifico. Una relazione orale efficace deve essere:

- **adatta all'audience**: chi è il tuo pubblico? Che cosa sa già dell'argomento? Può capire determinati termini tecnici? Che cosa è interessato a sapere? A quali domande cerca una risposta? Che cosa si aspetta da te?
- **chiara**: nel linguaggio, nella struttura globale, nella successione delle informazioni, nel messaggio che lascia nella memoria degli ascoltatori;
- **stringata**: il tempo è limitato e la curva dell'attenzione breve; evita un linguaggio verboso, seleziona poche informazioni principali; nella fase di preparazione, prova a esporre la relazione ad alta voce, controlla i tempi e taglia senza pietà tutto ciò che può essere eliminato;
- **coinvolgente**: il nemico peggiore è la noia: varia il tono della voce, inserisci esempi o brevi aneddoti, presenta un contenuto sotto forma di domanda.

Come creare una presentazione multimediale

Di grande aiuto per raggiungere questo ultimo requisito è accompagnare la relazione con una **presentazione multimediale**, la cui funzione principale è mantenere alta l'attenzione del pubblico; è stato infatti dimostrato che a distanza di pochi giorni tendiamo a ricordare solo il 7% di ciò che abbiamo letto, il 38% di ciò che abbiamo ascoltato, ma il 55% di ciò che abbiamo visto. Unire parole e immagini è dunque la strategia vincente. Inoltre, le slide facilitano anche chi parla, aiutandolo a stare al punto, a rispettare i tempi e a evitare divagazioni. Imparare a creare presentazioni coinvolgenti e comunicativamente efficaci è un'abilità molto importante anche nel mondo del lavoro.

Una presentazione è costituita da un insieme di slide (ovvero schermate) preparate con PowerPoint o con programmi equivalenti; possono contenere testo, immagini, grafici, schemi, video, link che rimandano a siti esterni. Per iniziare, vediamo quali errori (molti comuni) bisogna assolutamente evitare:

- la presentazione contiene **troppe informazioni**, che è impossibile trasmettere adeguatamente nel tempo a disposizione; ricorda che una buona presentazione ha un **focus**, ovvero l'idea principale che si vuole passare agli ascoltatori, che orienterà la scelta delle informazioni;
- le schermate sono **piene di parole** (è il cosiddetto "muro di parole"): gli ascoltatori, anziché seguire chi parla, si sforzano di leggere il testo e perdono il filo; ricorda che le slide **devono aiutare** chi ascolta a seguire con più efficacia chi parla, non sostituirsi alle sue parole;
- l'oratore **legge ad alta voce** il testo delle slide; è un comportamento decisamente irritante per chi ascolta, che ha l'impressione che chi parla sia poco preparato; inoltre genera inevitabilmente noia;
- le schermate sono **difficili da leggere**: le parole sono scritte in caratteri troppo piccoli, non c'è contrasto tra sfondo e testo, ci sono sfondi che distraggono l'occhio;
- non c'è **coerenza** tra contenuto, elementi grafici e animazioni: da evitare, ad esempio, animazioni divertenti in accompagnamento a temi seri perché il pubblico rimarrebbe disorientato, se non infastidito;
- chi parla usa un **tono monotono**, parla troppo piano o troppo in fretta, non osserva il pubblico e non coglie i segnali di **noia**, **disinteresse** o **incomprensione** degli ascoltatori; è bene mantenere il **contatto visivo** con il pubblico, cambiando il tono di voce, ridestando l'attenzione con una battuta o un piccolo aneddoto, riformulando in modo più semplice ed evidente un concetto astratto o complesso.

La struttura

Una presentazione efficace ha una struttura chiara e facile da seguire, che è il frutto di un'attenta preparazione e, come si è detto, di una scelta funzionale delle informazioni.

- Il **numero delle slide** è correlato al tempo a disposizione e alla complessità dell'argomento, ma deve comunque essere contenuto; mediamente, una presentazione efficace non supera le dieci slide (tra una e tre slide al minuto).
- Le slide devono servire a richiamare l'**attenzione** o aiutare a fissare un'idea, non distrarre.
- La **prima slide** contiene il **titolo** della presentazione, eventualmente accompagnato da un'immagine che già ne anticipi il focus, magari sotto forma di metafora.
- La **seconda slide** presenta l'**indice** dei punti chiave della relazione; è un valido aiuto per seguirne la struttura e la concatenazione delle informazioni.
- Le slide che costituiscono il **corpo del testo** devono avere un titolo, un eventuale sottotitolo e un testo molto breve, con un solo concetto significativo: è bene scrivere il meno possibile (non superare sei righe di un massimo di 5/6 parole).
- Dedica almeno il 10% del tempo alla **conclusione**: è stato dimostrato che ciò che viene detto alla fine si imprime maggiormente nella memoria degli ascoltatori. Puoi usarla per riassumere in modo molto breve i risultati che vuoi evidenziare, per insistere sul focus, per trasmettere un'immagine evocativa.

Gli elementi grafici

In una presentazione convincente gli elementi grafici sono fondamentali.

- Le **immagini** sono importantissime ma devono essere **correlate** a ciò che viene detto: devono evidenziare, esemplificare, sottolineare le parole; se sono troppe, diventano un elemento di distrazione; se usi immagini prese dalla rete, non dimenticare di citare la fonte.
- Usa **tabelle**, **grafici**, **mappe**, **diagrammi**; attenzione alle tabelle: vanno semplificate per permettere a tutti la lettura (massimo 3/4 righe e 3/4 colonne).
- Gli **elementi grafici** (font, dimensioni dei caratteri, colori) devono mirare alla chiarezza, alla leggibilità, alla pulizia.
- Crea il massimo **contrasto tra testo e sfondo**; la scelta più consigliabile è uno sfondo chiaro con testo scuro; è possibile l'opposto (sfondo scuro e testo bianco), ma per presentazioni lunghe stanca la vista.
- Tutti devono poter leggere: le **dimensioni** dei caratteri devono essere comprese tra 24 e 30 punti per il testo, 35 e 40 per i titoli. Scegli **font** *sans serif* (ovvero senza i tratti terminali, in tipografia chiamati anche *grazie*) come Arial, Verdana, Helvetica, più facili da leggere.
- **Allinea** il testo a destra o a sinistra, non al centro.
- Usa il **neretto** per evidenziare le informazioni principali; usa invece il maiuscolo con estrema parsimonia (crea uno spiacevole effetto "gridato"). Puoi anche usare **colori** diversi, ma senza esagerare: tendenzialmente non devono essere più di tre.
- Le scelte grafiche devono essere **coerenti**: usa gli stessi font e gli stessi colori in tutte le slide. Puoi eccezionalmente violare questa regola, usando un colore inconsueto per far risaltare un'informazione particolare.
- Gli **elenchi puntati** e numerati (con un massimo di sei punti) danno ordine ai concetti; tuttavia ricorda che se usati in tutte le slide diventano monotoni; trasformane alcuni in mappe o schermate più libere con immagini e didascalie.
- Per tenere viva l'attenzione puoi usare **animazioni**; evita quelle lente ma anche quelle poco adatte al contesto (ad esempio, l'effetto "esplosione" appare decisamente inadeguato in sede d'esame). Anche le animazioni non devono diventare un elemento di distrazione; la sobrietà è raccomandabile. Inoltre conviene provarle prima sul PC che si userà durante la relazione: potrebbero non funzionare!
- Un ultimo consiglio, banale ma indispensabile: rileggi la presentazione ed elimina gli **errori di battitura**. I refusi sono uno sgradevole indice di sciatteria.

1.5 La presentazione di un'esperienza

Al termine di ogni esperienza legata ai *Percorsi per le competenze trasversali e per l'orientamento*, ti sarà chiesto di presentarne i risultati sotto forma di relazione scritta o orale. Rispetto alla relazione di autovalutazione che hai già visto, si tratta di uno strumento più sintetico, in cui è riconoscibile una struttura analoga a quella delle relazioni delle **esperienze di laboratorio**, che probabilmente ti sono familiari fin dal biennio. Rivediamone lo schema-tipo.

- **Intestazione**: titolo dell'esperienza, data di esecuzione, membri del gruppo di lavoro
- **Obiettivo** dell'esperienza (problema e ipotesi da verificare)
- **Strumenti** e **materiali** utilizzati
- **Procedimento** seguito
- **Descrizione** analitica delle varie fasi dell'esperienza
- Tabella dei **dati** sperimentali ottenuti
- Osservazione e **interpretazione** dei dati
- **Problemi** emersi
- **Valutazione** dei risultati

Ricordiamone anche le caratteristiche stilistiche:

- il testo è sintetico e ha una **struttura schematica**, relativamente fissa;
- è bene scandirlo in **paragrafi**, separati tra loro da una riga bianca e preceduti da un titolo;
- si usano **periodi brevi**, costituiti per lo più da coordinate, con poche subordinate;
- il **lessico** è chiaro, facilmente comprensibile, ma preciso e tecnico.

Per esporre un'esperienza di formazione in azienda seguirai uno schema abbastanza simile, anche se l'obiettivo, in questo caso, non è più verificare sperimentalmente un'ipotesi scientifica, ma **conoscere dall'interno una realtà lavorativa**, mettere alla prova ciò che hai imparato a scuola, acquisire nuove competenze spendibili nel mercato del lavoro, e così via. Attraverso la relazione (o la presentazione orale) ancora una volta dovrai dimostrare di saper osservare, saper documentare ciò che hai osservato e vissuto, sapere comunicare in modo chiaro, sintetico, appropriato.

Lo schema che ti proponiamo è adatto sia per la **relazione scritta**, sia per la **presentazione orale** dove ciascun punto si tradurrà in una slide. Ricorda comunque di adattare sia il contenuto sia la forma alla specifica destinazione: in una presentazione orale rivolta ai compagni non usare termini tecnici che ritieni non conoscano, metti fotografie "simpatiche", inserisci particolari che destino curiosità; in una relazione rivolta agli insegnanti usa con accuratezza il lessico tecnico e mantieni un tono serio e oggettivo.

ESPERIENZA DI FORMAZIONE IN AZIENDA

Intestazione	Titolo, tipo di esperienza (incontro, visita, laboratorio, stage ecc.), durata, localizzazione (in aula, in azienda ecc.)
Obiettivi	Scopo dell'attività
Ambito formativo	Ambito in cui rientra l'attività (ad esempio, sicurezza sul lavoro, struttura generale di un'azienda, competenze professionali specifiche)
Persone	Persone coinvolte (esperti esterni, tutor, docenti, personale dell'azienda ospite, studenti partecipanti)
Attività	Descrizione dettagliata dell'attività
Strumenti e materiali	Materiali forniti, strumenti utilizzati
Ricadute formative e competenze	Che cosa ho imparato? Quali competenze trasversali/professionali ho acquisito?
Valutazione	Gli obiettivi sono stati raggiunti? Che cosa ha funzionato bene? Che cosa potrebbe essere migliorato?

1.6 La presentazione dell'azienda

L'obiettivo primario dei *Percorsi per le competenze trasversali e per l'orientamento* è senza dubbio superare lo scarto tra una scuola spesso ancora troppo astratta e il mondo del lavoro. Questo **avvicinamento alla realtà lavorativa** avverrà in diversi modi: incontri in classe con esperti ed esponenti delle aziende ospitanti, lettura e analisi di materiali informativi in forma cartacea o online, visite aziendali, per poi culminare nell'esperienza di stage.

Il percorso spesso comincia in aula, con un **incontro** con un imprenditore o un dipendente che racconteranno che cosa si fa in azienda e anticiperanno quali mansioni e ruoli vengono affidati agli studenti in stage. Spesso poi seguirà una **visita aziendale**, il cui scopo è far comprendere meglio il funzionamento complessivo dell'azienda attraverso la visita di uffici e reparti e il contatto diretto con il personale che vi lavora.

Per verificare quanto hai appreso e per mettere in comune le conoscenze, oltre a compilare eventuali questionari preparerai una **relazione scritta** (rivolta agli insegnanti, come forma di verifica e valutazione) e/o una **presentazione orale** (rivolta al gruppo classe, come forma di condivisione). Per lavorare in modo proficuo, durante tutte le attività (incontri e visite) prendi appunti, raccogli e conserva tutto il materiale informativo che vi verrà consegnato; se è consentito, scatta fotografie; integra le informazioni ricevute visitando il sito (oppure il blog o la pagina Facebook) dell'azienda.

Schema per la relazione di presentazione dell'azienda

Lo schema può essere utilizzato sia per preparare la relazione scritta, sia per predisporre la presentazione multimediale. Nel primo caso, ogni punto si trasformerà in un paragrafo; in appendice potrai aggiungere documenti di vario tipo (come il profilo aziendale fornito dall'azienda stessa o ricavato dal suo sito). Nel secondo caso, ogni punto diventerà una slide. Punta molto sulle immagini: ad esempio, la slide dedicata ai vari ambienti sarà costituita dalle loro fotografie, con una brevissima didascalia; quella dedicata all'organigramma lo presenterà sotto forma di grafico.

PRESENTAZIONE DELL'AZIENDA	
Intestazione	Nome dell'azienda o dell'ente, indirizzo, settore in cui opera, finalità, tipo (società per azioni, ente non profit ecc.), numero dei dipendenti
Cenni storici	Quando è stata fondata, principali tappe della sua storia
Ambienti	Come si presenta dal punto di vista fisico (edificio, reparti, aree per il contatto con il pubblico, uffici, magazzini ecc.)
Persone	Chi opera nell'azienda/ente, principali figure professionali Presentazione dell'organigramma
Attività	Descrizione dettagliata delle attività
A chi si rivolge	Individuazione dei soggetti esterni (clienti, utenti, enti, istituzioni, altre aziende) descrizione dei servizi/prodotti offerti

Dopo lo svolgimento del tirocinio, riprendi e rivedi la relazione; se necessario, integra le informazioni già fornite, ma soprattutto completala aggiungendo i punti relativi al tuo inserimento in azienda.

Dove sei stato inserito	Funzioni del reparto (area, settore) in cui sei stato inserito, sua organizzazione interna e interrelazioni con altri settori/reparti
Che cosa hai fatto	Mansioni svolte e aspetti professionali coinvolti
Competenze	Abilità e conoscenze richieste alle figure professionali da te individuate
Sicurezza	Rischi dell'ambiente lavorativo e norme di sicurezza da rispettare

1.7 Il profilo aziendale

Raccogliendo le informazioni necessarie alla stesura della presentazione di un'azienda che hai visitato o in cui hai compiuto uno stage, molto probabilmente ne avrai letto il profilo aziendale. Si tratta infatti dello strumento fondamentale per presentare all'esterno un'azienda ed entrare in contatto con il pubblico. Potremmo definirlo la sua carta d'identità.

- **Che cos'è**: è un testo molto sintetico (una pagina a video o una cartella a stampa) scritto in un linguaggio chiaro ed essenziale che **presenta l'azienda**, la sua storia, i suoi prodotti e/o servizi.
- **A chi si rivolge**: ai **potenziali clienti**; dunque, è importante capire a quali informazioni sono interessati e usare un linguaggio comprensibile a tutti; alcune aziende lo usano anche come documento interno, per fissare e comunicare al personale i valori e la filosofia aziendali.
- **A che cosa serve**: lo scopo fondamentale è presentare un'**immagine efficace** dell'azienda e dei suoi prodotti e/o servizi, tale da indurre il cliente a preferirla alla concorrenza; anche se il tono è oggettivo, non si tratta dunque di un testo informativo, ma **persuasivo**.
- **Come si usa**: in **forma cartacea**, fa parte di ogni comunicazione esterna dell'azienda (verrà allegato a comunicati stampa, cataloghi di prodotti, dossier destinati a stagisti e neoassunti, e così via); a **video**, è una pagina immancabile del sito aziendale.

Leggere, analizzare, confrontare profili aziendali è molto utile per comprendere meglio le **strategie comunicative** del mondo del lavoro. Si scoprirà così che ogni azienda ha uno stile comunicativo proprio: c'è chi punta su un tono accattivante, chi preferisce un tono freddo e un linguaggio tecnico; chi insiste sulla storia e sulla tradizione; chi evidenzia i suoi successi più recenti; chi punta su un'immagine forte, improntata a precisi valori etici.

Anche provare a scrivere un profilo aziendale è un esercizio di notevole interesse. Si tratta infatti di un testo con caratteristiche peculiari, che permettono di esercitare due competenze specifiche: la **capacità di sintesi** e la capacità di **selezionare le informazioni** in base a uno scopo. Al contrario dei testi che abbiamo esaminato finora, infatti, come abbiamo visto non è un testo espositivo, neutro e oggettivo, ma un testo persuasivo, che nella scelta delle informazioni punta a offrire al potenziale cliente l'immagine migliore possibile dell'azienda; e deve farlo con poche, incisive parole.

Per scrivere un profilo aziendale efficace e funzionale procedi così:

- usa un **linguaggio chiaro**, essenziale, con frasi brevi;
- struttura il testo in 4/5 **paragrafi**, divisi da un'interlinea ed eventualmente evidenziati da un titolo sintetico;
- evita informazioni pompate o toni eccessivamente entusiastici: un buon profilo aziendale deve essere **onesto** e basarsi su dati oggettivi;
- **seleziona** con accuratezza le informazioni, tenendo conto delle aspettative dei clienti;
- spiega con chiarezza **di che cosa si occupa** l'azienda, che cosa produce, quali servizi offre;
- inserisci le seguenti **informazioni di base**: numero dei dipendenti, fatturato annuo, eventuali certificazioni o premi, eventuale posizionamento nel mercato;
- se necessario, specifica a quale **tipologia di clienti** (clienti individuali, gruppi, negozi, altre ditte ecc.) ci si rivolge e come;
- evidenzia i **punti di forza**, ovvero ciò che distingue l'azienda da tutte le altre;
- meglio **poche informazioni significative** che lunghi elenchi di informazioni generiche: ad esempio, non si citeranno tutti i prodotti (un profilo aziendale non è un catalogo), ma solo la loro tipologia ed eventualmente pochi prodotti di punta;
- se lo ritieni necessario inserisci un breve cenno alla **storia dell'azienda**; questo punto è particolarmente importante per ditte note o con una lunga e significativa storia alle spalle;
- puoi concludere con una **frase a effetto** che richiami la missione dell'azienda, le sue scelte etiche, i valori in cui crede;
- in fondo al profilo, non dimenticare i dati utili per **contattare l'azienda**: indirizzo, telefono, fax, e-mail, indirizzo del sito Internet.

1.8 La relazione finale

In occasione del **colloquio orale dell'Esame di Stato**, a partire dall'anno scolastico 2018-2019, anziché presentare una tesina, gli studenti potranno essere chiamati a illustrare la loro esperienza di alternanza scuola-lavoro, mediante una **breve relazione** o una **presentazione multimediale**. A questo testo **orale** estremamente sintetico (i tempi possono variare in base alle scelte della commissione d'esame, ma la durata media è tra i dieci e i quindici minuti) può essere opportuno affiancare una **relazione scritta** più ampia (5/6 cartelle). Puoi utilizzare la seguente griglia complessiva, in cui confluiscono diversi punti delle griglie presentate in precedenza; potrai adattarla alle tue esigenze.

RELAZIONE FINALE

Intestazione	Cognome e nome dello studente, classe Azienda/ente presso cui è stato effettuato il percorso Periodo e durata dell'esperienza Tipo di attività svolta
Azienda	Ambito in cui opera Merci/prodotti/servizi forniti Struttura e organizzazione delle attività Strumenti di comunicazione on-line (sito ufficiale, pagina Facebook, blog, canale YouTube)
Contesto umano e relazioni	Da chi sei stato affiancato durante il percorso Quale clima generale hai riscontato Quale relazione hai instaurato con il tutor e con il personale dell'azienda
Settore/ reparto di inserimento	Funzioni del reparto/settore in cui sei stato inserito Organizzazione interna del reparto Interrelazioni con gli altri reparti
Attività	Descrizione delle attività svolte, con particolare attenzione agli aspetti professionali
Competenze coinvolte	Descrizione delle competenze (conoscenze, abilità, metodi) richieste nello svolgimento delle attività Adeguatezza delle competenze possedute Grado di coinvolgimento, partecipazione e autonomia Capacità di lavorare con gli altri
Strumenti	Strumenti, attrezzature, macchine utilizzati, specificando se già usati in ambito scolastico o non conosciuti Metodologie e sistemi di lavoro
Ricaduta formativa	Collegamenti interdisciplinari emersi Conoscenze e competenze acquisite, specificando e descrivendo sinteticamente conoscenze e/o competenze tecniche Competenze professionali spendibili nel mondo del lavoro Competenze comunicative (incluso acquisizione di terminologia tecnica)
Orientamento	Indicazioni per le tue scelte future (attitudini, interessi, prospettive lavorative) che puoi ricavare dall'esperienza
Valutazione complessiva	Che cosa ti aspettavi da questa esperienza e in quale misura hai raggiunto i tuoi obiettivi Quali difficoltà hai incontrato, come e se le hai superate Indica gli aspetti più positivi dell'esperienza Indica i punti deboli che andrebbero migliorati
Osservazioni	Aggiungi eventuali osservazioni e suggerimenti
Appendice	Materiale illustrativo dell'attività svolta (lettere, materiale informativo, fotografie, documenti prodotti ecc.) Eventuale bibliografia e sitografia

LABORATORIO

IL DIARIO DI BORDO

1 **Al termine della prima giornata di tirocinio, redigi il diario di bordo giornaliero utilizzando lo schema proposto a p. 165.**

2 **Al termine della prima settimana di tirocinio, redigi il diario di bordo settimanale utilizzando lo schema proposto a p. 165.**

3 **Al termine dell'esperienza di stage, riprendi e rileggi l'intero diario di bordo e rifletti sui punti indicati. Su questa base, sintetizza le tue osservazioni in circa una pagina.**

1. Le tue impressioni iniziali sull'ambiente di lavoro sono state confermate dal proseguimento dell'esperienza?
2. Qual è stata l'evoluzione della tua relazione con il tutor? E con gli altri membri del personale?
3. Quali difficoltà iniziali sei riuscito a superare?
4. Quali punti critici rimangono tuttora irrisolti?
5. Hai svolto sempre le stesse attività o ti sono state proposte attività diversificate, in relazione alle abilità/competenze via via acquisite?
6. Che cosa hai capito del mondo del lavoro in base a questa esperienza?
7. Che cosa hai capito meglio su te stesso?

LA RELAZIONE

4 **La tua classe ha recentemente visitato un'interessante mostra. Scrivi la relazione della visita, seguendo lo schema proposto.**

- **Introduzione:** oggetto della visita; partecipanti; data; tempi di svolgimento; mezzi di trasporto utilizzati; obiettivi didattici; eventuali attività preparatorie.
- **Corpo del testo:** descrizione dettagliata del percorso della mostra, con particolare riguardo alle opere più significative.
- **Conclusione:** valutazione sull'efficacia didattica della visita; eventuali proposte di approfondimenti futuri.
- **Allegati:** dépliant della mostra, fotografie.

5 **Individua un argomento di attualità che sta trovando molto spazio nei quotidiani in questo periodo; scegli cinque testate diverse tra loro per tendenza politica e culturale, linguaggio, impostazione. Per una settimana leggine gli articoli sul problema scelto. Alla fine, esponi i risultati della tua indagine in una relazione di 1/2 cartelle.**

Prevedi la seguente struttura.

- **Introduzione:** perché ho scelto questo argomento; quali erano i miei obiettivi; perché ho scelto queste testate; quale metodo ho utilizzato per raccogliere e schedare le informazioni.
- **Corpo del testo:** in che modo l'argomento è stato affrontato dai vari quotidiani.
- **Conclusione:** che cosa ho imparato sul modo in cui i giornali trattano e diffondono le

notizie; quale correlazione ho notato tra modi di presentare le notizie e impostazione, stile, tendenza del giornale.

6 **Il cibo è una forte componente dell'identità culturale: in Paesi diversi, mutano il numero dei pasti e la loro collocazione nella giornata, la composizione del menu, i cibi preferiti. Credenze religiose e abitudini di vita impongono alcuni cibi e ne vietano altri. Così, la presenza nelle nostre città di nuclei consistenti di migranti si è tradotta in una crescita dell'offerta alimentare: sono nati negozi e ristoranti etnici, sugli scaffali dei supermercati si trovano sempre più facilmente prodotti esotici, è anche nata una cucina *fusion* che mescola sapori e profumi nostrani con altri che arrivano da lontano. Fai una ricerca sull'argomento ed esponi i risultati in una relazione di circa due cartelle. Puoi raccogliere le informazioni in molti modi: non solo in rete, ma anche dal vivo, visitando mercati, negozi, ristoranti, intervistando le persone.**

7 **L'orario della tua scuola prevede alcuni rientri pomeridiani; dato che nell'istituto non è presente una mensa e l'intervallo tra le lezioni mattutine e quelle pomeridiane è molto breve, si crea un disagio per molti studenti che non possono rientrare a casa e devono accontentarsi di un veloce spuntino. In un piccolo gruppo (5/6 studenti) predisponete una relazione tecnica da presentare al Consiglio di Istituto per appoggiare la richiesta della creazione di un servizio mensa.**

a. Fase preliminare di raccolta dei dati
- I numeri degli studenti coinvolti nel problema (numero dei giorni di rientro, classi interessate, studenti che non possono rientrare a casa; questi dati possono essere forniti dalla segreteria).
- Le opinioni degli studenti (raccolte con interviste a un campione significativo).
- Informazioni sulla corretta alimentazione degli adolescenti e sui danni di un pranzo inadeguato (si possono ricavare dalla rete, anche con l'aiuto degli insegnanti di scienze e dei responsabili del progetto di educazione alla salute).
- Raccolta informazioni sui possibili locali da adibire a mensa scolastica.

b. Fase di stesura
Scrivete la relazione utilizzando il seguente schema.
- **Introduzione:** presentazione del problema, persone coinvolte, metodo seguito per la raccolta dei dati.
- **Corpo della relazione:** perché si propone la creazione di una mensa; a quali problemi risponde; quali sono i vantaggi; perché il progetto è fattibile; come si possono superare gli eventuali problemi.
- **Conclusione:** sintesi della proposta; materiali allegati (tabelle con i dati degli studenti, statistiche ricavate dalle interviste, interviste significative ecc.).

L'AUTOVALUTAZIONE

8 **Al termine del periodo di tirocinio, compila il questionario di autovalutazione proposto a p. 167.**

9 **Al termine del periodo di tirocinio, redigi la relazione di autovalutazione utilizzando lo schema proposto a p. 168.**

LA PRESENTAZIONE MULTIMEDIALE

10 **Analizza le seguenti slide e, con l'aiuto delle attività proposte, individua perché sono inefficaci. Prova poi a riscriverle, correggendo gli errori.**

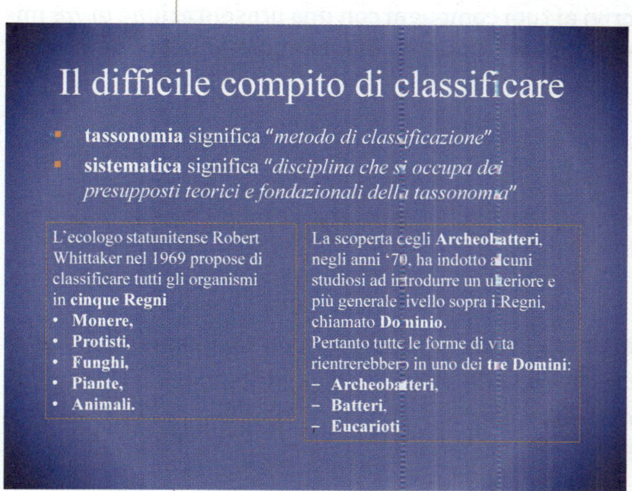

LA FRUTTA DI STAGIONE												
FRUTTA	**Gen**	**Feb**	**Mar**	**Apr**	**Mag**	**Giu**	**Lug**	**Ago**	**Set**	**Ott**	**Nov**	**Dic**
Albicocche						Giu	Lug	Ago				
Angurie						Giu	Lug	Ago				
Arance	Gen	Feb	Mar	Apr	Mag						Nov	Dic
Avocado											Nov	Dic
Banane	Gen	Feb	Mar	Apr	Mag	Giu	Lug	Ago	Set	Ott	Nov	Dic
Cachi										Ott	Nov	Dic
Castagne										Ott	Nov	
Ciliegie					Mag	Giu	Lug					
Fichi							Lug	Ago	Set			
Fichi d'India									Set			
Fragole				Apr	Mag	Giu	Lug	Ago				
Kiwi	Gen	Feb	Mar	Apr	Mag						Nov	Dic
Lamponi							Lug	Ago				
Limoni			Mar	Apr		Giu	Lug					
Mandaranci	Gen	Feb									Nov	Dic
Mandarini	Gen	Feb	Mar								Nov	Dic
Mele	Gen	Feb	Mar	Apr	Mag			Ago	Set	Ott	Nov	Dic
Mirtilli						Giu	Lug	Ago	Set			
More								Ago				
Meloni		Feb					Lug	Ago	Set			Dic
Pere	Gen	Feb	Mar	Apr			Lug	Ago	Set	Ott	Nov	Dic
Pesche						Giu	Lug	Ago	Set			
Pompelmi	Gen											Dic
Ribes							Lug	Ago				
Susine						Giu	Lug	Ago	Set			
Uva								Ago	Set	Ott		

1. Quanti concetti significativi contiene la prima slide? In quante slide sarebbe meglio suddividerla?
2. Quali immagini si potrebbero inserire?
3. La seconda slide presenta una tabella. Perché le sue dimensioni la rendono inefficace? Come si potrebbe fare per renderla più leggibile, semplificare e ridurre il numero di informazioni?

11 **Nelle seguenti coppie di caratteristiche di una presentazione multimediale, sottolinea quella appropriata.**

Frasi complete, simili a quelle di un testo a stampa / poche parole chiave in forma nominale • sfondo chiaro, scritte scure / sfondo blu, scritte rosse • slide con molte immagini / slide con una, due immagini significative • struttura coerente, ma con alcune variazioni / tutte le slide con la stessa impostazione grafica • font che imita la scrittura a mano / font *sans serif*.

12 **Anche quest'anno in classe si discute animatamente sulla meta del viaggio di istruzione. Tu non hai dubbi sulla città che vorresti visitare. Per fare capire ai tuoi compagni quanto sarebbe interessante, prepara una presentazione di una decina di minuti, toccando i punti indicati. Scegli le immagini con particolare cura: per il tuo argomento, immagini belle e suggestive contano più di mille parole!**

- La meta che proponi.
- Le quattro attrazioni da non perdere.
- I luoghi caratteristici.
- La ricaduta didattica.
- Le informazioni pratiche (costi, distanza, periodo più indicato ecc.).

13 **Ogni anno vengono assegnati i premi Nobel (per la pace, la fisica, la chimica, la medicina, la letteratura, l'economia). Tra i premiati di quest'anno, scegli la persona che ti sembra più interessante e significativa. Dopo esserti documentato sulla sua figura e sulle motivazioni del premio, presenta i risultati della tua ricerca con una relazione orale di circa 10 minuti, accompagnata da una presentazione multimediale, seguendo la struttura indicata.**

- A chi è dedicata la presentazione.
- La sua biografia in breve.
- Le sue scoperte (le sue opere, le sue azioni) più importanti.
- La motivazione del premio.

LA PRESENTAZIONE DI UN'ESPERIENZA

14 **Scrivi la relazione di un'esperienza di laboratorio.**

15 **Durante l'esperienza di stage, descrivi ai tuoi compagni con una presentazione di 7/8 minuti la tua "giornata-tipo", seguendo la struttura indicata. Non dimenticare di inserire immagini significative.**

- Orario di lavoro (inizio, termine, pause).
- Luoghi.
- Personale e organizzazione del lavoro.
- Mansioni che ti sono affidate, descritte nei loro tempi di realizzazione e nella loro scansione temporale.
- Attività che hai visto svolgere.

16 **Alla fine dello stage, racconta alla classe l'esperienza svolta con una presentazione di una decina di minuti, seguendo la scaletta proposta.**

- Le caratteristiche generali dell'azienda ospite.
- Le regole che ho dovuto rispettare.
- Le mansioni che ho svolto.
- Le difficoltà che ho incontrato.
- Un episodio significativo.
- La ricaduta didattica e formativa.
- Che cosa mi resta di questa esperienza e perché.

17 **Al termine del periodo di stage, redigi la relazione scritta sull'esperienza vissuta utilizzando lo schema proposto a p. 171.**

LA PRESENTAZIONE DELL'AZIENDA

18 **La classe sta per iniziare un percorso informativo su un'impresa che opera nel territorio, che comprenderà un incontro di presentazione, una visita guidata, un incontro di restituzione. Durante le attività, raccogli le informazioni elencate.**

1. Settore produttivo dell'impresa (primario, secondario, terziario).
2. Tipologia dell'impresa (agricola, artigianale, industriale, commerciale, di servizi ecc.).
3. Prodotti/servizi.
4. Livello tecnologico (strumenti, attrezzature, organizzazione degli spazi).
5. Operatori (numero e qualifiche).
6. Elementi di qualità.
7. Dispositivi per la sicurezza e la tutela dei lavoratori.
8. Andamento dell'impresa e prospettive occupazionali (del settore in cui opera e dell'impresa specifica).
9. Presenza di neodiplomati (mansioni).

19 **Un gruppo di studenti della tua classe ha appena partecipato a una visita aziendale. Rifletti sull'attività con l'aiuto del questionario, quindi esponi i risultati in una relazione orale di 8/10 minuti.**

1. Di che cosa si occupa l'azienda?
2. Com'è stata organizzata la visita? Quali reparti e uffici vi sono stati mostrati?
3. Quali informazioni hai ricavato sulla struttura dell'azienda e sull'organizzazione del lavoro?

4. Quali figure professionali hai incontrato?
5. Le attività che hai visto sono attinenti al tuo percorso di studi?
6. Hai individuato mansioni che potrebbero essere adatte alle tue esigenze?
7. Che cosa ti ha più colpito?
8. Le tue aspettative sono state confermate o deluse? Perché?

20 **Scegli un'azienda significativa del tuo territorio, raccogli le informazioni necessarie in rete, quindi presentala in circa una pagina utilizzando la scaletta che trovi a p. 172.**

21 **Sulla base delle informazioni ricevute negli incontri con il personale e durante la visita aziendale, eventualmente integrate con i materiali informativi forniti dall'azienda e disponibili in rete, scrivi la presentazione dell'azienda visitata, utilizzando la scaletta che trovi a p. 172.**

22 **Un aspetto molto importante delle attività di accostamento al mondo lavorativo è la formazione in materia di sicurezza nei luoghi di lavoro. Con l'aiuto della scaletta, al termine dell'esperienza di stage scrivi una breve relazione su questo aspetto del tuo percorso formativo.**

1. Com'è stata organizzata la formazione generale sulla sicurezza a scuola (incontri in presenza, attività online, lavori di gruppo ecc.)?
2. Quali sono stati i contenuti fondamentali di questo segmento della formazione?
3. Da chi è stata realizzata la formazione specifica sui rischi del tuo profilo lavorativo nella struttura ospitante (dalla scuola su delega dell'azienda, dall'azienda, da un ente esterno)?
4. Quali rischi sono connessi ai compiti che ti sono stati assegnati, alle macchine da utilizzare, ai tempi di esposizione?
5. Ti sono stati forniti dispositivi di protezione individuale? Spiegane brevemente la funzione.
6. Quali norme di comportamento, relative alla sicurezza, ti è stato chiesto di rispettare? Ti sei attenuto ad esse?

23 **Al termine dello stage in azienda, presenta ai tuoi compagni l'azienda ospite, utilizzando entrambe le parti della scaletta che trovi a p. 172.**

IL PROFILO AZIENDALE

24 **Seguendo i link, visita i profili delle quattro aziende indicate, leggili con attenzione e analizzali con l'aiuto delle domande.**

- AbeBooks → www.abebooks.it/profilo-aziendale
- BiVi Srl → www.bivisrl.it/index.php/la-nostra-attivita/profilo-aziendale
- Erbolario → www.erbolario.com/it/azienda/i-nostri-valori
- SMA Italia → www.sma-italia.com/azienda/informazioni-su-sma/profilo-aziendale

1. Il profilo rispetta le caratteristiche di sinteticità?
2. Si capisce con facilità quale prodotto/servizio viene offerto?
3. È messo in evidenza il punto di forza dell'azienda? Sintetizzalo.
4. Il linguaggio e il tipo di messaggio sono adeguati ai potenziali clienti?
5. Si usano elementi grafici?
6. Indica che cosa ti è piaciuto di più e che cosa ti è piaciuto di meno di ciascun profilo.

25 **Visita tre profili aziendali on-line a tua scelta e verifica se sono incorsi negli errori sotto elencati.**

- **Autoreferenzialità**: si forniscono informazioni che gratificano chi scrive, ma non interessano ai clienti.
- **Prolissità**: il linguaggio è poco sintetico, ci sono troppe informazioni secondarie.
- **Tecnicismo**: vengono utilizzati molti termini tecnici, spesso non comprensibili a gran parte dei clienti.
- **Oscurità**: le frasi, anziché brevi e chiare, sono lunghe, complesse, contorte, difficili da capire.
- **Disordine informativo**: le informazioni essenziali non sono poste all'inizio; ad esempio, bisogna leggere molte righe prima di capire di che cosa si occupa l'azienda.
- **Grafica non funzionale**: la pagina è piatta, usa font poco leggibili, non contiene immagini né elementi di colore, o al contrario è sovraccarica di immagini ed elementi grafici.

26 **Scrivi il profilo aziendale di un'azienda immaginaria comprendendo i punti indicati.**

- Nome dell'azienda, tipologia, settore di attività.
- Informazioni di base (numero dipendenti, fatturato, sedi).
- Di che cosa si occupa.
- Punti di forza.
- Breve storia.
- Missione aziendale.
- Indirizzo e contatti.

27 **Dividete la classe in gruppi di lavoro di 4/5 studenti.**

- Prima fase (un'ora): ogni gruppo inventa un'azienda immaginaria, decidendo nome, tipi di prodotti/servizi, caratteristiche di base, clientela preferenziale, storia, filosofia o missione aziendale.
- Seconda fase (due ore): ogni gruppo scrive il profilo aziendale dell'azienda inventata da un altro gruppo (gruppo cliente).
- Fase finale: il prodotto viene consegnato al gruppo cliente che dovrà indicare, in modo motivato, se il lavoro soddisfa o meno le sue esigenze.

28 **Un'azienda (reale) che opera sul tuo territorio, nello stesso ambito in cui stai compiendo il tuo percorso di tirocinio, non ha ancora un profilo aziendale in rete. Scrivilo tu.**

LA RELAZIONE FINALE

29 **Al termine del tuo percorso formativo, in vista dell'Esame di Stato, scrivi la relazione per documentare l'esperienza di alternanza scuola-lavoro, utilizzando la griglia proposta a p. 174.**

30 **Selezionando con cura le informazioni, trasforma la relazione dell'esercizio precedente in un intervento orale di circa 10 minuti accompagnato da una presentazione multimediale.**

2 La comunicazione professionale: presentarsi

Vedremo qui una serie di testi che dovrai imparare a scrivere per inseriti nel mondo del lavoro (un esempio è il curriculum vitae) oppure di ampio uso nell'ambiente lavorativo, che potrai essere chiamato a realizzare nel corso dello stage (un esempio è il dépliant). Diversi tra loro per caratteristiche testuali, dovrebbero tutti essere accomunati da un requisito comune: la **chiarezza**. Imparare a scriverli, dunque, avrà sicuramente ricadute molto positive sulla tua capacità di scrittura e sulle tue abilità comunicative.

2.1 La lettera formale

Un tempo le lettere costituivano il più comune mezzo di comunicazione tra persone lontane. Anche oggi, sebbene affiancate da altri strumenti più comodi e rapidi (posta elettronica, telefono, sms), continuano a essere usate nelle più diverse circostanze. In particolare, nella pubblica amministrazione come nelle transazioni tra privati, rimangono lo strumento privilegiato nelle comunicazioni ufficiali: mediante una **lettera ufficiale**, un medico inviterà i suoi pazienti a partecipare a una campagna di screening oncologico; il padrone di casa informerà un inquilino della disdetta del contratto di affitto; un lavoratore presenterà al datore di lavoro le dimissioni volontarie.

In base ai rapporti tra il mittente (colui che scrive) e il destinatario (colui che riceve) e allo scopo per cui si scrive, se ne distinguono due tipi fondamentali: la **lettera personale** (o privata) e la **lettera formale**.

La **lettera personale** è rivolta a una persona con la quale si hanno rapporti di intimità, amicizia, conoscenza. Si scrive per fare gli auguri, rimanere in contatto, fare le condoglianze, invitare a una festa. Scritte in un linguaggio colloquiale, le lettere personali sono una forma espressiva molto libera, che non richiede particolari regole. Inoltre, questo tipo di lettere è oggi sempre più raro, rispetto a modalità di comunicazione più rapide e agili come le e-mail, gli sms, i messaggi WhatsApp.

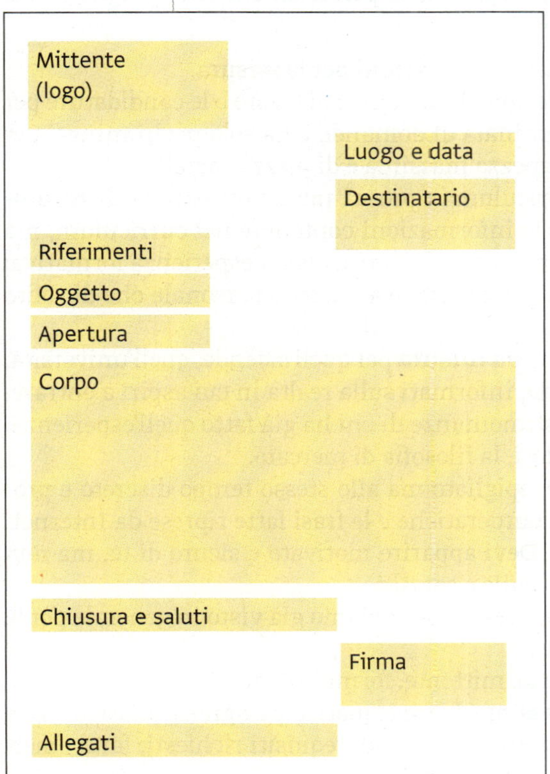

Al contrario, le **lettere formali** sono rivolte a estranei, autorità, clienti, professionisti, ditte, enti. Hanno sempre uno scopo preciso: comunicare o richiedere informazioni, rivolgere una richiesta, sporgere un reclamo, rescindere un contratto, presentare una candidatura ecc. Il registro è formale; il tono è distaccato, senza espressioni confidenziali; il linguaggio è sintetico, con frasi brevi, chiare; il lessico è accurato e preciso. Spesso si fa ricorso a modelli di riferimento (facsimile) fissi.

La lettera formale va sempre scritta al computer e impaginata rispettando una struttura convenzionale.

Seguendo la falsariga di questa struttura, vediamo alcune indicazioni per la stesura e l'impaginazione.

- In alto a sinistra, si scrivono i dati del **mittente**: se è un privato, nome, cognome, indirizzo, telefono, e-mail; se è un'azienda, logo, nome, indirizzo, telefono, fax, e-mail.
- Immediatamente sotto, sulla destra, si indicano il **luogo** e la **data** in cui la lettera è stata scritta, separati da una virgola (ad esempio: Venezia, 6 gennaio 2018).
- Allineati sotto luogo e data, il nome e il cognome del **destinatario**, il nome o la ragione sociale della ditta, dell'ente, dell'ufficio pubblico, seguito dall'indirizzo.

- I **riferimenti**, nelle lettere commerciali o in uno scambio epistolare con un ente pubblico, indicano precedenti scambi tra mittente e destinatario, o il numero di una pratica.
- L'**oggetto**, indicato in modo chiaro ed esplicito, sintetizza il contenuto della comunicazione.
- La **formula di apertura** è distaccata e cortese, e si avvale di formule fisse: *Spettabile* per una ditta, *Gentile* per una persona: se questa ha un titolo, è bene indicarlo (ad esempio, *Gentile professor Verdi*). Vanno evitate forme ormai antiquate come *esimio, stimatissimo*.
- Nel **corpo della lettera** vanno spiegate con molta chiarezza le ragioni per cui si scrive, in forma concisa, senza digressioni; in genere una lettera formale non deve superare i tre o quattro capoversi. Se il destinatario è una persona, si usa il pronome *lei*; in contesti molto formali *Lei* (*Le, La*) e l'aggettivo personale *Suo* possono essere scritti con l'iniziale maiuscola in segno di rispetto.
- La **chiusura**, spesso unita ai **saluti**, è di solito affidata a formule fisse, come *I miei migliori saluti; Cordiali saluti; Ringraziando per l'attenzione; Ringraziandovi sentitamente; In attesa di un Suo riscontro, voglia gradire i nostri più distinti saluti.*
- La **firma** va sempre fatta a mano, con nome e cognome, in fondo a destra.
- Se ci sono **allegati**, vanno elencati in basso a sinistra, dopo la firma.
- Anche l'**impaginazione** va curata: è bene scegliere un font tradizionale e ben leggibile (con corpo almeno 10); aiutare il lettore a cogliere a colpo d'occhio la scansione in capoversi, usando un rientro iniziale o lo stacco di un'interlinea.

La lettera motivazionale

Un tipo di lettera formale che è importante imparare a scrivere per inserirsi nel mondo del lavoro è la **lettera motivazionale**, o anche **lettera di presentazione**. Unita al curriculum [› p. 183] è la "carta da visita" con la quale si risponde a un annuncio, si presenta la propria candidatura per uno stage oppure per una borsa di studio Erasmus. Al contrario del curriculum, che è costituito da voci standard, è dunque un documento molto **personale**, che deve fare emergere perché proprio noi, tra tanti altri candidati, dovremmo essere presi in considerazione per quell'incarico o quella borsa di studio: quali sono le nostre motivazioni, le attitudini, le competenze, le esperienze personali che ci distinguono e ci rendono la "persona giusta al posto giusto".

Vediamone le caratteristiche generali e alcune indicazioni per la stesura.

- Il testo deve essere molto **breve**: chi seleziona le domande di lavoro o le candidature per una borsa di studio, riceve decine o centinaia di domande e ha solo pochi minuti per esaminare lettera e curriculum; la lunghezza massima è di mezza cartella.
- La lettera motivazionale non è un "curriculum in prosa", ma un breve testo di **accompagnamento**; dunque non si ripetono le informazioni contenute nel curriculum, ma si spiega perché ci si ritiene adatti proprio a quel lavoro, a quella esperienza formativa; piuttosto, si lascerà spazio alla propria personalità e al vissuto personale che di solito non rientrano in un curriculum, ma possono fare la differenza.
- Una buona lettera motivazionale è scritta **su misura** per quell'azienda, quell'università, quel centro formativo. Prima di scriverla, informati sulla realtà in cui aspiri a entrare, visitando il sito aziendale, leggendo testimonianze di chi ha già fatto quell'esperienza. Cerca di individuarne la missione, i valori, la filosofia di mercato.
- Il **tono** deve essere cordiale, personale, spigliato ma allo stesso tempo discreto e professionale. Evita dunque sia le formule burocratiche e le frasi fatte riprese da Internet, sia le espressioni troppo confidenziali. Devi apparire motivato e sicuro di te, ma non arrogante, gentile e rispettoso ma non umile e servile.
- La **struttura** e l'**impaginazione** sono le stesse che abbiamo già visto in generale per le lettere formali. Prevedi le seguenti parti:
  - **intestazione**: luogo, data, destinatario, mittente, formula di apertura;
  - **corpo della lettera**: costituito al massimo da tre o quattro paragrafi; qui esporrai le tue motivazioni, sottolineerai che sei in possesso dei requisiti richiesti, farai emergere gli aspetti di te che ti rendono adatto a quell'incarico;

- **chiusura**: concludi con una frase che sintetizzi le tue motivazioni e le tue attitudini, seguita dai saluti. Non dimenticare la firma;
- cura la **correttezza** formale e rileggi con attenzione: una lettera con errori di battitura e un italiano sgrammaticato farà scartare immediatamente la tua candidatura.

2.2 L'e-mail

L'**e-mail** (in inglese *electronic mail*, "posta elettronica") è un servizio Internet che consente di inviare e ricevere messaggi. È una forma di comunicazione molto rapida e comoda: il messaggio arriva a destinazione quasi in tempo reale e può essere inviato contemporaneamente a più destinatari. È possibile anche inviare e ricevere allegati (*attachment*): file di testo, immagini, file audio e video ecc.

Per scrivere e-mail efficaci occorre:

- scrivere nell'apposito spazio l'**indirizzo elettronico** del destinatario. È possibile inviare il messaggio a più destinatari scegliendo tra due funzioni: utilizzando l'opzione Cc (*copia per conoscenza*) gli indirizzi degli altri destinatari saranno visibili, mentre utilizzando l'opzione Ccn (*copia per conoscenza nascosta*) essi non verranno divulgati; è da preferire questa seconda opzione, a meno che i destinatari si conoscano tra loro o facciano parte di un gruppo di lavoro;
- scrivere sempre l'**oggetto** (*object*): per assicurarsi che il destinatario apra e legga il messaggio, è importante formularlo in modo sintetico ma preciso;
- a differenza della lettera formale, **non si indicano** luogo, data e indirizzo del mittente, che vengono inserite automaticamente dal sistema;
- per la **formula di apertura** valgono le stesse indicazioni già viste per le lettere; se c'è confidenza con il destinatario, può essere omessa;
- il **corpo del testo** deve essere breve e finalizzato allo scopo. È bene che non occupi più di una schermata. Molte persone ricevono decine e centinaia di messaggi; inoltre, la posta viene spesso letta sul display di un telefonino o di uno smartphone. Il messaggio dunque sarà diretto, chiaro e sintetico, iniziando dalle notizie più importanti;
- se si hanno molte cose da dire, è meglio inserirle in un **allegato**, segnalando la sua presenza nelle prime righe del messaggio;
- curare l'impaginazione in modo da favorire la **leggibilità**: i capoversi devono essere molto brevi, separati da un'interlinea; usare elenchi puntati e numerati per evidenziare le informazioni; evitare formattazioni sofisticate (testo colorato, variazioni di font) perché potrebbero andare perdute se il destinatario non usa lo stesso sistema di posta;
- il **registro** e il **tono** devono essere adeguati al destinatario; oggi le e-mail sostituiscono sempre più anche le lettere formali (ad esempio, solo il 5% delle lettere motivazionali è inoltrato per posta): dunque varierà il mezzo di trasmissione, ma non il linguaggio;
- **firmare** sempre il messaggio; se la lettera è destinata a estranei, si mettono i dati completi: nome e cognome, indirizzo postale, indirizzo elettronico, numero di telefono; molti programmi permettono di creare una o più firme digitali da usare in diverse occasioni;
- prima di spedire il messaggio, **rileggere**: è facile fare errori di battitura; controllare gli indirizzi dei destinatari e che gli allegati siano quelli giusti. Attenzione: le e-mail possono essere archiviate, stampate, inoltrate ad altri: è opportuno quindi verificare di non aver scritto nulla la cui divulgazione potrebbe creare problemi.

2.3 Il curriculum vitae

Il **curriculum vitae** (espressione latina che significa "percorso della vita") è una sintetica esposizione della propria carriera scolastica e lavorativa, che bisogna allegare a domande di assunzione, richieste di borse di studio, iscrizioni a concorsi e corsi di specializzazione.

Il CV è il primo passo per affacciarsi al mondo del lavoro: è grazie al curriculum che chi seleziona le domande di lavoro (nelle piccole aziende spesso è lo stesso imprenditore a occuparsene) decide se cestinare subito la candidatura o se contattare il candidato per un colloquio.

Per scrivere un curriculum vitae funzionale, che presenti nel modo migliore le tue esperienze e competenze, attieniti alle istruzioni diffuse dall'Unione Europea in accompagnamento al Curriculum Vitae Europeo:

- **sii breve**: il selezionatore dedica a ciascun curriculum meno di un minuto; non inserire informazioni superflue: ad esempio, un laureato non indicherà il diploma di scuola superiore, a meno che questo sia attinente alla candidatura; usa un linguaggio chiaro e conciso;
- verifica di possedere i **requisiti richiesti**: se non li hai, inutile presentare domanda;
- fornisci **elementi di contesto** dettagliati, e specifici esempi delle attività svolte;
- **adatta il curriculum** al posto cui aspiri: enfatizza le esperienze e le competenze pertinenti a quel tipo di impiego, tralascia quelle non attinenti; ad esempio, non occorre menzionare esperienze formative o professionali non coerenti con le richieste del datore di lavoro;
- **rileggi e controlla** il contenuto, la forma, la correttezza ortografica; un curriculum sgrammaticato o pieno di refusi ti farebbe scartare immediatamente;
- **non mentire**: le informazioni false finirebbero comunque per emergere, screditandoti nel corso del colloquio.

Nella compilazione si seguono uno schema e un ordine standardizzati. Si possono presentare due situazioni generali:

- chi **non ha esperienza lavorativa** (come un neodiplomato o un neolaureato), nel CV inserirà le informazioni anagrafiche, il percorso scolastico, le competenze linguistiche, le capacità e le attitudini, gli interessi e le attività extraprofessionali;
- chi **ha già lavorato** si concentrerà soprattutto sulle esperienze professionali.

CURRICULUM VITAE

Informazioni personali	Nome e cognome, data di nascita, indirizzo, telefono, indirizzo mail
Esperienze lavorative	Impieghi pertinenti, elencati separatamente a partire dal più recente (periodo; nome e indirizzo del datore di lavoro; tipo di azienda o settore; tipo di impiego; principali mansioni e responsabilità)
Formazione	Titolo scolastico conseguito, corsi di formazione e specializzazione (inclusi gli stage o i tirocini), sempre a partire dal più recente
Competenze linguistiche	Madrelingua; altre lingue. Di tutte si indica il livello di competenza di lettura e di espressione orale (eccellente, buono, elementare). Eventuali soggiorni all'estero e attestati (con data ed ente, eventuale votazione)
Competenze informatiche	Linguaggi di programmazione conosciuti; capacità di utilizzo dei principali pacchetti software; esperienze specifiche; corsi di formazione e attestati
Capacità e competenze professionali	Capacità e competenze relazionali (attitudine a lavorare in gruppo), organizzative (coordinamento e amministrazione), tecniche (uso di attrezzature specifiche)
Attività extraprofessionali e interessi	Attività di volontariato, attività culturali e sociali; hobby; capacità e competenze artistiche; altre capacità e competenze non precedentemente indicate
Dati generali	Altri dati che si ritiene importante citare: patenti di guida particolari, disponibilità a trasferimenti e trasferte, a seguire corsi di formazione

Il Curriculum Vitae Europeo

Il **Curriculum Vitae Europeo** (CVE) è un modello di curriculum elaborato dall'Unione Europea, pensato per favorire la mobilità dei cittadini nell'area comunitaria, superando l'ostacolo costituito dalle discrepanze tra i sistemi scolastici dei vari Paesi dell'Unione e tra i sistemi di riconoscimento delle qualifiche, dei titoli scolastici e delle esperienze professionali.

Abbastanza simile al modello che abbiamo già visto, il CVE valorizza maggiormente le **esperienze di vita** e le competenze acquisite **nella vita sociale**, che vanno ad affiancare quelle maturate a scuola e nella vita professionale. Va compilato attenendosi al modello ufficiale, disponibile in rete (nel sito europass.cedefop.europa.eu), rispettando anche la formattazione standard.

europass

Curriculum Vitae

INFORMAZIONI PERSONALI — Nome (i) Cognome (i)

via, numero civico, codice postale, città, paese

numero telefonico — numero telefono cellulare

indirizzo e-mail

sito web personale

Sesso | Data di nascita gg/mm/aaaa | Nazionalità

OCCUPAZIONE DESIDERATA
TITOLO DI STUDIO
DICHIARAZIONI PERSONALI — Indicare lavoro richiesto / posizione / occupazione desiderata / studi intrapresi / dichiarazioni personali.

ESPERIENZA PROFESSIONALE

[Inserire separatamente le esperienze professionali svolte iniziando dalla più recente. Ricopiare il campo quante volte è necessario]

Date (da - a) — Lavoro o posizione ricoperta

Nome e località del datore di lavoro (se rilevante, indirizzo completo e indirizzo sito web)

- Principali attività e responsabilità.

Attività o settore

ISTRUZIONE E FORMAZIONE

[Inserire separatamente i corsi frequentati iniziando da quelli più recenti. Ricopiare il campo quante volte è necessario]

Date (da - a) — Qualifica rilasciata (titolo di studio)

Nome e indirizzo dell'organizzazione erogatrice dell'istruzione e formazione (se rilevante, indicare il paese)

Elencare le principali materie trattate o abilità acquisite.

COMPETENZE PERSONALI

[Indicare la competenza linguistica in base al Quadro comune europeo di riferimento per le lingue]
Livelli: A1/A2: Utente base - B1/B2: Utente intermedio - C1/C2: Utente avanzato

Lingua madre — Indicare la lingua(e) madre

	COMPRENSIONE		PARLATO		PRODUZIONE SCRITTA
Altre lingue	Ascolto	Lettura	Interazione	Produzione orale	
Lingua 2	Inserire il livello	Inserire il livello	Inserire il livello	Inserire il livello	Inserire il livello
	Nome del certificato di lingua acquisito. Inserire il livello, se conosciuto				

◀◀

Lingua 3	Inserire il livello	Inserire il livello	Inserire il livello	Inserire il livello	Inserire il livello
	Nome del certificato di lingua acquisito. Inserire il livello, se conosciuto				

Competenze comunicative	Indicare le competenze comunicative possedute. Specificare in quale contesto sono state acquisite. Esempio: possiedo buone competenze comunicative acquisite durante la mia esperienza di direttore vendite.
Competenze organizzative e gestionali	Indicare le competenze organizzative e gestionali possedute. Specificare in quale contesto sono state acquisite. Esempio: leadership (attualmente responsabile di un team di 10 persone).
Competenze professionali	Indicare le competenze professionali possedute non indicate altrove. Esempio: buona conoscenza dei processi di controllo qualità (attualmente responsabile del controllo qualità).

Competenza digitale

AUTOVALUTAZIONE

Elaborazione delle informazioni	Comunicazione	Creazione di Contenuti	Sicurezza	Risoluzione di problemi
Inserire il livello	Inserire il livello	Inserire il livello	Inserire il livello	Inserire il livello

Livelli: Utente base - Utente intermedio - Utente avanzato

Nome del(i) certificato(i) TIC

Indicare altre competenze informatiche possedute. Specificare in quale contesto sono state acquisite. Esempi: buona padronanza degli strumenti della suite per ufficio (elaboratore di testi, foglio elettronico, software di presentazione); buona padronanza dei programmi per l'elaborazione digitale delle immagini acquisita come fotografo a livello amatoriale.

Altre competenze	Indicare altre rilevanti competenze non ancora menzionate. Specificare in quale contesto sono state acquisite. Esempio: gestione di un blog personale.
Patente di guida	Indicare la categoria/e della patente di guida.

ULTERIORI INFORMAZIONI

Pubblicazioni Presentazioni Progetti Conferenze Seminari Riconoscimenti e premi Appartenenza a gruppi / associazioni Referenze Menzioni Corsi Certificazioni	Qui si potranno inserire la partecipazione a esperienze di volontariato, corsi e certificazioni conseguiti al di fuori del percorso scolastico, ma comunque attinenti all'occupazione desiderata.

ALLEGATI

	Lista dei documenti allegati.
Dati personali	Autorizzo il trattamento dei miei dati personali ai sensi del Decreto Legislativo 30 giugno 2003, n. 196 "Codice in materia di protezione dei dati personali".

2.4 Il colloquio di lavoro

Nel percorso per ottenere un posto di lavoro, il punto culminante è costituito dal **colloquio di lavoro**. Si tratta di un incontro, che abitualmente avviene in azienda, con il responsabile del reclutamento del personale. Se si viene convocati, significa che il curriculum e la lettera motivazionale hanno suscitato interesse; dunque il colloquio va affrontato con serietà, determinazione e fiducia.

Per l'azienda, l'obiettivo del colloquio è capire, tra i vari candidati che sembrano possedere i requisiti adatti, qual è il migliore; il tuo obiettivo è rafforzare l'**immagine positiva** trasmessa dal CV, dimostrando di essere il candidato ideale sul piano della competenza professionale, delle capacità relazionali, della motivazione.

La preparazione

Un buon colloquio va preparato con cura. In primo luogo, rileggi con attenzione l'inserzione o il bando per il posto per il quale ti sei offerto, soffermandoti sui requisiti richiesti. Rileggi il tuo CV e la lettera motivazionale, cercando di individuare qual è il punto di incontro tra le esigenze dell'azienda e il tuo profilo personale. Visita il **sito dell'azienda**, riflettendo su quale immagine di sé essa vuole trasmettere all'esterno: soffermati sul profilo aziendale, la storia, la struttura interna, gli obiettivi a lungo termine, la missione e la filosofia aziendale. In questo modo, ti sarà più facile prevedere quale tipo di domande ti verranno rivolte e prepararti a rispondere.

La prima impressione è quella che conta. E questa impressione non si baserà solo su quello che dirai ma anche, e in larga parte, sull'immagine che darai di te. Scegli con cura l'**abbigliamento** da indossare, adattandolo al contesto: se aspiri a un ruolo creativo, potrai adottare uno stile più informale, ma solitamente è meglio optare per uno stile classico e sobrio, con qualche accessorio non troppo vistoso. La pulizia e l'igiene devono essere ineccepibili e l'aspetto curato e ordinato. Anche il **linguaggio del corpo** è importante: bisogna controllare il nervosismo, cercando di apparire aperti, disponibili, sicuri di sé, ma mai sopra le righe.

Il giorno del colloquio, porta con te il CV e tutti gli eventuali documenti richiesti. Arriva con un leggero anticipo; prima di entrare nella stanza dove si svolgerà il colloquio, spegni o silenzia il telefonino.

Lo svolgimento del colloquio

- Entra nella stanza con **atteggiamento disinvolto**; inizia con un sorriso e una stretta di mano; saluta garbatamente l'intervistatore e presentati.
- Controlla il **linguaggio del corpo** e la **voce**: non sederti prima dell'intervistatore, quindi fallo in posizione eretta; rivolgiti sorridendo a chi ti sta parlando; mantieni il contatto visivo con l'interlocutore; usa un tono di voce chiaro, tranquillo e sicuro.
- Rispondi in modo **conciso** ma **preciso** e **pertinente**, riflettendo con calma sulla risposta.
- Di solito si inizia con una **domanda molto generale** del tipo *"Ci parli di lei"*. Preparati una breve autopresentazione in cui sottolineerai gli aspetti salienti del tuo percorso formativo e/o professionale legati all'offerta di lavoro.
- In genere il colloquio prosegue con domande sulla **motivazione**, sulle **capacità relazionali**, sugli **atteggiamenti** verso il lavoro, sui **punti di forza** e **di debolezza** del candidato. Non farti sconcertare da domande "scomode" su questi ultimi: il colloquio serve anche a dimostrare che sai reagire in modo positivo alle difficoltà.
- Il colloquio è utile anche a te per capire meglio se l'offerta di lavoro è davvero adatta alle tue esigenze; **fai qualche domanda** all'intervistatore, dimostrando in questo modo il tuo interesse per l'azienda e il posto di lavoro offerto.
- Alla **fine** del colloquio, non dimenticare di ringraziare l'intervistatore e di salutarlo con una nuova stretta di mano.

Dopo il colloquio, rifletti sul suo andamento, sulle domande che ti sono state rivolte e sulle tue risposte. Qualsiasi sia il risultato, questo breve bilancio ti sarà utile per i colloqui futuri. Dopo un paio di giorni, è buona norma inviare una mail di ringraziamento all'intervistatore; senza esagerare con i convenevoli, ringrazia in modo cortese e sintetico.

LABORATORIO

LA LETTERA FORMALE

1 **Nella tua vita sono intervenute grandi novità che senti il bisogno di confidare al tuo migliore amico. Purtroppo è all'estero e tornerà solo tra due mesi. Telefonargli sarebbe molto costoso, inutile scrivergli una e-mail perché non ha possibilità di collegarsi a Internet. Non ti rimane che la cara, vecchia lettera: scrivila!**

2 **In seguito a una malattia o un incidente, sei stato ricoverato in ospedale; adesso che sei tornato a casa guarito, vuoi esprimere la tua riconoscenza al personale che si è dimostrato splendido sul piano umano e professionale. Scrivi due lettere di ringraziamento secondo le indicazioni.**

1. Lettera informale alla fisioterapista Luciana, con la quale hai stretto amicizia.
2. Lettera formale al personale del reparto dove sei stato ricoverato.

3 **Nelle cantine del tuo palazzo sono stati segnalati alcuni topi. Hai già telefonato all'amministratore per richiedere un intervento di derattizzazione, ma senza esito. Scrivi dunque una lettera formale per ribadire la tua richiesta. Usa un tono gentile, ma fermo, sottolineando la gravità del problema.**

4 **Scrivi una lettera al gestore telefonico per disdire il contratto del tuo telefonino.**

5 **Da anni, collezioni con passione un manga che esce con cadenza quindicinale. Ma nelle edicole della località dove hai trascorso le vacanze estive non era disponibile, così hai perso due numeri. Scrivi una lettera all'editore per richiedere l'invio dei numeri arretrati.**

6 **Il tuo negozio di abiti per bambini compie dieci anni. Per festeggiare e allo stesso tempo promuovere le vendite, scrivi una lettera ai clienti iscritti alla tua newsletter, in cui offri loro uno sconto del 10% su alcune categorie di prodotti. Precisa bene la durata e i termini dell'offerta.**

7 **Ora che le giornate si sono allungate, hai notato che i lampioni del tuo quartiere al mattino e alla sera restano accesi anche quando non servono. Scrivi una lettera di protesta all'Assessorato ai Lavori Pubblici, segnalando il problema.**

8 **Rispondi alle seguenti offerte di lavoro, scrivendo la lettera motivazionale da allegare al curriculum.**

1. Un'azienda di vendita al dettaglio, operante nel settore della grande distribuzione organizzata, ci ha incaricato di cercare addetti alla vendita.
   Il lavoro: il/la candidato/a è disponibile a lavorare in uno o più reparti. Non è richiesta esperienza pregressa nel ruolo.
   Il profilo: il/la candidato/a ideale è iscritto/a a un percorso di studi universitario ed è disponibile a lavorare durante i weekend e nei giorni festivi.
   Per candidarsi: inviare CV citando il riferimento "437861 ADDETTO/A VENDITA" a rossi.mario21@cercolavoro.it

2. Snowball Italia seleziona responsabili animazione per la prossima stagione invernale 2019/20 per strutture turistiche di montagna in Italia. Le partenze sono da fine novembre in poi.
La figura ricercata deve avere esperienza nel settore animazione turistica con elaborazione di programmi di attività specifici da attuare nelle strutture alberghiere.
Viene offerto: contratto in regola, vitto e alloggio presso la struttura turistica.
I candidati selezionati saranno contattati per un colloquio conoscitivo presso le nostre sedi in Italia.
Inviare curriculum con foto a: inverno@snowball.it

9 **Presenta la tua candidatura come volontario, scrivendo una lettera motivazionale da allegare alla domanda.**

Fondazione *Più di un Sogno* – Fondazione per la sindrome di Down e la disabilità intellettiva ricerca volontari e volontarie che abbiano un po' di tempo da dedicare ai suoi progetti.
Più di un Sogno ha l'obiettivo di migliorare la vita di bambini, ragazzi e giovani adulti con sindrome di Down e disabilità intellettiva sviluppando progetti di inclusione sociale, abitativa, lavorativa.
Il volontario avrà la possibilità di affiancare gli operatori in alcune attività dedicate a ragazzi e giovani adulti con disabilità intellettiva inerenti l'inclusione lavorativa e il tempo libero. In particolar modo il progetto inerente l'inclusione lavorativa sarà svolto durante la settimana, affiancando educatori e operatori durante le attività di formazione al lavoro.
Per informazioni e per unirti alla nostra squadra di volontari scrivici a press@valemour.it.

(www.focsiv.it/volontariato/piu-di-un-sogno-fai-battere-il-cuore-per-noi)

10 **Presenta la tua candidatura a una borsa di studio Erasmus, scrivendo una lettera di accompagnamento al curriculum. Nel corpo del testo non dovranno mancare riferimenti al tuo CV, con particolare riguardo alle conoscenze linguistiche, ma insisterai soprattutto sulle motivazioni.**

L'E-MAIL

11 **È arrivato il momento della sospirata festa dei diciotto anni. Scrivi una e-mail di invito ai tuoi amici, seguendo le indicazioni.**

1. Crea una mailing list con gli indirizzi degli invitati.
2. Utilizzando un sistema tipo Google Maps, crea una mappa che aiuti a raggiungere il locale della festa.
3. Utilizzando un programma on-line crea un biglietto di invito.
4. Definisci l'oggetto della e-mail.
5. Scrivi il messaggio di invito, senza dimenticare le informazioni pratiche (in particolare luogo e orario).
6. Allega la mappa e il biglietto.
7. Invia il messaggio ai membri della mailing list.

12 **Hai terminato lo stage in azienda. Il tutor si è rivelato una figura fondamentale e sempre disponibile ad aiutarti in ogni modo. Scrivigli una e-mail di ringraziamento, calda e affettuosa, ma al tempo stesso rispettosa e discreta.**

13 **A scuola partecipi al progetto "Gestiamo insieme la biblioteca". Invia una e-mail agli utenti i cui prestiti sono scaduti, per sollecitare la restituzione dei volumi. Ricordati di precisare con esattezza di quali libri si richiede la restituzione e quando è scaduto il prestito. Se il regolamento della scuola lo prevede, non dimenticare le eventuali sanzioni previste per i ritardatari.**

14 **Un prodotto che hai acquistato, ancora coperto da garanzia, si è guastato. Invia al fornitore una e-mail con la richiesta di riparazione o sostituzione del prodotto difettoso.**

15 **La tua famiglia sta pensando di sostituire gli infissi del vostro appartamento. Cerca in rete gli indirizzi delle migliori ditte del settore presenti nella tua zona e invia loro una e-mail per chiedere un preventivo.**

16 **Sei stato ammesso a frequentare uno stage e hai appuntamento con il tuo futuro tutor. Ma all'ultimo momento si presenta un impedimento per causa di forza maggiore. Scrivi una e-mail per disdire l'appuntamento e spiegare perché ti è impossibile essere presente.**

17 **Scrivi una e-mail a una rivista on-line che si occupa di tematiche ambientali per proporre la tua collaborazione con articoli, interviste, fotografie. Spiega perché hai scelto proprio questa rivista, di quali temi vorresti occuparti, in che modo la collaborazione potrebbe essere proficua sia per te sia per la rivista.**

IL CURRICULUM VITAE

18 **In vista della compilazione del CV, fai una lista, in ordine cronologico, delle esperienze formative, indicando il titolo di studio e i corsi frequentati (dal più recente al più lontano nel tempo), precisando di ciascuno le date, l'istituzione erogatrice, i contenuti principali.**

19 **Rifletti sulle tue competenze organizzative compilando la tabella.**

Competenze organizzative				
Organizzazione del lavoro	So organizzarmi nel gestire i compiti, il tempo, il denaro	Poco	In parte	Molto
Ritmi di lavoro	Porto a termine i compiti	Lentamente	A velocità media	Rapidamente
Disponibilità	Se una cosa è importante mi impegno	Poco	Adeguatamente	Molto
Precisione	I lavori che richiedono accuratezza mi riescono	Non molto bene	Adeguatamente	Molto bene
Concentrazione	Concentrarmi a lungo su qualcosa senza distrarmi	È difficile	Non sempre mi riesce	Mi riesce facilmente
Comunicazione	Presentare una relazione di fronte ad altri	È difficile	Non sempre mi è facile	Mi riesce facilmente

(adattato da: IRE, Immagina di presentarti, www.provinz.bz.it/bildungsfoerderung/downloads/Immagina_di_presentarti_IRE.pdf)

20 **Rifletti sulle tue competenze personali compilando la tabella.**

Competenze personali				
Creatività	Quando scrivo, disegno, scelgo come vestirmi, devo risolvere un problema	Ho poche idee	Talvolta ho buone idee	Spesso ho idee originali
Autonomia	Senza aiuto esterno, affrontando un compito difficile	Faccio molti errori	Faccio qualche errore	Lo eseguo in modo corretto
Flessibilità	Di fronte a persone e situazioni nuove, mi adatto	Poco	Abbastanza	Molto
Affidabilità	Sono una persona su cui gli altri possono contare	Non troppo	In parte	È vero
Resistenza psicologica	Di fronte a problemi, difficoltà e stress	Vado in crisi	Me la cavo, ma a fatica	Me la cavo bene
Responsabilità	Mi assumo la responsabilità delle mie azioni e dei miei errori	Raramente	Quasi sempre	Sempre
Spirito di osservazione	Notare e ricordare particolari mi riesce	Difficile	Abbastanza facile	Molto facile
Determinazione	So che cosa voglio e posso ottenere e mi sento sicuro	Per nulla	In parte	È vero

(adattato da: IRE, Immagina di presentarti, www.provinz.bz it/bildungsfoerderung/downloads/Immagina_di_presentarti_IRE.pdf)

21 **Rifletti sulle tue competenze relazionali rispondendo alle domande.**

1. Ti è facile stabilire contatti con le altre persone? Oppure sei molto timido?
2. Quando ti trovi in gruppo, sai ascoltare gli altri o vuoi subito dire la tua?
3. In una discussione difficile, sei in grado di sostenere le tue opinioni in modo pacato e convincente?
4. Ti piace lavorare in gruppo? Oppure preferisci lavorare da solo? Perché?
5. Come reagisci quando ricevi una critica?
6. Pensi di essere una persona empatica? Sai metterti nei panni degli altri?
7. Quanto sei disponibile ad aiutare chi è in difficoltà?

22 **Seguendo il modello a p. 184, stendi il tuo CV.**

23 **In rete, scegli due offerte di lavoro attinenti alla tua formazione e/o alle tue attitudini; prepara due diverse versioni del CV adatte ai profili professionali richiesti.**

24 **Collegati al sito europass.cedefop.europa.eu, leggi attentamente le istruzioni quindi compila il tuo CVE on-line, seguendo le indicazioni.**

1. Aiutandoti con le istruzioni per la compilazione del curriculum Europass, individua le informazioni da dare e quelle da tralasciare.
2. Elimina le parti non pertinenti.
3. Per quanto riguarda le conoscenze linguistiche, cerca di valutarne il livello in modo realistico. Indicale utilizzando i livelli previsti dal Quadro comune europeo di riferimento per le lingue.

IL COLLOQUIO DI LAVORO

25 **Individua e sottolinea i comportamenti adeguati durante un colloquio di lavoro.**

Iniziare chiedendo informazioni sul trattamento economico • Sorridere e avere un atteggiamento sicuro • Mantenere il contatto visivo con l'interlocutore • Vestirsi in modo molto informale, secondo il proprio stile personale • Giocherellare distrattamente con la carta da visita dell'intervistatore • Rispondere in modo franco ma sicuro alle domande imbarazzanti • Fornire risposte in contraddizione con quanto si è scritto nel CV • Parlare con voce bassa ed esitante • Salutare con cortesia all'inizio e alla fine.

26 **Dividetevi in gruppi di tre: il primo studente sosterrà il ruolo di candidato, il secondo quello di intervistatore, il terzo quello di osservatore. Leggete l'annuncio economico sotto riportato e simulate il colloquio secondo le indicazioni.**

ANIMATORI NAVI DA CROCIERA

Agenzia di animazione cerca animatori e animatrici (anche senza esperienza) per partenze per navi da crociera e villaggi turistici internazionali e italiani. Collaboriamo con i maggiori tour operator del mondo.

Scopri i mille volti dell'animazione e realizza il tuo sogno di lavorare nei posti più belli.

Non necessaria conoscenza di lingue internazionali. Contratto di 6 mesi con rinnovo (possibilità di lavoro annuale) anche a tempo indeterminato. Offriamo contratto a norma di legge con versamento di contributi e assicurazione in caso di infortunio e malattia. Vitto, alloggio e volo andata e ritorno a carico nostro.

1. Tutti i membri del gruppo cercano informazioni sui requisiti che solitamente sono richiesti a un animatore turistico.
2. Il "candidato" scrive il proprio CV e la lettera motivazionale. Prepara quindi una breve lista di possibili risposte alle prevedibili domande dell'"intervistatore".
3. L'"intervistatore" legge il CV, quindi prepara una lista di domande: dovrà prevedere domande di tipo personale, sulla motivazione, sulle capacità relazionali, sulla specifica attitudine al ruolo richiesto.
4. Durante il colloquio l'"intervistatore" pone le domande, il "candidato" risponde e a sua volta si informa sulle caratteristiche del lavoro offerto; l'"osservatore" segue il colloquio, osserva l'atteggiamento del candidato, il suo linguaggio del corpo, l'impressione che trasmette; appunta domande e risposte. Infine esprime un giudizio motivato sull'adeguatezza del candidato in base ai seguenti parametri: motivazione; capacità di relazione e personalità; competenza professionale e attitudine al ruolo.

3 La comunicazione professionale: partecipare alla vita dell'azienda

3.1 Il verbale

Il verbale è un documento, in genere di carattere **ufficiale**, che riporta in modo oggettivo e fedele quanto è avvenuto, è stato detto e deciso in occasione di una pubblica riunione: ad esempio durante un'assemblea di condominio, un Consiglio di Classe, una seduta in tribunale, le attività di un seggio elettorale. Può trattarsi tanto di **organismi pubblici** (Consiglio di Classe, Consiglio di Istituto, Commissione elettorale, Senato della Repubblica) quanto di **organismi privati** (assemblee di soci di circoli, assemblee di condominio, consigli di amministrazione).

- **Che cos'è**: è un testo espositivo sintetico di tono oggettivo e impersonale, scritto in un linguaggio chiaro e sintetico, seguendo una struttura codificata.
- **A chi si rivolge**: a tutte le persone interessate, nel presente e nel futuro, alle deliberazioni dell'organismo.
- **A che cosa serve**: ad attestare e rendere ufficiali le delibere; ad attestare la regolarità dei lavori di una commissione o a segnalare anomalie; a mantenere memoria di fatti e discorsi; a informare gli assenti.

La stesura del verbale viene affidata al **segretario**, che lo redige al termine della riunione, sulla base dei propri appunti. Immediatamente, o talvolta in una seduta successiva, il verbale viene letto ad alta voce e approvato dall'assemblea. Chi scrive deve riferire le parole altrui con obiettività, usare un linguaggio impersonale, rispettare una struttura rigida che comprende i seguenti punti:

- **data**, **sede** della riunione, **ora** di inizio;
- **nome** dell'organismo che si riunisce;
- elenco degli argomenti in discussione o **ordine del giorno**;
- indicazione dei **presenti** e degli eventuali **assenti**;
- nome del **presidente**, ovvero di chi conduce la discussione e ne trae le conclusioni, e di chi redige il verbale (**segretario**);
- per ogni punto dell'ordine del giorno, esposizione sintetica degli **interventi**; a richiesta, un intervento può essere trascritto parola per parola;
- indicazione delle proposte messe ai voti (**mozioni**), della modalità di **votazione** (per alzata di mano, a scrutinio segreto ecc.), dell'esito delle votazioni e delle **decisioni** dell'assemblea (**delibere**);
- **ora** di chiusura della riunione;
- **firme** di presidente e segretario, in genere precedute da formule fisse che attestano la fedeltà del documento, come *Letto, approvato e sottoscritto*.

Il meeting report

Il *meeting report* (espressione inglese che significa "relazione su una riunione") è il resoconto sintetico di una riunione; è utilizzato nel mondo aziendale e nei gruppi di lavoro. Al contrario del verbale, non ha carattere ufficiale: serve ai presenti come promemoria di quanto è stato discusso e deliberato e agli assenti per essere informati sullo stato dei lavori. È un documento molto sintetico, in cui si riportano solo i punti rilevanti. Ad eccezione delle formule ufficiali, è molto simile al verbale. Eccone la struttura tipo:

- **argomento** della riunione che funge da **titolo**;
- **data** e **sede**;

- nomi e qualifiche dei **partecipanti** (in ordine alfabetico o gerarchico);
- eventuale nome di chi **ha convocato la riunione**;
- nome di chi **redige il report**;
- **obiettivi** del meeting;
- contenuto in forma molto sintetica degli **interventi**;
- **problemi** emersi, **chiarimenti** richiesti;
- **proposte** avanzate, **decisioni** prese, **conclusioni**: è importante indicare quali **azioni** si è deciso di intraprendere, con quali **tempi**, chi ne è il **responsabile**;
- eventuale **convocazione** della riunione successiva.

3.2 L'abstract

Con il termine inglese *abstract* (che a sua volta deriva dal latino *abtrahere*, "estrarre da") si intende l'«estratto», cioè una sintesi brevissima, di un documento più lungo (una relazione, un articolo, un libro).

- **Che cos'è**: è un testo estremamente sintetico, di tono oggettivo, privo di interpretazioni personali, che presenta in poche righe il contenuto di un testo più ampio.
- **A chi si rivolge**: a chi partecipa a un congresso per scegliere quali interventi seguire; ai potenziali lettori di libri e riviste; a chi deve leggere professionalmente molti documenti e vuole concentrare la sua attenzione solo su quelli più rilevanti.
- **A che cosa serve**: a informare rapidamente sul contenuto di un documento; ad attirare l'attenzione di potenziali lettori; a facilitare l'indicizzazione e la ricerca di un documento.

Da molti anni è diffuso in **ambito scientifico** e **accademico** per condensare il contenuto di articoli scientifici, atti di conferenze, tesi di laurea. In documenti come tesi, relazioni, sintesi di interventi è redatto dall'autore stesso del documento principale, ed è posto all'inizio di quest'ultimo. Con la gigantesca proliferazione di notizie e documenti disponibile in rete, inoltre, è diventato uno strumento indispensabile per fare conoscere i propri contributi e **renderli ricercabili**: anziché l'intero documento, infatti, i motori di ricerca indicizzano l'*abstract* (dove è dunque indispensabile inserire le parole chiave opportune). Inoltre, oggi nella maggior parte dei casi gli articoli scientifici non sono disponibili gratuitamente, ma diffusi con il sistema *readers-pay*; l'utente può leggere gratuitamente l'*abstract* e se, grazie a questo, capisce di essere interessato, paga per poter leggere e/o scaricare l'intero documento.

Rispetto a un riassunto, che lascia maggiore libertà a chi scrive, l'*abstract* prevede per la sua stesura una serie di **norme codificate**. Il tono è oggettivo, senza commenti o giudizi: la scelta delle informazioni non deve essere influenzata da impressioni soggettive. Le dimensioni sono sempre molto contenute (da circa 50/100 parole fino a un massimo di 250 parole). Il contenuto dell'*abstract* di un articolo scientifico, ma anche di una tesi o di una relazione, prevede i seguenti punti:

- l'**argomento** e quale aspetto ne è stato affrontato;
- la **motivazione** (l'importanza dell'argomento e l'obiettivo della ricerca);
- il **metodo** (ricerca sperimentale, studio di caso, interviste ecc.);
- i principali **risultati**.

La brevità, il linguaggio semplice e accessibile, la facilità di indicizzazione hanno diffuso l'uso degli *abstract* in rete anche in altri campi: se ne servono le riviste elettroniche e i blog per presentare in sintesi ai lettori le ultime novità editoriali; le aziende di vendita libraria online per presentare i nuovi libri; le riviste on-line per anticipare i contenuti degli articoli delle pagine a pagamento.

Il riassunto esecutivo

Anche nel mondo del lavoro, documenti sintetici simili agli abstract vengono incontro al problema del **sovraccarico informativo**, cioè alla necessità di ricevere (e trasmettere) molte informazioni, avendo però poco tempo per leggere. Il più comune testo sintetico in campo aziendale è il **riassunto** (o sommario) **esecutivo** (calco dall'inglese *executive summary*, "riassunto operativo").

Simile all'*abstract* nella sinteticità, il riassunto esecutivo ne differisce per la **lunghezza** (è mediamente più lungo di un *abstract*, circa un decimo del testo principale), ma soprattutto per lo **scopo**. Al contrario dell'*abstract*, non sintetizza il contenuto del testo originale per invogliare a leggerlo, ma è un breve testo **compiuto in sé**, che nella maggior parte dei casi verrà letto al posto del testo principale. I contenuti variano in base all'argomento e ai destinatari, ma alcune caratteristiche sono costanti:

- **precede** il documento principale, di cui condivide la formattazione;
- è suddiviso in **paragrafi** brevi e concisi;
- segue l'ordine del documento principale e **non contiene informazioni mancanti** in quest'ultimo;
- **definisce** in modo conciso ma chiaro e preciso il problema/il prodotto/il progetto/l'azione;
- fornisce tutte le **informazioni indispensabili**;
- contiene una **proposta operativa** (un'azione, un prodotto, un progetto, una soluzione) e i necessari **dati di supporto**, eventualmente sotto forma di grafici.

3.3 Il dépliant

Il **dépliant** (termine francese che significa "pieghevole"), chiamato appunto anche pieghevole, è un foglio di carta o cartoncino, stampato su entrambe le facce, di diverso formato, che viene piegato, solitamente in due o tre parti. Differisce sia dal volantino, che può essere stampato anche su una sola facciata e non viene piegato, sia dalla *brochure*, che consiste in un breve opuscolo di più pagine, rilegate tra loro.

- **Che cos'è**: è un testo breve, che può avere scopo **informativo** (per esempio, informare i cittadini sull'attivazione di un nuovo servizio comunale) oppure **persuasivo** (per esempio, propagandare un nuovo modello di automobile); è caratterizzato da una stretta **correlazione tra testo, scelte grafiche, immagine**.
- **A chi si rivolge**: a un **pubblico indifferenziato** o a un **particolare target** (ovvero a uno specifico segmento di pubblico, per esempio i genitori di bambini in età prescolare).
- **A che cosa serve**: è utilizzato soprattutto in ambito **pubblicitario** (per lanciare una campagna, promuovere un nuovo prodotto, far conoscere un locale), in campo **istituzionale e sociale** (per informare su un diritto, sensibilizzare su un problema, raccogliere fondi), in campo **culturale** (per fornire informazioni di base agli utenti; per promuovere mostre ed eventi di vario genere).

Piacevole, relativamente economico, è un tipo di testo sempre più diffuso; se hai una certa attitudine per la scrittura, per la grafica e in generale per le attività creative, potrebbe essere uno dei compiti che ti verrà chiesto di realizzare se svolgerai il tuo stage, ad esempio, presso un'istituzione culturale. Ma imparare a scrivere un pieghevole è comunque un esercizio utile per tutti, perché coinvolge molte abilità comunicative e trasversali: imparare a **scegliere le informazioni** in base all'obiettivo e al destinatario; scrivere in modo **sintetico**, chiaro e **accattivante**; **selezionare immagini** adatte al testo e al contesto; **usare la grafica** in modo comunicativamente efficace.

Pur variabili nelle dimensioni (si va dai dépliant mini, che una volta piegati hanno le dimensioni di una carta di credito, a quelli in formato UNI A4, stampati su fogli 21 × 29,7 cm), negli scopi e nei contenuti, i dépliant presentano di solito una **struttura** ricorrente:

- la **copertina**, spesso costituita da un'immagine, un logo, uno slogan; ha il compito di attirare l'attenzione e deve essere adatta al contenuto e al target;
- la presentazione dell'**oggetto** (il prodotto, l'attività commerciale, la manifestazione culturale, la campagna sociale) che si vuole promuovere;
- l'evidenziazione dei **punti di forza** (scelti in numero limitato) che caratterizzano l'oggetto;
- le **informazioni pratiche** (ad esempio per una mostra, periodi e orario di apertura, indirizzo, costi, modalità di prenotazioni, facilitazioni per gruppi, telefono, indirizzo di posta elettronica, indirizzo del sito);
- per iniziative pubbliche, spesso, nell'**ultima di copertina** compaiono i logo degli sponsor.

Per progettare un dépliant efficace fai così:

- raccogli tutte le **informazioni** necessarie per conoscere bene l'oggetto e selezionare correttamente che cosa dire;
- definisci con precisione l'**obiettivo** e, in relazione al **target**, scegli non più di due o tre punti di forza da evidenziare;
- sintetizza il messaggio più importante che vuoi trasmettere in un **titolo** o in uno **slogan**, che comparirà in carattere più grande in copertina;
- scrivi il **corpo del testo**, che deve essere strutturato in paragrafi molto brevi, in un linguaggio chiaro, sintetico, ma il più possibile accattivante e adatto all'età, agli interessi, al livello culturale dei lettori;
- organizza il testo sulla base del **formato**. Ad esempio, in un pieghevole a due ante, cioè un foglio semplicemente piegato a metà, si dispone di quattro pagine: la copertina, due pagine centrali affrontate, una quarta di copertina; dunque il corpo del testo va a occupare le due pagine centrali, che possono anche essere considerate come uno spazio unico; in un pieghevole a tre ante, le pagine diventano sei, e così via;
- la **grafica** e le **immagini** devono essere adatte all'oggetto e al target.

LABORATORIO

IL VERBALE

1 **Riconosci, scrivendo la lettera corrispondente nell'apposita casella, in quale parte del verbale si utilizzando le seguenti formule standardizzate: apertura (A), svolgimento (S) o chiusura (C).**

1. Si riunisce in seduta ordinaria. ☐
2. Si passa al terzo punto all'o.d.g. ☐
3. Dichiara l'assemblea validamente costituita. ☐
4. Designa a fungere da segretario la sig.ra Bianchi. ☐
5. Dopo ampia discussione, in cui intervengono i sig. X, Y, Z, la proposta è messa ai voti. ☐
6. Il Presidente dichiara sciolta la seduta alle ore 21.30. ☐
7. La mozione del sig. Franchi è approvata con 10 voti a favore e due astenuti. ☐
8. Presiede l'amministratore, dott. Zero. ☐

2 **In occasione dell'assemblea di classe, dividetevi in coppie. Durante la discussione, prendete appunti. Al termine, stendete il verbale in coppia, seguendo la scaletta di p. 193. Confrontate il vostro lavoro con quello dei compagni. Discutete sulle eventuali differenze e sulle loro ragioni.**

3 **La legge prevede che l'assemblea dei soci di un'associazione di qualsiasi genere (culturale, sportiva, di volontariato ecc.) sia convocata almeno una volta all'anno. Immagina di essere socio di una società sportiva e redigi il verbale dell'assemblea ordinaria annuale, di cui indichiamo l'ordine del giorno.**

- Relazione del presidente;
- rinnovo delle cariche sociali;
- rendiconto finanziario e approvazione del bilancio;
- programma annuale delle attività;
- varie ed eventuali.

4 **Sei già maggiorenne (o immagina di esserlo) e i tuoi genitori ti hanno delegato a partecipare all'assemblea ordinaria di condominio, che dovrebbe semplicemente confermare l'amministratore in carica, approvare il preventivo delle spese ordinarie e il rendiconto annuale. Vedendoti giovane e disponibile, i condomini ti hanno nominato segretario. Ma inaspettatamente, la riunione si anima per le contestazioni del sig. Terribilis, il vecchio professore del terzo piano. Redigi il verbale della tempestosa riunione.**

5 **Alla fine di ogni seduta di lavoro dei gruppi in cui si divide una classe è utile scrivere un conciso *meeting report*. La stesura sarà affidata a turno a ciascun membro del gruppo. Una scaletta di massima è la seguente:**

- chi era presente;
- orario di inizio e di fine lavori;
- svolgimento dell'attività;
- eventuali problemi e soluzioni;
- decisioni prese;
- divisione dei compiti.

6 **Nel tuo quartiere si è costituito un comitato spontaneo per la valorizzazione di un'area verde degradata. Nella prima riunione, vengono decise alcune azioni per coinvolgere il**

comune, per sensibilizzare gli abitanti del quartiere, per aderire a "Puliamo il mondo" liberando l'area dai rifiuti. Scrivi il *meeting report* della riunione da pubblicare sulla pagina Internet del comitato.

7 **Nell'ambito dei *Percorsi per le competenze trasversali e per l'orientamento*, la classe ha partecipato a un incontro di orientamento o alla conferenza di un esperto. Scrivi il *meeting report* per informare i compagni assenti e mantenere memoria di quanto detto e avvenuto.**

L'ABSTRACT

8 **Ti proponiamo l'*abstract* del celebre romanzo *Cime tempestose* di E. Brontë, pubblicato su un sito di vendita di libri on-line. Secondo questo modello, che condensa un lungo romanzo in 115 parole puntando a incuriosire i lettori, scrivi l'abstract dei *Promessi sposi* (100-120 parole).**

Per Heathcliff e Catherine la gioia più grande è fuggire nella brughiera e restarci tutto il giorno. Sono spiriti liberi, selvaggi, ribelli. A loro non importa delle convenzioni sociali, di cosa pensano gli altri nel vedere insieme lui, semplice stalliere, e lei, ragazza di buona famiglia. Si piacciono, si amano. Almeno fino a quando non entra in scena Edgar: bello, ricco e raffinato. È così che il cuore di Catherine si spacca: da un lato la passione divorante per Heathcliff, sua anima gemella; dall'altro l'attrazione per Edgar e le lusinghe di una vita aristocratica. Una storia senza tempo, il racconto di un amore tormentato e di un legame fortissimo, indistruttibile, così potente da sconfiggere la morte.

9 **Scrivi l'*abstract* del tuo romanzo preferito, in non più di 150 parole. Attenzione: racconta della trama quanto basta per incuriosire il lettore, ma senza rivelare il finale.**

10 **Analizza il seguente *abstract* di una tesi di laurea e individua i seguenti elementi: l'argomento, la motivazione, il metodo, i risultati.**

La fortuna di Albrecht Dürer nell'Italia dei secoli XVI-XVII: un'indagine alle fonti per un ritratto dell'artista straniero.

Lo scopo di questo studio è quello di cercare di ricostruire, attraverso le testimonianze dei contemporanei, aspetti significativi della grande fortuna di Albrecht Dürer e della sua arte in Italia fra Rinascimento e Barocco. A tale fine sono stati consultati non solo testi letterari, ma, naturalmente, anche numerose testimonianze figurative. Ne viene fuori un vero e proprio ritratto che si svolge e si aggiorna continuamente attraverso un percorso di circa 155 anni, ovvero dal 1532 al 1686, e quindi dalla prima biografia di Camerarius a quella conclusiva del Baldinucci, notevole punto di arrivo e imprescindibile testimonianza per i successivi studi su Dürer condotti in Italia. Sono stati presi in esame, come è ovvio, i soli testi letterari e figurativi che potevano essere accessibili in Italia, con l'intenzione di dimostrare, attraverso un'analisi comparata, le influenze reciproche. Particolarmente utile per tale scopo è l'appendice testuale che riproduce e mette a confronto attraverso una serie di note esplicative le testimonianze letterarie relative a elementi che concorrono alla formazione della biografia düreriana in Italia fra XVI e XVII secolo. Nell'economia dello studio un ruolo rilevante è riservato alle versioni latine dei tre trattati düreriani sulla geometria, l'architettura militare e le proporzioni umane, estesamente lette e variamente tradotte in Italia fra Cinque e Seicento. La loro lettura ed analisi, fino a ora scarsamente attuata negli studi storico-artistici, rivela un'evidente origine classica comune agli scritti d'arte, scientifici e letterari dei maggiori artisti e umanisti del Rinascimento italiano.

11 **In uno dei siti indicati, scegli un articolo di divulgazione scientifica che ti ha interessato e incuriosito. Scrivine l'*abstract* in 100 parole.**

Le Scienze ➔ www.lescienze.it
Galileo ➔ www.galileonet.it
Corriere della Sera - Scienze ➔ www.corriere.it/scienze

12 **Seguendo le regole per la stesura di un riassunto esecutivo, scrivi un sommario della tua relazione finale sullo stage, da anteporre alla relazione stessa. La lunghezza non deve superare una cartella.**

IL DÉPLIANT

13 **Analizza il dépliant informativo su una mostra d'arte, individuando il formato (a due, tre, più ante), l'uso delle immagini, la distribuzione delle informazioni tra copertina, quarta di copertina, pagine interne. Esprimi poi un giudizio motivato sull'efficacia di questo dépliant.**

14 **Progetta e realizza un dépliant per promuovere l'iscrizione alla tua scuola, rivolto agli studenti di terza media e ai loro genitori che visiteranno l'istituto in occasione delle giornate a porte aperte. Il formato è A4, con piegatura a tre ante.**

15 **Crea un dépliant pubblicitario per promuovere un nuovo ristorante di specialità regionali. Non dimenticare di menzionare i piatti più invitanti e le offerte promozionali previste nel primo mese di apertura.**

4 Scrivere per il web

Oggi l'informazione, più che ai tradizionali supporti cartacei (libri, giornali) o agli stessi media come radio e televisione, si affida sempre più al web. Chi vuole avere visibilità e vuole far conoscere i suoi prodotti, le sue idee, le sue iniziative, deve passare attraverso la rete. Ma scrivere nel modo giusto per il web è tutt'altro che facile, tant'è vero che è persino nata una nuova professione, quella del *web writer*, il cui lavoro consiste nello scrivere testi appositamente pensati per il web, allo stesso tempo chiari e accattivanti, ma anche facilmente rintracciabili dai motori di ricerca.

Il modo di usare un sito web è assai diverso da quello di un testo a stampa:
- l'utente del web è un lettore **frettoloso e distratto**: cerca contenuti che si leggano in fretta; più che leggere, esplora la pagina per farsi una rapida idea sui contenuti, soffermandosi sui titoli, sull'inizio, sulle parole evidenziate; la sua attenzione, massima all'inizio, diminuisce via via che prosegue nella lettura; se non trova subito l'informazione che cerca, semplicemente passa a un altro sito;
- nel web vale più che mai il motto che una buona **immagine** equivale a cento parole: le immagini spezzano il testo, rendono la pagina più leggera e ariosa, catturano e mantengono l'attenzione; la **multimedialità**, cioè la possibilità di affiancare testi, suoni, immagini, animazioni, filmati, è una delle caratteristiche comunicative più importanti del web, e bisogna saperla sfruttare a fondo;
- anche la **grafica** (in particolare la scelta dei font, dei colori di testo e sfondo, l'uso di elementi grafici di vario tipo) ha molta importanza per rendere la pagina leggibile;
- circa metà degli utenti accede a Internet usando **dispositivi mobili** (smartphone e tablet); la pagina deve essere adeguata alla lettura su display dalle dimensioni limitate.

D'altra parte, anche se la grafica e le immagini contano moltissimo, l'elemento più importante di una pagina web rimane il **testo**. Perché un sito venga raggiunto, è indispensabile che compaia tra i primi risultati delle pagine di ricerca (in genere, gli unici che i lettori visitano); e perché questo avvenga, le condizioni fondamentali sono due: che abbia **molti visitatori**; che abbia **contenuti interessanti**, **originali** e soprattutto **non copiati**. Un testo copiato viene automaticamente declassato dai motori di ricerca (molto più abili a scoprire i "copioni" del più occhiuto degli insegnanti) in quanto non unico, non originale, dunque poco interessante. Un sito sarà tanto più apprezzato e visitato quanto più offrirà ai potenziali lettori contenuti di alta qualità, interessanti, rispondenti alle loro esigenze, originali.

Ecco alcune indicazioni per scrivere una pagina web efficace:
- inizia con un **titolo** che sintetizzi in modo incisivo l'informazione più importante;
- cattura l'attenzione del lettore **con testi brevi**, chiari, ma ricchi di **informazioni**. Un testo destinato alla rete mediamente dovrebbe essere **circa la metà** del suo equivalente su carta; idealmente una pagina dovrebbe essere contenuta in una schermata, e comunque non superare mai le due schermate;
- facilita la **lettura a colpo d'occhio**, tipica del web, scandendo la pagina in blocchi di testo separati da spazi bianchi, meglio se dotati di un titolo riassuntivo; usa elenchi puntati e numerati; evidenzia con il grassetto o con il colore i concetti principali; usa colori diversi per le parole chiave e i link ipertestuali;
- scegli **caratteri ben leggibili** e di dimensioni adeguate. Il corsivo, caratteri bizzarri, font con le "grazie" (i trattini terminali), testi in chiaro su sfondo scuro, testi in un colore che contrasta troppo poco con quello dello sfondo si leggono male e scoraggiano i lettori con problemi di vista;

- sfrutta la **multimedialità**, inserendo fotografie, video, slideshow, file audio. Questi strumenti devono essere scelti con cura per rendere la pagina non solo più attraente, ma anche più informativa; ad esempio, in un blog di cucina, una ricetta è molto più efficace se accompagnata dalle fotografie di tutti i passaggi, o, meglio ancora, da un video;
- sfrutta l'**ipertestualità**: scrivi le informazioni principali in una singola pagina, quindi collegala con link ipertestuali a pagine di approfondimento; non dimenticare però la **regola dei tre click**: in un sito efficace, l'utente deve poter trovare l'informazione che sta cercando con non più di tre click del mouse;
- è del tutto inutile (oltre che illegale e controproducente, come abbiamo già visto) **copiare** e riprodurre materiale già esistente in rete. Il metodo corretto è inserire un **link al sito esterno**, rinviando alla pagina precisa dove si trovano le informazioni che ci interessa segnalare. Anche in rete valgono le leggi del diritto d'autore: se si usa materiale altrui, bisogna indicare le fonti. Attenzione anche all'utilizzo di fotografie scaricate dalla rete: non usare materiale fotografico coperto da copyright; puoi usare fotografie con licenza Creative Commons, ma devi indicare la fonte (con un link al sito originale).

4.1 La struttura di un sito web

Normalmente non si scrive una singola pagina, ma si crea un insieme di pagine strutturate, che vanno a costituire un **sito web**: potremmo definirlo come un insieme di pagine collegate tra loro da link ipertestuali e risiedenti sullo stesso server web. Un sito ha un indirizzo alfanumerico univoco, definito URL (*Universal Resource Locator*, "Risorsa Localizzatrice Universale").

Digitando questo indirizzo si viene inviati alla **home page**, chiamata anche pagina principale o pagina iniziale. Si tratta di una schermata che deve contenere ben visibile il **titolo del sito**, il **logo** (di solito in alto a sinistra, dove istintivamente punta l'occhio del visitatore) e collegamenti alle pagine secondarie. Inoltre può esserci un'immagine, informazioni generali, un messaggio di benvenuto, e così via. Nei siti aziendali è indispensabile anche un **piè di pagina** (*footer*) con una serie di dati (come la sede della società, l'ufficio del Registro delle Imprese a cui la società è iscritta e il numero di iscrizione).

I **collegamenti alle pagine secondarie** possono essere realizzati in vario modo: **link** inseriti in brevi testi sotto forma di parole chiave, **immagini cliccabili** con una didascalia, **bottoni** di comando. In ogni caso non deve mai mancare una **barra del menu** che rinvia alle varie sezioni del sito (menu principale).

Il **menu principale** deve prevedere poche voci, che corrispondono alle pagine più visitate del sito, identificate da una parola chiave breve ed esplicita. Le voci sono raggruppate nella **barra del menu**, che deve essere ben visibile ma non invasiva. Essa compare anche nelle pagine interne, e deve trovarsi sempre nella stessa posizione; di solito si trova in alto (menu di navigazione orizzontale, a destra del logo e al di sopra del titolo) oppure, se verticale, sulla sinistra (menu di navigazione verticale).

Selezionando una voce del menu, spesso si è rinviati alle voci di un **sottomenu**, ovvero all'indice di una specifica sezione.

Le singole pagine, scritte secondo i criteri visti sopra, hanno di solito la seguente struttura:
- **titolo**, contenente almeno una parola chiave;
- **breve sommario** (abstract) del contenuto della pagina, costituito in genere da un singolo capoverso;
- **corpo** del testo;
- eventuali **link a pagine interne** di approfondimento, inseriti nel corpo del testo, posti alla fine del testo, o a loro volta organizzati in un menu specifico;
- eventuali link a **siti esterni**.

I siti web sono diversissimi tra loro per dimensioni e contenuto; dal punto di vista della finalità vengono distinti in varie categorie; ricordiamone alcune:

- **sito personale**, realizzato da un singolo o da un piccolo gruppo di privati (come una classe scolastica); la forma più tipica è il **blog**;
- **sito aziendale**, finalizzato alla presentazione e alla promozione di un'azienda pubblica o privata;
- **sito di commercio elettronico** (*e-commerce*), finalizzato alla vendita di prodotti e servizi attraverso la rete;
- **community**, **social network** e **forum**, diretti a mettere in contatto tra loro gruppi di persone, creando comunità virtuali;
- **siti di informazione**, volti a informare gli utenti diffondendo notizie di natura generale o su temi particolari. Di questa categoria fanno parte i giornali digitali, i magazine e le riviste on-line, nonché i siti dedicati a notizie specifiche (un esempio molto seguito sono i siti meteo).

4.2 Il blog

Il termine **blog** è la contrazione delle parole inglesi *web*, "rete", e *log*, "diario". Letteralmente dunque significa "diario di rete". Proprio come avviene in un diario, i suoi contenuti sono visualizzati in modo cronologico. Si tratta del più diffuso tipo di sito personale (anche se, come vedremo, alle volte è utilizzato anche da gruppi e aziende) e ha i **contenuti** più vari. In base a questi ultimi, alle **intenzioni comunicative** di chi lo scrive e gestisce (il *blogger*), agli **scopi**, se ne distinguono vari tipi:

- **blog personale**: è quello più vicino a un vero e proprio diario; il blogger racconta la sua vita quotidiana, prende spunto da un evento per esporre una riflessione e apre una discussione con gli utenti; l'indice di successo dei blog di questo tipo è proprio dato dal vivace scambio comunicativo con i visitatori; più importanti in passato, tuttavia, oggi tendono a essere soppiantati da strumenti più agili come i social network;
- **blog tematico**: al centro del blog non è più la personalità del blogger ma un tema, un argomento. Numerosi sono i blog tematici dedicati a passioni e hobby (tra i più gettonati i blog di cucina); oltre che da singoli appassionati, spesso sono tenuti anche da professionisti: studiosi e scienziati usano i blog per fare divulgazione scientifica accessibile al grande pubblico; molti giornali on-line ospitano blog tematici, affidati a opinionisti e personalità note che in tal modo dialogano con i lettori sui temi di cui sono competenti;
- **blog politico**: creato da un singolo esponente politico, da un gruppo, da un partito, serve a propagandarne le idee, ma anche a sondare l'opinione pubblica attraverso gli interventi degli utenti (che tuttavia spesso vengono filtrati e cancellati, se poco graditi);
- **blog aziendale** (*corporate blog*): è uno strumento usato dalle aziende per presentarsi all'esterno in modo più informale rispetto al sito aziendale, aprendo un canale di dialogo diretto con i clienti.

La varietà di scopi e contenuti si riflette nella varietà di stili e linguaggi: ad esempio, i blog personali sono scritti in un linguaggio spesso informale, che in ogni caso riflette la personalità del blogger; al contrario i blog tematici adottano un linguaggio simile a quello della comunicazione giornalistica, con registro medio ed eventuale uso di termini specialistici.

Al di là di queste differenze, tutti i tipi di blog hanno una struttura comune:

- i contenuti sono presentati sono forma di **post**, l'equivalente elettronico di una pagina di diario nei blog personali o di un articolo in quelli informativi; ogni post è introdotto da un titolo e reca una data;

- i post si presentano al lettore in **ordine cronologico inverso** (dal più al meno recente);
- spesso è presente un **archivio** ordinato per mesi e anni dei post precedenti;
- in alcuni casi è possibile **ricercare gli argomenti** per mezzo di parole chiave, menu e motori di ricerca interna;
- oltre ai testi, in genere sono presenti **contenuti multimediali**: immagini, video, file audio, pdf, slideshow;
- quasi sempre i lettori possono **commentare** i post (possono esistere forme di filtro di vario tipo, per impedire i commenti offensivi o i commenti a raffica di disturbatori, i cosiddetti *troll*).

Un problema purtroppo molto diffuso nei blog è quello del **plagio**, più o meno volontario, ovvero della presenza di contenuti semplicemente copiati da altre pagine web. È un comportamento molto negativo da almeno tre punti di vista: replicare contenuti già presenti **sovraccarica** inutilmente la rete (che non ha una portata illimitata); è **controproducente** perché abbassa il posizionamento del sito da parte dei motori di ricerca e lo rende poco interessante per i lettori, che cercano sempre il tocco originale; è **illegale** (le norme sul diritto d'autore valgono anche in rete).

Ecco qualche consiglio per evitare di incorrervi anche involontariamente:
- scegli sempre un **argomento** che conosci, sul quale potrai dare un contributo originale;
- non basarti mai su un'unica fonte di informazioni, ma consultane **almeno tre**; scrivi il post integrando le fonti in modo critico, inserendo riflessioni, punti interrogativi, approfondimenti personali;
- quando riprendi informazioni tratte da una fonte, fallo sempre con **parole tue**, citando la fonte e inserendo un link alla pagina originale;
- se una frase ti sembra veramente azzeccata, puoi citarla testualmente, ma la **citazione** deve essere breve, posta tra virgolette e seguita dal link alla fonte.

Un ultimo consiglio: creare un blog è facile (basta registrarsi su uno dei tanti siti che offrono questo servizio), ma per farsi notare nell'oceano della rete e fidelizzare i lettori bisogna mantenerlo con impegno. A nessuno interessa un blog "morto", dove non compaiono nuovi post e nessuno risponde ai commenti dei visitatori. Dunque, se apri un blog, ricorda di tenerlo **costantemente aggiornato**, pubblicando un nuovo post almeno una volta alla settimana e interagendo assiduamente con i visitatori.

4.3 La newsletter

Uno degli strumenti più utili per fidelizzare i potenziali lettori è affiancare al blog una **newsletter**, ovvero un breve notiziario periodico che, sotto forma di e-mail, viene inviato gratuitamente a una lista di iscritti. È nato in campo aziendale e commerciale, dove viene usato per aggiornare i potenziali clienti sulle novità commerciali, sulle offerte, i nuovi prodotti, le attività dell'azienda (ad esempio, la partecipazione a una fiera o la sponsorizzazione di un'attività culturale). Chi è interessato, di solito si abbona compilando un modulo di iscrizione (*form*), di persona durante qualsiasi contatto con l'azienda oppure on-line, sul sito aziendale.

Tecnicamente, una newsletter assomiglia a una mailing list, ma con un'importante differenza. Di solito, gli iscritti a una mailing list possono interagire tra loro; nel caso della newsletter gli iscritti possono leggere i messaggi inviati dal gestore e interagire con lui, ma non possono comunicare con gli altri iscritti, che sono anonimi. Inoltre possono decidere di cancellarsi dalla lista in ogni momento, inviando un messaggio per chiudere l'abbonamento.

Se vuoi usare una newsletter per promuovere il tuo blog, fai così:
- crea una pagina con il **modulo di iscrizione**;
- crea una **lista di contatti** e aggiornala ogni volta che hai una nuova iscrizione (alcuni siti offrono questa funzione in modo automatico);
- scrivi e invia la tua newsletter agli iscritti con **cadenza regolare** (per esempio, una volta al mese);
- informa i lettori sulle **novità** con un linguaggio chiaro, vivace, accattivante;
- non dimenticare di inserire un **link** alle pagine del blog.

4.4 Il profilo LinkedIn

Tra gli strumenti che stanno diventando sempre più importanti per farsi conoscere nel mondo del lavoro troviamo **LinkedIn**, il più noto e diffuso social network professionale. Definito l'equivalente on-line di un biglietto da visita, consente di pubblicare il proprio curriculum, segnalare esperienze formative e professionali, creare gruppi e reti di contatti. Inoltre offre anche una serie di elementi utili per trovare lavoro.

Ecco qualche consiglio per sfruttare al meglio le potenzialità di questo strumento:
- **registrati** al sito www.linkedin.com;
- ricordati di usare il tuo **nome reale**, non un nickname: lo scopo è farsi conoscere e trovare dai potenziali datori di lavoro;
- seguendo le istruzioni, compila interamente il **profilo**, indicando se sei uno studente, se stai già lavorando, le tue esperienze formative e professionali e la tua attuale posizione lavorativa;
- non dimenticare di caricare una bella **fotografia**: ti renderà meno anonimo e ti farà riconoscere dai tuoi contatti;
- crea una rete di **contatti** con compagni di scuola, colleghi di lavoro, amici, persone legate all'ambiente professionale in cui sei inserito o in cui aspiri a entrare; chiedi alle persone che realmente ti conoscono (per esempio a un ex datore di lavoro o un collega) di confermare le tue competenze professionali scrivendo una raccomandazione (*endorsement*);
- iscriviti e partecipa attivamente a **gruppi** inerenti ai tuoi interessi, al tuo settore di attività, all'area geografica in cui vivi; è anche un modo per essere informato su opportunità di lavoro;
- se lo desideri, puoi essere informato via e-mail su **offerte di lavoro**; se ti interessa questo servizio, non dimenticare di compilare i campi dell'apposita schermata.

LABORATORIO

SCRIVERE PER IL WEB

1 **Riscrivi la seguente pagina informativa sull'isola di Murano, rendendola più adatta alle caratteristiche della comunicazione on-line, seguendo le indicazioni.**

Murano

Murano, piccola isola della Laguna veneziana, richiama visitatori da tutto il mondo incuriositi dalle creazioni artistiche dei maestri vetrai che aprono abitualmente le porte delle loro botteghe. Chiamata anche l'isola "dei fuochi", presenta numerose fornaci che in passato furono trasferite da Venezia allo scopo di limitare i rischi di incendio nella città. L'isola di Murano in realtà è un agglomerato di isole minori, divise da canali e rii e collegate tra loro da ponti. Amuranium, il suo antico nome, le venne assegnato dai profughi di Altino, scampati alle invasioni barbariche, in ricordo di una porta della loro città di origine.

La fiorente industria del vetro, concentrata a Murano sin dal Medioevo, e la conseguente importanza economica, le conferirono un prestigio tale da godere di una certa indipendenza rispetto alle altre isole di Venezia. Con l'editto dogale promulgato dal Doge Tiepolo nel 1291, l'isola di Murano venne dichiarata vera e propria area industriale divenendo ben presto anche la capitale della produzione vetraria mondiale. I segreti del mestiere, tradizionalmente tramandati di padre in figlio e gelosamente custoditi dalle famiglie più importati, venivano tutelati attraverso sanzioni che vietavano l'esercizio ai non iscritti all'Arte. Il Museo del Vetro di Murano, ospitato a Palazzo Giustinian, illustra magnificamente l'alta specializzazione dell'arte del vetro attraverso pezzi che vanno dall'epoca romana fino ai giorni nostri. Lungo la Fondamenta dei Vetrai, ma disseminati in realtà un po' ovunque, sono numerosi i negozi e le fabbriche con fornaci che vendono vetro artistico, murrine, collane e bigiotteria.

Tra i monumenti degni di nota risalta la Basilica dei Santi Maria e Donato, contemporanea a quella di San Marco. La splendida abside a porticato conserva intatto uno dei più bei pavimenti in stile veneto-bizantino dove le coloratissime tessere di mosaico marmoreo si alternano a quelle di vetro, provenienti dalle più antiche fornaci dell'isola. L'isola è raggiungibile con i mezzi pubblici dell'ACTV, sia da Piazzale Roma che dalle Fondamenta Nuove.

(www.veneto.eu)

1. La pagina fornisce molte informazioni storiche, ma poche notizie pratiche e sui punti di interesse, che sono di solito quelle che attirano di più; valuta se devi aggiungere qualche informazione, da reperire consultando altri siti.
2. Riscrivi il testo in modo che sia più stringato (riducilo circa del 50%).
3. Crea un titolo più accattivante.
4. Scrivi un abstract di un capoverso che sintetizzi le informazioni principali.
5. Dividi il testo in 2-3 capoversi preceduti da un titolo (per esempio, *Un po' di storia - Cosa vedere - Informazioni pratiche*).
6. Inserisci una fotografia significativa.
7. Inserisci almeno tre link a siti esterni.

2 **Scrivi ora una pagina informativa su una località di interesse turistico della tua regione, rispettando i criteri di brevità, lettura a colpo d'occhio, multimedialità, ipertestualità.**

3 **Collegati con il sito del comune dove vivi e analizza la struttura della home page con l'aiuto delle domande.**

1. C'è un titolo chiaro che permetta di identificare il comune?
2. C'è un logo? Che cosa rappresenta? Dov'è collocato?
3. Il menu è di tipo verticale o orizzontale? Quali voci comprende?
4. Quali voci comprende il piè di pagina?
5. Come sono state utilizzate le immagini e la grafica?
6. Quante notizie compaiono nella home page? Ti sembrano un numero adeguato o sono troppe?
7. Vuoi sapere come pagare una multa per divieto di sosta. Quanti click hai dovuto fare per trovare questa informazione?

4 **Analizza l'home page del sito della Fondazione Accorsi-Ometto di Torino (di cui riproduciamo solo la parte superiore), rispondendo alle domande.**

(www.fondazioneaccorsi-ometto.it)

1. Dov'è collocato il logo?
2. Di che cosa si occupa la fondazione?
3. Qual è la funzione della frase in alto al centro?
4. Come si accede alla versione inglese? Perché è importante in un sito di questo tipo?
5. Come sono state usate le immagini? Hanno poca o molta importanza?

6. Il menu è orizzontale o verticale? Dove è collocato? Quali voci comprende la parte qui riprodotta?
7. Dove si trovano le informazioni di contatto?
8. Come può fare un visitatore per rimanere aggiornato sulle iniziative del museo?

5 **Seguendo la falsariga degli esercizi precedenti, visita e analizza la home page di una nota azienda del tuo territorio.**

6 **Progetta la struttura di un sito web dedicato agli antichi giocattoli ora un po' dimenticati, seguendo le indicazioni.**

1. Documentati sull'argomento in rete, raccogliendo anche fotografie adatte.
2. Decidi chi sarà il tuo pubblico (i bambini di un tempo che giocarono con quei giocattoli o i bambini di oggi che non li conoscono?).
3. Inventa un titolo e un logo.
4. Decidi le voci del menu principale.
5. Scrivi la home page.

IL BLOG

7 **Ti piace molto viaggiare, anche in luoghi inusuali, lontani dalle solite mete. Progetta un blog personale dedicato ai viaggi: individua i lettori a cui intendi rivolgerti; crea un titolo e un logo; quindi scrivi il post di apertura.**

8 **Forse se Dante Alighieri fosse stato un ragazzo di oggi, per raccontare il suo amore per Beatrice anziché la *Vita nuova* avrebbe scritto un blog. Mettiti nei panni del giovane Dante e scrivi il post in cui racconta il suo primo incontro con Beatrice. È un gioco! Gli anacronismi sono ammessi, ma devi comunque mantenerti fedele almeno a grandi linee al racconto dantesco.**

9 **Tra i più celebri blog di divulgazione scientifica si colloca certamente *Borborigmi di un fisico renitente*, tenuto da Marco Delmastro, un fisico delle particelle che lavora all'esperimento ATLAS al CERN di Ginevra. Visita l'home page del sito (all'indirizzo www.borborigmi.org) e leggi un post a piacere, analizzandolo con l'aiuto delle domande.**

1. Quale idea di un argomento solitamente ritenuto inaccessibile ai non addetti ai lavori, come la fisica delle particelle, è trasmessa dal titolo, dal sottotitolo, dal logo del blog?
2. Quali informazioni sul blogger possiamo ricavare dall'home page?
3. Quali sono le voci del menu?
4. Quali strumenti permettono ai lettori di cercare vecchi articoli o post su argomenti particolari?
5. Nella home page sono utilizzati strumenti visivi come immagini e video?
6. Leggi ora un post a tua scelta: sei riuscito a capirne il contenuto? L'autore ha usato strategie particolari per avvicinare il lettore medio alla fisica?

10 **Collegati al sito di una delle grandi testate nazionali e scegli un blog tematico dedicato a un argomento di tuo interesse. Per alcuni giorni segui il blog e analizzalo con l'aiuto delle domande.**

1. Chi è l'autore del blog? Quali sono l'argomento e il titolo?
2. Con quale periodicità escono i post?

3. A quali destinatari si rivolge il blog? Il linguaggio e il taglio scelti ti sembrano efficaci?
4. I lettori possono intervenire con i loro commenti? Si instaura un vero dialogo con il blogger? Ci sono persone che intervengono solo per sfogare i propri malumori? Hai individuato *troll*?
5. Qual è il tuo giudizio complessivo su questo blog? Ne consiglieresti la lettura?

11 **Un gruppo di giovani ha appena creato una nuova azienda e ha deciso di utilizzare un blog aziendale per promuovere i propri prodotti e/o servizi. Progetta il blog secondo le indicazioni, quindi scrivi il post d'apertura.**

1. Individua il settore operativo.
2. Scegli i punti forti della filosofia aziendale (ad esempio, la centralità del rispetto per l'ambiente).
3. Definisci alcuni prodotti/servizi di punta e il target di riferimento.
4. Crea un titolo e il logo.

LA NEWSLETTER E IL PROFILO LINKEDIN

12 **Hai un blog dedicato al tuo hobby preferito, sul quale sei molto attivo; scrivi una newsletter per informare gli iscritti sul contenuto dei post pubblicati nell'ultimo mese.**

13 **Lavori per una piccola casa editrice. Nelle prossime settimane usciranno tre interessanti novità; inoltre sarete presenti a una importante fiera del libro, dove uno dei vostri autori parteciperà a un dibattito. Sarà anche presente al vostro stand, dove in alcuni giorni e orari avrà piacere di incontrare i lettori. Informa di queste novità gli iscritti alla newsletter aziendale.**

14 **Compila (o aggiorna, se già ce l'hai) il tuo profilo Linkedin seguendo le indicazioni a p. 46.**

15 **Niccolò Machiavelli è rimasto disoccupato: dopo aver lavorato per tanti anni in incarichi di fiducia al servizio della Repubblica fiorentina, il ritorno dei Medici gli è costato il carcere, il confino e la perdita del posto di lavoro. Se ai suoi tempi ci fosse stato Linkedin avrebbe avuto un altro strumento per cercare una nuova occupazione, oltre a scrivere *Il Principe*. Mettiti nei suoi panni e scrivi il profilo Linkedin di Machiavelli; potrai ricorrere al tuo manuale di letteratura per ricostruire in modo corretto le sue esperienze professionali precedenti il fatidico 1512, anno della sua disgrazia.**

Appendice - La prova INVALSI di italiano al termine del secondo ciclo di istruzione

[dal *Documento pubblicato il 31 agosto 2018*]

1 Che cosa misura la prova INVALSI di italiano al termine della scuola secondaria di secondo grado

Le prove INVALSI di italiano sono circoscritte alla valutazione a) della competenza di lettura, intesa come comprensione, interpretazione, valutazione del testo scritto, b) delle conoscenze e competenze grammaticali.

La *comprensione* di un testo implica l'esecuzione di molteplici operazioni a diversi livelli di complessità e difficoltà, anche a seconda degli scopi che il lettore persegue in relazione a quel particolare testo e in quel determinato momento.

All'interno del *Quadro di Riferimento* sono descritti i compiti utili a verificare le competenze oggetto della prova[1]. Tali compiti sono raggruppati in tre macro-aspetti ai quali è possibile ricondurre i processi cognitivi e linguistici che un lettore pone in atto nella lettura di un testo:

- localizzare e individuare informazioni all'interno del testo;
- ricostruire il significato del testo, a livello locale o globale;
- riflettere sul contenuto o sulla forma del testo, a livello locale o globale, e valutarli.

Localizzare e individuare informazioni implica il rintracciare all'interno del testo informazioni date in maniera esplicita. *Ricostruire il significato del testo* coinvolge tutti i processi con cui il lettore costruisce una rappresentazione del significato letterale del testo (nel suo insieme o in sue singole parti). Infine, *riflettere sul contenuto o sulla forma del testo e valutarli* comporta una presa di distanza dal testo e un guardare ad esso dal di fuori per comprenderne il contenuto andando al di là del suo significato letterale, o per apprezzarne le caratteristiche stilistiche e formali.

Le domande relative alla riflessione sulla lingua (conoscenze e competenze grammaticali) per l'ultimo anno della scuola superiore sono organizzate intorno a brevi testi e fanno riferimento alla capacità di utilizzare le conoscenze e le esperienze acquisite per porsi in maniera linguisticamente consapevole di fronte ad essi. Queste domande sono orientate a sollecitare l'osservazione e la riflessione sui nodi linguistici ritenuti più significativi e necessari alla corretta decodifica dei testi.

2 Struttura della prova INVALSI di italiano al termine della scuola secondaria di secondo grado

La prova INVALSI di italiano al termine del secondo ciclo di istruzione è proposta agli studenti su supporto informatico. Questo comporta che la prova è somministrata agli studenti in giorni diversi, ma in un arco temporale stabilito. Gli studenti affrontano prove diverse, costituite all'interno di un ampio repertorio di testi, in modo tale che le prove abbiano la medesima composizione e un equivalente grado di difficoltà. Agli studenti verrà restituito un risultato descrittivo del livello di competenza verificato dalla prova INVALSI di italiano[2].

1. *Cfr Quadro di Riferimento* (https://invalsi-areaprove.cineca.it/index.php?get=static&pag=qdr), pp. 9-11.
2. per approfondimenti relativi a questo argomento si rimanda al seguente link https://invalsi-areaprove.cineca.it/docs/2018/Livelli_INVALSI_g8.pdf

La prova INVALSI di italiano al termine del secondo ciclo si compone di:

- 5-7 unità di *Comprensione del testo*;
- 1 unità di *Riflessione sulla lingua*.

Ciascuna unità è costituita da un testo e dalle relative domande, il cui numero può variare da 7 a 10.

La prova prevede una durata massima di 2 ore.

3 Esempi

COMPRENSIONE DEL TESTO

Esempio di testo letterario

Cesare Pavese

L'incipit di *Paesi tuoi*

Cominciò a lavorarmi sulla porta. Io gli avevo detto che non era la prima volta che uscivo di là e che un uomo come lui doveva provare anche quello, ma ecco che si mette a ridere facendo il malizioso come fossimo uomo e donna in un prato, e si butta sotto braccio il fagotto e mi dice: «Bisognerebbe non avere mio padre». Che gli scappasse da ridere me l'aspettavo, perché un goffo come quello non esce di là dentro senza fare matterie, ma era un ridere con malizia, di quelli che si fanno per aprire un discorso. «Stasera mangerai la gallina con tuo padre» gli dico guardando la strada. «La prima volta che si esce dal giudiziario, a casa ti fanno la festa di nozze». Lui mi veniva dietro e mi stava attaccato come se il carrettino dei gelati che passava a tutta corsa minacciasse noi due pedoni. Non aveva mai traversato un corso, si vede, o mi stava già lavorando. Mi ricordo che né io né lui ci voltammo a guardare le Carceri. Faceva effetto vedere le piante spesse del viale e faceva anche un gran caldo, tanto che sudavo tutto, per via della cravatta stretta. Faceva caldo come là dentro, e a un certo punto avevamo scantonato in mezzo al sole.

«Non c'è nessuno in queste strade» sento che dice tutto calmo, come se fosse a casa sua. Pareva già tranquillo e neanche s'accorgeva che andavamo come i buoi senza sapere dove, lui col suo fazzoletto rosso al collo, il suo fagotto, e le sue brache di fustagno. Questi goffi di campagna non capiscono un uomo che, per quanto navigato, messo fuori un bel mattino si trova scentrato e non sa cosa fare. Perché uno poteva anche aspettarselo ma, quando lo rilasciano, lì per lì non si sente ancora di questo mondo e batte le strade come uno scappato da casa.

«Andiamo almeno all'ombra; non ci costa un centesimo» gli dico tirandolo sul marciapiede. Lui viene e ripiglia a lamentarsi. Faceva il discorso che mi aveva già fatto disteso sulla branda uno di quei giorni. Che suo padre in quella stagione aveva bisogno di braccia e aveva gridato ai carabinieri che aspettassero a prendergli il figlio dopo il raccolto, e al carcere mandamentale s'era fermato sotto la grata a minacciarlo e voleva intentare causa per danni ai padroni della casa bruciata.

«Quanti anni ha tuo padre?» gli dico.

«Più di sessanta».

«E con più di sessanta è ancora così dritto?».

Qui Talino tornò a ridere come se fossimo soci. Si lamentava e rideva, e teneva tutto il marciapiede. Cominciava a passar gente e si scontravano, perché Talino camminava come se fosse in piazza solo. Andavamo decisi verso il centro e non so chi guidasse: lui veniva con me, io lo guardavo, lo lasciavo camminare, e venivo con lui. Cercavo un bar che non mi conoscessero, per prendere un caffè e pensarci sopra.

Era già mezzogiorno passato e l'avevo solamente seduto nel giardino della stazione. Aveva in mano il suo foglio di via e tornò a chiedermi fino a quando era valido.

«Io non torno al paese» dice. «Mio padre mi ammazza». Così grand'e grosso, parlava come se fosse ancora davanti alla guardia, e si asciugò il sudore del collo. «Mio padre non si è ancora sfogato e per fare il raccolto ha dovuto pagare la giornata a un altro. Mio padre è peggio della giustizia».

«Se ti hanno messo fuori. Non è ancora contento?».

«Non vuol dire. L'avessero preso lui, si sfogava lo stesso con qualcuno».

Visto che non se ne andava, tirai fuori una sigaretta. Tanto lui non fumava. Piegò il foglio e se lo mise nel taschino della camicia, e guardò la fontana.

Io avevo fame. «Torna a casa, Talino» gli dico. «Vorrei potermene andar io da questi marciapiedi. Cosa vuoi fare qui, che non conosci nessuno?».

Allora mi guardò con un occhio solo, come aveva fatto uscendo di là dentro, e a me veniva la rabbia. Cosa credi di fare, goffo, con la gente civile? volevo dirgli; ritorna alla tua stalla. Non è abbastanza stare un mese nella cella insieme con te, che non sai neanche parlare?

Invece non dissi niente del tutto, e guardai anch'io la fontana.

Faceva caldo anche sotto le piante e il giardino era vuoto. A quell'ora le balie correvano a casa col carrettino, e tutti mangiavano.

«Visto che ci sono» diceva lui «voglio vedere Torino...».

«Lo sai che sono disoccupato e stasera non so dove dormo?» gli gridai allora in faccia. Lui non s'accorse che avevo perduto la testa, o almeno, fece finta, perché ci doveva essere abituato con suo padre. Si vede di qui che non era goffo come sembrava. Adesso che mi aveva fatto dire la verità, cambiò registro.

«Il foglio mi dà cuattro giorni di tempo. Tanto il grano è già tagliato. Basta che torniamo per batterlo. Voglio fermarmi. Chi sa quando scapperò un'altra volta da Monticello».

Aveva già il suo piano in mente. Diceva «torniamo». Lo guardai di traverso.

«Tuo padre non ti vuole ammazzare?» dissi adagio.

«Se ritorno con te, le cose cambiano. Potresti lavorare alla macchina da battere, e aiutarci. Sei uno dritto e parli poco. Andresti d'accordo con mio padre. L'hai detto tu che qui stai male».

(C. Pavese, *Paesi tuoi*, Einaudi, Torino 1941)

1 **Che tipo di voce narrante è presente nella storia?**

a. ☐ La voce narrante è esterna alla vicenda.
b. ☐ La voce narrante è quella di un personaggio secondario.
c. ☐ La voce narrante è quella di un protagonista.
d. ☐ La voce narrante è quella di uno spettatore passivo.

2 **Il narratore sbaglia nel giudicare il compagno di avventure. Trascrivi il passaggio in cui è il narratore stesso ad ammetterlo.**

....

....

3 **I due personaggi sono molto diversi. Leggi le seguenti affermazioni e indica quali sono vere e quali false.**

	V	F
a. Talino è stato in carcere una sola volta.	☐	☐
b. Il narratore è stato in carcere una sola volta.	☐	☐
c. Talino è disoccupato.	☐	☐
d. Talino è astuto.	☐	☐
e. Il narratore è noto a Torino.	☐	☐
f. Il padre del narratore è un contadino.	☐	☐

4 **Quanto tempo hanno passato insieme i due uomini, in carcere?**

a. ☐ Un giorno.
b. ☐ Una settimana.
c. ☐ Un mese.
d. ☐ Un anno.

5 **Con quale sinonimo potresti sostituire il termine «scentrato» nella frase «un uomo che [...] si trova scentrato e non sa cosa fare» (rr. 17-18)?**

a. ☐ Arrabbiato.
b. ☐ Confuso.
c. ☐ Isolato.
d. ☐ Spavaldo.

6 **Quale atteggiamento assume Talino, quando il narratore dice che faceva «il malizioso come fossimo uomo e donna in un prato» (r. 3)?**

a. ☐ Ambiguo.
b. ☐ Seduttivo.
c. ☐ Timido.
d. ☐ Violento.

7 **Nella frase «cercavo un bar che non mi conoscessero» (rr. 33-34), il «che» sostituisce il più corretto "in cui", "dove". A quale registro appartiene questo modo di esprimersi?**

a. ☐ Al registro aulico: è un costrutto tipico della lingua scritta.
b. ☐ Al registro formale: ricalca un uso dell'italiano antico.
c. ☐ Al registro medio: è un costrutto tipico della lingua colloquiale.
d. ☐ Al registro popolare: è un costrutto tipico del dialetto.

8 **Da quale spia linguistica il narratore intuisce che Talino ha un piano che lo riguarda? Riporta qui la frase che avvalora la tua opinione.**

....

....

....

9 **Completa la sintesi seguente, scegliendo i termini opportuni tra quelli elencati (attenzione: ci sono dei distrattori).**

alla fine • *calcolatore* • *disoccupato* • *evaso* • *fisionomia* • *goffo* • *il narratore* • *improvvisatore* • *lo spettatore* • *Monticello* • *padre-tiranno* • *personalità* • *racconto* • *romanzo* • *Talino* • *Torino* • *all'inizio*

(1) .... del romanzo *Paesi tuoi*, di Cesare Pavese, (2) .... ricorda l'incontro con (3) ...., correggendo progressivamente il giudizio sulla sua (4) ....: dal (5) .... ignorante che sembrava, l'ex compagno di cella si rivela pian piano astuto e (6) .... Dopo ore di giri a vuoto per le vie di (7) .... , mentre rievoca continuamente il suo rapporto con il (8) .... , Talino sa come convincere il narratore a seguirlo. Deve solo aspettare che si mostri per quello che è: un (9) .... affamato, senza un posto in cui andare.

RIFLESSIONE SULLA LINGUA

Giovanni Verga

C'erano una volta i Malavoglia...

Un tempo i *Malavoglia* erano stati numerosi come i sassi della strada vecchia di Trezza; ce n'erano persino ad Ognina, e ad Aci Castello, tutti buona e brava gente di mare, proprio all'opposto di quel che sembrava dal nomignolo, come dev'essere. Veramente nel libro della parrocchia si chiamavano Toscano, ma questo non voleva dir nulla, poiché da che il mondo era mondo, all'Ognina, a Trezza e ad Aci Castello, li avevano sempre conosciuti per Malavoglia, di padre in figlio, che avevano sempre avuto delle barche sull'acqua, e delle tegole al sole. Adesso a Trezza non rimanevano che i Malavoglia di padron 'Ntoni, quelli della casa del nespolo, e della *Provvidenza* ch'era ammarrata sul greto, sotto il lavatoio, accanto alla *Concetta* dello zio Cola, e alla paranza di padron Fortunato *Cipolla*. Le burrasche che avevano disperso di qua e di là gli altri Malavoglia, erano passate senza far gran danno su la casa del nespolo e sulla barca ammarrata sotto il lavatoio; e padron 'Ntoni, per spiegare il miracolo, soleva dire, mostrando il pugno chiuso - un pugno che sembrava fatto di legno di noce - Per menare il remo bisogna che le cinque dita s'aiutino l'un l'altro. Diceva pure: - Gli uomini son fatti come le dita della mano: il dito grosso deve far da dito grosso, e il dito piccolo deve far da dito piccolo.

E la famigliuola di padron 'Ntoni era realmente disposta come le dita della mano. Prima veniva lui, il dito grosso, che comandava le feste e le quarant'ore; poi suo figlio Bastiano, *Bastianazzo*, perché era grande e grosso quanto il San Cristoforo che c'era dipinto sotto l'arco della pescheria della città; e così grande e grosso com'era filava diritto alla manovra comandata, e non si sarebbe soffiato il naso se suo padre non gli avesse detto «sòffiati il naso» tanto che s'era tolta in moglie *la Longa* quando gli avevano detto «pìgliatela». Poi veniva la Longa, una piccina che badava a tessere, salare le acciughe, e far figliuoli, da buona massaia; infine i nipoti, in ordine di anzianità: 'Ntoni, il maggiore, un bighellone di vent'anni, che si buscava tutt'ora qualche scappellotto dal nonno, e qualche pedata più giù per rimettere l'equilibrio, quando lo scappellotto era stato troppo forte; Luca, «che aveva più giudizio del grande» ripeteva il nonno; Mena (Filomena) soprannominata «Sant'Agata» perché stava sempre al telaio, e si suol dire «donna di telaio, gallina di pollaio, e triglia di gennaio»; Alessi (Alessio) un moccioso tutto suo nonno colui!; e Lia (Rosalia) ancora né carne né pesce. - Alla domenica, quando entravano in chiesa, l'uno dietro l'altro, pareva una processione.

(G. Verga, *I Malavoglia*, Mondadori, Milano 1972)

1 **Rileggi i periodi iniziali, da «Un tempo i *Malavoglia*» a «padron Fortunato *Cipolla*» (rr. 1-9), e individua i sei pronomi che rimandano alla famiglia Toscano, detta *Malavoglia*.**

a. ....

b. ....

c. ....

d. ....

e. ....

f. ....

2 **Nel primo periodo, le due sequenze introdotte da «come» («come i sassi della strada vecchia di Trezza», r. 1, e «come dev'essere», r. 3) sono:**

a. ☐ due frasi che svolgono la stessa funzione, di tipo comparativo.
b. ☐ due frasi che svolgono funzioni diverse: la prima di comparazione, la seconda di limitazione.
c. ☐ la prima una frase di tipo comparativo, la seconda un complemento di paragone.
d. ☐ la prima un complemento di paragone, la seconda una frase di tipo comparativo.

3 **Nell'espressione «delle barche sull'acqua, e delle tegole al sole» (rr. 6-7) è contenuta una figura retorica: quale?**

a. ☐ Metafora.
b. ☐ Onomatopea.
c. ☐ Sinestesia.
d. ☐ Sineddoche.

4 **Rileggi il periodo: «Adesso a Trezza non rimanevano che i Malavoglia di padron 'Ntoni, quelli della casa del nespolo, e della *Provvidenza* ch'era ammarrata sul greto, sotto il lavatoio, accanto alla *Concetta* dello zio Cola, e alla paranza di padron Fortunato *Cipolla*» (rr. 7-9). Qual è la funzione logica della «e» nella sequenza «e della *Provvidenza*»?**

a. ☐ Congiunzione copulativa: indica che i due gruppi di Malavoglia che rimangono sono quelli della casa del nespolo e quelli della *Provvidenza*.
b. ☐ Congiunzione copulativa: identifica i Malavoglia che rimangono come quelli che possiedono sia la casa del nespolo sia la *Provvidenza*.
c. ☐ Congiunzione disgiuntiva: indica che rimangono due gruppi di Malavoglia ad Acitrezza, quelli della casa del nespolo e quelli della *Provvidenza*.
d. ☐ Congiunzione conclusiva: indica che la casa del nespolo è nota con il nome di *Provvidenza*.

5 **L'espressione «un moccioso tutto suo nonno colui!» (r. 28) è una forma di:**

a. ☐ discorso indiretto libero.
b. ☐ discorso diretto.
c. ☐ monologo interiore.
d. ☐ flusso di coscienza.

6 **Il tipo di costruzione del brano privilegia:**

a. ☐ l'ellissi.
b. ☐ l'ipotassi.
c. ☐ la paratassi.
d. ☐ la sintassi.